LES
CRIMES CÉLÈBRES

ALEXANDRE DUMAS

LES

CRIMES CÉLÈBRES

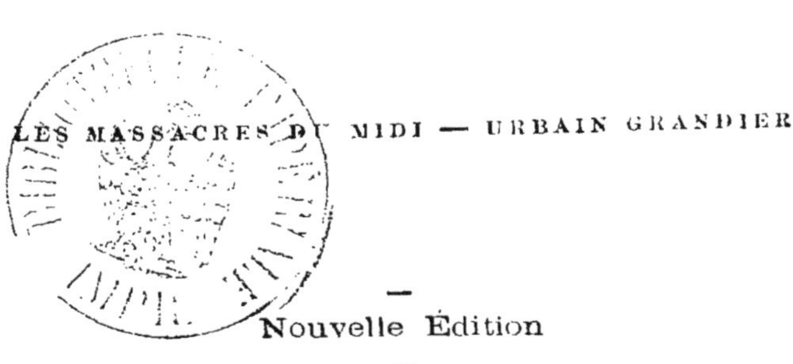

LES MASSACRES DU MIDI — URBAIN GRANDIER

Nouvelle Édition

TOME TROISIÈME

PARIS
LIBRAIRIE INTERNATIONALE
A. LACROIX, VERBOECKHOVEN & Cie, ÉDITEURS
15, BOULEVARD MONTMARTRE
Au coin de la rue Vivienne
Même maison à Bruxelles, à Leipzig et à Livourne

1865

MASSACRES DU MIDI

1551-1815

Peut-être notre lecteur, préoccupé seulement de ses derniers souvenirs, qui remontent à la restauration, s'étonnera-t-il du large cadre dans lequel nous enfermons le tableau que nous allons mettre sous ses yeux, et qui n'embrasse pas moins de deux siècles et demi : c'est que toute chose a son précédent, toute rivière sa source, tout volcan son foyer; c'est que, de 1551 à 1815, tout a été, sur le point de la terre où nous portons le regard, action et réaction, vengeance et représailles; c'est que les annales religieuses du Midi ne sont rien autre chose qu'un registre en partie double tenu par le fanatisme au profit de la mort, et écrit d'un côté avec le sang des catholiques, et de l'autre avec celui des protestants.

Dans ces grandes commotions politiques et religieuses du Midi, dont les tressaillements, pareils à des tremblements de terre, ont parfois ébranlé jusqu'à la capitale, Nîmes s'est toujours faite centre : nous choisirons donc Nîmes comme le pivot de notre récit, qui s'en éloignera quelquefois, mais qui y reviendra toujours.

Nîmes, réunie à la France par Louis VIII, gouvernée par ses consuls, dont le pouvoir, substitué à celui de Bernard Athon VI, son vicomte, date de l'an 1207, venait à peine de célébrer, sous l'épiscopat de Michel Briçonnet, la découverte des reliques de saint Bauzile, martyr et patron de la ville, lorsque les doctrines nouvelles se répandirent en France. Le Midi eut tout d'abord sa part de persécution, et en 1551 la sénéchaussée de Nîmes fit brûler en place publique plusieurs religionnaires, au nombre desquels se trouvait Maurice Sécenat, missionnaire des Cévennes, surpris en flagrant délit de prédication ; dès lors Nîmes eut deux martyrs et deux patrons, l'un révéré par les catholiques, l'autre par les protestants ; et saint Bauzile, après vingt-quatre ans de règne, fut forcé de partager les honneurs du protectorat avec son nouveau concurrent.

A Maurice Sécenat succéda Pierre de Lavau : à quatre ans de distance, ces deux prédicateurs, dont les noms surnagent au-dessus de beaucoup d'autres noms de martyrs obscurs et oubliés, furent mis à mort sur la place de la Salamandre ; toute la différence qu'il y eut entre eux, c'est que le premier fut brûlé et le second pendu.

Pierre de Lavau avait été assisté à ses derniers moments par Dominique Deyron, docteur en théologie ; mais, au lieu que ce fût, comme d'habitude, le prêtre qui convertît le patient, ce fut cette fois le patient qui convertit le prêtre. La parole, qu'on avait voulu étouffer retentit donc de nouveau. Dominique Deyron fut décrété, poursuivi, traqué, et n'échappa au gibet qu'en se réfugiant dans la montagne.

La montagne est l'asile de toute secte qui s'élève ou qui tombe ; Dieu a donné aux rois et aux puissants les villes, les plaines et la mer ; mais, en échange de tout cela, aux faibles et aux opprimés il a donné la montagne.

Au reste, la persécution et le prosélytisme marchaient d'un pas égal ; mais le sang produisit son effet ordinaire, il féconda le sol, et après deux ou trois ans de lutte, après deux ou trois cents huguenots brûlés ou pendus, Nîmes se réveilla un matin avec une majorité protestante. Ainsi, en 1556, les consuls de Nîmes avaient été vivement semoncés sur les tendances de la ville vers la réformation. En 1557, c'est-à-dire un an à peine après cette admonestation, le roi Henri II était forcé de remettre la charge de président au présidial aux mains du protestant Guillaume de Calvière. Enfin, une décision du juge mage ayant ordonné aux consuls d'assister en chaperon à l'exécution des hérétiques, les magistrats bourgeois protestèrent contre cet arrêt, et la puissance royale se trouva insuffisante pour le leur faire exécuter.

Henri mourut, et Catherine de Médicis et les Guise montèrent sur le trône sous le nom de François II : il y a toujours un moment où les peuples respirent, c'est pendant les funérailles de leurs rois : Nîmes profita de celles de Henri II, et, le 29 septembre 1559, Guillaume Moget y fonda la première communauté protestante.

Guillaume Moget venait de Genève; c'était l'enfant des entrailles de Calvin; il arrivait à Nîmes avec la ferme résolution de convertir à la foi nouvelle tout ce qu'il y restait de catholiques, ou de se faire pendre. Au reste, éloquent, vif, rusé, trop éclairé pour être violent, et disposé à faire des concessions, si on voulait lui en faire (1); toutes les chances étaient pour lui; aussi Guillaume Moget ne fut point pendu.

Du moment où une secte naissante n'est plus esclave, elle est reine : l'hérésie, déjà maîtresse des trois quarts de la ville, commença de lever hardiment la tête dans les rues. Un bourgeois, nommé Guillaume Raymond, prêta sa maison au missionnaire calviniste; un prêche public s'y établit, la foi gagna les plus incertains; bientôt la maison se trouva trop étroite pour contenir la foule qui venait recevoir le poison de la parole révolutionnaire, et les plus impatients commencèrent à tourner les yeux vers les églises.

Cependant le vicomte de Joyeuse, qui venait d'être nommé gouverneur du Languedoc en remplacement de M. de Villars, s'inquiéta de ces progrès, que les protestants ne cachaient plus, mais dont, au contraire, ils se vantaient; il fit venir les consuls, et les admonesta vertement au nom du roi, menaçant d'envoyer une garnison qui saurait bien mettre un terme à tous ces troubles. Les consuls promirent d'arrêter le mal sans qu'on eût besoin de leur adjoindre un secours étranger, et, pour tenir leur promesse, doublèrent la garde du guet, et nommèrent un capitaine de ville, chargé exclusivement de la police des rues. Or ce capitaine de ville, qui avait mission de réprimer l'hérésie, était le capitaine Bouillargues, c'est-à-dire le plus damné huguenot qui eût jamais existé.

Il résulta de cet heureux choix qu'un jour que Guillaume

Moget prêchait dans un jardin, et qu'il y avait foule au prêche, il survint une grande pluie : il fallait ou se disperser, ou trouver un endroit couvert; mais, comme le prédicateur en était à l'instant le plus intéressant de son sermon, on n'hésita point un instant à s'arrêter au dernier parti. L'église de Saint-Étienne du Capitole se trouvait dans les environs; un des assistants proposa ce lieu, sinon comme un des plus convenables, du moins comme un des plus commodes. La motion fut reçue avec enthousiasme; la pluie redoubla; on courut directement à l'église; le curé et les prêtres en furent chassés, le saint sacrement foulé aux pieds, et les images pieuses mises en pièces. Puis, cette exécution faite, Guillaume Moget monta en chaire et reprit son prêche avec tant d'éloquence, que les assistants, se montant la tête de nouveau, ne voulurent point borner là leurs exploits de la journée, mais coururent du même pas s'emparer du couvent des Cordeliers, où, séance tenante, ils installèrent Moget et les deux femmes qui, au dire de Ménard, l'historien du Languedoc, ne le quittaient ni jour ni nuit; quant au capitaine Bouillargues, il s'était montré magnifique d'impassibilité.

Les consuls, convoqués une troisième fois, avaient bonne envie de nier le désordre; mais il n'y avait pas moyen : ils se mirent donc à la merci de M. de Villars, qui était réinstallé dans sa place de gouverneur du Languedoc, et M. de Villars, ne s'en rapportant plus à eux, fit occuper le château de Nîmes par une garnison, que la ville paya et nourrit, tandis qu'un gouverneur, assisté de quatre capitaines de quartier, établit une police militaire indépendante de la police municipale. Moget fut chassé de Nîmes et le capitaine Bouillargues destitué.

François II mourut à son tour. Sa mort produisit l'effet ordinaire; la persécution se relâcha, et Moget rentra dans Nîmes : c'était une victoire, et comme chaque victoire amène un progrès, le prédicateur conquérant organisa un consistoire, et les députés nîmois réclamèrent des temples aux états généraux d'Orléans. Cette demande resta sans effet; mais les protestants savaient comment s'y prendre en pareil cas : le 21 décembre 1561, les églises de Sainte-Eugénie, de

Saint-Augustin et des Cordeliers furent prises d'assaut et nettoyées de leurs images en un tour de main : cette fois, le capitaine Bouillargues ne se contenta point de regarder faire, il dirigea les opérations.

Restait encore l'église cathédrale, où s'étaient retranchés, comme dans une dernière forteresse, les débris du clergé catholique; mais il était évident qu'à la première occasion elle tournerait au temple : cette occasion ne se fit point attendre.

Un dimanche, que l'évêque Bernard d'Elbène officiait, et que le prédicateur ordinaire venait de commencer son sermon, des enfants de réformés, qui jouaient sur le parvis de l'église, huèrent le *béguinier*. Des fidèles, que les cris des enfants tiraient de leurs méditations, sortirent de l'église et rossèrent les huguenotins; les parents se regardèrent comme insultés dans la personne de leurs enfants; une grande rumeur s'éleva aux alentours, des attroupements se formèrent, les cris : A l'église! à l'église! retentirent. Le capitaine Bouillargues passait par hasard dans le quartier : c'était un homme méthodique : il organisa l'insurrection, et marchant en tête, il enleva l'église au pas de charge, malgré les barricades faites à la hâte par les papistes; l'assaut dura à peine quelques minutes; les prêtres et les fidèles s'enfuirent par une porte, tandis que les réformés entraient par l'autre. L'église fut en un tour de main appropriée au nouveau culte ; le grand crucifix qui surmontait l'autel fut traîné dans les rues au bout d'une corde et fouetté par tous les carrefours. Enfin, quand le soir vint, on alluma un grand feu devant la cathédrale, et l'on y jeta tous les papiers des maisons ecclésiastiques et religieuses, les images et les reliques des saints, les ornements des autels, les habits sacerdotaux, tout enfin, jusqu'aux saintes hosties (2), tout fut brûlé sans empêchement de la part des consuls : le vent qui soufflait sur Nîmes était à l'hérésie.

Pour le coup, Nîmes était en pleine révolte; aussi s'organisa-t-elle en conséquence : Moget prit le titre de pasteur et ministre de l'Église chrétienne. Le capitaine Bouillargues fit fondre les vases sacrés des églises catholiques, et paya avec leur produit des volontaires nîmois et des reîtres allemands : les pierres des couvents démolis servirent à bâtir des fortifications, et avant même qu'on eût songé à l'attaquer, la ville était en défense. Ce fut alors que, Guillaume Calvière étant à la tête du présidial, Mogét président du consistoire, et le capitaine Bouillargues commandant de la force armée, on songea à créer un nouveau pouvoir qui, partageant la puissance des consuls, fût plus que ceux-ci encore à la dévotion de Calvin, et le bureau des Messieurs prit naissance : c'était un comité de salut public, ni plus ni moins; aussi le nouveau conseil, institué révolutionnairement, agit-il en conséquence; le pouvoir des consuls fut absorbé, et le consistoire réduit à se mêler des affaires spirituelles. Sur ces entrefaites, survint l'édit d'Amboise et l'annonce que le roi Charles IX, accompagné de Catherine de Médicis, allait visiter ses fidèles provinces du Midi.

Si entreprenant que fût le capitaine Bouillargues, il avait cette fois affaire à trop forte partie pour essayer de résister; aussi, malgré les murmures des enthousiastes, la ville de Nîmes résolut-elle non-seulement d'ouvrir ses portes à son souverain, mais encore de lui faire une réception qui effaçât toutes les mauvaises impressions que Charles IX avait pu recevoir de ses antécédents. En effet, on attendit le cortége royal au pont du Gard; des jeunes filles vêtues en nymphes sortirent d'une grotte, portant une collation qu'elles dressèrent sur la route, et à laquelle Leurs Majestés firent le plus grand honneur. Le repas terminé, les illustres voyageurs se remirent en route; mais l'imagination des autorités nîmoises ne s'était pas bornée à si peu : en arrivant à l'entrée de la ville, le roi trouva la porte de la Couronne changée en une montagne couverte de vignes et d'oliviers, et sur laquelle un berger faisait paître son troupeau. Mais, comme si tout devait céder par enchantement devant sa puissance, à l'approche du roi, la montagne s'ouvrit; les plus belles et les plus nobles demoiselles de Nîmes vinrent à sa rencontre, et lui remirent les clefs de la ville dans des bouquets de fleurs, en lui chantant des vers accompagnés par la musette du berger. En passant sous la montagne, Charles IX vit au fond d'une grotte, enchaîné à un palmier, un crocodile monstrueux et qui jetait des flammes : c'étaient les anciennes armes accordées à la ville par Octave-César Auguste après la bataille d'Actium, et que François Ier lui avait rendues, en échange d'une représentation en argent de l'amphithéâtre qu'elle lui avait offerte. Enfin il trouva la place de la Salamandre tout ornée de feux de joie; si bien que, sans s'informer si ces feux n'étaient point les restes du bûcher de Maurice Sécenat, le roi s'endormit fort content de la réception que lui avait faite sa bonne ville de Nîmes, et ne doutant point qu'on ne l'eût tout à fait calomniée dans son esprit.

Cependant, pour que de pareils bruits, si peu fondés qu'ils lui parussent, ne se renouvelassent point, le roi nomma Damville gouverneur du Languedoc, et l'installa lui-même dans la capitale de son gouvernement; puis il destitua les consuls depuis les premiers jusqu'aux derniers : ceux qu'il nomma à leur place étaient tous catholiques, et se nommaient Guy-Rochette, docteur et avocat; Jean Beaudan, bourgeois; François Aubert, maçon; et Christol Ligier, laboureur : après quoi, il partit pour Paris, où il signa, quelque temps après, avec les calvinistes, le traité que le peuple, cet éternel prophète, appela la paix boiteuse et mal assise (3), et qui eut pour résultat la Saint-Barthélemy.

Toute gracieuse qu'eût été la mesure prise par l'autorité royale pour la tranquillité de sa bonne ville de Nîmes, ce n'en était pas moins une réaction : en conséquence, les catholiques, se sentant soutenus par l'autorité, rentrèrent en foule, les bourgeois reprirent leurs maisons, les curés reprirent leurs églises, et, affamés par le pain amer de l'exil, prêtres et laïques firent main basse sur le trésor. Cependant aucun meurtre n'ensanglanta ce retour; mais force injures furent dites aux calvinistes, qu'à leur tour on insulta dans les rues. Mieux peut-être eussent valu quelques coups de poignard ou d'arquebuse : une blessure se cicatrise, mais jamais une raillerie.

En effet, le lendemain de la Saint-Michel, c'est-à-dire le 30 septembre 1567, on vit tout à coup, vers midi, deux ou trois cents conjurés sortir d'une maison, et se répandre par les rues en criant : Aux armes! mort aux papistes! monde nouveau! C'était le capitaine Bouillargues qui prenait sa revanche.

Comme les catholiques étaient surpris à l'improviste, ils n'essayèrent pas même de faire résistance; un groupe des mieux armés, parmi les protestants, courut à la maison de Guy-Rochette, premier consul, et s'empara des clefs de la ville. Guy-Rochette, prévenu par les clameurs des habitants, avait mis la tête à la fenêtre : voyant ce rassemblement de furieux se diriger vers sa maison, il avait deviné que c'était à lui qu'on en voulait, et s'était sauvé chez son frère Grégoire. Alors, s'étant remis et ayant repris courage, l'importance de ses fonctions lui revint à l'esprit, et il résolut de les remplir, quelque chose qui pût en arriver : en conséquence, il courut chez les officiers de justice; mais tous lui donnèrent de si excellentes raisons pour ne pas se mêler de la chose, qu'il vit qu'il ne fallait pas compter sur des lâches ou des traîtres. Il se rendit donc chez l'évêque, et le trouva dans son palais épiscopal, entouré des principaux catholiques, lesquels, à genoux comme lui, priaient le Seigneur et attendaient le martyre. Guy-Rochette se joignit à eux, et tous ensemble continuèrent à prier.

Un instant après, la rue retentit de nouvelles clameurs, et les portes de l'évêché gémissent sous les coups de hache et de levier : à ce bruit menaçant, l'évêque oublie qu'il doit l'exemple du martyre et se sauve par une brèche dans une maison contiguë; mais Guy-Rochette et quelques autres catholiques, résignés à leur sort et résolus courageusement à ne point le fuir, demeurent à leur place. Les portes cèdent, les protestants se répandent dans la cour et dans les appartements. Le capitaine Bouillargues entre l'épée à la main; Guy-Rochette et ses compagnons sont pris, enfermés dans une chambre sous la garde de quatre sentinelles, et l'évêché est pillé : en même temps, une autre troupe se porte chez le vicaire général Jean Peberean, lui prend huit cents écus, lui donne sept coups de poignard, et jette son cadavre par les fenêtres, comme les catholiques firent, huit ans plus tard, de celui de l'amiral Coligny; puis les deux troupes réunies s'élancent vers la cathédrale, qu'ils saccagent une seconde fois.

La journée s'écoula tout entière au milieu de ces scènes de meurtre et de pillage; puis enfin la nuit arriva : alors, comme on avait eu l'imprudence de faire grand nombre de prisonniers, et qu'ils commençaient à être embarrassants vu leur quantité, on résolut de profiter de l'obscurité pour s'en défaire sans exciter trop d'émotion dans la cité. En conséquence, on les tira des différentes maisons où on les avait enfermés, et on les conduisit tous dans une grande salle de l'hôtel de ville, qui pouvait contenir quatre ou cinq cents personnes, et qui se trouva pleine : alors, une espèce de tribunal s'organisa ; un greffier se chargea d'enregistrer les arrêts de ce tribunal de mort improvisé; une liste des prisonniers lui fut remise : une croix tracée en marge indiquait les condamnés. Il alla de chambre en chambre, cette liste à la main, appelant et faisant sortir ceux dont les noms portaient le signe fatal; puis, ce triage achevé, on les conduisit par bandes au lieu désigné d'avance pour leur supplice.

Ce lieu était la cour de l'évêché : au milieu de cette cour était un puits de cinquante pieds de profondeur et de vingt-quatre pieds de circonférence; c'était une tombe toute creusée, et les religionnaires, qui étaient pressés, avaient résolu de l'utiliser pour ne pas perdre de temps.

Là, les malheureux catholiques furent amenés, percés à coups de dague ou mutilés à coups de hache, puis précipités dans le puits; Guy-Rochette y fut traîné un des premiers, et ne demanda ni grâce ni miséricorde; mais il demanda la vie pour son jeune frère, dont le seul crime était de lui tenir de si près par les liens du sang. Les assassins n'entendirent rien, ils frappèrent l'homme et l'enfant, et les précipitèrent tous deux. Le cadavre du vicaire général, quoiqu'il fût tué de la veille, fut amené à son tour, traîné par une corde et réuni aux autres martyrs. Le massacre dura toute la nuit : l'eau sanglante montait à mesure qu'on y jetait de nouveaux cadavres; au point du jour, le puits débordait : il est vrai qu'on y avait précipité à peu près cent vingt personnes.

Le lendemain, 1er octobre, les scènes de tumulte recommencèrent : dès le point du jour, le capitaine Bouillargues parcourait les rues de la ville en criant : — Courage, compagnons! Montpellier, Pézenas, Aramon, Beaucaire, Saint-Andéol et Villeneuve sont pris et sont à notre dévotion. Le cardinal de

Lorraine est mort, et nous tenons le roi. — Ces cris réveillèrent ceux des assassins qui commençaient à s'assoupir, ils se réunirent au capitaine, demandant à grands cris qu'on fouillât les maisons qui entouraient l'évêché, et dans l'une desquelles il était à peu près certain que l'évêque, qui, ainsi qu'on s'en souvient, s'était échappé la veille, avait trouvé asile ; cette proposition fut acceptée, et les visites commencèrent ; lorsqu'on en fut à la maison de M. Sauvignargues, celui-ci avoua que le prélat était dans sa cave, et proposa au capitaine Bouillargues de traiter de sa rançon. La proposition n'avait rien d'inconvenant ; aussi fut-elle acceptée ; on discuta seulement quelques instants sur la somme, qui fut fixée à cent vingt écus : l'évêque donna tout ce qu'il avait sur lui ; ses domestiques se dépouillèrent ; le sieur de Sauvignargues compléta la somme, et comme il avait l'évêque chez lui, il le retint en cage. Le prélat ne réclama aucunement contre cette mesure, si impertinente qu'elle lui eût paru dans un autre temps ; il se croyait plus en sûreté dans la cave de M. de Sauvignargues qu'à l'évêché.

Mais, sans doute, le secret de la retraite du digne prélat ne fut pas très-scrupuleusement gardé par ceux qui venaient de traiter avec lui ; car, au bout d'un instant, une seconde troupe se présenta, dans l'espérance d'obtenir une seconde rançon. Malheureusement le sieur de Sauvignargues, l'évêque et ses domestiques s'étaient dépouillés, au premier coup, de tout ce qu'ils avaient d'argent comptant ; de sorte que cette fois le maître de la maison, craignant pour lui-même, fit barricader les portes, et, se sauvant par une ruelle, abandonna l'évêque à sa mauvaise fortune. Les huguenots escaladèrent les fenêtres, et entrèrent dans la maison en criant : — Tue ! tue ! à mort les papistes ! — Les domestiques de l'évêque furent massacrés, le prélat tiré de son caveau, et jeté dans la rue. Là on lui arracha ses bagues et sa croix pastorale, on le dépouilla de ses habits, pour le couvrir d'un vêtement grotesque que l'on improvisa avec des haillons ; on lui mit, au lieu de sa mitre, un chapeau de paysan ; puis, dans cet état, on le traîna jusqu'à l'évêché, et on le mena au bord du puits pour l'y précipiter ; là un des massacreurs fit observer qu'il était déjà plein de cadavres : — Bah ! répondit un autre, ils se presseront bien un peu pour un évêque (4).

Pendant ce temps le prélat, qui voit qu'il n'y a plus aucune miséricorde à attendre des hommes, se jette à genoux, recommandant son âme à Dieu, quand tout à coup un des assassins, nommé Jean Coussinal, et qui jusque-là s'était fait remarquer parmi les plus féroces, touché, comme par miracle, de cette résignation, s'élance entre l'évêque et ceux qui allaient le frapper, le prend sous sa garde, et déclare que quiconque le touchera aura affaire à lui; ses camarades étonnés reculent. Pendant ce temps Jean Coussinal soulève l'évêque entre ses bras, l'emporte dans une maison voisine, et se place sur le seuil l'épée à la main.

Néanmoins, les assassins, revenus de leur première surprise, réclament à grands cris l'évêque, et, réfléchissant qu'à tout prendre, ils sont cinquante contre un, et qu'il est honteux à eux de se laisser intimider ainsi par un seul homme, s'élancent contre Coussinal, qui, d'un revers de son épée, abat la tête du premier qui se présente; alors les cris redoublent, deux ou trois coups de pistolet et d'arquebuse sont tirés sur l'entêté défenseur du pauvre prélat; mais aucune balle ne le touche. En ce moment passe le capitaine Bouillargues, qui, voyant un seul homme assailli par cinquante, demande ce que c'est : on lui raconte la prétention étrange de Coussinal, qui veut sauver l'évêque : — Il a raison, dit le capitaine, l'évêque a payé rançon, et personne n'a plus droit sur lui. — A ces mots, il marche à Coussinal, lui tend la main, et tous deux entrent dans la maison, d'où ils sortent bientôt, tenant l'évêque chacun sous un bras. Ils traversent ainsi toute la ville, suivis des cris et des murmures des assassins, qui n'osent cependant point faire autre chose que crier et que murmurer; à la porte ils remettent l'évêque à une escorte, et demeurent là jusqu'à ce qu'ils l'aient perdu de vue.

Les massacres durèrent encore toute la journée, mais en diminuant à mesure qu'on avançait vers le soir; cependant la nuit il y eut quelques meurtres isolés : le lendemain, on était fatigué de tuer, on se mit à démolir; cela dure plus longtemps, on se lasse moins à remuer des pierres que des cadavres. Tous les couvents, toutes les églises, tous les monastères, toutes les maisons des prêtres et des chanoines y passèrent : on ne conserva que la cathédrale, sur laquelle haches et leviers s'émoussèrent, et l'église de Sainte-Eugénie, dont on fit un magasin de poudre.

La journée de la tuerie fut nommée la Michelade, parce qu'elle avait eu lieu le lendemain de la Saint-Michel, et comme elle date de 1567, la Saint-Barthélemy ne fut qu'un plagiat.

Cependant, avec l'aide de M. Damville, les catholiques reprirent le dessus, et ce fut aux protestants à fuir à leur tour; ils se retirèrent dans les Cévennes. Dès le commencement des troubles, les Cévennes avaient été l'asile des religionnaires : encore aujourd'hui la plaine est papiste, et la montagne huguenote. Que le parti catholique triomphe à Nîmes, la plaine monte; que les protestants soient vainqueurs, la montagne descend.

Cependant, tout vaincus et fugitifs qu'ils étaient, les calvinistes n'avaient point perdu courage : exilés d'un jour, ils comptaient bien prendre leur revanche le lendemain, et tandis qu'on les pendait par contumace, ou qu'on les brûlait en effigie, ils se partageaient devant notaire les biens de leurs bourreaux.

Mais ce n'était pas le tout que de vendre ou d'acheter les biens des catholiques, il fallait entrer en possession; c'est de quoi s'occupèrent les protestants : ils y réussirent en novembre 1569, c'est-à-dire après dix-huit mois d'exil. Voici de quelle manière :

Un jour, les religionnaires réfugiés virent venir à eux un charpentier d'un petit village nommé Cauvisson, qui demanda à parler à M. Nicolas de Calvière, seigneur de Saint-Cosme, frère du président, et qui était connu de tout le parti comme un homme d'exécution. Voici quelle était la proposition du charpentier.

Il y avait dans les fossés de la ville, près la porte des Carmes, une grille de fer, par laquelle se dégorgeait l'eau de la fontaine. Maduron, c'était le nom du charpentier, offrit de limer cette grille, de manière à ce que, en l'enlevant une belle nuit, elle donnât passage à une troupe de protestants armés : Nicolas de Clavière accepta cette proposition, demandant à la mettre à exécution le plus tôt possible; mais le charpentier fit observer qu'il fallait attendre quelque orage, afin que les eaux, grossies par la pluie, pussent couvrir par leur bruit celui que produirait le grincement de la lime. La chose était d'autant plus importante, que la guérite de la sentinelle se trouvait presque au-dessus de cette grille. M. de Calvière insista; Maduron, qui jouait dans cette affaire plus gros jeu que personne, tint bon; de sorte que, bon gré mal gré, il fallut attendre son loisir.

Quelques jours après, la saison des pluies arriva, et la fontaine grossit comme d'habitude; alors Maduron, jugeant que le moment favorable était venu, se glissa dans le fossé et se mit à limer sa grille, tandis qu'un ami, caché sur le rempart, le tirait par une ficelle qu'il s'était attachée au bras, chaque fois que la sentinelle, dans sa promenade circonscrite, revenait de son côté. Vers le point du jour l'ouvrage était déjà en bon train. Maduron couvrit les entailles avec de la cire et de la boue, afin de les dissimuler aux regards, et se retira. Trois nuits de suite il se remit encore à l'œuvre avec les mêmes précautions; enfin, vers la fin de la quatrième, il sentit qu'avec un léger effort la grille serait prête à céder; c'était tout ce qu'il fallait : il retourna donc prévenir messire Nicolas de Calvière que le moment était venu.

Cela tombait à merveille : la lune, entre son retour et son déclin, était complétement absente du ciel; on fixa l'entreprise à la même nuit, et lorsque l'obscurité fut venue, messire Nicolas de Calvière, suivi de trois cents protestants choisis parmi les plus braves, vint se cacher dans un plant d'oliviers, à un demi-quart de lieue des murailles.

Tout était tranquille, la nuit était sombre, onze heures sonnèrent; messire Nicolas de Calvière se mit en route avec ses hommes, qui descendirent sans bruit, traversèrent le fossé, ayant de l'eau jusqu'à la ceinture, remontèrent de l'autre côté, et, suivant le pied de la muraille, se glissèrent sans être aperçus jusqu'à la grille; Maduron les y attendait; en les apercevant, il donna une légère secousse, la grille tomba, et tous, entrant par le conduit, Nicolas de Calvière en tête, se trouvèrent bientôt à l'autre extrémité de l'aqueduc, c'est-à-dire place de la Fontaine.

Les protestants coururent aussitôt, par pelotons de vingt hommes, aux quatre principales portes, tandis que tout le reste de la troupe se répandait par les rues, criant : — Ville gagnée! mort aux papistes! monde nouveau! — A ces cris, les protestants de l'intérieur reconnurent des frères, et les catholiques des ennemis : mais les uns étaient prévenus et les autres pris à l'improviste; il n'y eut donc pas de défense, ce qui n'empêcha point qu'il n'y eût carnage. M. de Saint-André, le gouverneur de la ville, contre lequel, dans sa courte administration, les protestants avaient amassé de grandes haines, fut tué d'un coup de pistolet dans son lit, et son corps, jeté par la fenêtre, fut mis en morceaux par la populace. Les assassinats durèrent toute la nuit; puis, le lendemain, les vainqueurs organisèrent à leur tour la persécution, beaucoup plus facile à l'égard des catholiques, qui n'avaient pour refuge que la plaine, qu'à l'égard des protestants, qui avaient, comme nous l'avons dit, les Cévennes pour forteresse.

Vers ce temps arriva la paix de 1570, qu'on appela, comme nous l'avons dit, la paix mal assise, et à laquelle, deux ans après, la Saint-Barthélemy vint confirmer son nom.

Alors, chose étrange, le Midi regarda faire la capitale : protestants et catholiques nîmois, tous rougis encore du sang les uns des autres, demeurèrent mutuellement en face la main à la garde de leur poignard ou de leur épée, mais sans tirer ni épée ni poignard. Il y avait de la curiosité dans leur fait, et ils étaient bien aises, à leur tour, de voir comment les Parisiens s'en tireraient.

Cependant la Saint-Barthélemy eut un résultat : ce fut la fédéralisation des principales villes du Midi et de l'Ouest : Montpellier, Uzès, Montauban et la Rochelle firent une ligue militaire et civile, présidée par Nîmes, — en attendant, dit l'acte de fédéralisme, qu'un prince, suscité par Dieu, partisan et défenseur de la cause protestante, montât sur le trône. — Dès 1575, les protestants du Midi devinaient Henri IV.

Alors Nîmes, donnant l'exemple aux autres villes confédérées, creuse ses fossés, rase ses faubourgs, élève ses murailles; nuit et jour elle augmente ses moyens de défense, met double garde à chaque porte, et sachant comment on surprend une ville, ne laisse pas sur toute l'enceinte de ses murailles un trou où puisse passer un papiste. C'est alors que, dans sa crainte de l'avenir, elle devient sacrilége pour le passé, abat à moitié son temple de Diane, et mutile son amphithéâtre, dont chaque pierre gigantesque fait à elle seule un pan de muraille. Pendant une trêve, elle sème; pendant l'autre, elle récolte; et cet état dure tant que dure le règne des mignons. Enfin, ce prince suscité de Dieu, qu'attendent depuis si longtemps les religionnaires, apparaît : Henri IV monte sur le trône.

Mais, en montant sur le trône, Henri IV se trouve dans la position où, quinze cents ans auparavant, s'est trouvé Octave, et où trois siècles plus tard se trouvera Louis-Philippe : porté au souverain pouvoir par un parti qui n'est point la majorité, il est obligé de se détacher de ce parti et d'abjurer sa croyance religieuse, comme les autres ont abjuré ou abjureront leurs croyances politiques; de sorte qu'il aura son Byron, comme Octave avait eu son Antoine, et comme Louis-Philippe aura son La Fafayette. Arrivés à ce point, les rois n'ont plus ni volontés ni sympathie personnelle : ils subissent la puissance des choses, et, forcés de s'appuyer sans cesse sur les masses, ils ne cessent pas plutôt d'être proscrits, que, malgré eux, ils deviennent proscripteurs.

Cependant, avant d'en venir à l'arrestation de Fontainebleau, Henri IV, avec la franchise d'un vieux soldat, réunit autour de lui ses anciens compagnons de guerre et de religion; il déploya sous leurs yeux une carte de la France, il leur montra que le dixième à peine de son immense population était protestante; encore les protestants étaient-ils confinés tous, les uns dans les montagnes du Dauphiné, qui leur avaient donné leurs trois principaux chefs, le baron des Adrets, le capitaine Montbrun, et Lesdiguières; dans les montagnes des Cévennes, qui leur avaient donné leurs principaux prédicateurs, Maurice Sécenat et Guillaume Moget; enfin, dans les montagnes de la Navarre, d'où il était sorti lui-même. Il leur montra que, chaque fois qu'ils s'étaient hasardés hors de leurs montagnes, ils avaient été battus, ainsi que cela était arrivé à Jarnac, à Moncontour et à Dreux. Enfin, il termina par leur faire sentir l'impossibilité où il était de leur remettre le pouvoir; mais, en échange, il leur donna trois choses : sa bourse, pour assurer les besoins du présent; l'édit de Nantes, pour assurer la tranquillité de l'avenir; enfin, des places fortes, pour se défendre au cas où un jour cet édit serait révoqué; car, dans sa prévoyance profonde, l'aïeul avait deviné le petit-fils, et Henri IV craignait Louis XIV.

Les protestants prirent ce qu'on leur offrait; puis, comme cela arrive toujours à ceux qui ont reçu, se retirèrent mécontents de ne pas avoir obtenu davantage.

Le règne de Henri IV n'en fut pas moins, tout renégat que ce prince était à leurs yeux, l'ère dorée des protestants; et tant que ce règne dura, Nîmes fut calme; car cette fois les vainqueurs, chose étrange, oubliant la Saint-Barthélemy parisienne, dont ils n'avaient point encore pris leur revanche, se contentaient de défendre aux catholiques toute pratique de culte extérieur, les laissant assez libres d'exercer leur religion, pourvu que ce fût en secret, et même de porter le viatique, pourvu que les malades se résignassent à attendre à la nuit. Quand la mort était trop pressée, il fallait bien porter le saint sacrement de jour; mais alors ce n'était pas sans danger pour le prêtre, qu'au reste ce danger n'arrêta jamais, tant c'est le propre des dévouements religieux de demeurer inflexibles, et peu de soldats, si braves qu'ils fussent, moururent aussi courageusement que les martyrs.

Pendant tout ce temps, profitant de la trêve et de l'impartiale protection qu'accordait, aux uns comme aux autres, le connétable Damville, carmes, capucins, jésuites, moines de tout ordre ou de toute couleur enfin, rentraient dans Nîmes les uns après les autres, sans bruit, il est vrai, d'une manière sourde et nocturne, il est vrai encore; mais enfin, au bout de trois ou quatre ans, ils n'en furent pas moins réinstallés : seulement, ils se trouvèrent alors dans la situation où avaient été d'abord les protestants; c'étaient eux qui n'avaient plus d'églises, et c'étaient leurs ennemis qui avaient des temples. Enfin, il arriva même un moment où un supérieur des jésuites, nommé le P. Coston, prêcha avec tant de succès, que les protestants, voulant combattre à armes égales, et opposer la parole à la parole, firent venir d'Alais, c'est-à-dire de la montagne, cette source éternelle d'éloquence huguenote, le révérend Jérémie Ferrier, qui passait en ce moment pour l'aigle du parti. Alors les controverses religieuses recommencèrent entre les deux religions; ce n'était pas encore une guerre, mais c'était déjà moins qu'une paix : on avait cessé de s'assassiner, mais on s'anathématisait toujours; on ne tuait plus le corps, mais on damnait l'âme; c'était une manière, tout en prenant du repos, de ne pas perdre son temps et de s'entretenir la main pour le moment où les massacres recommenceraient.

La mort de Henri IV donna le signal de nouvelles collisions, qui, d'abord au profit des protestants, commencèrent peu à peu à tourner à celui des catholiques : c'est qu'avec Louis XIII Richelieu était monté sur le trône; à côté du roi, le cardinal; derrière le manteau de pourpre, la robe rouge. C'est alors qu'apparaît dans le Midi Henri de Rohan, l'un des plus illustres chefs de cette grande race qui, alliée aux maisons royales d'Écosse, de France, de Savoie et de Lorraine, avait pris pour devise : « Roi ne puis, prince ne daigne, Rohan je suis. »

Henri de Rohan était alors un homme de quarante à quarante-cinq ans, dans toute la force de l'âge et du génie. Jeune, il avait parcouru, pour achever son éducation, l'Angleterre, l'Écosse et l'Italie. En Angleterre, Élisabeth l'avait appelé son chevalier; en Écosse, Jacques VI avait voulu qu'il devînt le parrain de son fils, qui fut depuis Charles Ier; enfin, en Italie, il avait pénétré si avant dans l'amitié des principaux seigneurs et dans la politique des principales villes, qu'on avait l'habitude de dire qu'après Machiavel c'était lui qui, sous ce rapport, en savait le plus. Revenu en France, il avait du vivant de Henri IV, épousé la fille de Sully, et, Henri IV mort, il avait commandé les Suisses et les Grisons au siége de Juliers. C'était cet homme que le roi avait eu l'imprudence de maltraiter, en lui refusant la survivance du gouvernement du Poitou, dont son beau-père était investi, et qui, ainsi qu'il le dit lui-même dans ses Mémoires avec une ingénuité toute militaire, excité par le désir de se venger du mépris qu'on lui avait témoigné à la cour, venait de se jeter dans le parti de Condé, par sa complaisance pour son frère, et par l'envie de servir ceux de sa religion.

De ce jour, les révoltes de la rue et les colères du moment prirent un plus large caractère et une plus longue durée ; ce ne fut plus une émeute isolée qui souleva une cité, ce fut une conflagration générale qui enflamma le Midi, et l'insurrection monta au rang de guerre civile.

Cet état de choses dura sept ou huit ans : pendant sept ou huit ans, Rohan abandonné par Châtillon et La Force, qui payaient de leur défection le bâton de maréchal, pressé par Condé, son ancien ami, et par Montmorency, son éternel rival, fit des prodiges de courage et des miracles de stratégie. Enfin, sans soldats, sans munitions, sans argent, il était encore tellement redoutable à Richelieu, que le ministre lui accorda les conditions qu'il demandait, c'est-à-dire la garantie de l'édit de Nantes, la restitution des temples aux réformés, et une amnistie générale pour lui et ses partisans. En outre, chose inouïe jusqu'alors, il obtint trois cent mille livres comme indemnité de l'argent qu'il avait dépensé pendant sa rébellion ; il en abandonna deux cent quarante à ses coreligionnaires, ne gardant, pour rebâtir ses châteaux et remettre sur pied sa maison entièrement délabrée, qu'une somme de soixante mille livres, c'est-à-dire le quart à peine de ce qu'il avait reçu. Cette paix fut signée le 27 juillet 1629.

Le duc de Richelieu, à qui rien ne coûtait pour parvenir à son but, y était enfin arrivé ; il achetait la paix quarante millions à peu près ; mais la Saintonge, le Poitou et le Languedoc étaient soumis : les La Trimouille, les Condé, les Bouillon, les Rohan et les Soubise avaient traité ; enfin les grandes oppositions armées avaient disparu, et le cardinal duc regardait de trop haut pour apercevoir les oppositions particulières. Il laissa donc Nîmes faire ses affaires intérieures comme elle l'entendait, et tout y rentra bientôt dans l'ordre ou plutôt dans le désordre accoutumé. Enfin Richelieu meurt, Louis XIII le suit à quelques mois de distance, et les embarras de la minorité donnent aux protestants et aux catholiques du Midi liberté plus entière que jamais de continuer ce grand duel qui n'est pas encore terminé de nos jours.

Seulement, chaque flux et reflux porte de plus en plus le caractère particulier du parti qui triomphe : si ce sont les protestants qui sont vainqueurs, la vengeance est brutale et colère ; si c'est le parti catholique, les représailles sont hypocrites et sordides.

Les protestants jettent bas les églises, rasent les couvents, chassent les moines, brûlent les crucifix, détachent quelque malfaiteur de la potence, clouent le cadavre en croix, lui percent le côté, lui mettent une couronne sur la tête, et vont le planter sur la place du Marché, pour parodier Jésus au calvaire.

Les catholiques imposent des contributions, reprennent ce qu'on leur a pris, exigent des indemnités, et, ruinés à chaque défaite, se retrouvent plus riches à chaque victoire.

Les protestants procèdent au grand jour, et, au son de la caisse, fondent publiquement les cloches pour faire des canons, violent les signatures, se chauffent dans les rues avec le bois des chanoines, affichent leurs thèses sur les portes de la cathédrale, battent les curés catholiques qui vont porter le saint sacrement aux moribonds, et enfin, pour comble d'insulte, transforment les églises en abattoirs et en voiries.

Les catholiques, au contraire, marchent dans la nuit, rentrent par les portes entr'ouvertes, plus nombreux qu'ils n'ont été chassés, font l'évêque président du conseil, mettent les jésuites en possession du collége, achètent les conversions avec l'argent du fisc, et comme ils ont toujours un appui dans la cour, ils commencent par faire exclure les calvinistes des grâces, en attendant qu'ils puissent les faire exclure de la justice.

Enfin, le 31 décembre 1657, une dernière émeute arrive, dans laquelle les protestants ont le dessous, et ne sont sauvés que parce que, de l'autre côté de la France et du détroit, Cromwell s'émeut en leur faveur, et écrit de sa main, au bas d'une dépêche relative aux affaires d'Autriche : « J'apprends qu'il y a eu des émotions populaires dans une ville du Languedoc que l'on appelle Nîmes : que tout s'y passe, je vous prie sans qu'on y verse le sang, et le plus doucement possible. »

Par bonheur pour les protestants, Mazarin avait, en ce moment, besoin de Cromwell : en conséquence, on décommanda les supplices, et on s'en tint aux vexations.

Mais aussi, à compter de ce jour, non-seulement elles n'eurent point de fin, mais pas même de trêve; toujours fidèle à son système d'envahissement, le parti catholique organisa une persécution incessante, que vinrent bientôt renforcer les ordonnances successives de Louis XIV. Le petit-fils de Henri IV ne pouvait, par respect humain, déchirer d'un seul coup l'édit de Nantes, mais il le lacérait article par article.

Dès 1630, c'est-à-dire un an après la paix signée avec Rohan, et sous le règne précédent, Chalon-sur-Saône avait décidé qu'aucun protestant ne serait admis à la fabrication des produits commerciaux de la ville.

En 1643, c'est-à-dire six mois après l'avénement au trône de Louis XIV, les lingères de Paris dressent un règlement qui déclare les filles et les femmes protestantes indignes d'obtenir la maîtrise de leur respectable profession.

En 1654, c'est-à-dire un an après sa majorité, Louis XIV permet l'imposition sur la ville de Nîmes d'une somme de quatre mille francs, pour l'entretien de l'hôpital catholique et de l'hôpital protestant; et, au lieu d'imposer proportionnellement chaque culte pour défrayer l'hôpital de sa religion, il ordonne que la taxe sera levée sur tous indifféremment; de sorte que les protestants, qui sont deux fois plus nombreux que les catholiques, payent deux sixièmes de l'impôt prélevé sur eux à leurs ennemis. Le 9 août de la même année, un arrêt du conseil ordonne que les consuls des artisans seront tous catholiques; le 16 décembre, un arrêt défend aux protestants de faire des députations au roi; enfin, le 20 décembre, un autre arrêt décide que les consuls catholiques auront seuls l'administration des hôpitaux.

En 1662, il est enjoint aux protestants de n'enterrer leurs morts qu'au point du jour ou à l'entrée de la nuit, et un article de l'arrêt fixe le nombre de ceux qui pourront suivre le convoi.

En 1663, le conseil d'État rend ses arrêts qui prohibent l'exercice du culte réformé dans cent quarante-deux communes des diocèses de Nîmes, d'Uzès et de Mende; les mêmes arrêts ordonnent la démolition de leurs temples.

En 1664, cet ordre s'étend aux temples des villes d'Alençon et de Montauban, et au petit temple de Nîmes. Le 17 juillet de la même année, le parlement de Rouen fait défense aux maîtres merciers de recevoir aucun ouvrier ou apprenti protestant, tant que le nombre des protestants dépassera le quinzième du nombre des catholiques; le 24 du même mois, le conseil d'État invalide toute lettre de maîtrise obtenue ou acquise à quelque titre que ce soit par un protestant; et enfin, en octobre, réduit à deux seulement les monnayers qui peuvent être de la religion réformée.

En 1665, le règlement fait pour les merciers est étendu aux orfèvres.

En 1666, une déclaration du roi régularise les arrêts du parlement; décide, article 31, que les charges de greffier des maisons consulaires ou les secrétaires de communautés d'horlogers, portiers ou autres charges municipales, ne pourront être tenues que par les catholiques;

Article 33, que, lorsque des processions dans lesquelles le saint sacrement sera porté passeront devant les temples de ceux de la religion prétendue réformée, ils cesseront de chanter leurs psaumes jusqu'à ce que lesdites processions aient passé;

Enfin, article 34, que lesdits de la religion réformée seront tenus de souffrir qu'il soit tendu des draps et tapisseries, par l'autorité des officiers de la ville, au-devant de leurs maisons et autres lieux à eux appartenant.

En 1669, les chambres de l'édit dans les cours des parlements de Rouen et de Paris sont supprimées, ainsi que les places des clercs et des commis des greffes; puis, la même année, au mois d'août, comme on commence à remarquer l'émigration des protestants, un édit est rendu, dont voici un des articles :

« Considérant que plusieurs de nos sujets ont passé dans les pays étrangers, y travaillent à tous les exercices dont ils sont capables, même à la construction des vaisseaux, s'engagent dans les équipages maritimes, s'y habituent sans dessein de retour, et y prennent leurs établissements par mariage et par acquisition de biens de toute nature;

» Faisons défense à aucun de la religion prétendue réformée de sortir du royaume sans notre permission, sous peine de confiscation de corps et de biens, et ordonnons à ceux qui ont déjà quitté la France de rentrer dans les limites. »

En 1670, le roi exclut les médecins réformés du décannat du collége de Rouen, et ne tolère à ce collége que deux médecins de la religion.

En 1671, publication d'arrêt qui ordonne que les armes de la France seront enlevées des temples de la prétendue religion réformée.

En 1680, une déclaration du roi interdit aux femmes de la religion réformée la profession de sages-femmes.

En 1681, ceux qui abandonnent la religion réformée sont exempts des contributions et du logement des gens de guerre pendant deux ans, et au mois de juillet de la même année on fait fermer le collége de Sedan, le seul qui reste aux calvinistes dans tout le royaume pour l'instruction de leurs enfants.

En 1682, le roi ordonne aux notaires, procureurs, huissiers et sergents calvinistes de se démettre de leurs offices, les déclarant inhabiles à ces professions, et un arrêt du mois de septembre de la même année restreint à trois mois le terme qui leur est accordé pour la vente de leur charge.

En 1684, le conseil d'État étend les dispositions précédentes aux titulaires des charges de secrétaires du roi, et, au mois d'août, le roi déclare les protestants inhabiles à être nommés experts.

En 1685, le prévôt des marchands de Paris enjoint aux marchands privilégiés calvinistes de vendre leur privilége dans l'espace d'un mois.

Au mois d'octobre de la même année, cette longue suite de persécutions, que nous n'avons point encore exposée tout entière, est couronnée par la révocation de l'édit de Nantes. Henri IV, tout en prévoyant ce résultat, avait espéré que l'on procéderait autrement, et que les places fortes resteraient à ses coreligionnaires après la révocation de l'édit; mais, tout au contraire, on avait commencé par prendre les places fortes, et révoquer l'édit ensuite; de sorte que les calvinistes se trouvèrent entièrement à la merci de leurs ennemis mortels.

Dès 1669, et lorsque Louis XIV menaçait de porter un des coups les plus funestes à la garantie des droits civils des réformés, en abolissant les chambres mi-parties, diverses députations lui avaient été envoyées, pour qu'il arrêtât le cours de ses persécutions; et pour ne lui donner aucune arme nouvelle contre le parti, ces députations s'étaient adressées à lui avec une soumission dont le fragment de discours suivant pourra offrir un exemple.

« Au nom de Dieu, sire, écoutez, disaient les protestants au roi, écoutez les derniers soupirs de notre liberté mourante; ayez pitié de nos maux, ayez pitié de tant de pauvres sujets, qui ne vivent presque plus que de leurs larmes : ce sont des sujets qui ont pour vous un zèle ardent et une fidélité inviolable; ce sont des sujets qui ont autant d'amour que de respect pour votre auguste personne; ce sont des sujets à qui l'histoire rend témoignage d'avoir contribué notablement à mettre votre grand et magnanime aïeul sur son trône légitime; ce sont des sujets qui, depuis votre miraculeuse naissance, n'ont jamais rien fait qui puisse attirer aucun blâme sur leur conduite; nous pourrions même en parler d'une autre manière, mais Votre Majesté a eu soin d'épargner notre pudeur et de louer dans des occasions importantes notre fidélité en des termes que nous n'aurions point osé prononcer (5); ce sont encore des sujets qui, n'ayant que votre sceptre seul pour appui, pour asile et pour protection sur la terre, sont obligés par leur intérêt, aussi bien que par leur devoir et leur conscience, de se tenir invariablement attachés au service de Votre Majesté. »

Mais, comme on le voit, rien n'avait arrêté la trinité royale qui régnait à cette heure, et, grâce aux suggestions du P. La Chaise et de madame de Maintenon, Louis XIV allait gagner le ciel au milieu des roues et des bûchers.

Ainsi les persécutions sociales et religieuses prenaient, grâce à ces ordonnances successives, le protestant au berceau, et ne le quittaient qu'après la mort.

Enfant, il n'avait plus de colléges où s'instruire.

Jeune homme, il n'avait plus de carrière à parcourir, puisqu'il ne pouvait être ni concierge, ni mercier, ni apothicaire, ni médecin, ni avocat, ni consul.

Homme, il n'a plus de temple où prier, ni plus de registre d'état civil où inscrire son mariage et la naissance de ses enfants; à chaque heure, sa liberté de conscience est opprimée; il chante ses prières : une procession passe, il faut qu'il se taise; une cérémonie catholique a eu lieu, il faut qu'il dévore sa colère, et laisse tendre sa maison en signe de joie; il a reçu quelque fortune de ses pères, cette fortune, qu'il ne peut entretenir faute de position sociale et de droits civils, s'échappe peu à peu de ses mains, et va entretenir les colléges et les hôpitaux de ses ennemis.

Vieillard, son agonie est tourmentée; car s'il meurt dans la foi de ses pères, il ne pourra reposer à côté de ses aïeux, et à l'exception d'un nombre fixé à dix, ses amis ne le pourront suivre à ses funérailles nocturnes, et cachées comme celles d'un paria.

Enfin, à quelque âge de sa vie que ce soit, s'il veut fuir cette terre marâtre sur laquelle il ne peut ni naître, ni vivre, ni mourir, il sera déclaré rebelle, ses biens seront confisqués, et la moindre chose qui pourra lui arriver, si jamais il retombe aux mains de ses persécuteurs, ce sera de passer le reste de sa vie sur les galères du roi à ramer entre un assassin et un faussaire.

Un pareil état de choses était intolérable; les cris d'un seul homme se perdent dans les airs; les gémissements de toute une population forment un orage : cette fois, comme d'habitude, l'orage s'amassa dans les montagnes, et l'on commença d'entendre gronder sourdement le tonnerre.

Ce furent d'abord des préceptes écrits, par des mains invisibles, sur les murs des villes, sur les carrefours des chemins, sur les croix des cimetières; ces préceptes, comme le *Mane Thecel Phares* de Balthasar, poursuivaient le persécuteur au milieu de ses fêtes et de ses orgies.

Tantôt c'était cette menace : *Jésus n'est pas venu pour apporter la paix, mais l'épée.*

Tantôt c'était cette consolation : *En quelque lieu que se trouvent deux ou trois personnes assemblées en mon nom, je me trouve au milieu d'elles.*

Tantôt, enfin, c'était cet appel à la réunion, qui bientôt devait devenir un appel à la révolte : *Nous vous annonçons ce que nous avons vu et entendu, afin que vous communiquiez avec nous.*

Et les persécutés s'arrêtaient devant ces promesses empruntées aux apôtres, et rentraient chez eux, pleins d'espérance dans la parole des prophètes, qui, ainsi que le dit saint Paul, dans son Épître à ceux de Thessalonique, *n'est point la parole des hommes, mais la parole de Dieu.*

Bientôt ces préceptes s'incarnèrent et ces promesses du prophète Joël s'accomplirent :

Vos fils et vos filles prophétiseront, vos jeunes gens auront des visions et vos vieillards des songes; je ferai voir des prodiges, et ceux qui invoqueront le nom de Dieu seront sauvés.

En effet, dès 1696, on commença d'entendre dire que des hommes étaient apparus, qui avaient des visions pendant lesquelles, soit qu'ils regardassent le ciel ou la terre, ils voyaient le ciel ouvert, et connaissaient ce qui se passait dans les lieux les plus éloignés. Tant que duraient leurs extases, on pouvait piquer également ces hommes avec une épingle ou avec un glaive, ils ne sentaient rien; on pouvait les interroger après leurs extases, ils ne se souvenaient de rien.

La première prophétesse qui apparut fut une femme du Vivarais dont nul ne connaissait l'origine ; elle allait de bourg en bourg et de montagne en montagne, pleurant du sang au lieu de larmes ; mais M. de Baville, intendant du Languedoc, la fit prendre et conduire à Montpellier; là, elle fut condamnée au bûcher, et ses larmes de sang se séchèrent dans le feu.

Derrière elle s'éleva un autre fanatique, c'était le nom qu'on donnait à ces prophètes populaires; il était né à Mazillon, se nommait Laquoite, et avait vingt ans. Le don de pro-

phétie lui avait été acquis d'une manière étrange. Voici ce qu'on racontait de lui : « Un jour qu'il revenait du Languedoc, où il avait été travailler aux vers à soie, il avait trouvé au bout de la descente de la côte Saint-Jean un homme inconnu, couché à terre et tremblant de tous ses membres; ému de pitié, il avait fait halte près de lui, et lui avait demandé la cause de son mal; alors cet homme lui avait répondu : « Met-
» tez-vous à genoux, mon fils, et écoutez-moi, s'il vous plaît :
» il n'est pas question de savoir si je suis malade; mais il s'a-
» git d'apprendre le moyen de faire votre salut et de sauver
» vos frères; ce moyen n'est autre chose que la communication
» du Saint-Esprit; je l'ai en moi, et par la grâce de Dieu je
» veux vous le donner; approchez-vous, et recevez-le de moi,
» en recevant un baiser de ma bouche. » Et à ces paroles, l'inconnu avait baisé le jeune homme sur les lèvres, lui avait serré la main droite, et avait disparu, le laissant tout tremblant à son tour; car l'esprit de Dieu était en lui, si bien que de ce jour, ayant reçu l'inspiration, il répandait la parole. »

Une troisième prophétesse fanatisait encore dans les paroisses de Saint-Andéol, de Clerguemont et de Saint-Frazal de Vantalon; mais celle-là s'attaquait principalement aux nouveaux convertis : elle disait, en parlant de l'Eucharistie, « qu'ils avaient avalé dans l'hostie un morceau aussi venimeux que la tête du basilic, qu'ils avaient fléchi le genou devant Baal, et qu'il n'y avait pas assez de pénitences pour eux. » Ses prédications inspirèrent une si profonde terreur, qu'au dire même du révérend P. Louvreloeil, cet effort de Satan rendit les églises désertes aux fêtes de Pâques, et que les curés administrèrent les sacrements à moitié moins de personnes que l'année précédente.

Un pareil relâchement, qui menaçait de s'étendre chaque jour davantage, éveilla la sollicitude religieuse de messire François Langlade de Duchayla, prieur de Laval, inspecteur des missions du Gévaudan et archiprêtre des Cévennes : en conséquence, il se décida à quitter Mende, sa résidence, à visiter les paroisses les plus corrompues, et à combattre l'hérésie par tous les moyens que Dieu et le roi avaient mis en son pouvoir.

L'abbé Duchayla était un fils puîné de la noble maison de Langlade, et, par le malheur de sa naissance, malgré l'instinct courageux qui veillait en lui, il avait été contraint de laisser à son aîné l'épaulette et l'épée, et de prendre le petit collet et la soutane ; aussi, en sortant du séminaire, s'était-il jeté avec toute l'ardeur de son tempérament dans l'église militante; car, à ce caractère de feu, il fallait des périls à courir, des ennemis à combattre, une religion à imposer ; or, comme à cette époque tout était encore tranquille en France, il avait tourné les yeux vers l'Inde, et s'était embarqué avec la fervente résolution d'un martyr.

Le jeune missionnaire était arrivé aux Indes orientales dans des circonstances merveilleusement en harmonie avec les espérances célestes qu'il avait conçues : quelques-uns de ses prédécesseurs ayant porté trop loin leur zèle religieux, le roi de Siam, après en avoir fait périr plusieurs au milieu des tortures, avait défendu aux missionnaires l'entrée de ses États : cette défense, comme on le pense bien, ne fit qu'exciter le désir convertisseur de l'abbé ; il trompa la surveillance des soldats, et, malgré les défenses terribles du roi, commença de prêcher la religion catholique parmi les idolâtres, dont il convertit un grand nombre.

Un jour, il fut surpris par des soldats dans un petit village qu'il habitait depuis trois mois, et dont presque tous les habitants avaient abjuré leur fausse croyance; conduit devant le gouverneur de Bankan, le noble défenseur du Christ, au lieu de renier sa foi, avait glorifié le saint nom de Dieu, et avait été livré aux bourreaux pour être torturé; là, tout ce que le corps de l'homme peut supporter sans mourir, l'abbé l'avait souffert avec résignation; si bien que la colère s'était lassée avant la patience, et que les mains mutilées, la poitrine sillonnée de blessures, les jambes presque brisées par les entraves, il s'était évanoui; alors on l'avait cru mort, et on l'avait suspendu par les poignets à un arbre; là, il avait été recueilli par un paria, et comme le bruit de son martyre s'était répandu, l'ambassadeur de Louis XIV avait hautement demandé justice; de sorte que le roi de Siam, trop heureux que les bourreaux se fussent lassés si vite, avait renvoyé un homme mutilé, mais vivant, à M. de Chaumont, qui ne réclamait qu'un cadavre.

Au moment où Louis XIV songeait à révoquer l'édit de Nantes, l'abbé Duchayla était un homme précieux pour lui; aussi, vers 1632, fut-il rappelé de l'Inde, et, un an après, envoyé à Mende, avec le titre d'archiprêtre et d'inspecteur des missions dans les Cévennes.

Là, de persécuté qu'il avait été, l'abbé devint à son tour persécuteur; insensible aux douleurs des autres comme il avait été immuable dans les siennes, son apprentissage des supplices n'avait point été perdu, et, tortureur inventif, il avait élargi la science de la question en rapportant de l'Inde des machines inconnues, ou en en découvrant de nouvelles. En effet, on parlait avec terreur des roseaux taillés en sifflets, que l'implacable missionnaire faisait glisser sous les ongles, de pinces de fer avec lesquelles il arrachait les poils de la barbe, des paupières et des sourcils; de mèches graissées qui enveloppaient les doigts des patients, et qui, allumées, faisaient de chaque main un candélabre à cinq flambeaux; d'un étui tournant sur pivot, où l'on enfermait le malheureux qui refusait de se convertir, et dans lequel on le faisait tourner si rapidement qu'il finissait par perdre connaissance; enfin, d'entraves perfectionnées dans lesquelles les prisonniers qu'on transportait d'une ville à l'autre ne pouvaient rester assis ni debout.

Aussi les panégyristes les plus fervents de l'abbé Duchayla n'en parlaient qu'avec une espèce de crainte, et lui-même, il faut le dire, lorsqu'il descendait dans son propre cœur, et qu'il songeait combien de fois il avait appliqué au corps ce pouvoir de lier et de délier que Dieu ne lui avait donné que sur l'âme, il se sentait pris de frissonnements étranges, et, tombant à genoux, les mains jointes et la tête inclinée, il restait quelquefois des heures entières perdu dans l'abîme de ses pensées : alors on eût pu le prendre, moins la sueur d'angoisse qui lui coulait sur le front, pour une statue de marbre priant sur un sépulcre.

C'est qu'aussi ce prêtre, en vertu du pouvoir dont il était revêtu, et se sentant appuyé par M. de Baville, intendant du

Languedoc, et par M. de Broglie, qui commandait les troupes, avait fait de terribles choses.

Il avait enlevé des enfants à leurs pères et à leurs mères, et les avait mis dans des couvents, où, pour leur faire pénitence d'une hérésie qu'ils tenaient de leurs parents, on les avait soumis à des châtiments tels que quelques-uns étaient morts.

Il était entré dans la chambre des agonisants, non pas pour leur apporter des consolations, mais des menaces, et, se penchant sur leur lit comme pour lutter avec l'ange funèbre, il leur avait fait entendre l'arrêt terrible qui, en cas de mort sans conversion, ordonnait que le procès serait fait à leur mémoire, et que leurs corps, privés de sépulture, seraient traînés sur la claie et jetés à la voirie.

Enfin, quand des enfants pieux, essayant de soustraire l'agonie à ses menaces, ou le cadavre à sa justice, emportaient entre leurs bras leurs parents moribonds ou morts, afin qu'ils eussent ou un trépas tranquille ou une tombe chrétienne, il avait déclaré coupables de lèse-religion ceux-là qui avaient ouvert une porte hospitalière à cette désobéissance, qui chez les païens eût obtenu des autels.

Voilà l'homme qui s'était levé pour punir, et qui s'avançait, précédé de la terreur, accompagné des tortures et suivi de la mort, au milieu d'un pays déjà fatigué d'une longue et sanglante oppression, où il marchait à chaque pas sur le volcan mal éteint des haines religieuses; aussi, depuis quatre ans, toujours prêt au martyre, avait-il fait creuser d'avance sa tombe dans l'église de Saint-Germain, qu'il avait choisie pour dormir du sommeil éternel parce qu'elle avait été bâtie par le pape Urbain IV, lorsqu'il était évêque de Mende.

L'abbé Duchayla resta six mois dans sa tournée : pendant ces six mois chaque jour fut marqué par quelque torture ou quelque supplice; plusieurs prophètes furent brûlés : Françoise de Brez, la même qui comparaît l'hostie à un morceau plus venimeux que la tête du basilic, fut pendue; et Laquoite, conduit dans la citadelle de Montpellier, allait être roué vif, lorsque la veille du supplice on ne le retrouva plus dans sa prison, sans que l'on ait jamais pu deviner comment il en était sorti; aussi acquit-il une nouvelle renommée de cette évasion; car le bruit se répandit en tous lieux que, conduit par le Saint-Esprit comme saint Pierre par l'ange, il avait, ainsi que l'apôtre, laissé ses fers dans le cachot, et passé invisible au milieu des soldats qui le gardaient.

Cette évasion incompréhensible redoubla encore les sévérités de l'archiprêtre, si bien que les prophètes, voyant que c'en était fait d'eux s'ils ne se débarrassaient de lui, commencèrent à le représenter comme l'Antechrist et à prêcher sa mort. L'abbé Duchayla fut averti de l'orage; mais rien ne put ralentir son zèle : en France comme dans l'Inde, le martyre était son but, et il continua d'y marcher à grands pas et le front haut.

Enfin, le 24 juillet au soir, les conjurés, au nombre de deux cents, se réunirent dans un bois situé au sommet d'une montagne qui dominait le pont de Montvert, résidence ordinaire de l'archiprêtre. Celui qui les commandait était un nommé Laporte, natif d'Alais, et qui, à cette heure, était maître forgeron près du collet de Deze; il avait avec lui un inspiré, ancien cardeur de matelas, né à Magistavols, et nommé Esprit Séguier, qui, après Laquoite, était le plus révéré de vingt ou trente prophètes qui en ce moment parcouraient en tous sens les Cévennes; toute cette troupe était armée de faux, de hallebardes et d'épées; quelques-uns même avaient des pistolets et des fusils.

Lorsque dix heures sonnèrent, comme c'était l'heure convenue pour le départ, tous s'agenouillèrent, la tête découverte, et commencèrent à prier aussi dévotement que s'ils allaient commettre l'action la plus agréable au Seigneur; puis, l'invocation achevée, ils se mirent en marche, et descendirent vers le bourg, chantant un psaume, criant, dans les intervalles des strophes, aux habitants de rester chez eux, et menaçant de tuer quiconque paraîtrait sur sa porte ou à sa fenêtre.

L'abbé était dans son oratoire, lorsqu'il entendit les chants lointains mêlés de menaces; en même temps un de ses serviteurs entra tout effrayé, malgré l'ordre qu'avait donné l'archiprêtre de ne jamais le déranger dans ses prières. Il venait lui annoncer que les fanatiques descendaient de la montagne. L'abbé crut que c'était un rassemblement sans consistance, qui venait pour enlever six prisonniers qu'il avait dans les ceps ; ces prisonniers étaient trois jeunes hommes et trois jeunes filles travesties en garçons, qu'on avait surpris au moment où ils allaient fuir de France. Or, comme l'abbé avait autour de lui une garde de soldats, il fit venir le chef qui les commandait, et lui ordonna de marcher aux fanatiques et de les disperser.

Mais le chef n'eut point à prendre cette peine, car c'étaient les fanatiques qui marchaient à lui. A peine fut-il arrivé à la porte de l'abbaye, qu'il leur entendit faire extérieurement tous les préparatifs pour l'enfoncer. Le chef des assiégés, calculant alors le nombre des assaillants par le frémissement des voix, jugea qu'au lieu d'attaquer il ne fallait plus songer qu'à se défendre; en conséquence, il barricada la porte en dedans, et plaça ses hommes derrière une barricade élevée à la hâte, sous une voûte qui conduisait aux appartements de l'archiprêtre. Comme ces préparatifs intérieurs venaient d'être achevés, Esprit Séguier aperçut une poutre qui était gisante dans un fossé; alors, avec l'aide d'une douzaine d'hommes, il la souleva, et s'en servant comme d'un bélier, il commença à battre la porte, qui, si solidement barricadée qu'elle fût, finit par se fendre. Ce premier succès encouragea les travailleurs, qui, excités par les chants de leurs camarades, l'eurent bientôt arrachée de ses gonds. Alors ils se répandirent dans la première cour, redemandant à grands cris et avec de grandes menaces les prisonniers.

Le chef des soldats envoya alors demander à l'abbé Duchayla ce qu'il fallait faire; l'abbé répondit qu'il fallait faire feu.

L'ordre imprudent fut exécuté; un des fanatiques tomba mort, et deux blessés mêlèrent leurs plaintes aux chants et aux menaces de leurs compagnons.

Alors ils se précipitèrent sur la barricade, que les uns attaquèrent à coups de hache, tandis que les autres, passant leurs épées et leurs hallebardes par les ouvertures, dardaient ceux qui étaient derrière; quant à ceux qui étaient armés de fusils et de pistolets, ils montaient sur les épaules de leurs camarades, et faisaient feu en plongeant. A la tête des assaillants étaient Laporte et Esprit Séguier, qui avaient à venger, l'un son père et l'autre son fils, qui avaient péri par les ordres de l'abbé. Au reste, ils n'étaient pas les seuls de la troupe qui fussent animés par l'esprit de la vengeance, douze ou quinze de ces malheureux se trouvaient dans la même situation.

L'abbé entendait, de la chambre où il était, le bruit du combat, et jugeant qu'il était sérieux, il avait rassemblé ses gens autour de lui, et, les ayant fait mettre à genoux, il leur avait ordonné de se confesser, afin qu'il pût, en leur donnant l'absolution, les mettre en état de paraître devant Dieu. Il venait de prononcer les paroles sacrées, lorsque le tumulte se rapprocha : la barricade venait d'être forcée, et les soldats, toujours poursuivis par les fanatiques, faisaient retraite vers une salle basse située au-dessous de la chambre où était l'archiprêtre.

Mais les assaillants s'arrêtèrent : tandis que les uns cernaient la maison, les autres se mirent en quête des prisonniers; ils ne tardèrent point à les trouver; car ceux-ci, jugeant que c'étaient leurs frères qui venaient à leur secours, les appelaient à grands cris. Les malheureux, qui depuis huit jours avaient les jambes prises et serrées entre les poutres fendues auxquelles on donnait le nom de ceps, en furent retirés, enflés par tout le corps, les os à demi brisés et ne pouvant plus se tenir sur leurs jambes. A la vue de ces martyrs de leur cause, les fanatiques poussèrent de grands cris, et se précipitèrent de nouveau sur les soldats, qui, chassés de la salle basse, s'étagèrent sur l'escalier qui conduisait à la chambre de l'abbé, et commencèrent à faire de là une si vive résistance, que les assaillants furent forcés de reculer deux fois. Alors Laporte, voyant trois de ses hommes morts et cinq ou six blessés, s'écria d'une voix forte : « Enfants de Dieu, mettez les armes bas; ceci nous arrêterait trop longtemps, il faut brûler l'abbaye et tous ceux qui y sont : A l'œuvre! A l'œuvre! »

Le conseil était bon; aussi chacun se hâta-t-il de le suivre :

les bancs, les chaises, les meubles, sont entassés au milieu de la salle basse, une paillasse jetée sur le bûcher est allumée, et en un moment toute la maison est en feu ; alors l'archiprêtre cède aux prières de ses domestiques, attache à la barre de la fenêtre les draps de son lit, se laisse glisser dans le jardin, tombe, se casse la cuisse, et va, se traînant sur ses deux mains et sur son genou, se réfugier avec l'un de ses valets dans l'angle d'un mur, tandis que l'autre essayait de se sauver à travers les flammes, et tombait au pouvoir des religionnaires, qui l'amenèrent devant leur capitaine. Aussitôt les cris : «Le prophète! le prophète! » retentirent. Esprit Séguier comprit qu'il venait de se passer quelque chose de nouveau, puisqu'on l'appelait, et s'avança tenant encore à la main la torche enflammée avec laquelle il avait allumé l'incendie.

— Frère, lui demanda Laporte en lui montrant le prisonnier, cet homme doit-il mourir?

Alors Esprit Séguier tomba à genoux, s'enveloppant de son manteau comme Samuel, et, se mettant en prière, il interrogea le Seigneur.

— Non, dit-il en se relevant au bout d'un instant; non, cet homme ne doit pas mourir ; car, ainsi qu'il a été miséricordieux envers nos frères, nous serons miséricordieux envers lui.

En effet, soit qu'Esprit Séguier eût eu réellement une révélation, soit que ce fait fût entièrement parvenu à sa connaissance, les prisonniers le confirmèrent, en criant qu'effectivement cet homme les avait traités avec humanité. En ce moment, une espèce de rugissement se fit entendre : un des fanatiques, dont l'archiprêtre avait fait mourir le frère, venait, à la lueur de l'incendie qui éclairait tous les environs, de l'apercevoir à genoux dans l'angle de la muraille où il s'était retiré.

— Mort au fils de Bélial! crièrent tous les fanatiques d'une seule voix, en s'élançant vers l'abbé, qui, à genoux et immobile, semblait une statue de marbre priant sur un tombeau. Le valet profita de cette diversion pour fuir, ce qu'il fit sans difficulté, la vue de l'abbé, qui était le seul et véritable objet de la haine générale, ayant détourné l'attention de dessus lui.

Mais Esprit Séguier avait précédé tous les autres, et comme il était arrivé le premier près de l'archiprêtre, il étendit les mains sur lui.

— Arrêtez, frères! cria-t-il; arrêtez! « Dieu ne veut pas la mort du pécheur, mais qu'il se convertisse et qu'il vive. »

— Non, non! crièrent une vingtaine de voix, résistant pour la première fois peut-être, à une injonction du prophète, non! qu'il meure sans miséricorde, comme il a frappé sans pitié! A mort, le fils de Bélial! à mort!

— Silence! cria le prophète d'une voix terrible; car voilà ce que Dieu vous dit par ma voix : « Si cet homme veut nous suivre et remplir parmi nous les fonctions du pasteur, qu'il lui soit fait grâce de cette vie, qu'il consacrera désormais à la propagation de la vraie croyance. »

— Plutôt mourir mille fois, répondit l'archiprêtre, que de venir en aide à l'hérésie!

— Meurs donc! s'écria Laporte en le frappant d'un poignard. — Tiens! voilà pour mon père que tu as fait brûler à Nîmes.

Et il passa le poignard à Esprit Séguier.

L'archiprêtre ne poussa pas un cri, ne fit pas un geste; on eût dit que le poignard s'était émoussé sur sa robe comme sur une cotte de mailles, si l'on n'eût vu couler une traînée de sang; seulement il leva les yeux au ciel, et prononça les paroles du psaume de la pénitence :

— « Des profondeurs de l'abîme, j'ai crié vers vous, Seigneur; Seigneur, écoutez ma voix. »

Alors Esprit Séguier leva le bras et le frappa à son tour, en disant :

— Voilà pour mon fils, que tu as fait rouer vif à Montpellier.

Et il passa son poignard à un autre fanatique.

Mais le coup n'était pas encore mortel; seulement un nouveau ruisseau de sang se fit jour, et l'abbé dit d'une voix plus faible :

— « Délivrez-moi, ô mon Sauveur, des peines que méritent mes actions sanglantes, et je publierai avec joie votre justice. »

Celui qui tenait le poignard s'approcha et frappa à son tour, en disant :

— Tiens! voilà pour mon frère, que tu as fait mourir dans les ceps.

Cette fois le coup avait traversé le cœur; l'archiprêtre n'eut que le temps de prononcer ces paroles :

— « Ayez pitié de moi, mon Dieu, selon votre miséricorde. »

Et il expira.

Mais sa mort ne suffisait point à la vengeance de ceux qui n'avaient pu l'atteindre vivant : chacun s'approcha donc de lui et le frappa, comme avait fait son devancier, au nom de quelque ombre qui lui était chère, en prononçant les mêmes paroles de malédiction.

Et l'abbé reçut ainsi cinquante-deux coups de poignard : cinq à la tête, onze au visage, dix-neuf à la poitrine, sept au ventre, sept au côté et trois dans le dos.

Parmi ces cinquante-deux blessures, vingt-quatre étaient mortelles.

Ce fut ainsi que périt, à l'âge de cinquante-cinq ans, messire François de Langlade Duchayla, prieur de Laval, inspecteur des missions du Gévaudan, archiprêtre des Cévennes et de Mende.

Cependant, après l'assassinat de l'archiprêtre, ceux qui l'avaient commis, comprenant qu'il n'y avait plus de sûreté pour eux, ni dans les villes ni dans la plaine, s'étaient retirés dans les montagnes; mais en se retirant, comme ils passaient devant le château de M. de Laveze, gentilhomme catholique de la paroisse de Molezon, un des fanatiques se souvint d'avoir entendu dire que ce seigneur avait chez lui quantité de fusils. C'était tomber merveilleusement, car les religionnaires manquaient surtout d'armes à feu. Ils envoyèrent donc deux députés à M. de Laveze pour lui demander de partager au moins avec eux. Mais M. de Laveze, en bon catholique, répondit qu'effectivement il avait des armes, mais que ces armes étaient destinées au triomphe et non à l'abaissement de la religion; qu'en conséquence il ne les rendrait qu'avec sa vie. A ces mots, il congédia le ambassadeurs et ferma les portes derrière eux.

Mais, pendant les pourparlers, les religionnaires s'étaient

approchés du château; de sorte que, recevant la réponse plus tôt que ne s'y était attendu le brave gentilhomme, ils résolurent de ne pas lui donner le temps de se mettre en défense, et se ruèrent aussitôt contre les murailles, qu'ils escaladèrent en montant sur les épaules les uns des autres; de sorte qu'ils arrivèrent à l'une des chambres du château où M. de Laveze s'était enfermé avec toute sa famille. En un instant la porte fut enfoncée, et, tout chauds encore du meurtre de l'abbé Duchayla, les fanatiques commencèrent un nouveau massacre. Nul ne fut épargné, ni M. de Laveze, ni son frère, ni son oncle, ni sa sœur, qui leur demanda la vie à genoux sans pouvoir l'obtenir, ni sa mère âgée de quatre-vingts ans, qui vit, du lit où elle était couchée, mourir toute sa famille avant elle, et que les assassins poignardèrent à son tour, sans songer que ce n'était pas la peine d'avancer une mort qui, selon les lois de la nature, devait déjà être si proche.

Cette boucherie achevée, les fanatiques se répandirent dans le château, se partagèrent le linge, dont beaucoup manquaient, étant sortis de chez eux dans la croyance qu'ils allaient y rentrer, et la vaisselle d'étain, qu'ils destinèrent à faire des balles de fusil. Enfin ils s'emparèrent d'une somme de cniq mille francs : c'était la dot de la sœur de M. de Laveze, qui était sur le point de se marier, et dont ils firent le premier fonds de leur caisse militaire.

La nouvelle de ces deux assassinats se répandit rapidement non-seulement à Nîmes, mais encore dans toute la province; si bien que les autorités s'en émurent. M. le comte de Broglio traversa les hautes Cévennes et descendit au pont de Montvert, suivi de quelques compagnies de fusiliers. D'un autre côté, M. le comte de Peyre, lieutenant général du Languedoc, amena cent trente-deux hommes à cheval avec trois cent cinquante fantassins, qu'il avait levés à Marvejols, à la Canourgue, à Chirac et à Serverette. M. de Saint-Paul, frère de l'abbé Duchayla, accourut au rendez-vous, accompagné du marquis Duchayla, son neveu, et de quatre-vingts cavaliers qui étaient de Saugiez et de leurs autres terres. Le comte de Morangiez arriva de Saint-Auban et de Malzieu avec deux compagnies de cavalerie; et la ville de Mende, par ordre de son évêque, envoya sa noblesse à la tête de trois compagnies de cinquante hommes chacune.

Mais déjà les fanatiques avaient disparu dans la montagne, et l'on n'avait plus aucune nouvelle d'eux; seulement, de temps en temps, un paysan qui avait traversé les Cévennes disait avoir entendu, vers l'aube ou le crépuscule, soit au sommet de quelque montagne, soit au fond de quelque vallée, des chants d'actions de grâce au Seigneur : c'étaient les fanatiques qui priaient après avoir assassiné.

La nuit aussi on apercevait parfois des feux qui s'allumaient au sommet des plus hautes montagnes et qui semblaient correspondre entre eux. Le lendemain, dès que l'obscurité était venue, on tournait les yeux du même côté, mais les fanaux étaient éteints.

M. de Broglio pensa, en conséquence, qu'il n'y avait rien à faire contre ces ennemis invisibles : il congédia les troupes auxiliaires, se contenta de laisser une compagnie de fusiliers au Collet, une autre aux Ayres, une autre au pont de Montvert, une autre à Barre, et une autre au Pompidou; puis, ayant mis le tout sous le commandement du capitaine Poul, qu'il établit leur inspecteur, il s'en revint à Montpellier.

Le choix qu'avait fait M. de Broglio du capitaine Poul dénotait un jugement parfait des hommes auxquels il avait affaire, et une connaissance exacte de la situation. En effet, le capitaine Poul semblait le chef naturel de la guerre qui se préparait. « C'était, dit le P. Louvrelœil, prêtre de la doctrine chrétienne et curé de Saint-Germain de Calberte, un officier de mérite et de réputation, originaire de Ville-Dubert, proche de Carcassonne, qui avait servi en Allemagne et en Hongrie dans sa jeunesse, et qui s'était signalé en Piémont dans les divers partis contre les Barbets, surtout pour avoir coupé la tête à Barbanaga, leur chef, dans sa tente, durant les dernières guerres. Sa taille haute et libre, sa mine belliqueuse, l'habitude du travail, sa voix enrouée, son naturel ardent et austère, son habit négligé, la maturité de son âge, son intrépidité éprouvée, l'avantage de son expérience, sa taciturnité ordinaire, la longueur et le poids de son sabre d'Arménie, le rendaient formidable. Ainsi on n'aurait pu choisir un homme plus propre à dompter ces rebelles, à forcer leurs retranchements et à les mettre en déroute. »

Aussi, à peine installé au bourg de Labarre, qui était son poste, ayant appris qu'un rassemblement de fanatiques avait été vu au passage de la petite plaine de Fondmorte, située entre deux vallons, il monta sur son cheval d'Espagne, sur lequel il était accoutumé de se tenir à la manière turque, c'est-à-dire le jarret à demi plié, afin de pouvoir s'élancer jusqu'aux oreilles, ou se renverser jusqu'à la queue, selon qu'il lui était nécessaire de porter un coup mortel ou de l'éviter, et se mit en route pour le joindre avec dix-huit soldats de sa compagnie et vingt-cinq de celle de la bourgeoisie, ne pensant pas qu'il lui fallût plus de quarante ou quarante-cinq hommes pour disperser une troupe de paysans, si nombreuse qu'elle fût.

On n'avait pas trompé le capitaine Poul : une centaine de religionnaires, sous la conduite d'Esprit Séguier, étaient campés dans la plaine de Fondmorte; et vers les onze heures du matin, la sentinelle que ces derniers avaient placée dans le défilé cria : « Aux armes ! » lâcha son coup de fusil et se replia sur ses frères. Mais le capitaine Poul, avec son impétuosité ordinaire, ne donna point à ceux-ci le temps de se préparer, et se précipita sur eux au son du tambour et sans être aucunement arrêté par leur premier feu. Comme il s'y était attendu, il avait affaire à des paysans sans discipline, qui, une fois dispersés, ne parvinrent plus à se rallier. La déroute fut donc complète. Poul en tua plusieurs de sa main, et entre autres deux auxquels, grâce au merveilleux tranchant de son sabre de Damas, il enleva la tête des épaules aussi habilement qu'aurait pu le faire le bourreau le plus expérimenté. A cette vue, tout ce qui tenait encore prit la fuite. Poul les poursuivit, sabrant et pointant sans se lasser; puis, lorsque toute la troupe eut disparu dans les montagnes, il repassa sur le champ de bataille, ramassa les deux têtes, les accrocha aux arçons de sa selle, et revint joindre avec ce trophée sanglant le groupe le plus nombreux de ses soldats; car chacun, comme dans une espèce de duel, avait combattu pour son propre compte. Il trouva au milieu de ce groupe trois prisonniers que l'on s'apprêtait à fusiller; mais Poul ordonna qu'il ne leur fût fait aucun mal, non pas qu'il eût l'intention de leur sauver la vie, mais il les gardait pour une exécution publique. Ces trois hommes étaient un nommé Nouvel, paroissien de Vialon; Moïse Bonnet, de Pierre-Male, et Esprit Séguier, le prophète.

Le capitaine Poul rentra au bourg de la Barre avec ses deux têtes et ses trois prisonniers, et donna aussitôt connaissance à M. Just de Baville, intendant du Languedoc, de la capture importante qu'il avait faite. Le jugement ne se fit pas attendre. Pierre Nouvel fut condamné à être brûlé vif au pont de Montvert, Moïse Bonnet à être rompu à Devèze, et Esprit Séguier à être pendu à André-de-Lancise. Les amateurs de supplices avaient à choisir.

Moïse Bonnet se convertit; mais Pierre Nouvel et Esprit Séguier moururent en martyrs, en confessant la religion nouvelle et en chantant les louanges de Dieu.

Le surlendemain de l'exécution d'Esprit Séguier, on s'aperçut que le corps avait disparu de la potence. Un jeune homme, nommé Roland, neveu de Laporte, était celui qui s'était chargé de cette hardie expédition, et en se retirant il avait cloué un écriteau au gibet.

Cet écriteau était un cartel de Laporte au capitaine Poul. Le défi était daté du camp de l'Éternel dans le désert des Cévennes, et Laporte y prenait le titre de colonel des enfants de Dieu qui cherchent la liberté de conscience.

Poul était sur le point d'accepter le combat, lorsqu'il apprit que l'insurrection se propageait de tous côtés. Un jeune homme de Vieljeu, âgé de vingt-six ans, et qui se nommait Salomon Couderc, avait succédé à Esprit Séguier dans l'office de prophète, et Laporte avait été rejoint par deux lieutenants, dont l'un était son neveu Roland, homme de trente ans à peu près, grêlé, blond, maigre, froid et taciturne, plein de force, quoique d'une taille médiocre, et d'un courage à toute épreuve. L'autre était un garde de la montagne de Laygoal, dont l'adresse était si connue, qu'il passait pour ne jamais manquer un coup de fusil, et se nommait Henri Castanet, de Massevaques. Chacun de ces deux lieutenants avait cent cinquante hommes sous ses ordres.

De leur côté, les prophètes et les prophétesses augmentaient avec une rapidité effrayante, et il n'y avait pas de jour que l'on n'entendît dire que quelque nouvel inspiré eût fanatisé dans quelque village.

Sur ces entrefaites, on apprit qu'une grosse assemblée, composée des protestants du Languedoc, avait eu lieu dans les prés de Vauvert, et là on avait décidé de se réunir aux révoltés des Cévennes, et de leur envoyer un député pour leur faire savoir ce projet.

Laporte arrivait de la Vaunage, où il avait été faire de nouvelles recrues, lorsqu'il reçut l'exprès qui lui apportait cette bonne nouvelle ; il envoya aussitôt à ses nouveaux alliés son neveu Roland, avec mission de leur porter sa foi en échange de la leur, et de leur faire, pour les attirer à lui, le tableau du pays qu'ils avaient choisi pour en faire le théâtre de la guerre, et qui convenait si bien, grâce à ses hameaux, à ses bois, à ses défilés, à ses vallons, à ses précipices et à ses cavernes, pour se diviser en plusieurs bandes, se rallier après une déroute, et dresser des embuscades. Roland eut un tel succès dans sa mission, que les nouveaux soldats du Seigneur, ainsi qu'ils s'intitulaient, ayant appris qu'il avait été dragon, lui offrirent de le nommer leur chef. Roland accepta, et l'ambassadeur revint avec une armée.

Se voyant ainsi renforcés, les religionnaires se divisèrent en trois bandes, afin de propager la foi dans tout le pays. L'une descendit vers Soustèle et les autres lieux voisins d'Alais; l'autre monta vers Saint-Privat et le pont de Montvert; enfin, la troisième suivit le versant de la montagne, marchant vers Saint-Roman le Pompidou et Barre. La première était commandée par Castanet, la seconde par Roland, et la troisième par Laporte.

Chacune fit de grands ravages partout où elle passa, rendant aux catholiques mort pour mort, incendie pour incendie ; de sorte que les nouvelles de toutes ces catastrophes arrivant coup sur coup au capitaine Poul, il réclama de M. de Broglio et de M. de Baville de nouvelles troupes, que ceux-ci s'empressèrent de lui envoyer.

A peine le capitaine Poul se vit-il à la tête d'une troupe

suffisante, qu'il résolut d'attaquer les rebelles. D'après les informations reçues, il avait appris que la troupe commandée par Laporte était en marche pour traverser le vallon de la Croix au-dessous de Barre et proche de Témelague. Fort de ces renseignements, il alla s'embusquer dans un endroit avantageux, et quand il vit les religionnaires, sans défiance, engagés dans le pas difficile où il les attendait, il sortit de son embuscade, et se mettant, selon son habitude, à la tête de ses soldats, il les chargea avec un tel courage et une si grande impétuosité, que, surpris à l'improviste, ils n'essayèrent pas même de se défendre; mais, au contraire, chacun se débanda, s'éparpillant sur le versant de la montagne, et gagnant du terrain, quelques efforts que fît Laporte pour les retenir. Enfin, voyant qu'il était abandonné de tout le monde, il commença de songer à sa propre sûreté; mais il était déjà bien tard; presque entouré qu'il était par les dragons, il n'avait plus de chance de retraite qu'en sautant du haut en bas d'un rocher. Il se dirigea vers lui, gagna le sommet, s'y arrêta un instant avant de s'élancer, levant les mains au ciel pour implorer Dieu. En ce moment, une fusillade partit : deux balles l'atteignirent, et il tomba la tête en avant dans le précipice.

Les dragons accoururent, et le trouvèrent mort au bas du rocher. Comme ils l'avaient reconnu pour le chef, ils le fouillèrent aussitôt, et trouvèrent dans ses poches soixante louis en or, et la coupe d'un calice dont il se servait habituellement pour boire, ainsi que d'un gobelet profane. Poul lui fit couper la tête, ainsi qu'à douze autres cadavres qui étaient restés sur le champ de bataille, les fit mettre toutes les treize dans un panier, et envoya le panier à M. Just de Baville.

Les religionnaires, au lieu de se laisser abattre par cette défaite et par cette mort, réunirent leurs trois troupes, et nommèrent Roland leur chef à la place de Laporte. Roland élut aussitôt pour son lieutenant un nommé Couderc de Mazel-Rozade, qui prit le nom de Lafleur, et l'armée rebelle se retrouva non-seulement réorganisée, mais encore au grand complet, par l'adjonction d'une nouvelle bande de cent hommes que le nouveau lieutenant avait levée; aussi le premier signe d'existence qu'ils donnèrent fut l'incendie des églises du Bousquet, de Cassagnas et du Prunet.

Alors les consuls de Mende virent qu'on était engagé non plus dans une insurrection, mais dans une guerre; et toute capitale du Gévaudan qu'était cette ville, comme ils s'attendaient à être attaqués d'un moment à l'autre, ils remirent en état les contrescarpes, les ravelins, les courtines, les portes, les herses, les fossés, les fausses brayes, les murailles, les tours, les remparts, les parapets et les guérites; puis, ayant fait une provision de poudre, de balles et de fusils, ils dressèrent huit compagnies de cinquante hommes chacune, toutes composées de citadins, et une autre de cent cinquante hommes recrutés dans les campagnes voisines et composée de paysans. Enfin les états de la province envoyèrent un député au roi pour le supplier de vouloir bien remédier au désordre de l'hérésie qui chaque jour s'étendait de plus en plus. Le roi fit aussitôt partir M. de Julien. Ainsi ce n'étaient plus les simples gouverneurs de villes ni les chefs de provinces qui étaient engagés dans la lutte, c'était la royauté elle-même qui était forcée de faire face aux rebelles.

M. de Julien, né d'une famille hérétique, appartenait à la noblesse d'Orange, et avait commencé à servir contre la France, ayant fait ses premières armes en Angleterre et en Irlande. Le prince d'Orange, dont il était page au moment où il succéda à Jacques II, lui donna, en récompense de sa fidélité dans sa fameuse campagne de 1688, un régiment qu'il conduisit au secours du duc de Savoie, qui avait demandé des troupes aux Anglais et aux Hollandais; et il s'y conduisit de telle façon qu'il fut un de ceux qui contribuèrent le plus à faire lever le siége de Coni à l'armée française.

Soit qu'après cette campagne les prétentions du colonel fussent exagérées, soit qu'effectivement le duc de Savoie ne l'appréciât point à sa valeur, il se retira à Genève, où Louis XIV, profitant de son mécontentement, lui fit transmettre des offres : ces offres étaient le même grade dans les armées françaises avec une pension de trois mille livres. M. de Julien les accepta, et, comprenant que sa croyance serait probablement un obstacle à son avancement, il changea de religion en changeant de maître. Alors le roi l'envoya prendre le commandement de la vallée de Barcelonnette, où il fit plusieurs expéditions contre les Barbets; puis de ce commandement il passa à celui des Avenues de la principauté d'Orange, où sa mission était de garder les passages pour que les protestants français ne pussent aller au temple hérétique; enfin, après un an d'exercice, il venait rendre compte de sa gestion au roi, lorsqu'il se trouva par fortune à Versailles au moment où arriva le député du Gévaudan. Louis XIV, satisfait de la façon dont il s'était conduit dans ses deux commandements, le créa maréchal de camp, chevalier de l'ordre militaire de Saint-Louis, et commandant dans le Vivarais et dans les Cévennes.

A peine M. de Julien fut-il arrivé, qu'au contraire de ses devanciers, qui avaient toujours manifesté le plus profond mépris pour les hérétiques, comprenant la gravité de la révolte, il reconnut aussitôt en personne les différents quartiers où M. de Broglio avait dispersé les régiments de Tournon et de Marsilly. Il est vrai qu'il était arrivé à la lueur des incendies : les églises de plus de trente villages étaient en flammes.

M. de Broglio, M. de Baville, M. de Julien et le capitaine Poul s'abouchèrent alors pour aviser aux moyens de faire cesser tous ces désordres. Il fut convenu que les troupes royales se sépareraient en deux bandes, et que l'une, sous la conduite de M. de Julien, se dirigerait vers Alais, où l'on prétendait que se tenaient de grandes assemblées de rebelles, et que l'autre battrait les environs de Nîmes, sous la conduite de M. de Broglio.

En conséquence, les deux chefs se séparèrent. M. le comte de Broglio, à la tête de soixante-deux dragons et de quelques compagnies, ayant sous ses ordres le capitaine Poul et M. de Dourville, partit de Cavayrac, le 12 janvier, à deux heures après minuit, parcourut sans rien trouver les vignes de Nîmes et de la Garrigue de Milhau, et prit la route du pont de Lunel. Là il apprit que ceux qu'ils cherchaient avaient séjourné vingt-quatre heures au château de Caudiac. A cette nouvelle, il marcha vers le bois qui l'environne, ne doutant point que les fanatiques ne s'y fussent retranchés; mais, contre son attente l'ayant trouvé libre, il poussa à Vauvert, de Vauvert à Beauvoisin, et de Beauvoisin à Generac, où il apprit qu'une troupe de rebelles avait passé la nuit et vers le matin avait pris le chemin d'Aubore. Résolu à ne point leur donner de relâche, M. de Broglio se mit aussitôt en route pour ce village.

A moitié chemin à peu près, quelqu'un de sa suite crut apercevoir un gros de gens rassemblés près d'une maison distante d'une demi-lieue à peu près; aussitôt M. de Broglio ordonna au sieur de Gibertin, lieutenant du capitaine Poul, qui le suivait à la tête de sa compagnie, d'aller reconnaître avec huit dragons quels étaient ces hommes, tandis que lui ferait halte, où il était, avec le reste de la troupe.

Le petit détachement se mit en chemin précédé de son officier, traversa un bois taillis, et s'avança vers cette métairie que l'on appelait le mas de Gafarel, et qui alors paraissait solitaire. Mais lorsque M. de Gibertin fut à une demi-portée de fusil de ses murs, il en vit sortir une troupe de soldats qui s'avança contre lui en battant la charge : alors il jeta les yeux vers sa droite, et aperçut une seconde troupe qui sortait d'une maison voisine; en même temps il en découvrit une troisième qui était couchée ventre à terre au coin d'un petit bois, et qui se levant tout à coup s'avança de son côté en chantant des psaumes. Il n'y avait pas moyen de tenir contre des forces si supérieures. M. de Gibertin fit tirer deux coups de fusil pour prévenir M. le comte de Broglio de venir au-devant de son avant-garde, et recula jusqu'à ce qu'il eût rejoint les catholiques. Au reste, les rebelles ne l'avaient poursuivi qu'autant qu'il l'avait fallu pour qu'ils arrivassent à une position excellente sur laquelle ils s'étaient établis.

De son côté, M. de Broglio, après avoir tout examiné à l'aide d'une lunette d'approche, tint avec ses lieutenants un conseil dont le résultat fut qu'il fallait attaquer. Cette résolution prise, on marcha vers les rebelles sur une seule ligne, le capitaine Poul tenant la droite, M. de Dourville la gauche, et le comte de Broglio le milieu.

A mesure que l'on s'avançait vers eux, on pouvait voir qu'ils avaient choisi leur terrain avec une sagacité stratégique que l'on n'avait pas encore remarquée en eux. Cette habileté dans les dispositions militaires leur venait évidemment d'un nouveau chef que personne ne connaissait, pas même le capitaine Poul, quoiqu'on pût voir ce chef, la carabine à la main, à la tête de ses hommes.

Cependant ces savants préparatifs n'arrêtèrent point M. de Broglio; il ordonna de charger, et, joignant l'exemple au précepte, lança lui-même son cheval au galop. De leur côté, les camisards du premier rang mirent un genou en terre, afin que ceux qui étaient derrière eux pussent viser; et la distance qui séparait les deux troupes commença, grâce à l'impétuosité des dragons, à disparaître rapidement : seulement, en arrivant à trente pas des rebelles, les troupes royales trouvèrent tout à coup le terrain coupé par une ravine profonde qui formait fossé devant les camisards. Quelques-uns retinrent leurs chevaux à temps; mais malgré les efforts que quelques autres firent pour s'arrêter, pressés par ceux qui les suivaient, ils furent poussés dans le ravin, où ils roulèrent sans pouvoir se retenir. Au même moment, le mot feu retentit poussé par une voix sonore, la fusillade pétilla, et quelques dragons tombèrent autour de M. de Broglio.

— En avant! cria le capitaine Poul; en avant! — Et, lançant son cheval vers un endroit du ravin dont les bords étaient moins escarpés, il commença à gravir le plateau, suivi de quelques dragons.

— Mort au fils de Bélial! dit la même voix qui avait crié feu. En même temps un coup de fusil isolé partit, et le capitaine Poul étendit les bras, laissa échapper son sabre, et tomba de son cheval, qui, au lieu de fuir, flaira son maître de ses naseaux fumants, et élevant la tête, poussa un long hennissement. Les dragons reculèrent.

— Ainsi périssent les persécuteurs d'Israël! s'écria le chef, brandissant sa carabine. Et à ces mots, s'élançant dans la ravine, il saisit le sabre du capitaine Poul et sauta sur son cheval. L'animal, fidèle à son ancien maître, voulut résister un instant; mais il sentit bientôt à la pression des genoux qu'il avait affaire à un cavalier qu'il ne lui serait pas facile de désarçonner. Néanmoins il se cabra et bondit, mais le cavalier tint ferme; et, comme s'il eût reconnu son impuissance, le noble coursier d'Espagne secoua la tête, hennit encore et obéit.

Pendant ce temps, les dragons de leur côté, et une partie des camisards de l'autre, étaient descendus dans la ravine, qui était devenue le théâtre de la bataille, tandis que ceux qui étaient restés au haut du fossé continuaient de tirer avec d'autant plus d'avantage qu'ils dominaient leurs ennemis. Aussi, au bout d'un instant, les dragons de M. Dourville lâchèrent-ils pied, quoique en ce moment même leur chef, qui combattait corps à corps comme un simple soldat, vînt de recevoir une grave blessure à la tête. Vainement M. de Broglio voulut les rallier : comme il se jetait au milieu de la compagnie de son lieutenant pour le soutenir, son corps à lui-même l'abandonna ; de sorte que, n'ayant plus d'espoir dans le gain de la bataille, il s'élança avec quelques braves seulement pour dégager M. Dourville, qui, se retirant par la trouée que son chef venait de lui faire, se mit en retraite tout sanglant. De leur côté, comme les camisards aperçurent dans le lointain un renfort de fantassins qui arrivait aux troupes royales, ils se contentèrent de poursuivre leurs adversaires par une fusillade bien nourrie, mais sans quitter la position à laquelle ils avaient dû leur facile et prompte victoire.

A peine les troupes royales furent-elles hors de portée, que le chef des rebelles se mit à genoux et entonna le psaume que les Israélites chantèrent lorsque, arrivés de l'autre côté de la mer Rouge, ils virent l'armée de Pharaon engloutie par les flots ; de sorte que le sifflement des balles avait à peine cessé de poursuivre les troupes royales, que les chants de victoire les poursuivaient encore. Puis, leurs actions de grâces rendues à Dieu, les religionnaires rentrèrent dans les bois, suivant le nouveau chef, qui, du premier coup, venait ainsi de donner la mesure de sa science, de son sang-froid et de son courage.

Ce nouveau chef, qui devait bientôt faire, de ses supérieurs mêmes, ses lieutenants, était le fameux Jean Cavalier.

Jean Cavalier était alors un jeune homme de vingt-trois ans, de taille courte mais vigoureuse, ayant le visage ovale et bien fait, les yeux beaux et vifs, de longs cheveux châtains tombant sur les épaules, et la physionomie d'une douceur remarquable. Il était né, en 1680, à Ribaute, village du diocèse d'Alais, où son père possédait une petite métairie, qu'il abandonna pour venir habiter, comme son fils n'avait encore que douze à quinze ans, la ferme de Saint-Andéol, près de Mende.

Le jeune Cavalier, qui n'était autre chose qu'un paysan, fils de paysan, entra d'abord comme berger chez le sieur Lacombe, bourgeois de Vezenobre; mais comme cette vie solitaire déplaisait à un jeune homme ardent au plaisir comme il l'était, il sortit de chez ce premier patron, et entra comme apprenti chez un boulanger d'Anduze.

Là son amour pour les armes se développa; toutes les heures que le travail lui laissait libres, il les passait à regarder les gens de guerre faire l'exercice; bientôt il trouva même moyen de se lier avec quelques soldats, de façon qu'un prévôt lui donna des leçons d'armes, et un dragon lui apprit à monter à cheval.

Un dimanche, qu'il se promenait ayant sa fiancée au bras la jeune fille fut insultée par un dragon du régiment de Florac. Jean Cavalier donna un soufflet au dragon; le dragon tira son sabre; Cavalier s'empara de l'épée d'un assistant; mais on se jeta entre les jeunes gens avant qu'ils n'en vinssent aux mains. Au bruit de cette querelle, un officier accourut; c'était le marquis de Florac, capitaine du régiment qui portait son nom; mais les bourgeois d'Anduze avaient déjà trouvé moyen de faire filer le jeune homme; de sorte que le marquis, en arrivant, au lieu de l'orgueilleux paysan qui avait osé frapper un soldat du roi, ne trouva plus que sa fiancée évanouie.

La jeune fille était si belle, qu'on ne l'appelait que la belle Isabeau : si bien que le marquis de Florac, au lieu de poursuivre Jean Cavalier, s'occupa de faire revenir à elle sa promise.

Cependant, comme l'affaire était grave et que le régiment tout entier avait juré sa mort, les amis de Jean Cavalier lui conseillèrent de quitter le pays et de s'expatrier pour quelque temps. La belle Isabeau, qui tremblait pour son fiancé, joignit ses prières à celles de ses amis; de sorte que Jean Cavalier consentit à s'éloigner. La jeune fille promit à son fiancé fidélité à toute épreuve; et Jean Cavalier, comptant sur cette promesse, partit pour Genève.

Là il fit connaissance avec un gentilhomme protestant nommé Du Serre, qui, ayant une verrerie au mas Arribas, c'est-à-dire tout près de la ferme de Saint-Andéol, avait été prié plusieurs fois, par Jérôme Cavalier, de remettre quelque argent à son fils pendant les voyages que lui Du Serre faisait à Genève, en apparence pour l'extension de son commerce, mais en réalité pour la propagation de la foi. Entre le proscrit et l'apôtre l'union fut facile. Du Serre trouva dans le jeune Cavalier un tempérament robuste, une imagination ardente, un courage à toute épreuve : il lui fit part de ses espérances de rétablir la réforme dans le Languedoc et dans le Vivarais. Tout rappelait Cavalier en France, besoin de la patrie, amour de cœur. Il passa la frontière déguisé en domestique et à la suite du gentilhomme protestant; il rentra de nuit dans le bourg d'Anduze, et s'achemina droit à la maison de sa fiancée. Il allait y frapper, quoiqu'il fût une heure du matin, lorsqu'il vit la porte s'ouvrir d'elle-même, et un beau jeune homme en sortir accompagné jusqu'à la porte par une femme. Le beau jeune homme était le marquis de Florac; la femme qui le reconduisait était Isabeau. La fiancée du paysan était devenue la maîtresse du noble.

Notre héros n'était pas homme à souffrir impunément un pareil outrage. Il marcha droit au capitaine et lui barra le passage. Celui-ci voulut le repousser du coude; mais Jean Cavalier, laissant tomber le manteau qui l'enveloppait, mit l'épée à la main. Le marquis était brave; il ne s'inquiéta point si celui qui l'attaquait était son égal; l'épée appelait l'épée; les fers se croisèrent, et au bout d'un instant le marquis tomba frappé d'un coup d'épée qui lui traversait la poitrine.

Cavalier crut avoir tué le marquis, car il était étendu à ses pieds sans mouvement. Il n'y avait donc pas de temps à perdre, car il n'y avait pas de clémence à espérer. Il remit son épée sanglante dans le fourreau, gagna la plaine, de la plaine se jeta dans la montagne, et au point du jour il était en sûreté.

Le fugitif passa le reste de la journée dans une espèce de métairie isolée où on lui donna l'hospitalité. Comme il lui fut facile de reconnaître qu'il était chez un religionnaire, il ne fit à son hôte aucun mystère de sa position, lui demandant où il retrouverait quelque troupe organisée dans laquelle il pourrait prendre son rang, son intention étant de combattre pour la propagation de la réforme. Le fermier lui indiqua Génerac comme devant être le rendez-vous d'une centaine de ses frères. Cavalier partit le soir même pour ce village; et il arrivait au milieu des camisards au moment même où ceux-ci venaient d'apercevoir dans le lointain M. de Broglio et sa troupe. Alors, comme ils n'avaient pas de chef, il s'était à l'instant même, avec cette faculté dominatrice que certains hommes possèdent naturellement, constitué leur capitaine, et avait fait, pour recevoir les troupes royales, les dispositions que nous avons vues; de sorte que, après la victoire à laquelle il avait si bien contribué de la tête et du bras, il avait été par acclamation confirmé dans le titre qu'il s'était arrogé lui-même.

Tel était le fameux Jean Cavalier lorsque, par la défaite de leurs plus braves compagnies et la mort de leur plus intrépide capitaine, les troupes royales apprirent son existence.

Le bruit de cette victoire se répandit bientôt par toutes les Cévennes, et de nouveaux incendies illuminèrent les montagnes en signe de joie. Ces fanaux furent le château de la Bastide appartenant au marquis de Chambonnas, l'église de Samson et le village de Grouppières, où de quatre-vingts maisons il n'en resta que sept.

Alors M. de Julien écrivit au roi pour lui faire comprendre la gravité de la chose, et lui dire que ce n'étaient plus quelques fanatiques errant dans les montagnes et fuyant devant les dragons qu'ils avaient à combattre, mais bien des compagnies organisées ayant chefs et officiers, et qui en se réunissant pouvaient déjà former une armée de douze à quinze cents hommes. Le roi répondit à cette lettre en envoyant à Nîmes M. le comte de Montrevel, fils de M. le maréchal de Montrevel, cordon bleu, maréchal des camps et armées du roi, lieutenant général dans la Bresse et dans le Charolais, capitaine de cent hommes d'armes et de ses ordonnances. Ainsi à M. de Broglio, de Julien, de Baville, venait se joindre, pour lutter contre des paysans, des garde-chasse et des bergers, le chef de la maison de Beaune, qui avait déjà à cette époque produit deux cardinaux, trois archevêques, deux évêques, un vice-roi de Naples, divers maréchaux de France et plusieurs gouverneurs en Savoie, en Dauphiné et en Bresse.

Derrière lui arrivèrent, suivant le cours du Rhône, vingt grosses pièces de canon, cinq mille boulets, quatre mille fusils et cinquante milliers de poudre ; tandis que du côté du Roussillon descendaient en Languedoc six cents de ces fusiliers des montagnes qu'on appelait miquelets.

M. de Montrevel était porteur d'ordres terribles. Louis XIV voulait extirper l'hérésie à quelque prix que ce fût, et procédait à cette œuvre en homme qui y croyait son salut attaché ; aussi, à peine M. de Baville eut-il pris connaissance de ces ordres, qu'il publia la proclamation suivante :

« Le roi étant informé que quelques gens sans religion portent des armes, exercent des violences, brûlent des églises et tuent des prêtres, Sa Majesté ordonne à tous ses sujets de courre sus, et que ceux qui seront pris les armes à la main ou parmi les attroupés, soient punis de mort sans aucune formalité de procès ; que leurs maisons soient rasées et leurs biens confisqués ; comme aussi que toutes les maisons où ils ont fait des assemblées soient démolies. Le roi défend aux pères, mères, frères, sœurs et autres parents des fanatiques et autres révoltés de leur donner retraite, vivres, provisions, munitions, ni autres assistances, de quelque nature et sous quelque prétexte que ce soit, ni directement ni indirectement, à peine d'être réputés complices de leur rébellion ; et comme tels il veut et entend que leur procès soit fait et parfait par le sieur de Baville et les officiers qu'il choisira. Sa Majesté ordonne encore aux habitants du Languedoc qui, dans le temps de cette ordonnance, seront hors de leur demeure, d'y retourner dans huit jours, si ce n'est qu'ils eussent une cause légitime, qu'ils déclareront au sieur de Montrevel, ou au sieur de Baville, intendant, et cependant aux maires et consuls des lieux, de la raison de leur retardement ; de quoi ils prendront des certificats pour les envoyer auxdits sieurs commandant ou intendant, auxquels Sa Majesté ordonne de ne laisser entrer aucun étranger ni sujet des autres provinces, sous prétexte de commerce et autres affaires, sans un certificat des commandants ou intendants des provinces d'où ils partiront, ou des juges royaux des lieux de leur départ ou des plus prochains. A l'égard des étrangers, ils prendront des passeports des ambassadeurs ou envoyés du roi dans les pays d'où ils sont, ou des commandants ou intendants des provinces, ou des juges royaux des lieux où ils se trouveront. Au surplus, Sa Majesté veut que ceux qui seront pris en ladite province de Languedoc sans de tels certificats soient réputés fanatiques et révoltés, et, comme tels, que leur procès leur soit fait et parfait, et qu'ils soient punis de mort, auquel effet ils seront menés audit sieur de Baville ou aux officiers qu'il choisira.

» *Signé* : Louis. — *Et plus bas* : Philippeaux. »

Fait à Versailles, le 25 du mois de février 1703.

M. de Montrevel suivit à la lettre cette ordonnance. Un jour, c'était le 1er avril 1703, comme il était à dîner, on vint le prévenir que cent cinquante religionnaires environ s'étaient rassemblés dans un moulin du faubourg des Carmes pour chanter leurs psaumes. Quoiqu'on lui eût dit en même temps que cette troupe de fanatiques ne se composait que de vieillards et d'enfants, M. le maréchal ne se leva pas moins furieux de table, et faisant sonner le boute-selle, marcha avec ses dragons vers le moulin, qu'il investit de tout côté, avant même que les religionnaires eussent su qu'ils devaient être attaqués. Il n'y eut pas combat, car il ne pouvait y avoir résistance, il y eut simplement massacre : une partie des dragons entra le sabre au poing dans le moulin, poignardant tout ce qui se trouvait à sa portée, tandis que le reste de la troupe, placée devant les fenêtres, recevait à la pointe du sabre ceux qui s'en précipitaient. Enfin cette boucherie sembla encore trop longue aux bouchers : pour en finir plus vite, le maréchal, qui ne voulait achever son dîner qu'après l'extermination entière de la troupe, fit mettre le feu au moulin ; alors les dragons, le maréchal toujours à leur tête, se contentèrent de repousser dans les flammes les malheureux à demi brûlés qui ne demandaient plus d'autre faveur que de mourir d'une mort moins cruelle.

Il n'y avait eu qu'une seule victime d'épargnée : la victime était une belle jeune fille de seize ans; le libérateur était le valet même du maréchal; tous deux furent condamnés à mort. La jeune fille fut pendue la première, et on allait procéder à l'exécution du valet, lorsque les religieuses de la Miséricorde vinrent se jeter aux pieds du maréchal et lui demander sa vie; le maréchal, après de longues supplications, finit par leur accorder ce qu'elles demandaient; mais il chassa son valet non-seulement de son service, mais encore de Nîmes.

Le même soir, comme il était à souper, on vint lui dire qu'un nouveau rassemblement avait lieu dans un jardin proche du moulin fumant encore. L'infatigable maréchal se leva aussitôt, prit avec lui ses fidèles dragons, entoura le jardin, et fit prendre et fusiller à l'instant même tous ceux qui s'y trouvaient réunis. Le lendemain, on sut qu'il y avait eu erreur : les fusillés étaient des catholiques qui s'étaient rassemblés pour fêter l'exécution des religionnaires. Ils avaient bien protesté au maréchal qu'il se trompait, mais le maréchal n'avait pas voulu les croire. Cette erreur, au reste, hâtons-nous de le dire, n'attira au maréchal d'autre désagrément qu'une remontrance toute paternelle de l'évêque de Nîmes, qui l'invita à ne point confondre, une autre fois, les brebis avec les loups.

A ces exécutions, Cavalier répondait en prenant le château de Serras, en s'emparant de la ville de Sauve, en formant une cavalerie et en venant jusque dans Nîmes s'approvisionner de la poudre dont il manquait; puis, ce qui était plus incroyable que tout cela encore, aux yeux des courtisans, il écrivait à Louis XIV une longue lettre datée du Désert, dans les Cévennes, et signée Cavalier, chef des troupes envoyées de Dieu. Cette lettre, toute semée de passages tirés de l'Écriture, avait pour but de prouver au roi que lui et ses compagnons avaient dû se révolter pour obtenir la liberté de conscience, et s'étendant sur les persécutions dont les protestants avaient été l'objet, il disait que c'étaient ces traités infâmes qui les avaient forcés de prendre les armes qu'ils offraient de quitter, si Sa Majesté voulait leur accorder le libre exercice de leur religion et la délivrance de leurs prisonniers. Alors, et dans ce cas, il assurait le roi qu'il n'aurait jamais de plus fidèles sujets qu'eux, et qu'ils étaient prêts à verser jusqu'à la dernière goutte de leur sang pour son service; enfin il concluait en disant que si on leur refusait une demande si juste, comme il faut obéir à Dieu avant d'obéir au roi, ils défendraient leur religion jusqu'à la dernière extrémité.

De son côté, Roland, qui, soit par dérision, soit par orgueil, se faisait appeler le comte Roland, ne demeurait en reste de son jeune compagnon ni pour les succès, ni pour la correspondance. Il était entré dans la ville de Ganges, où il avait été merveilleusement reçu par les habitants, et comme il attendait un moins bon accueil de ceux de Saint-Germain et de Saint-André, il leur avait écrit les lettres suivantes :

« Messieurs les officiers des troupes du roi, et vous, messieurs de Saint-Germain, préparez-vous à recevoir sept cents hommes qui doivent venir mettre le feu à la Babylone, au séminaire et à plusieurs autres maisons : celles de M. de Fabrègue, de M. Sarrasin, de M. de Moles, de M. de La Rouvière, de M. de Masse et de M. Solier, seront brûlées. Dieu nous a inspiré par son souffle sacré, mon frère Cavalier et moi, de vous rendre visite dans peu de jours; fortifiez-vous donc tant qu'il vous plaira dans vos barricades, vous n'aurez pas la victoire sur les enfants de Dieu. Si vous croyez les pouvoir vaincre, vous n'avez qu'à venir au champ Domergue, vous, vos soldats, ceux de Saint-Étienne, de Barre et même de Florac; je vous y appelle; nous y serons sans manquer. Rendez-vous-y donc, hypocrites, si vous avez du cœur.

» Comte Roland. »

La seconde n'était pas moins violente que la première. La voici :

« Nous comte Roland, général des troupes protestantes de France assemblées dans les Cévennes en Languedoc, ordonnons aux habitants du bourg de Saint-André, de Valborgne, d'avertir comme il faut les prêtres et les missionnaires que nous leur défendons de dire la messe et de prêcher dans ledit lieu, et qu'ils aient à se retirer incessamment ailleurs, sous peine d'être brûlés vifs avec leur église et leurs maisons aussi bien que leurs adhérents, ne leur donnant que trois jours pour exécuter le présent ordre.

» Comte Roland. »

Malheureusement pour la cause du roi, si les rebelles rencontraient quelque résistance dans les villages qui, comme ceux de Saint-Germain et de Saint-André, étaient en plaine, il n'en était point ainsi de ceux qui étaient situés dans la montagne, et où ils trouvaient, battus, un refuge, victorieux, un nouveau secours ; aussi M. de Montrevel, jugeant que tant que ces villages existeraient, il n'y aurait pas moyen de triompher de l'hérésie, rendit-il l'ordonnance suivante :

« Nous gouverneur pour Sa Majesté Très-Chrétienne dans les provinces du Languedoc et du Vivarais, faisons savoir qu'ayant plu au roi de nous commander de mettre les lieux et les paroisses ci-après nommés hors d'état de fournir ni vivres ni secours aux rebelles attroupés, et de n'y laisser aucun habitant, Sa Majesté voulant néanmoins pourvoir à leur subsistance en leur donnant les ordres de ce qu'ils auront à faire, enjoignons aux habitants desdites paroisses de se rendre incessamment dans les lieux ci-après marqués avec leurs meubles, bestiaux et généralement tout ce qu'ils pourront emporter de leurs effets, déclarant que faute de cela leurs effets seront confisqués et pris par les troupes qui seront employées à démolir leurs maisons, défendant à toutes les autres communes de les recevoir sous peine, en cas de désobéissance, du rasement de leurs maisons et de la perte de leurs biens, et, au surplus, d'être traités comme rebelles aux ordres de Sa Majesté. »

A cette ordonnance étaient jointes les instructions suivantes :

« 1° Les officiers qui seront employés à la destruction des villages s'informeront d'abord de la situation des paroisses qui devront être détruites et dépeuplées, afin de disperser à propos les troupes, en sorte qu'elles puissent protéger les milices qui seront employées à cette destruction;

» 2° On devra observer que, s'il se trouvait des villages ou des hameaux assez voisins pour être également protégés, il faudra y faire travailler à la fois, pour avancer l'ouvrage;

» 3° Que s'il se trouve encore dans ces lieux quelques habitants, on les rassemblera pour en faire prendre un état, ainsi que des bestiaux et des grains;

» 4° On chargera le plus apparent de conduire les autres, par les endroits qui leur seront marqués, aux lieux qu'on leur assignera;

» 5° A l'égard des bestiaux, les mêmes gens qui seront chargés de les garder les conduiront au lieu qu'on leur indiquera, à l'exception des mulets et des ânes qu'on rassemblera pour s'en servir au transport des grains, là où il sera ordonné; néanmoins on permettra de donner des ânes, s'il y en a, aux vieillards et aux femmes grosses hors d'état de marcher;

» 6° On distribuera les milices par ordre pour en employer un certain nombre à détruire les maisons; on essayera d'abattre celles-ci en les sapant par le pied, ou de telle autre manière qui paraîtra la plus commode; et si par ce moyen on n'en peut venir à bout, on y mettra le feu;

» 7° On ne devra pour le présent faire aucun tort aux maisons des anciens catholiques, jusqu'à ce que le roi en ait autrement ordonné; et pour cet effet, on y mettra une garde, après en avoir pris un état qui sera envoyé au maréchal de Montrevel;

» 8° On lira aux habitants des lieux qu'on détruira l'ordonnance qui leur défend de retourner dans leurs habitations; mais on ne leur fera point de mal, le roi n'ayant pas voulu entendre parler d'effusion de sang; on se contentera de les renvoyer en les menaçant, et l'on affichera ladite ordonnance à une muraille, ou à un arbre dudit village;

» 9° S'il ne se trouvait aucun habitant, on affichera seulement ladite ordonnance dans chaque lieu.

» *Signé :* Maréchal DE MONTREVEL. »

Au-dessous de ces instructions était affichée la nomenclature des villages qui devaient être détruits. Elle était ainsi conçue :

18 dans la paroisse de Frugères,
5 dans celle de Fressinet de Lozère,
4 dans celle de Grizac,
15 dans celle de Castagnols,
11 dans celle de Vialas,
6 dans celle de Saint-Julien,
8 dans celle de Saint-Maurice de Vantalon,
14 dans celle de Frezal de Vantalon,
7 dans celle de Saint-Hilaire de Laret,
6 dans celle de Saint-Andiol de Clergues,
28 dans celle de Saint-Privat de Vallongues.
10 dans celle de Saint-André de Lancise,
19 dans celle de Saint-Germain de Calberte,
26 dans celle de Saint-Etienne de Valfrancesque,
9 dans celles de Prunet et Montvaillant,
16 dans celle de Florac.

202

Une seconde liste devait succéder et succéda en effet à cette première : elle comprenait les paroisses de Frugères, de Pompidou, de Saint-Martin, de Lansuscle, de Saint-Laurent, de Trèves, de Vebron, de Rounes, de Barre, de Montluzon, de Bousquet, de la Barthe, de Balme, de Saint-Julien d'Aspaon, de Cassagnas, de Sainte-Croix de Valfrancesque, de Cabriac, de Moissac, de Saint-Roman, de Saint-Martin de Robaux, de la Melouse, du Collet de Dèze, de Saint-Michel de Dèze; et les villages de Saliéges, de Rampon, de Ruas, de Chavrières, de Tourgueulle, de Ginestous, de Fressinet, de Fourques, de Malbos, de Jousanel, de Campis, de Campredon, de Lons-Aubrez, de la Croix de Fer, du Cap de Coste, de Marquayrès, du Cazairal et du Poujal.

Ce qui comprenait en tout quatre cent soixante-six bourgs, hameaux ou villages, habités par dix-neuf mille cinq cents personnes.

Tous ces préparatifs faits, le maréchal de Montrevel partit d'Aix le 26 septembre 1703, afin de présider lui-même à l'exécution. Il avait avec lui MM. de Vergetot et de Marsilly, brigadiers d'infanterie, deux bataillons de Royal-Comtois, deux de Soissonnais infanterie, le régiment de dragons du Languedoc, et deux cents dragons de celui de Firmarçon. De son côté et en même temps, M. de Julien partit pour se rendre au pont de Montvert avec ses deux bataillons de Hainaut; le marquis de Canillac, brigadier d'infanterie, qui arrivait avec deux bataillons de son régiment, qui était en Rouergue, et le comte de Payre, qui amenait quarante-cinq compagnies des milices du Gévaudan, suivies de quantité de mulets chargés de leviers, de haches et d'autres instruments de fer, pour abattre les maisons.

Mais l'approche de toutes ces troupes, précédées des ordonnances terribles que nous avons rapportées, produisit un effet tout contraire à celui qu'on en attendait. Les habitants des villages proscrits crurent qu'on ne leur avait indiqué des lieux de réunion que pour les massacrer tous à la fois, de sorte que ceux qui étaient en état de porter les armes se jetèrent dans les montagnes et rejoignirent les camisards, ce qui renforça les armées de Cavalier et de Roland de plus de quinze cents hommes. Aussi, à peine M. de Julien était-il à l'œuvre, qu'il reçut avis de M. de Montrevel, qui en avait été instruit par une lettre de Fléchier, que pendant que les troupes royales faisaient leur expédition dans la montagne, les camisards se répandaient dans la plaine, inondaient la Camargue, et tentaient des excursions jusque dans les environs de Saint-Gilles. En même temps il lui parvint l'avis que deux vaisseaux avaient été aperçus en vue des ports de Cette, et on le prévenait que, selon toute probabilité, ces vaisseaux contenaient des troupes de débarquement que les Hollandais et les Anglais envoyaient aux camisards.

M. de Montrevel laissa le soin de continuer l'expédition à MM. de Julien et de Canillac, et accourut à Cette avec plus de huit cents hommes et dix pièces de canon. Les vaisseaux étaient encore en vue; c'étaient, en effet, comme on l'avait dit au maréchal, deux vaisseaux qui avaient été détachés de la flotte combinée d'Angleterre et de Hollande par l'amiral Schowel, et qui apportaient aux camisards de l'argent, des armes et des munitions. Ils continuèrent à croiser, et firent différents signaux; mais comme les rebelles, éloignés des côtes par la présence de M. de Montrevel, ne firent point les contre-signaux convenus, les deux vaisseaux reprirent le large et regagnèrent la flotte. Mais comme M. de Montrevel craignait que leur retraite ne fût que simulée, il ordonna que toutes les cabanes de pêcheurs qui pourraient donner asile aux camisards seraient détruites depuis Aigues-Mortes jusqu'à Saint-Gilles. En même temps, il fit enlever tous les habitants du mandement de Guillan et les fit enfermer dans le château de Sommerez, après avoir rasé leurs villages. Enfin il ordonna à tous ceux des petits lieux, hameaux et métairies de se réunir, avec tout ce qu'ils avaient de provisions, dans les villes et dans les grands bourgs, et il ne fut plus permis aux ouvriers qui allaient travailler à la campagne d'emporter avec eux d'autres vivres que ceux qui étaient absolument nécessaires à la subsistance de la journée.

Ces mesures étaient efficaces, mais elles étaient terribles; elles enlevaient toute retraite aux camisards, mais elles entraînaient la ruine de la province. M. de Baville, malgré sa rigidité bien connue, hasarda quelques observations; le maréchal de Montrevel les reçut fort mal, renvoya M. l'intendant aux choses civiles, disant que les choses de guerre le regardaient; et, en vertu de cette prétention, il vint rejoindre M. de Julien, qui travaillait à la démolition avec un zèle infatigable.

Cependant, quel que fût l'enthousiasme de ce dernier pour la cause qu'il avait embrassée avec toute l'ardeur d'un nouveau converti, des difficultés matérielles s'opposaient à l'accomplissement de sa mission. La plupart des maisons qu'il fallait démolir étaient voûtées, et par cela même fort difficiles à raser. Leur éloignement les unes des autres, leur situation dans des lieux presque inaccessibles, au sommet des plus hautes montagnes, ou dans les abîmes les plus profonds, leur isolement au milieu des bois qui les cachaient comme un voile, tout augmentait la difficulté, et il arrivait parfois que rien que pour trouver ce qu'ils avaient à détruire, les milices et les ouvriers perdaient des journées tout entières.

Le vaste circuit des paroisses était encore un nouveau retardement, celle de Saint-Germain de Calberte, par exemple, avait neuf lieues de tour et cent onze hameaux renfermant deux cent soixante-quinze familles, dont neuf seulement étaient catholiques; celle de Saint-Étienne de Valfrancesque était plus étendue encore et plus peuplée d'un tiers; il en résulta que les difficultés s'accroissaient d'une manière étrange. En effet, les premiers jours, les soldats et les ouvriers trouvaient dans le village et dans les environs quelques vivres; mais bientôt ces vivres s'épuisaient, et comme ils ne pouvaient pas compter sur les paysans pour les renouveler, il en résultait qu'au bout d'un certain temps, les provisions qu'ils avaient apportées avec eux étant épuisées, il ne leur restait plus que de l'eau et du biscuit, dont ils ne pouvaient même faire de soupe faute de marmites; de sorte qu'après avoir bien travaillé toute la journée, à peine avaient-ils une poignée de paille où s'étendre. Ces privations, au milieu d'une vie si dure et si fatigante, attirèrent une espèce de fièvre contagieuse qui mit bon nombre d'ouvriers et de soldats hors d'état d'agir. On commença donc d'en congédier plusieurs; mais bientôt ces malheureux, presque aussi à plaindre que ceux qu'ils persécutaient, n'attendirent plus même que la permission de se retirer leur fût accordée, mais ils désertèrent par bandes.

M. de Julien vit qu'il lui faudrait renoncer à son projet s'il n'obtenait du roi de faire un petit changement au plan primitif; il écrivit en conséquence à Versailles, afin de représenter à Sa Majesté combien l'ouvrage traînerait en longueur si, au lieu des instruments de fer et de la main des hommes, on n'employait pas le feu, qui était le seul et vrai ministre des vengeances célestes. Il citait à l'appui de sa demande l'exemple de Sodome et de Gomorrhe, les villes maudites du Seigneur. Louis XIV, touché de la vérité de ce rapprochement, lui envoya, poste pour poste, l'autorisation qu'il demandait.

« Aussitôt, dit le P. Louvrelœil, cette expédition fut comme une tempête qui ne laisse rien à ravager dans un champ fertile; les maisons ramassées, les granges, les baraques, les métairies écartées, les cabanes, les chaumières, tous les bâtiments enfin, tombèrent sous l'activité du feu, tout de même que tombent sous le tranchant de la charrue qui les coupe, les fleurs champêtres, les mauvaises herbes et les racines sauvages. »

Ces exécutions étaient accompagnées de cruautés horribles. Vingt-cinq habitants du village se réfugièrent dans un château : c'était tout ce qui restait d'une population tout entière, et ce malheureux débris ne se composait que de femmes, d'enfants et de vieillards. Palmerolle, commandant des miquelets, en est averti, il y court, en prend huit au hasard et les fait fusiller, « pour leur apprendre, dit-il dans son rapport, à se choisir eux-mêmes un asile qui n'est point porté sur la liste de ceux qui leur étaient accordés. »

De leur côté, excités par la vue des flammes qui dévoraient les demeures de leurs vieux ennemis, les catholiques de Saint-Florent, de Sénechas, de Rousson et de quelques autres paroisses se réunirent, et, s'armant de tout ce qui pouvait leur faire un instrument de mort, ils se mirent en chasse des proscrits, enlevèrent les troupeaux de Pérotat, de Fontarèche et de Pajolas; brûlèrent douze maisons au Collet de Dèze; et de là, se dirigeant, tout enivrés par la destruction, vers le village de Brenoux, ils y massacrèrent cinquante-deux personnes; puis, comme parmi les victimes se trouvaient quelques femmes enceintes, ils leur arrachèrent leurs enfants de la poitrine, et les plaçant au bout de piques et de hallebardes, ils marchèrent, guidés par ces sanglantes enseignes, vers les villages de Saint Denis et de Castagnols.

Bientôt ces troupes improvisées s'organisèrent en compagnies, et prirent, d'une petite croix blanche qu'ils portaient sur leurs habits, le nom de cadets de la Croix, et ce furent pour les malheureux proscrits de nouveaux ennemis bien autrement acharnés que les dragons et les miquelets; car ceux-là n'obéissaient point à un ordre émané de Versailles, de Nîmes et de Montpellier, mais ils assouvissaient une haine personnelle, vieille haine qu'ils avaient reçue de leurs pères et qu'ils devaient transmettre à leurs descendants.

De son côté, moins les assassinats, le jeune chef des camisards, qui prenait de jour en jour sur ses soldats une autorité plus grande, essayait de rendre aux dragons et aux cadets de la croix le mal qu'ils faisaient aux religionnaires. Dans la nuit du 2 au 3 octobre, vers dix heures du soir, il descendit dans la plaine, et attaqua Sommières tout à la fois par les faubourgs du Pont et du Bourget, auxquels il mit le feu. Les habitants coururent aux armes, et firent une sortie; mais Cavalier chargea sur eux à la tête de sa cavalerie, et les força de rentrer dans la ville. Alors le gouverneur du château, dont la garnison était trop faible pour abandonner ses murailles, tira le canon sur les assiégeants, moins encore dans l'espérance de leur faire du mal que dans celle d'être entendu des garnisons voisines. En effet, les camisards comprirent le danger qu'ils couraient et se retirèrent, mais cependant après avoir brûlé les hôtels du Cheval-Blanc, de la Croix-d'Or, du Grand-Louis et de Luxembourg, ainsi qu'un grand nombre de maisons et l'église et le presbytère de Saint-Amand.

De là, les camisards allèrent au Cayla et à Vauvert, dont ils forcèrent et abattirent les fortifications, et où ils se pourvurent abondamment de vivres pour les soldats et de foin et d'avoine pour les chevaux. Dans cette dernière ville, qui n'était presque entièrement habitée que par ses coreligionnaires, Cavalier assembla les habitants sur la place publique, et là il fit avec eux publiquement une prière, pour demander à Dieu d'empêcher que le roi ne suivît les mauvais conseils qu'on lui donnait, et pour exhorter ses frères à sacrifier leurs biens et leur vie pour le rétablissement de leurs temples, leur affirmant que l'Esprit lui avait révélé que le bras du Seigneur, qui les avait toujours assistés, continuerait à s'étendre sur eux.

Ces mouvements de Cavalier avaient pour but d'interrompre la destruction des hautes Cévennes, et obtinrent en partie le résultat que le jeune chef en attendait. M. de Julien reçut l'ordre du maréchal de redescendre dans la plaine pour donner la chasse aux camisards.

Les troupes se mirent à leur poursuite; mais, grâce à la connaissance que les rebelles avaient des lieux, il était impossible de les joindre; si bien que Fléchier, qui trouvait au milieu de ces exécutions, de ces incendies et de ces massacres, le temps de faire des poésies latines et d'écrire des lettres chinoises, disait, en parlant d'eux : « Ils ne sont jamais trouvés et ne trouvent aucun obstacle au mal qu'ils veulent faire. On désole leurs montagnes, et ils désolent notre plaine. Il ne reste plus d'églises dans nos diocèses, et nos terres ne pouvant être ni semées ni cultivées, ne nous produiront aucun revenu. L'on craint le désordre, et l'on ne veut pas donner lieu à une guerre civile de religion ; tout se ralentit, tous les bras tombent sans savoir pourquoi, et l'on nous dit : « Il » faut avoir patience ; on ne peut se battre contre des fan- » tômes. »

Cependant de temps en temps ces fantômes se faisaient visibles. Pendant la nuit du 26 au 27 octobre, Cavalier descendit jusqu'à Uzès, enleva deux sentinelles qui gardaient les portes, et cria aux autres, qui appelaient aux armes, qu'il allait attendre du côté de Lussan M. de Vergetot, qui était le gouverneur de la ville.

En effet, Cavalier, accompagné de ses deux lieutenants, Ravanel et Catinat, se dirigea vers ce petit bourg, situé entre Uzès et Bargeac et bâti sur une hauteur environnée de tous côtés de rochers qui lui servent de remparts et qui en rendent l'abord très-difficile. Arrivé à trois portées de fusil de Lussan, Cavalier envoya Ravanel pour sommer les habitants de lui fournir des vivres; mais ceux-ci, fiers des remparts naturels que la nature leur avait donnés et les croyant inexpugnables, non-seulement refusèrent d'obtempérer à la sommation du jeune Cevenol, mais encore tirèrent sur son ambassadeur plusieurs coups de fusil, dont l'un blessa au bras un camisard nommé La Grandeur, qui accompagnait Ravanel. Ravanel se retira au pas, soutenant son compagnon blessé, au milieu des huées et des coups de fusil des habitants, et revint vers Cavalier. Celui-ci ordonna aussitôt à ses soldats de se préparer à emporter la ville le lendemain matin ; car la nuit commençait à venir, et il n'osait rien tenter pendant l'obscurité. De leur côté, les assiégés dépêchèrent un exprès à M. de Vergetot pour le prévenir de la situation où il se trouvaient, et résolus à faire bonne résistance en attendant de ses nouvelles, ils barricadèrent leurs portes, emmanchèrent des faux à revers, attachèrent des crocs à de longues perches, et se munirent enfin de tous les instruments tant offensifs que défensifs qu'ils purent rassembler. Quand aux camisards, ils passèrent la nuit campés près d'un vieux château nommé Fan, à une portée de carabine de Lussan.

Au point du jour, de grands cris qui partaient de la ville annoncèrent aux camisards que le secours attendu par les assiégés arrivait. En effet, ils aperçurent de loin, sur la route, une troupe de soldats qui s'avançait vers eux : c'était M. de Vergetot à la tête de son régiment, et de quarante officiers irlandais.

Les protestants commencèrent, comme d'habitude, par dire leurs prières et chanter leurs psaumes, sans s'inquiéter des cris et des menaces des habitants de la ville; puis, lorsqu'ils eurent invoqué le Seigneur, ils marchèrent droit à ceux qui venaient les attaquer, en faisant toutefois filer par un chemin creux la cavalerie, qui devait, commandée par Catinat, franchir, à l'aide d'un pont qui n'était point gardé, une petite rivière, et tomber sur les troupes royales lorsque Cavalier et Ravanel seraient aux prises avec elles.

M. de Vergetot, de son côté, continuait d'avancer : de sorte que les religionnaires et les catholiques se trouvèrent bientôt en présence. Le combat commença des deux côtés par une fusillade ; puis Cavalier ayant vu apparaître sa cavalerie à la pointe d'un petit bois, et jugeant qu'il allait avoir le secours de Catinat, marcha au pas de charge vers ses ennemis. Alors Catinat, qui par le bruit de la fusillade jugeait sa présence nécessaire, mit sa troupe au galop, et tomba sur le flanc des catholiques.

En même temps, un des capitaines de M. de Vergetot ayant été tué par une balle, et l'autre par un coup de sabre, le désordre se mit parmi les grenadiers, qui lâchèrent pied et se dispersèrent, poursuivis par Catinat et ses cavaliers, qui les saisissaient par les cheveux et les poignardaient à coups de sabre. Après avoir essayé, mais inutilement, de rallier ses soldats, M. de Vergetot, entouré seulement de quelques Irlandais, fut forcé de fuir à son tour ; il était vivement poursuivi et allait être pris, lorsqu'il trouva, par bonheur, une hauteur nommée Gamêne, qui lui offrit ses rochers et ses murailles ; il sauta à bas de son cheval, se jeta dans un petit sentier, et se retrancha avec une centaine d'hommes dans ce fort naturel, où il eût été trop dangereux de le poursuivre ; aussi, Cavalier, satisfait de sa victoire et sachant par sa propre expérience que ses hommes ni ses chevaux n'avaient point mangé depuis dix-huit heures, donna le signal de la retraite, et gagna du côté de Seyne, où il espérait trouver des rafraîchissements.

Cette défaite avait piqué au vif les troupes royales, de sorte qu'elles résolurent de prendre leur revanche. Ayant donc appris par leurs espions que pendant la nuit du 12 au 13 novembre, Cavalier et sa bande devaient coucher dans un endroit de la montagne appelée Nages, elles enveloppèrent cette montagne pendant la nuit, de sorte qu'au point du jour Cavalier se trouva investi de tous côtés. Voulant alors voir par lui-même si le blocus était complet, il fit ranger toute sa troupe en bataille sur la hauteur, en remit le commandement à Ravanel et à Catinat, et ayant passé une paire de pistolets à sa ceinture, il prit sa carabine sur son épaule, et se glissa dans les broussailles et les rochers, certain, s'il y avait un côté faible, qu'il parviendrait à le découvrir ; mais les renseignements avaient été donnés avec une exactitude parfaite, et toutes les issues étaient gardées.

Cavalier résolut alors de rejoindre sa troupe, et se jeta dans un ravin ; mais à peine y avait-il fait trente pas, qu'il se trouva en face d'un cornette et de deux dragons qui y avaient été placés en embuscade. Il n'était plus temps de fuir ; d'ailleurs ce n'était pas l'intention du jeune chef ; il marcha donc droit à eux. De leur côté, les dragons s'avancèrent vers lui, et le cornette le mettant en joue : — Arrêtez, lui dit-il ; vous êtes Cavalier, je vous reconnais. Vous ne sauriez vous échapper, rendez-vous, vous avez bon quartier. — Cavalier lui répondit en lui cassant la tête d'un coup de sa carabine ; puis la jetant derrière son épaule comme une arme inutile, il tira ses deux pistolets de sa ceinture, marcha droit aux dragons, les tua de ses deux coups, et regagna sans blessure ses compagnons, qui le croyaient perdu, et qui l'accueillirent par leurs acclamations.

Mais Cavalier avait autre chose à faire que de jouir de son triomphe; il monta à cheval, se mit à la tête de ses hommes, et tomba sur les troupes royales avec une si grande impétuosité, qu'elles lâchèrent pied au premier choc. Alors on vit une trentaine de femmes qui avaient apporté des vivres au camp, transportées d'enthousiasme à la vue de leurs ennemis défaits, se précipiter sur eux et combattre comme des hommes. Une jeune fille âgée de dix-sept ans, nommée Lucrèce Guigon, se distingua entre toutes par son étrange courage. Non contente d'encourager ses frères par le cri de : « Vive l'épée de l'Éternel ! vive le glaive de Gédéon ! » elle arrachait les sabres des mains des dragons morts pour en achever les dragons mourants. Catinat, à la tête de dix hommes, poursuivit les fuyards jusque dans la plaine de Calvisson, où les troupes royales se rallièrent seulement, grâce au renfort qu'elles reçurent de la garnison.

Les dragons avaient laissé quatre-vingts morts sur le champ de bataille, tandis que Cavalier n'avait perdu que cinq hommes.

Cavalier était non-seulement, comme on le voit, un intrépide soldat et un habile capitaine, c'était encore parfois un sévère justicier. Quelques jours après le fait d'armes que nous venons de raconter, il apprit qu'un horrible meurtre avait été commis, et que les quatre assassins, qui étaient des camisards, s'étaient retirés dans le bois du Bouquet; aussitôt il fit partir un détachement de vingt hommes, avec ordre de saisir les coupables et de les lui amener. Voici les détails de cet événement :

La fille du baron de Meyrargues, qui venait de se marier avec un gentilhomme nommé M. de Miraman, encouragée par son cocher, qui souvent, quoiqu'il fût catholique, avait rencontré les camisards sans que ceux-ci lui fissent aucun mal, s'était mise en route le 29 novembre, se rendant à Ambroix, où l'attendait son mari. Elle était en chaise, et n'avait avec elle pour toute suite que sa femme de chambre, une nourrice, un valet et le cocher qui l'avait déterminée à partir. Les deux tiers de la route s'étaient déjà accomplis le plus heureusement du monde, lorsqu'en arrivant entre Lussan et

Vaudras, elle fut arrêtée par quatre hommes qui la firent descendre de sa chaise et la conduisirent vers un bois voisin. Le récit de ce qui se passa alors est tout entier dans la déposition de la femme de chambre; nous la copions textuellement.

« Ces malheureux nous ayant obligés, dit-elle, de marcher dans le bois pour nous écarter du grand chemin, ma pauvre maîtresse se trouva si lasse, qu'elle pria le bourreau qui la conduisait de permettre qu'elle s'appuyât sur son épaule; mais celui-ci regardant autour de lui et voyant l'endroit désert: — Nous n'irons guère plus loin, répondit-il; et, en effet, on nous fit asseoir sur un lieu où il y avait du gazon, et qui devait être la place de notre martyre. Là, ma chère maîtresse dit aux barbares les choses les plus touchantes, et d'une manière si douce qu'elle aurait fléchi un démon; elle leur donna sa bourse, sa ceinture d'or et un beau diamant qu'elle tira de son doigt; mais rien n'adoucit ces tigres, et l'un d'eux dit : — Je veux tuer les catholiques et vous tout à l'heure. — Que vous reviendra-t-il de ma mort? demanda ma maîtresse; accordez-moi la vie. — Non, c'en est fait, lui répondit-il alors, et vous mourrez de ma main; faites votre prière. — Aussitôt ma bonne maîtresse, se mettant à genoux, pria Dieu tout haut de lui faire miséricorde ainsi qu'à ses meurtriers, et comme elle continuait ses dévotions, elle reçut à la mamelle gauche un coup de pistolet, qui la jeta par terre, en même temps un second assassin lui donna un coup de sabre à travers le visage, et un troisième lui laissa tomber une grosse pierre sur la tête; alors un autre scélérat tua la nourrice d'un coup de pistolet, et soit qu'ils n'eussent pas d'armes chargées, soit qu'ils voulussent épargner leurs munitions, ils se contentèrent de me percer de plusieurs coups de baïonnette; je contrefis la morte; ils crurent que je l'étais en effet, et se retirèrent. Quelque temps après, voyant que tout était redevenu calme et qu'on n'entendait aucun bruit, je me traînai, mourante moi-même, près de ma chère maîtresse, et je l'appelai. Alors il se trouva qu'elle n'était pas morte non plus, et qu'elle me répondit d'une voix basse : — Ne me quittez pas, Suzon, jusqu'à ce que j'aie expiré. — Elle ajouta après une petite pause, car à peine pouvait-elle parler :

— Je meurs pour ma religion, et j'espère que le bon Dieu aura pitié de moi. Dites à mon mari que je lui recommande notre petite. — Après cela elle ne s'occupa plus que de Dieu par des oraisons courtes et tendres, jusqu'à son dernier soupir, qu'elle rendit à mes côtés à l'entrée de la nuit. »

Comme Cavalier en avait donné l'ordre, les quatre coupables furent pris et lui furent amenés. Il était alors avec sa troupe près de Saint-Maurice de Casevieille; il assembla aussitôt un conseil de guerre, et résumant l'action atroce qu'ils avaient commise, comme aurait pu le faire un avocat général, il laissa les juges prononcer leur sentence : tous votèrent pour la peine de mort; mais au moment même où les juges prononçaient le jugement, un des assassins écarta les deux hommes qui le gardaient, et sautant du haut en bas d'un rocher, s'élança dans un bouquet de bois, où il avait disparu avant qu'on eût même songé à le poursuivre.

Les trois autres furent fusillés.

De leur côté, les catholiques faisaient aussi des exécutions; mais il s'en fallait de beaucoup qu'elles fussent aussi honorables et aussi justes que celle que nous venons de raconter. L'une d'elles fut celle d'un pauvre enfant de quatorze ans, fils du meunier de Saint-Christol, lequel meunier avait été roué le mois précédent. Un instant les juges hésitèrent à le condamner à cause de son âge; mais un témoin se présenta, qui dit que c'était de ce malheureux que les fanatiques se servaient pour égorger les enfants. Quoique personne ne crût à cette déposition, comme on ne demandait qu'un prétexte, le jeune accusé fut condamné, et pendu sans pitié, une heure après le jugement.

Un grand nombre d'habitants des paroisses que brûlait M. de Julien s'étaient retirés à Aussilargues, paroisse de Saint-André. Pressés par la faim et la misère, ils sortirent des barrières qu'on leur avait prescrites pour se procurer quelques secours. Le brigadier Planque l'apprit : c'était un ardent catholique, qui résolut de ne pas laisser un tel crime impuni. Il fit aussitôt partir un détachement pour les arrêter; la chose fut facile, car ils étaient déjà rentrés dans leurs barrières, et on les prit tous dans leur lit. Aussitôt on les conduisit à l'église de Saint-André, où on les enferma ; puis, sans jugement, on les en tira cinq par cinq, et on les massacra, les uns à coups de fusil, les autres à coups de sabre et à coups de hache : tous furent égorgés, hommes, femmes, vieillards. Un pauvre enfant, qui avait reçu trois balles, levait encore la tête en criant : — Hé! où est mon père pour me tirer d'ici?

Quatre hommes et une jeune fille, réfugiés dans le bourg de Lasalle, sous la protection de la loi qui leur accordait ce lieu pour asile, sollicitèrent et obtinrent d'un capitaine du régiment de Soissonnais, nommé Laplace, la permission de se rendre chez eux pour des affaires intéressantes, mais à la condition qu'ils reviendraient le même jour; ils s'y engagèrent, et dans ce dessein ils étaient déjà arrivés dans une métairie qu'ils avaient prise pour rendez-vous, lorsque malheureusement ils furent surpris par un orage épouvantable. Malgré cet obstacle, les hommes allaient se remettre en route, lorsque la jeune fille les conjura de ne pas repartir que le jour ne fût venu, n'osant point les accompagner par un pareil temps et disant, d'un autre côté, qu'elle mourrait de frayeur si on la laissait seule dans cette métairie. Les quatre hommes eurent honte d'abandonner leur compagne de voyage, qui d'ailleurs était la parente de l'un d'eux; et, se laissant gagner à ses prières, ils restèrent, espérant que l'orage serait une excuse, et ne se remirent en route qu'aux premières lueurs du jour; mais le crime qu'ils avaient commis était déjà connu de Laplace. En conséquence, ils furent arrêtés. Vainement alors veulent-ils justifier leur retard. Laplace fit lier les quatre hommes, les fit conduire hors de la ville et les fit fusiller. Quant à la jeune fille, elle était réservée pour être pendue, et l'exécution devait avoir lieu le jour même, et cela sur le lieu où gisaient encore les cadavres de ses quatre malheureux compagnons, lorsque les sœurs régentes, aux mains de qui elle avait été remise pour qu'elles la préparassent à la mort, après avoir essayé auprès de Laplace d'obtenir sa grâce par tous les moyens possibles, la supplient de se déclarer enceinte. La jeune fille refuse de sauver sa vie par un mensonge déshonorant; alors les bonnes religieuses prennent le mensonge sur elles, et vont faire la déclaration au capitaine, le suppliant, s'il n'a pas pitié de la mère, d'avoir au moins pitié de l'enfant et de permettre qu'il soit sursis à l'exécution jusques après l'accouchement. Le capitaine, à cet obstacle imprévu et dont il n'est pas la dupe, ordonne qu'une sage-femme sera appelée et visitera la jeune fille. Au bout d'une demi-heure, la sage-femme fait son rapport, et déclare que l'accusée est enceinte.

— C'est bien, dit le capitaine, qu'on les mette toutes les deux en prison, et si dans trois mois il ne paraît pas de signe de grossesse, on les pendra toutes les deux. A cette décision, la peur s'empare de la sage-femme ; elle demande à être conduite devant le capitaine, et là elle avoue que, séduite par les instances des religieuses, elle a fait un faux rapport, et que bien loin que la jeune fille soit enceinte, elle a reconnu en elle tous les signes de la virginité.

Sur cette déclaration, la sage-femme est condamnée à être fouettée publiquement, et la jeune fille est conduite au gibet, et pendue au milieu des cadavres des quatre hommes dont elle avait causé la mort : ce double jugement fut exécuté le jour même.

Comme on doit bien le penser, les cadets de la Croix, placés entre les camisards et les catholiques, ne demeuraient en reste ni avec les uns ni avec les autres. « Une de leurs bandes, dit Labaume, commença de ravager tout ce qui appartenait aux nouveaux convertis depuis Beaucaire jusqu'à Nîmes ; ils tuèrent une femme et deux enfants de la métairie de Campuget, un homme de quatre-vingts ans à celle de M. Detilles, qui est au-dessus de Bouillargues, quelques gens à Cicure, une fille à Caissargues, un jardinier à Nîmes, et quelques autres personnes encore ; ils enlevèrent les troupeaux, les meubles et tous les effets de tous les nouveaux convertis qu'ils purent trouver ; ils brûlèrent la métairie de Clairan, celle de Loubes et six autres du côté de Saint-Gilles, celles de la Marine, de Carlot, de Campoget, de Miraman, de la Bergerie, de Larnac du côté de Manduel.

» Ils arrêtaient les voyageurs sur les grands chemins, dit Louvrelœil, et pour connaître s'ils étaient catholiques, ils les contraignaient à dire en latin l'Oraison dominicale, la Salutation angélique, le Symbole de la foi et la Confession générale; ceux qui ne savaient pas ces prières passaient par le fil de leurs épées. Dans le lieu de Dions, on trouva neuf corps morts dont le meurtre leur fut imputé; et quand on vit pendu à un arbre le berger du sieur de Roussière, ci-devant ministre, on ne manqua point de dire que c'étaient eux qui l'avaient fait mourir; enfin, leur cruauté allait si loin, qu'une de leurs bandes ayant rencontré sur un chemin M. l'abbé de Saint-Gilles, elle lui demanda un domestique, nouveau converti, qu'il avait avec lui, afin de le faire mourir. L'abbé eut beau leur remontrer qu'on ne devait pas faire un tel affront à un homme de sa naissance et de sa race, ils n'en persistèrent pas moins dans la volonté qu'ils avaient de tuer cet homme, si bien que l'abbé fut forcé de le prendre entre ses bras et de présenter son corps aux coups qu'ils voulaient porter à son domestique. »

L'auteur des *Troubles des Cévennes* rapporte quelque chose de mieux encore; c'est un événement qui se passa à Montelus le 22 février 1704. « Dans ce lieu, dit-il, il y avait quelques protestants, mais un beaucoup plus grand nombre de catholiques; ceux-ci, excités par un capucin natif de Bergerac, s'érigèrent en cadets de la Croix, et voulurent faire leur apprentissage d'assassins sur leurs compatriotes : en conséquence, étant entrés chez Jean Barnoin, ils lui coupèrent d'abord les oreilles et les parties naturelles; après quoi ils l'égorgèrent en le saignant comme on fait d'un porc. En sortant de chez ce malheureux, ils rencontrèrent dans la rue Jacques Clas, et lui tirèrent un coup de fusil qui lui perça le ventre; les entrailles en sortirent et traînaient à terre : il les ramassa et rentra chez lui; sa femme, qui était près d'accoucher, et ses deux petits enfants, effrayés de ce spectacle, s'empressaient de le secourir, lorsque les meurtriers parurent au seuil de la porte : alors, au lieu de se laisser fléchir aux cris et aux larmes de cette malheureuse femme et de ses pauvres enfants, ils achevèrent le blessé; et comme la femme voulait défendre son mari, ils lui brûlèrent la cervelle d'un coup de pistolet; alors ils s'aperçurent de sa grossesse et que l'enfant, qui avait déjà huit mois de gestation, tressaillait dans le sein de sa mère : alors ils ouvrirent le ventre de cette femme, en tirèrent l'enfant, et ayant versé à sa place un picotin d'avoine, ils firent manger un cheval, qui était attaché à la porte, dans ce râtelier sanglant ; une voisine, nommée Marie Silliot, qui voulait porter du secours aux enfants, fut massacrée ; mais au moins les meurtriers se contentèrent de sa mort et ne poursuivirent pas leur vengeance au delà. Étant alors sortis dans la campagne, ils rencontrèrent Pierre et Jean Bernard, l'oncle et le neveu, l'un âgé de dix ans, l'autre de quarante-cinq ; s'étant emparés aussitôt de tous deux, ils mirent entre les mains de l'enfant un pistolet, qu'ils le forcèrent de décharger sur son oncle : sur ces entrefaites, le père arriva, et on voulut le forcer de tirer sur son fils ; mais comme aucune menace ne put le contraindre, et que la scène tirait en longueur, on finit tout simplement par les tuer tous deux, l'un à coups de sabre, l'autre à coups de baïonnette.

Au reste, ce qui leur avait fait activer cette dernière exécution, c'est qu'ils avaient aperçu se dirigeant vers un bois de mûriers où elles allaient nourrir des vers à soie, trois jeunes filles de Bagnols ; ils les y suivirent, et les y ayant rejointes d'autant plus facilement que, comme il était grand jour, elles n'avaient aucune crainte, ils les violèrent, leur lièrent les mains ; puis, les attachant à deux arbres, la tête en bas et les jambes écartées, ils leur ouvrirent le ventre, et y introduisant leurs poires à poudre, il les écartelèrent en y mettant le feu.

Ceci se passait sous le règne de Louis le Grand et pour la plus merveilleuse gloire de la religion catholique.

Au reste, l'histoire a conservé les noms de ces cinq brigands ; c'étaient Pierre Vigneau, Antoine Rey, Jean d'Hugon, Guillaume et Gontanille.

Ces assassinats, dont nous ne rapportons que quelques-uns, inspirèrent une telle horreur à tout ce qui restait d'hommes que le fanatisme ou la vengeance n'avait point rendus insensés, que sans en avoir aucun moyen, sans savoir encore comment il s'y prendrait, un gentilhomme protestant, nommé le baron d'Aygaliers, dévoua sa vie à la pacification des Cévennes. La première chose qu'il comprit, c'est que si les camisards étaient détruits, par l'entremise des troupes catholiques et par les conseils et la coopération de Baville, de Julien et de Montrevel, on ne manquerait pas de regarder ensuite les protestants qui n'auraient pas pris les armes, et particulièrement les gentilshommes, comme des lâches que la seule crainte de la persécution ou de la mort avait empêchés de favoriser ouvertement les camisards. Il pensa donc que c'était aux religionnaires eux-mêmes à terminer cette affaire, convaincu que c'était pour eux le seul moyen de se rendre agréables au roi, et de faire connaître à Sa Majesté la fausseté des soupçons que le clergé catholique avait fait naître contre eux.

Ce projet présentait des deux côtés des difficultés presque insurmontables, surtout pour le baron d'Aygaliers, qui ne pouvait y parvenir qu'en persuadant au roi de se relâcher de ses mesures de rigueur, et aux camisards de se soumettre; or le baron d'Aygaliers n'avait aucun accès à la cour, et ne connaissait pas personnellement un seul chef des révoltés.

Le premier empêchement qui barrait les bonnes intentions du baron, est qu'il lui fallait tout d'abord un passeport pour se rendre à Paris, et qu'il était certain, à cause de son titre même de protestant, de ne l'obtenir ni de M. de Baville, ni de M. de Montrevel : une circonstance fortuite le tira d'embarras et le fortifia dans sa résolution, car il crut voir dans cette circonstance une aide du ciel.

Le baron d'Aygaliers se trouvait un jour chez un ami commun avec M. de Paratte, brigadier des armées du roi, et depuis maréchal de camp, lequel en ce temps-là commandait à Uzès : ce dernier était d'un caractère fort vif, et si zélé pour le bien de la religion catholique et le service du roi Louis XIV, qu'il ne put se trouver devant un protestant sans s'emporter contre ceux qui avaient pris les armes contre leur prince, et ceux-là mêmes qui, sans les porter, favorisaient les rebelles de leurs vœux : M. d'Aygaliers comprit que l'allusion lui était personnelle, et résolut d'en tirer parti. En effet, le lendemain il alla trouver M. de Paratte, et au lieu de lui demander raison, comme celui-ci s'y attendait, de ce qu'il avait dit la veille de désobligeant contre lui, il lui dit qu'il lui était fort obligé de son discours, et que ce discours l'avait touché à un tel point, qu'il était résolu de témoigner son zèle et sa fidélité à son souverain en allant solliciter lui-même un emploi à la cour : enchanté de la conversion qu'il avait faite, de Paratte sauta au cou de d'Aygaliers; lui donna, dit l'histoire, sa bénédiction avec tous les vœux qu'un père peut faire pour son fils, et avec sa bénédiction un passeport; c'était là surtout ce que désirait d'Aygaliers : muni du bienheureux sauf-conduit, il partit pour Paris sans avoir communiqué son projet à personne, pas même à la baronne d'Aygaliers, sa mère.

Arrivé à Paris, d'Aygaliers descendit chez un de ses amis et y dressa son projet; il était très-court et très-clair; le voici :

« A l'honneur d'exposer bien humblement à Sa Majesté, le soussigné :

» Que la rigueur et la persécution dont plusieurs prêtres avaient usé dans leurs villages avaient fait prendre les armes à quelques habitants de la campagne, et que les soupçons qu'on avait témoignés aux nouveaux convertis en avaient obligé un grand nombre de se joindre aux révoltés; extrémité, au reste, à laquelle ils s'étaient portés, pour éviter la prison et les enlèvements, remèdes employés pour les retenir dans leur devoir; qu'ainsi, pour combattre ce mal par le contraire de ce qui l'avait produit et de ce qui l'entretenait, il croyait que le meilleur moyen dont on pût se servir était d'arrêter la persécution et de rendre au peuple la confiance qu'on lui avait ôtée, en permettant à tel nombre de gens de la religion que l'on jugerait à propos, de s'armer, pour aller faire connaître aux rebelles que bien loin de les favoriser, les protestants voulaient ou les ramener par leur exemple, ou les combattre pour faire voir au roi et à toute la France, au péril de leur vie, qu'ils désapprouvaient la conduite de leurs coreligionnaires, et que les prêtres en avaient imposé en écrivant à la cour que les gens de la religion favorisaient la révolte. »

D'Aygaliers espérait que la cour adopterait ce projet, car de son exécution devait résulter, de deux choses, l'une : ou les camisards refuseraient d'accepter les propositions faites, et par ce refus ils se rendraient odieux à leurs frères, attendu que d'Aygaliers ne comptait employer avec lui, pour les engager à cela, que des gens de religion très-approuvés parmi eux, et qui naturellement, s'ils refusaient de se soumettre, se tourneraient franchement contre eux ; ou ils mettraient bas les armes, et par leur soumission ramèneraient la paix dans le midi de la France, obtiendraient la liberté du culte, tireraient leurs frères des prisons et des galères, et viendraient en aide au roi dans sa guerre contre les puissances alliées, en lui offrant un corps considérable de troupes à employer, du jour au lendemain, contre ses ennemis : premièrement les troupes qui servaient contre les camisards, et secondement les camisards eux-mêmes, dont on pourrait se servir, en leur donnant des officiers supérieurs.

Ce projet était si clair et promettait de si utiles résultats, que quelle que fût la prévention que l'on eût contre ceux de sa religion, le baron d'Aygaliers trouva dans le duc de Chevreuse et le duc de Montfort son fils, un appui à la fois intelligent et réel : ces deux seigneurs le mirent en relation avec Chamillard, qui le présenta au maréchal de Villars, auquel il remit son projet en le priant de le faire parvenir au roi ; mais M. de Villars, qui connaissait l'entêtement de Louis XIV, lequel, comme le dit le baron de Peken, ne voyait à l'endroit des réformés qu'à travers des lunettes de madame de Maintenon, dit à d'Aygaliers de se bien garder de faire connaître en rien ses idées de pacification s'il ne voulait pas les voir échouer ; mais, au contraire, d'aller l'attendre, lui, M. de Villars, à Lyon, où il ne tarderait pas à passer, pour aller remplacer dans le gouvernement du Languedoc, M. de Montrevel dont le roi était mécontent et qu'il devait rappeler sous peu de jours. D'Aygaliers, dans les trois entretiens qu'il avait eus avec M. de Villars, avait vu en lui un homme capable de le comprendre ; il se fia donc entièrement à la connaissance que ce seigneur avait de l'esprit du roi, et, quittant aussitôt Paris, il alla l'attendre à Lyon.

Ce qui avait déterminé le rappel de M. de Montrevel était un nouvel exploit de Cavalier : M. de Montrevel venait d'arriver à Uzès lorsqu'il apprit que le jeune Cévenol était avec sa troupe du côté de Sainte-Chatte ; il détacha aussitôt M. de La Jonquière avec six cents hommes d'élite de la marine et quelques compagnies de dragons du régiment de Saint-Sernin; mais une demi-heure après, jugeant par réflexion que ces troupes n'étaient point encore suffisantes, il ordonna à M. de Foix, lieutenant-colonel des dragons de Fimarçon, de rejoindre M. de La Jonquière avec cent soldats de son régiment, de rester avec lui si la chose était nécessaire, ou, sinon, de revenir à Uzès avant la nuit.

M. de Foix fit aussitôt sonner le boute-selle, choisit cent hommes parmi les plus braves, se mit à leur tête, rejoignit M. de La Jonquière à Sainte-Chatte et lui exposa son ordre; mais celui-ci, confiant dans le courage de ses soldats, et ne voulant partager avec personne la gloire d'une victoire qu'il croyait assurée, non-seulement remercia M. de Foix, mais le conjura de retourner à Uzès, lui assurant qu'il avait assez de troupes pour combattre et vaincre les camisards partout où il les rencontrerait; que par conséquent les cent dragons qu'il lui amenait lui seraient fort inutiles, tandis qu'ils pourraient être, au contraire, fort nécessaires ailleurs : M. de Foix ne crut donc pas devoir insister davantage et revint à Uzès, tandis que M. de La Jonquière, continuant sa route, allait coucher à Moussac. Cavalier en sortait avec sa troupe par une porte, tandis que M. de La Jonquière y entrait avec la sienne par l'autre. Les vœux du jeune chef catholique étaient donc exaucés; car selon toute probabilité il rejoindrait son ennemi dans la journée du lendemain.

Comme le village se composait en grande partie de nouveaux convertis, la nuit, au lieu d'être employée au repos, fut consacrée au pillage.

Le lendemain les catholiques se remirent en route et gagnèrent d'abord Moussac, qu'ils trouvèrent désert et abandonné; de là ils allèrent à Lascours-de-Cravier, petit village dépendant de la baronnie de Boucairan, que M. de La Jonquière abandonna au pillage et où il fit fusiller quatre protestants, un homme, une femme et deux filles; puis, il se remit en route; et, comme il avait plu, il découvrit bientôt les traces des camisards, de sorte qu'à compter de ce moment il put suivre à la piste le terrible gibier qu'il poursuivait. Il y avait trois heures à peu près qu'il était occupé de cette besogne, marchant en tête de sa troupe, de peur que tout autre, moins ardent que lui à la poursuite des camisards, ne commît quelque erreur, lorsqu'en levant les yeux il les aperçut sur une petite hauteur nommée les Devoïs-de-Martignargues. C'était en effet là qu'ils l'attendaient de pied ferme, bien résolus à accepter le combat qu'il venait leur offrir.

Aussi, de son côté, Cavalier, dès qu'il vit les troupes royales s'avancer, ordonna-t-il à tous ses hommes de se mettre en prières, comme c'était sa coutume, puis, sa prière finie, il fit sur le terrain qu'il avait choisi, avec son habileté ordinaire, ses dispositions pour le combat. Elles consistaient à se poster, lui de sa personne avec le gros de sa troupe, de l'autre côté d'une ravine, qu'il plaça comme un fossé entre lui et les troupes royales; puis, il fit prendre un grand détour à une trentaine de cavaliers, qui vinrent se cacher, à deux cents pas en avant de lui, dans un petit bois qui s'étendait à sa gauche; enfin il envoya à sa droite et à la même hauteur à peu près, soixante hommes de pied choisis parmi ses meilleurs tireurs et auxquels il recommanda de ne faire feu que lorsqu'ils verraient les troupes royales bien engagées avec lui.

Arrivé à une certaine distance, M. de La Jonquière s'arrêta et envoya en avant pour examiner l'ennemi, un de ses lieutenants, nommé de Saint-Chatte; celui-ci prit avec lui douze dragons, et poussa une reconnaissance jusqu'au delà des embuscades, qui ne donnèrent aucun signe d'existence, laissant l'officier faire en toute tranquillité ses observations; mais de Saint-Chatte était un vieux soldat de fortune qui ne se laissait pas prendre aux apparences : aussi, en revenant auprès de M. de La Jonquière et en lui exposant le plan du terrain qu'avait choisi Cavalier et sa troupe, il ajouta qu'il serait fort étonné si le jeune chef camisard n'avait pas utilisé, pour y placer quelque embuscade, le petit bois qu'il avait à sa gauche et le mouvement de terrain qu'il avait à sa droite; mais M. de La Jonquière répondit que l'important était de savoir où se trouvait le corps principal, afin de marcher droit à lui; Saint Chatte lui répondit que le corps principal était celui qu'il avait devant les yeux, et qu'il y avait d'autant moins de doute à avoir sur ce sujet, qu'il s'était approché assez près de lui pour reconnaître au premier rang Cavalier lui-même.

C'était tout ce que voulait M. de La Jonquière : aussi, se mettant à la tête de ses hommes, marcha-t-il droit au ravin derrière lequel Cavalier et ses camisards étaient rangés en bataille. Arrivé à une portée de pistolet, M. de La Jonquière ordonna de faire feu; mais il était si près que Cavalier entendit le commandement, et sur un signe aussi rapide que la pensée, en voyant le mouvement que faisaient les troupes royales pour mettre en joue, se coucha ventre à terre lui et ses hommes; de sorte que les balles passèrent au-dessus des camisards sans en toucher un seul : de son côté, M. de La Jonquière croyait déjà les avoir, au contraire, tous tués, lorsque Cavalier et ses camisards se relevèrent en entonnant un psaume et se précipitèrent sur les troupes royales, qu'ils fusillèrent à dix pas, et qu'ils attaquèrent aussitôt à la baïonnette : en même temps les soixante hommes embusqués firent feu à leur tour, tandis que les trente cavaliers chargeaient à grands cris. A ce bruit et à la vue de la mort qui les frappait de trois côtés, les troupes royales se crurent enveloppées et n'essayèrent pas même de tenir : les soldats jetèrent leurs armes et lâchèrent pied, les chefs seuls opposèrent une résistance désespérée avec quelques dragons qu'ils étaient parvenus à rallier.

Cavalier parcourait le champ de bataille, achevant de sabrer quelques fuyards, lorsqu'il aperçut un groupe composé de dix officiers de la marine, qui, s'étant adossés et serrés les uns contre les autres, faisaient de tous côtés, l'esponton à la main, face aux camisards qui les entouraient : il piqua droit à eux, et faisant ouvrir les rangs de ses soldats, il s'avança vers les officiers jusqu'à la distance de quinze pas, quoiqu'ils le missent en joue, et levant la main en signe qu'il voulait parler : — Messieurs, leur dit-il, rendez-vous, il y aura bon quartier; j'ai mon père prisonnier à Nîmes; eh bien, en échange de la vie que je vous donne à tous les dix, vous demanderez sa liberté.

Pour toute réponse, un des officiers lui tira un coup de carabine qui blessa son cheval à la tête; alors Cavalier prit un pistolet, visa à son tour l'officier et le tua; puis, s'adressant de nouveau aux officiers : — Messieurs, leur dit-il, êtes-vous aussi difficiles que votre camarade, ou bien acceptez-vous la vie que je vous offre? — Un second coup de carabine partit qui lui effleura l'épaule. Cavalier vit bien qu'il n'en aurait pas d'autre réponse, et se retournant vers ses soldats : — C'est bien, faites, — dit-il; et il s'éloigna pour ne pas assister à ce massacre : les neuf officiers furent fusillés.

M. de La Jonquière, blessé légèrement à la joue, abandonna son cheval afin d'escalader une muraille, et sautant ensuite sur celui d'un dragon qu'il démonta, il traversa le Gardon à la nage, laissant sur le champ de bataille vingt-cinq officiers et six cents soldats. Cette défaite était doublement fatale au parti du roi, d'abord en ce qu'elle le privait de l'élite de ses officiers, les morts étant presque tous des jeunes gens de noblesse, et ensuite parce qu'elle fournit aux camisards non-seulement un grand nombre de fusils, d'épées et de baïonnettes dont ils manquaient, mais encore plus de quatre-vingts chevaux, à l'aide desquels Cavalier se compléta un magnifique corps de cavalerie.

Le rappel du maréchal de Montrevel suivit de près cette défaite, et M. de Villars, comme il l'avait espéré, fut nommé pour le remplacer; mais avant de quitter son gouvernement, M. de Montrevel résolut d'effacer, par une action d'éclat qui lui fût personnelle, l'échec qu'avait éprouvé son lieutenant, et dont, selon les règles ordinaires de la guerre, on lui faisait porter la peine : en conséquence, il résolut d'attirer les camisards, par de faux bruits et de fausses démarches, dans quelque piége où ils seraient pris à leur tour. La chose, au reste, était d'autant moins difficile, que la dernière victoire de Cavalier lui avait donné une grande confiance en lui-même et dans la troupe qu'il commandait.

En effet, depuis l'affaire de la marine, la troupe de Cavalier grossissait à vue d'œil, car chacun demandait à servir sous un si brave chef; si bien qu'elle montait à plus de mille hommes d'infanterie et de deux cents hommes de cheval; elle avait en outre, comme une troupe régulière, un trompette pour la cavalerie, et pour l'infanterie, huit tambours et un fifre.

Le maréchal avait pensé que son départ serait pour Cavalier le signal de quelque expédition dans la plaine : voulant donc lui inspirer toute confiance, il avait depuis trois jours annoncé qu'il partait pour Montpellier, et avait fait filer sur cette ville une partie de ses équipages. En effet, le 15 avril au matin, il apprit que Cavalier, trompé par le bruit répandu à dessein par le maréchal, qu'il partait le 16, devait venir coucher à Caveyrac, petite ville située à une lieue de Nîmes, afin de descendre de là dans la Vaunage ; ces avis étaient donnés à M. de Montrevel par un curé nommé Verrien, qui avait à sa solde des espions vigilants et fidèles, et dans lequel par conséquent il pouvait avoir toute confiance. Il donna donc ordre à M. de Grandval, commandant de Lunel, de partir le lendemain à la pointe du jour avec le régiment de Charolais et cinq compagnies de dragons de Fimarçon et de Saint Sernin, pour se rendre sur les coteaux de Boissières, où il recevrait ses instructions, et à Sandricourt, gouverneur de la ville de Nîmes, de tirer de la garnison tout ce qu'il pourrait de troupes, tant Suisses que dragons, de les envoyer pendant la nuit du côté de Saint-Côme et de Clarensac ; enfin lui-même partit comme il avait dit qu'il le ferait, mais au lieu de gagner Montpellier, il s'arrêta à Sommières, d'où il était à même de surveiller tous les mouvements de Cavalier.

Celui-ci, comme l'avis en avait été donné à M. de Montrevel, vint coucher le 15 à Caveyrac. Ce jour-là, Cavalier était magnifique : car à ce moment il était arrivé au plus haut degré de sa puissance. Il entra dans la ville tambour battant, enseignes déployées, monté sur le cheval de M. de La Jonquière, qui était un cheval de prix, ayant près de lui son jeune frère, âgé de dix ans, qui lui servait de page, précédé de douze gardes habillés de rouge, et suivi de quatre laquais ; car, de même que son collègue Roland avait pris le titre de comte Roland, il avait pris, lui, le titre de duc des Cévennes.

A son approche, la garnison, commandée par M. de Maillan, se jeta partie dans le château, partie dans l'église ; mais comme Cavalier songeait moins à l'inquiéter qu'à donner des rafraichissements et du repos à ses soldats, il les logea chez les habitants, plaça en avant de l'église et de la forteresse quelques sentinelles qui toute la nuit échangèrent des coups de fusil avec les troupes royales; et, le lendemain matin, après avoir démoli les murs qui servaient de fortifications, il sortit du bourg, tambour battant et enseignes déployées, et à quarante pas de là, il fit faire, presque en vue de Nîmes, des évolutions militaires à sa troupe, qui n'avait jamais été si brillante et si nombreuse; puis il dirigea sa marche du côté de Nages.

M. de Montrevel ayant reçu, vers les neuf heures du matin, avis du chemin qu'il avait pris, partit aussitôt de Sommières, suivi de six compagnies de dragons de Fimarçon, d'une compagnie franche de cent Irlandais, de trois cents hommes du régiment de Hainaut et de trois compagnies des régiments de Soissonnais, Charolais et Menon; ce qui formait un corps de plus de neuf cents hommes. Il se dirigea sur les côtes de la Vaunage, au-dessus de Clarensac; mais tout à coup ayant entendu la fusillade pétiller derrière lui, il se replia du côté de Langlade.

C'est qu'en effet Grandval était déjà aux prises avec les camisards; ceux-ci, en partant de Caveyrac, s'étaient retirés dans un enfoncement, entre Boissière et le moulin à vent de Langlade, pour y prendre quelque repos. Les fantassins s'étaient donc couchés près de leurs armes, et les cavaliers aux pieds de leurs chevaux, dont ils avaient la bride passée au bras. Cavalier lui-même, l'infatigable Cavalier, écrasé par la fatigue des jours précédents, s'était endormi, ayant près de lui son jeune frère qui veillait, quand tout à coup il se sentit secouer par le bras, et en se réveillant il entendit crier de tous côtés: — Tue! tue! — et: — Aux armes! aux armes! — C'était Grandval et sa troupe qui, en allant à la découverte des camisards, étaient tout à coup tombés sur eux.

L'infanterie se leva, la cavalerie se mit en selle. Cavalier sauta sur son cheval, et tirant son épée, mena, comme c'était son habitude, ses soldats tête baissée sur les dragons; ceux-ci, comme c'était leur habitude aussi, prirent la fuite, laissant une douzaine de morts sur le champ de bataille. La cavalerie camisarde s'abandonna aussitôt à la poursuite des fuyards, laissant bien loin derrière elle son infanterie et son chef qui ne pouvait la suivre, son cheval ayant reçu une balle au travers du cou.

Au bout d'une heure de course, pendant laquelle quelques dragons sabrés par les vainqueurs tombèrent encore sur la route, on arriva entre Boissière et Vergèse; mais là, la cavalerie camisarde se trouva en face du régiment de Charolais qui l'attendait rangé en bataille, et derrière lequel allèrent se reformer les dragons. Emportée par sa course, elle arriva jusqu'à cent pas de lui, fit sa décharge, qui lui tua quelques hommes, et se mit en retraite. A un tiers de retour du chemin qu'elle avait parcouru, elle fut rejointe par son chef, qui s'était remonté, grâce à un cheval de dragon qu'il avait retrouvé sur la route près de son maître mort. Il arrivait au grand galop rallier sa cavalerie à son infanterie, car on commençait à apercevoir les troupes du maréchal, qui, ainsi que nous l'avons dit, accouraient au bruit de la fusillade; aussi, à peine Cavalier eut-il réuni ses soldats, qu'il comprit que la retraite lui était fermée : il avait les troupes royales en tête et en queue.

Alors le jeune chef vit qu'il lui fallait faire une pointe à droite ou à gauche, et comme ce pays lui était moins connu que celui des hautes Cévennes, il s'adressa à un paysan qui lui indiqua le chemin de Soudorgues à Nages comme la seule voie par laquelle il pût s'échapper. Cavalier n'avait pas le temps d'examiner si le paysan était traître ou fidèle; il résolut de donner quelque chose à sa fortune, et suivit la route qui lui était indiquée. Mais quelques pas en avant de l'endroit où le chemin de Soudorgues à Nages se joint à celui de Nimes, il trouva le passage barré par un corps des troupes du maréchal commandé par Menon; cependant, comme ce corps n'était qu'en nombre égal à peu près à celui des camisards, ceux ci ne s'arrêtèrent pas à chercher une autre voie, et donnant tête baissée sur eux, ils leur passèrent sur le ventre et continuèrent leur route vers Nages pour gagner la plaine de Calvisson. Mais le village, les avenues, les issues, tout est occupé par un nouveau corps de troupes royales; en même temps, Grandval et le maréchal se rapprochent, Menon rallie sa troupe et la ramène. Cavalier se trouve enveloppé de tous côtés; il jette les yeux circulairement autour de lui : ses ennemis sont cinq contre un.

Alors Cavalier se hausse sur ses arçons de manière à ce que sa tête domine toutes les têtes, et d'une voix assez forte pour être entendue de ses soldats, et même de l'ennemi : — Enfants, dit-il, nous sommes pris et roués vifs si nous manquons de cœur. Nous n'avons donc plus qu'un moyen de salut : il faut se faire jour et passer sur le ventre à ces gens-là. Suivez-moi et serrez-vous.

A peine ces mots sont-ils prononcés, qu'il s'élance le premier sur le groupe le plus près de lui, suivi par toute sa troupe, qui ne forme plus qu'une masse, autour de laquelle arrivent en se pressant les trois corps de l'armée royale. Alors on s'attaque corps à corps; on n'a plus d'espace pour charger et tirer; on se hache à coups de sabre, on se poignarde à coups de baïonnette; royaux et camisards se prennent à la gorge et aux cheveux. Cette lutte de démons dure une heure, pendant laquelle Cavalier perd cinq cents hommes et en tue le double à l'ennemi. Enfin, il se fait jour à la tête de deux cents hommes à peu près, s'élance avec eux par la trouée qu'il a faite, respire un instant; puis, se voyant comme au milieu d'un vaste cirque et tout entouré de soldats, il se dirige vers un pont qui lui paraît le point le plus faible, et qui n'est gardé que par une centaine de dragons.

Alors il divise sa troupe en deux pelotons : l'un avec Ravanel et Catinat forcera le pont, à la tête de l'autre il soutiendra la retraite. Il se retourne donc, s'accule comme un sanglier, et fait tête à l'ennemi.

Tout à coup il entend de grands cris derrière lui, le pont est forcé; mais, au lieu de le garder pour ménager le passage de leur chef, les camisards se dispersent dans la plaine et fuient. Alors un enfant se jette au-devant d'eux et les arrête le pistolet à la main.

C'est le jeune frère de Cavalier : monté sur un de ces petits chevaux sauvages de la Camargue, reste de cette race arabe semée par les Maures d'Espagne dans le Languedoc; armé d'un sabre et d'une carabine proportionnés à sa taille, l'enfant arrête des hommes qui fuient. — Où allez-vous? leur crie-t-il; au lieu de fuir comme des lâches, bordez la rivière, maintenez l'ennemi et favorisez la retraite de mon frère.

Honteux d'avoir mérité de pareils reproches, les camisards s'arrêtent, se rallient, bordent la rivière, et par un feu soutenu protégent la retraite de Cavalier, qui gagne le pont et le traverse sans avoir reçu une seule blessure, quoique son cheval soit criblé de coups et qu'il ait été forcé de changer trois fois de sabre.

Alors le combat continue; mais Cavalier opère insensiblement sa retraite : une plaine entrecoupée de fossés, la nuit qui approche, un bois voisin qui lui offre un couvert, tout commence à le favoriser. Néanmoins, son arrière-garde, toujours harcelée, couvre de morts le terrain qu'elle parcourt; enfin, l'obscurité enveloppe vainqueurs et vaincus; on s'est battu dix heures : Cavalier a perdu plus de cinq cents hommes, et les royaux près de mille.

« Cavalier, dit M. de Villars dans ses Mémoires, agit pendant cette journée d'une manière qui surprit tout le monde : car qui n'eût été surpris de voir un homme de rien, sans expérience dans l'art de la guerre, se comporter, dans les circonstances les plus épineuses et les plus délicates, comme l'aurait pu faire un grand général? Un dragon le suivait toujours. Cavalier lui tira un coup de carabine qui tua son cheval. Le dragon, de son côté, lui tira un coup de fusil et le manqua; enfin, Cavalier ayant eu deux chevaux tués sous lui, l'un au commencement de l'action, l'autre à la fin, se tira d'affaire en prenant, la première fois, le cheval d'un dragon, et la seconde fois, celui d'un de ses hommes, qu'il mit à pied. »

M. de Montrevel, de son côté, s'était conduit en brave capitaine, se trouvant partout où il y avait un danger et animant ses soldats et ses officiers par son exemple : un capitaine irlandais avait été tué à ses côtés, un autre blessé à mort, et un troisième atteint légèrement. Grandval, de son côté, avait fait merveilles, et un cheval qu'il eut tué sous lui fut remplacé par un autre d'une grande valeur que lui donna M. de Montrevel pour poursuivre les camisards. M. de Montrevel céda alors la place à M. de Villars, en faisant dire à Cavalier « que c'était ainsi qu'il prenait congé de ses amis. »

Cependant, ce combat, tout honorable qu'il était pour Cavalier, en ce qu'il força ses ennemis eux-mêmes à le considérer comme un homme de guerre, n'avait pas moins anéanti la plus belle partie de ses espérances. Il s'était arrêté du côté de Pierredon pour y réunir les débris de sa troupe, et là, véritablement, il ne fut rejoint que par des débris. La plupart de ses gens revenaient sans armes, car ils les avaient jetées pour fuir plus facilement; un grand nombre était hors de service par les blessures reçues; enfin, presque toute la cavalerie était exterminée, ou avait abandonné ses chevaux pour franchir de larges fossés, qui, dans sa fuite, la mettaient à couvert de la poursuite des dragons.

Cependant toutes les troupes royales étaient en mouvement, et il était imprudent à Cavalier de demeurer plus longtemps à Pierredon; aussi partit-il pendant la nuit, et ayant traversé le Gardon, alla-t-il se cacher dans le bois d'Hieuzet, où il espérait que n'oseraient le poursuivre ses ennemis. En effet, il y fut deux jours tranquille, et ces deux jours furent un grand repos pour sa troupe, attendu que dans ce bois même était une immense caverne qui depuis longtemps servait aux camisards à la fois de magasin et d'arsenal, et où ils cachaient en conséquence leur blé, leur foin, leurs armes et leur poudre. Cavalier, à ces deux destinations, ajouta celle d'hôpital, et y fit transporter ses blessés, qui purent enfin recevoir quelques secours.

Mais Cavalier fut bientôt forcé de quitter le bois d'Hieuzet, quelque espoir qu'il eût eu de ne pas y être poursuivi; car un jour qu'il revenait de visiter ses blessés dans cette caverne ignorée de tous, il tomba au milieu d'une centaine de miquelets qui avaient pénétré dans le bois, et qui l'eussent fait prisonnier, s'il n'avait sauté, avec son adresse et son courage ordinaires, du haut en bas d'un rocher élevé de plus de vingt pieds; les miquelets firent feu sur lui, mais aucune balle ne l'atteignit. Cavalier rejoignit sa troupe, et, craignant d'attirer en cet endroit le reste des royaux, il se mit en retraite, afin de les éloigner de cette caverne qu'il était si important pour lui qu'on ne découvrît pas, puisqu'elle contenait toutes ses ressources.

Mais Cavalier était dans un de ces moments où la fortune se lasse et où tout tourne mal. Une femme du village d'Hieuzet, qu'on avait vue quelquefois aller du côté du bois, tantôt avec un panier à la main, tantôt avec une corbeille sur la tête, fut soupçonnée d'y aller pour porter des provisions à quelques camisards cachés. Sur ces indices, elle fut arrêtée et conduite devant un chef de royaux nommé Lalande, lequel commença par lui dire qu'il la ferait pendre, si elle ne déclarait sans déguisement le sujet de ses fréquents voyages. Elle eut recours à des prétextes qui la rendirent de plus en plus suspecte; alors Lalande ne prit plus même la peine de lui demander ce qu'elle allait faire dans ce bois, il l'envoya à la potence; mais la vieille femme y marcha d'un pas résolu; et le général commençait à croire qu'il ne saurait rien par elle, lorsqu'au pied de l'échelle, et lorsqu'il lui en fallut monter les degrés, le courage l'abandonna : elle demanda à être reconduite au général, et, sous la promesse de la vie sauve, elle lui déclara tout.

Alors M. de Lalande la mit à la tête d'un fort détachement de miquelets, et la força de marcher devant lui jusqu'à la caverne, que les royaux n'eussent jamais découverte s'ils n'y eussent été conduits, tant l'entrée en était bien cachée au milieu des roches et des broussailles. La première chose qui se présenta à leur vue fut une trentaine de blessés. Les miquelets se précipitèrent sur eux et les égorgèrent; puis cette exécution faite, ils pénétrèrent plus avant, et alors découvrirent, avec une surprise croissante, mille choses qu'ils ne s'attendaient point à trouver là : c'étaient des amas de blé, des sacs de farine, des tonneaux de vin, des barriques d'eau-de-vie des châtaignes et des pommes de terre; puis des caisses remplies d'onguents, de drogues et de charpies; puis enfin un arsenal complet de fusils, d'épées, de baïonnettes, de poudre fabriquée, du soufre, du salpêtre et du charbon pour en faire; enfin tout, jusqu'aux moulins à bras nécessaires à sa fabrication. Lalande tint sa parole : un pareil trésor n'était pas trop payé de la vie d'une vieille femme.

Cependant M. de Villars, ainsi qu'il s'y était engagé, avait pris en passant à Lyon le baron d'Aygaliers, de sorte que, pendant le trajet, le pacificateur avait eu tout le temps de lui exposer son plan. Comme M. de Villars était un esprit juste et conciliant, et qu'il désirait fort mener à bien la besogne qu'il allait entreprendre, et dans laquelle ses deux prédécesseurs avaient échoué, il lui promit, ce sont ses propres expressions, d'avoir toujours deux oreilles pour écouter les deux partis, et comme première preuve d'impartialité, il ne voulut rien décider avant d'avoir entendu M. de Julien, qui devait venir au-devant de lui jusqu'à Tournon.

En effet, M. de Julien se trouva dans cette ville et parla à M. de Villars un langage bien opposé à celui qu'il avait entendu sortir de la bouche de d'Aygaliers; selon lui, il n'y avait de pacification possible que dans l'extermination entière des camisards : aussi regrettait-il de s'en être tenu aux quatre cents villages et hameaux qu'il avait fait démolir et brûler dans les hautes Cévennes, disant, avec la conviction d'un homme qui a profondément réfléchi sur la matière, qu'il aurait fallu saccager tous les autres, et tuer jusqu'au dernier paysan qu'on aurait rencontré dans la campagne.

M. de Villars arriva à Beaucaire, ainsi placé, comme don Juan, entre le génie du bien et le génie du mal, dont l'un lui conseillait la clémence et l'autre le meurtre, sans avoir pris aucune résolution; mais aussitôt son arrivée à Nîmes, d'Aygaliers rassembla les principaux protestants de la ville, leur communiqua son projet, et les convainquit si bien de son efficacité, que, mettant aussitôt la main à l'œuvre, ils dressèrent un acte par lequel ils demandèrent au maréchal la permission de s'armer et de marcher contre les rebelles, espérant les ramener par leur exemple, ou résolus de les combattre pour témoigner de leur fidélité.

Cette requête, signée de plusieurs gentilshommes et de presque tous les avocats et les marchands de la ville de Nîmes, fut présentée à M. de Villars, le mardi 22 avril 1704, par M. d'Albenas, à la tête de sept à huit cents personnes de la religion. M. de Villars reçut la requête avec bonté, remercia de leurs offres ceux qui se présentaient : il ajouta qu'il ne doutait pas de la sincérité de leurs protestations; que si leur secours lui était nécessaire, il se servirait d'eux avec autant de confiance que s'ils étaient vieux catholiques; qu'il espérait ramener les rebelles par la douceur, et que pour le seconder dans l'exécution de ce projet, il les priait de se répandre partout; qu'une amnistie était offerte à tous ceux qui se retireraient dans les huit jours avec leurs armes dans leurs maisons. Puis, pour prendre une idée exacte des hommes, des choses et des localités, M. de Villars se mit en route dans le but de visiter les principales villes, et partit de Nîmes le surlendemain du jour où la requête des protestants lui avait été présentée.

Quoique la réponse à cette requête fût une espèce de fin de non-recevoir, d'Aygaliers ne se lassa point et suivit M. de Villars partout : en arrivant à Alais, le nouveau gouverneur eut une conférence avec Lalande et M. de Baville, afin de se consulter avec eux sur ce qu'il y aurait à faire pour que les camisards missent bas les armes; le baron d'Aygaliers fut appelé à cette conférence, et, en présence de Lalande et de M. de Baville, représenta son projet : tous deux lui furent opposés; mais comme d'Aygaliers s'attendait à cette opposition, il lui résista par les meilleures raisons qu'il put trouver, et qui lui furent suggérées plus pressantes, par la conviction qu'il avait. Mais de Lalande et M. de Baville ne tinrent aucun compte de ces raisons et repoussèrent la proposition pacificatrice avec tant de véhémence, que le maréchal, si porté qu'il fût peut-être à l'adopter, n'osa rien prendre sur lui, et dit qu'il s'arrêterait à un parti lorsqu'il serait à Uzès.

D'Aygaliers vit bien qu'il n'obtiendrait rien du maréchal tant qu'il ne ramènerait pas à lui le général ou l'intendant. Il examina donc celui des deux sur lequel il devait tenter une démarche, et quoique Baville fût son ennemi personnel, et qu'en plusieurs circonstances il lui eût donné à lui et à sa famille des preuves de cette haine, il se décida pour lui.

En conséquence, le lendemain, au grand étonnement de M. de Baville, d'Aygaliers se présenta chez lui. L'intendant le reçut froidement, mais cependant avec politesse, l'invita à s'asseoir, et, lorsqu'il fut assis, le pria de lui faire connaître le motif qui l'amenait.

— Monsieur, lui dit alors le baron d'Aygaliers, les raisons

que ma famille et moi avons de nous plaindre de vous m'avaient fait prendre une si grande résolution de ne jamais vous demander aucune grâce, que vous avez pu vous apercevoir, pendant le voyage que nous venons de faire avec M. le maréchal, que j'eusse mieux aimé m'exposer à mourir de faim que de prendre un verre d'eau chez vous. Mais comme il ne s'agit point dans ce que je propose d'une affaire particulière, qui m'ait pour objet, je vous prie de regarder plutôt au bien de l'État qu'à la répugnance que vous avez pour ma famille; d'autant mieux qu'elle ne peut être fondée que sur ce que nous sommes d'une religion différente de la vôtre, ce qui est une chose que nous ne pouvions ni prévenir, ni empêcher. Ainsi, monsieur, ne détournez pas, je vous en supplie, M. le maréchal du parti que j'ai proposé, et qui peut faire cesser les troubles de notre province, arrêter le cours de tant de malheurs, que je crois que vous voyez à regret, et vous épargner beaucoup de peines et d'embarras.

Ce discours calme et surtout cette marque de confiance de M. d'Aygaliers touchèrent l'intendant, qui répondit : « Qu'il ne s'était opposé au projet du pacificateur que parce qu'il le croyait impossible. » Mais alors M. d'Aygaliers le pressa tellement d'en essayer au moins avant de le condamner à tout jamais, que M. de Baville finit par y donner les mains.

Aussitôt d'Aygaliers courut chez le maréchal qui, ainsi qu'il l'espérait, se sentant soutenu dans sa sympathie, ne fit plus aucune objection, mais au contraire lui ordonna d'assembler le jour même les gens dont il comptait se servir, et de les lui présenter le lendemain matin, avant qu'il ne partît pour Nîmes.

Le lendemain, au lieu de cinquante hommes qu'avait demandés le maréchal, et que d'Aygaliers s'était engagé à lui présenter, il lui en amena quatre-vingts, presque tous de bonne famille et quelques-uns même gentilshommes.

Le rendez-vous avait été fixé par le baron d'Aygaliers à ses recrues dans la cour du palais épiscopal. « Ce palais, dit le baron dans ses Mémoires, qui était magnifique et orné de meubles superbes et de jardins en terrasse, était habité par monseigneur Michel Poncet de La Rivière. C'était, ajoute-t-il, un homme qui aimait passionnément tous les plaisirs, la musique, les femmes et la bonne chère. Il y avait toujours chez lui de bons musiciens, de jolies filles dont il prenait soin, et des vins excellents qui augmentaient visiblement sa vivacité, de sorte qu'il ne quittait jamais la table sans être excessivement animé, et que si dans ces moments surtout il s'imaginait que quelqu'un de son diocèse n'était pas aussi bon chrétien que lui, il écrivait sans retard à M. de Baville pour le faire exiler. Il a souvent fait cet honneur-là à feu mon père. Aussi, continue d'Aygaliers, en voyant chez lui si grand nombre de huguenots qui n'hésitaient pas à dire qu'ils serviraient mieux le roi que les catholiques, faillit-il tomber de son balcon en bas, de chagrin et de surprise. Ce chagrin augmenta encore lorsqu'il vit descendre dans la cour et questionner tous ces gens-là M. de Villars et M. de Baville qui logeaient dans son propre palais. Au moins lui restait-il un espoir, c'est que le maréchal et l'intendant descendaient pour les congédier; mais ce dernier espoir fut cruellement déçu lorsqu'il entendit M. de Villars leur dire qu'il acceptait leur service, et qu'il leur ordonnait d'obéir à d'Aygaliers, en tout ce qui concernait celui du roi. »

Mais ce n'était pas le tout : il fallait procurer des armes aux protestants, et, si peu nombreux qu'ils fussent, la chose était difficile. Les malheureux religionnaires avaient été si souvent désarmés, qu'on leur avait enlevé jusqu'aux couteaux de table : il était donc inutile de chercher chez eux ni sabres ni fusils. D'Aygaliers proposa à M. de Villars de se servir des armes de la bourgeoisie; mais M. de Villars lui répondit que cela paraîtrait injurieux aux catholiques de les désarmer pour armer ceux de la religion. Cependant, comme il n'y avait pas d'autre moyen, M. de Villars finit par s'y décider, ordonna à M. de Paratte de faire donner à d'Aygaliers cinquante fusils et autant de baïonnettes, et partit pour Nîmes en lui laissant comme récompense de ses longues peines la commission suivante :

« Nous, maréchal de Villars, général des armées du roi, etc., etc., avons permis à M. d'Aygaliers, gentilhomme nouveau converti de la ville d'Uzès, d'aller faire la guerre aux camisards avec cinquante hommes tels qu'il voudra les choisir.

» *Signé* VILLARS.

» Et plus bas, MORETON.

» Donné à Uzès, le 4 mai 1704. »

Mais à peine M. de Villars fut-il parti pour Nîmes, que d'Aygaliers se retrouva dans de nouveaux embarras. L'évêque, qui ne pouvait lui pardonner d'avoir fait de son palais épiscopal une caserne de huguenots, alla de maison en maison menacer ceux qui avaient pris l'engagement de concourir au projet de d'Aygaliers, et défendit avec menace aux capitaines de bourgeoisie de livrer leurs armes aux protestants. Heureusement d'Aygaliers n'était point arrivé où il en était pour reculer devant quelques difficultés : il se mit en course de son côté, exalta les forts, rassura les faibles, et courut chez de Paratte, pour invoquer l'exécution de l'ordre donné par M. de Villars. De Paratte était heureusement un vieil officier qui ne connaissait rien que la discipline, de sorte que, loin de faire aucune opposition, il fit remettre à l'instant même à d'Aygaliers les cinquante fusils et les cinquante baïonnettes, si bien que le lendemain, à cinq heures du matin, il était prêt à se mettre en marche, lui et la petite troupe qu'il commandait.

Mais de Baville et Lalande n'avaient pas vu sans jalousie l'influence que, en cas de réussite, d'Aygaliers ne pouvait manquer de prendre dans la province ; aussi avaient-ils dressé à l'instant même leurs batteries pour ne lui rien laisser à faire, en détachant de leur côté Cavalier du parti qu'il avait embrassé. Ils ne se dissimulaient pas que ce n'était point chose facile, il est vrai ; mais, comme ils avaient à leur disposition des moyens de corruption que n'avait point d'Aygaliers, ils ne désespérèrent point de réussir.

Ils allèrent, en conséquence, pour le mettre dans leurs intérêts, trouver un cultivateur nommé Lacombe : c'était celui-là même chez qui Cavalier, dans son enfance, était resté deux ans comme berger. Il avait conservé avec le jeune chef des relations amicales : il se chargea donc volontiers d'aller le trouver dans la montagne, ce qui était une entreprise hasardeuse pour tout autre que pour lui, et de lui porter les propositions de MM. de Baville et de Lalande.

Lacombe tint parole : le jour même il se mit en route, et le surlendemain il avait rejoint Cavalier. Le premier mouvement du jeune chef fut pour l'étonnement, et le second pour la joie. Lacombe n'avait pu choisir un meilleur moment pour venir parler de paix à son ancien berger.

« En effet, dit-il dans ses Mémoires, la perte que je venais de faire à Nages était d'autant plus douloureuse pour moi qu'elle était irréparable, puisque j'avais perdu tout d'un coup une grande quantité d'armes, toute ma munition, tout mon argent, mais surtout un corps de soldats faits au feu et à la fatigue, et avec lesquels je pouvais tout entreprendre ; mais ma dernière perte, c'est-à-dire celle de mes magasins, était la plus sensible et la plus fatale de toutes celles qui l'avaient précédée, mises ensemble, parce que auparavant j'avais toujours eu quelque ressource pour me rétablir, mais qu'alors je n'en avais plus aucune. Le pays était désolé, l'amitié de mes amis était refroidie, leurs bourses épuisées, cent bourgs saccagés et brûlés, toutes les prisons pleines de protestants, la campagne déserte. Ajoutez à cela que le secours d'Angleterre, promis depuis si longtemps, ne venait pas, et que le maréchal de Villars était arrivé dans la province avec de nouvelles troupes. »

Cependant, malgré cette situation presque désespérée, Cavalier demeura hautain et froid aux propositions de Lacombe, et sa réponse fut : « Qu'il ne mettrait jamais bas les armes que les protestants n'eussent obtenu pour l'avenir le libre exercice de leur religion. »

Quelque positive que fût cette réponse, Lalande ne désespéra pas d'amener Cavalier à composition; il lui écrivit de sa main une lettre pour lui demander une entrevue, lui protestant que, s'ils ne tombaient point d'accord, il serait libre de se retirer sans qu'il lui arrivât le moindre mal; mais à cette promesse il ajoutait: «Que s'il refusait cette offre, il le regarderait comme l'ennemi de la paix et le rendrait responsable de tout le sang qui serait répandu à l'avenir. »

Cette ouverture était celle d'un soldat : aussi sa franchise toucha-t-elle si fort Cavalier, que pour ôter à ses amis aussi bien qu'à ses ennemis jusqu'au moindre prétexte de le blâmer, il résolut de faire voir à chacun qu'il était prêt à saisir la première occasion de faire une paix avantageuse.

En conséquence, il répondit à Lalande : — Qu'il se trouverait le jour même, 12 mai, à l'heure de midi, au pont d'Avène, et il remit cette lettre à Catinat, en lui ordonnant de la porter au général catholique.

Catinat était digne de la mission qu'il recevait. C'était un paysan du Cayla, nommé Abdias Maurel, qui avait servi sous le maréchal Catinat, dont il avait pris, ou plutôt, dont on lui avait donné le nom, parce que, revenu dans ses foyers, il parlait sans cesse de ses campagnes d'Italie, où le maréchal avait si vaillamment lutté contre le prince Eugène. C'était, comme nous l'avons vu, le bras droit de Cavalier, qui l'avait mis à la tête de sa cavalerie, et qui à cette heure lui donnait un poste plus dangereux encore, en l'envoyant vers un homme qui plus d'une fois avait dit qu'il donnerait deux mille livres à celui qui lui apporterait la tête de Cavalier, et mille à celui qui lui apporterait celle de l'un ou de l'autre de ses lieutenants. Catinat n'ignorait pas cette offre de Lalande, et cependant il ne s'en présenta pas moins devant le général avec une tranquillité parfaite ; seulement, par un sentiment de convenance, ou peut-être même par un mouvement d'orgueil, il avait mis son habit des jours de bataille.

La contenance fière et hardie de l'homme qui lui présentait la lettre de Cavalier étonna le général, qui lui demanda qui il était.

— Je suis Catinat, lui répondit celui-ci.

— Catinat ! s'écria Lalande étonné.

— Oui, Catinat, le commandant de la cavalerie de Cavalier

— Comment, dit Lalande, vous êtes ce Catinat qui a massacré tant de gens sur le terroir de Beaucaire?

— Sans doute, je suis le même; j'ai fait ce que vous dites, et j'ai cru devoir le faire.

— Alors, dit M. de Lalande, je vous trouve bien hardi d'oser paraître devant moi.

— Je suis venu, répondit fièrement Catinat, sur votre foi, et sur la parole que m'a donnée frère Cavalier, qu'il ne me serait fait aucun mal.

— Et il a eu raison, dit Lalande en prenant la lettre; puis, l'ayant lue : — Retourne auprès de Cavalier, continua-t-il, et assure-le que dans deux heures je me rendrai au pont d'Avène avec trente dragons seulement et quelques officiers. Qu'il s'y trouve donc de son côté avec un pareil nombre de ses gens.

— Mais, répondit Catinat, peut-être que frere Cavalier ne voudra pas venir avec une si pauvre suite.

— Eh bien! dis-lui alors, repartit Lalande, qu'il vienne avec son armée tout entière, s'il veut. Mais, quant à moi, je ne prendrai pas un homme de plus que je n'ai dit; et puisque Cavalier se fiait à moi, je me fierai à lui.

Catinat rapporta à son chef la réponse de Lalande; elle était telle que le jeune camisard les aimait et les comprenait. Aussi, laissant toute sa troupe à Massanes, il ne prit avec lui que soixante hommes choisis dans son infanterie, et huit cavaliers. En arrivant en vue du pont, il aperçut de l'autre côté Lalande qui s'approchait de son côté; alors le jeune camisard dit à ses soixante hommes de s'arrêter, fit quelques pas encore avec ses huit cavaliers, puis leur ordonna de faire halte à leur tour, et s'avança seul vers le pont. Lalande en fit de même par rapport aux dragons et aux officiers de sa suite, et mettant pied à terre, vint au-devant de Cavalier.

Tous deux se joignirent au milieu du pont, et se saluèrent avec la courtoisie d'hommes qui avaient appris à s'estimer à leur propre valeur sur le champ de bataille; puis, après un instant de silence, qu'ils passèrent tous deux à s'examiner :

— Monsieur, dit Lalande, le roi, par un effet de sa clémence, souhaite de finir la guerre qui est entre ses sujets et qui ne peut que causer la ruine de son royaume; et comme il sait que cette guerre n'a été allumée et entretenue que par ses ennemis extérieurs, il espère ne trouver aucune opposition dans ceux qui ont pu être égarés un instant, mais auxquels il offre leur pardon.

— Monsieur, répondit Cavalier, cette guerre n'ayant point été soulevée par les protestants, les protestants sont tout prêts à recevoir la paix, mais une paix franche, sans restriction et sans arrière-pensée. Ils n'ont pas le droit, je le sais, d'imposer des conditions; mais on leur accordera, je l'espère, le droit de discuter celles qu'on leur proposera. Parlez donc, monsieur, que je sache si les offres que vous avez mission de me transmettre sont acceptables.

— Mais si vous vous trompiez, dit Lalande, si le roi désirait savoir avant tout quelles sont vos prétentions et en quoi consistent vos demandes?

— En ce cas, répondit Cavalier, je vous les dirais tout de suite, pour ne pas faire traîner les négociations en longueur; car chaque minute, vous le savez, coûte la vie ou la fortune à quelqu'un.

— Dites-les donc, reprit Lalande.

— Eh bien! dit Cavalier, ces demandes consistent en trois choses : la première, qu'on nous accorde la liberté de conscience; la deuxième, qu'on délivre des prisons et des galères tous ceux qui y sont détenus pour cause de religion, et la troisième, que si l'on nous refuse la liberté de conscience, on nous permette au moins de sortir du royaume.

— Autant que j'en puis juger, répondit Lalande, je ne crois pas que le roi accepte la première proposition; mais il est possible qu'il vous accorde la troisième. Dans le cas où il l'accorderait, combien de protestants emmèneriez-vous avec vous?

— Dix mille, de tout âge et de tout sexe.

— La demande est excessive, monsieur, dit Lalande, et je crois que Sa Majesté n'est pas disposée à aller au delà de trois mille.

— Alors, rien ne se fera donc, répondit Cavalier; car je n'accepterai de passeport que pour dix mille hommes, et encore à cette condition que le roi nous accorderait trois mois pour disposer de nos effets et de nos biens et nous retirer ensuite sans être inquiétés. S'il ne plaît pas à Sa Majesté de nous laisser sortir du royaume, qu'il lui plaise alors de rétablir nos édits et nos priviléges, et nous redeviendrons ce que nous étions alors, c'est-à-dire ses fidèles et obéissants sujets.

— Monsieur, dit Lalande, je transmettrai vos conditions à

M. le maréchal, et je serai désolé si nous n'en venons pas à une conclusion. Et maintenant, me permettrez-vous de voir de plus près les braves avec lesquels vous avez fait de si étonnantes choses?

Cavalier sourit; car lorsque ces braves étaient pris, ils étaient roués, brûlés ou pendus comme des brigands. Pour toute réponse il s'inclina donc et marcha le premier du côté de sa propre troupe. M. de Lalande le suivit avec une confiance entière, et dépassant le piquet de cavalerie de huit hommes qui se tenait sur le chemin, il s'approcha de l'infanterie, et, tirant de sa poche une poignée d'or, il la sema devant le premier rang, en disant :

— Tenez, mes amis, voilà pour boire à la santé du roi.

Pas un ne bougea pour ramasser cet or; seulement un camisard répondit en secouant la tête :

— Ce n'est pas d'or que nous avons besoin, mais de la liberté de conscience.

— Mes amis, répondit Lalande, il n'est malheureusement pas en mon pouvoir de vous accorder ce que vous demandez là; vous feriez bien de vous soumettre aux volontés du roi et de vous en rapporter à sa clémence.

— Monsieur, répondit Cavalier, croyez que nous sommes tout prêts à obéir à ses ordres, pourvu qu'il veuille bien nous accorder nos justes demandes; sans quoi nous mourrons plutôt les armes à la main, que de nous exposer de nouveau à des violences pareilles à celles qu'on nous a déjà fait souffrir.

— Vos demandes seront textuellement portées à M. de Villars, qui les transmettra au roi, répondit Lalande, et croyez, monsieur, que je ferai les vœux les plus sincères pour que Sa Majesté ne les trouve point exorbitantes.

A ces mots, M. de Lalande salua Cavalier, et voulut se retirer vers sa troupe; mais celui-ci, jaloux de lui donner les mêmes marques de confiance qu'il en avait reçues, traversa le pont à son tour, et alla reconduire M. de Lalande jusqu'à ce qu'il eût rejoint ses soldats. Alors les deux chefs se saluèrent, M. de Lalande remonta à cheval et reprit la route d'Uzès, tandis que Cavalier retournait vers ses compagnons.

Cependant d'Aygaliers, qui, ainsi que nous l'avons vu, était parti d'Uzès le 5 mai seulement, pour s'aboucher avec Cavalier, ne put le rejoindre que le 13, c'est-à-dire le lendemain de sa conférence avec Lalande. D'Aygaliers raconte lui-même cette entrevue, et nous ne pouvons mieux faire que d'emprunter son récit.

« Quoique ce fût la première fois que nous nous vissions, nous nous embrassâmes comme si nous nous étions connus depuis longtemps. Ma petite troupe se mêla avec la sienne, et ils se mirent à chanter des psaumes ensemble pendant que nous parlions, Cavalier et moi. Je fus très-satisfait de sa conversation et n'eus point de peine à lui persuader qu'il lui fallait se soumettre pour le bien de ses frères, et que ceux-ci alors pourraient prendre le parti qui leur conviendrait le mieux, ou de sortir du royaume, ou de servir le roi, mais que je croyais meilleur le dernier, pourvu qu'on nous laissât prier Dieu selon le sentiment de notre conscience, parce que j'espérais qu'en servant fidèlement Sa Majesté elle reconnaîtrait qu'on lui en avait imposé lorsqu'on nous avait dépeints auprès d'elle comme de mauvais sujets, et que par là, nous pourrions obtenir la même liberté de conscience pour le reste du peuple; que je ne voyais pas d'autre ressource pour faire changer notre état déplorable; que, pour eux, ils pourraient bien se maintenir encore quelque temps dans les bois et dans les montagnes, mais qu'ils n'étaient point en état d'empêcher les habitants des villes et de tous les lieux fermés de périr.

» Alors il me répondit que, quoique les catholiques n'eussent guère accoutumé de tenir parole à ceux de notre religion, il voulait bien hasarder sa vie pour le soulagement de ses frères et de toute la province; qu'il espérait pourtant qu'en se confiant à la clémence du roi, pour qui il n'avait jamais cessé de prier Dieu, il ne lui arriverait aucun mal. »

Alors d'Aygaliers, enchanté de le trouver dans ces bonnes dispositions, le supplia de lui donner une lettre pour M. de Villars; et comme Cavalier, qui connaissait le négociateur pour un homme loyal et zélé, avait grande confiance en lui, il ne fit aucune difficulté et lui donna la lettre suivante.

« Monseigneur,

» Voulez-vous me permettre de recourir à Votre Excellence

pour vous supplier bien humblement de m'accorder la grâce de votre protection, pour moi et pour ma troupe, qui brûlons du zèle ardent de réparer la faute que nous avons commise en prenant les armes, non pas contre le roi, comme nos ennemis nous l'ont voulu imputer, mais pour défendre notre vie contre nos persécuteurs, qui l'ont attaquée avec une si grande animosité, que nous n'avons pas cru que ce fût par ordre de Sa Majesté : nous savons qu'il est écrit dans saint Paul que les sujets doivent être soumis à leur souverain. Si malgré ces protestations très-sincères, le roi demande notre sang, nous serons prêts dans peu de temps à remettre nos personnes à sa justice ou à sa clémence : nous nous estimerons très-heureux, monseigneur, si Sa Majesté, touchée de notre repentir, à l'exemple du grand Dieu de miséricorde dont elle est l'image sur la terre, nous veut faire la grâce de nous pardonner et nous recevoir à son service; nous espérons que par notre fidélité et par notre zèle nous acquerrons l'honneur de votre protection, et que sous un illustre et bienfaisant général tel que vous, monseigneur, nous ferons gloire de répandre notre sang pour les intérêts du roi; c'est par là que je souhaite aussi qu'il plaise à Votre Excellence me permettre que je me dise avec un profond respect et une parfaite soumission.

» Monseigneur,

» Votre très-humble et très-obéissant serviteur,

» CAVALIER. »

D'Aygaliers, une fois possesseur de cette lettre, partit tout joyeux pour Nîmes; car il était certain d'apporter à M. de Villars bien plus qu'il n'attendait de lui. En effet, quand le maréchal vit où en étaient les choses, malgré tout ce que put lui dire Lalande, qui prétendait, dans sa jalousie, que d'Aygaliers gâterait tout, il le renvoya vers Cavalier pour l'inviter à venir lui-même à Nîmes. D'Aygaliers partit aussitôt en disant qu'il s'engageait à le ramener, ce qui fit beaucoup rire Lalande, qui se moqua de cette confiance et qui protesta que Cavalier ne viendrait point.

Il est vrai qu'il venait de se passer dans la montagne des choses qui pouvaient changer les dispositions du jeune chef.

Le comte de Tournan, qui commandait à Florac, avait été taillé en pièces dans la plaine de Fondmorte, par l'armée de Roland, et avait perdu deux cents hommes, une somme considérable d'argent, et vingt-quatre mulets chargés de munitions et de vivres. Mais M. de Villars fut bientôt rassuré à ce sujet, car six jours après cette défaite, il reçut, par l'entremise de Lacombe, celui-là même qui avait par ses négociations amené l'entrevue du pont d'Avène, une lettre de Cavalier, qui lui exprimait tous ses regrets de ce qui venait d'arriver.

D'Aygaliers trouva donc Cavalier dans les meilleures dispositions, lorsqu'il le joignit à Tarnac : néanmoins le premier mouvement du jeune Cévenol fut tout à la stupéfaction. Une entrevue avec le maréchal de Villars, était un honneur si grand, et auquel il était si loin de s'attendre, qu'il crut presque à une trahison; mais aussitôt la réputation de loyauté du maréchal lui revint à l'esprit; d'ailleurs, d'Aygaliers était incapable de servir d'intermédiaire à une pareille action. Cavalier fit donc répondre qu'il était tout prêt à se rendre aux ordres du maréchal, et qu'il s'en rapportait entièrement à sa loyauté, pour fixer les conditions de l'entrevue. M. de Villars lui fit répondre qu'il l'attendrait, le 16, dans le jardin des Récollets de Nîmes, situé hors de la ville, entre les portes de Beaucaire et de la Madeleine, et qu'il trouverait de Lalande sur le chemin de Carayrac, où il s'avancerait pour le recevoir et lui remettre des otages.

Le 15 mai, Cavalier partit de Tarnac à la tête de cent soixante hommes d'infanterie et de cinquante chevaux ; il était accompagné de son jeune frère, de d'Aygaliers et de Lacombe, et vint coucher à Langlade.

Le lendemain, il partit avec la même suite pour se rendre à Nîmes, et, ainsi que la chose était convenue, trouva entre Carayrac et Saint-Césaire, Lalande, qui venait au-devant de lui, et qui lui remit des otages : ces otages étaient M. de la Duretière, capitaine au régiment de Fimarçon, un capitaine d'infanterie, quelques autres officiers et dix dragons. Cavalier les remit à son lieutenant, Ravanel, qui commanda l'infanterie, et les laissa sous sa garde à Saint-Césaire ; quant à la cavalerie, elle s'avança jusqu'à une portée de mousquet de

Nîmes, et campa sur les hauteurs. Outre cela, Cavalier posta des sentinelles et des vedettes par tous les endroits par où l'on pouvait aller à sa troupe ; de sorte qu'il y en avait jusqu'à la fontaine de Diane et au jeu de mail ; puis, ces dispositions faites, il marcha vers la ville, accompagné de son jeune frère, de d'Aygaliers, de Lacombe et de dix-huit cavaliers qui lui servaient de gardes du corps, sous le commandement de Catinat.

Lalande prit les devants, et se rendit au grand galop près du maréchal, qui se promenait en attendant dans le jardin des Récollets avec M. de Baville et Sandricourt, et qui avait à chaque instant la crainte de recevoir la nouvelle que Cavalier refusait de venir, car il comptait beaucoup sur cette négociation ; mais l'arrivée de Lalande le rassura : le jeune Cévenol le suivait.

En effet, dix minutes après, on entendit de grands cris et un grand tumulte : c'était le peuple qui se précipitait au-devant de son héros. Pas un protestant peut-être, excepté les vieillards paralytiques et les enfants au maillot, n'était resté à sa maison ; car tous ces religionnaires, après avoir vu dans Cavalier leur champion, le regardaient maintenant comme leur sauveur, si bien qu'hommes et femmes se précipitaient jusque sous les pieds de son cheval, pour baiser les pans de son habit ; il semblait donc, non pas un chef de rebelles qui vient solliciter une amnistie pour lui et pour ses soldats, mais un triomphateur qui entre dans une ville reconquise.

Le maréchal de Villars entendit du jardin des Récollets tout ce bruit et tout ce tumulte, et comme on lui dit quelle en était la cause, il en prit une estime plus grande encore pour le jeune Cévenol, dont chaque jour, depuis son arrivée, la puissance lui devenait de plus en plus visible. En effet, au bout de quelques minutes, et à mesure que Cavalier s'approchait, le bruit, le tumulte devinrent si grands, qu'un instant M. de Villars eut l'idée que ce n'était pas lui qui eût dû donner des otages, mais en recevoir. En ce moment, Cavalier parut à la porte, et ayant vu la garde du maréchal rangée sur une seule ligne, il fit ranger la sienne sur une ligne parallèle : « Il était, disent les Mémoires du temps, vêtu d'un habit couleur café ;

sa cravate de mousseline blanche était très-ample ; il portait un baudrier auquel pendait son épée ; il était coiffé d'un feutre noir galonné, et montait un magnifique cheval bai, le même qui avait été pris à M. de La Jonquière dans la sanglante journée de Vergenne. »

Le lieutenant de la garde le reçut à la porte, et aussitôt Cavalier mit pied à terre, jeta la bride de son cheval aux mains d'un de ses hommes, entra dans le jardin, et s'avança vers le groupe qui l'attendait, et qui se composait, comme nous l'avons dit, de M. de Villars, de M. de Baville et de Sandricourt. M. de Villars le regardait s'approcher avec un étonnement croissant, car il ne pouvait croire que dans le jeune homme, ou plutôt dans l'enfant qui s'avançait vers lui, il voyait le terrible chef Cévenol, dont le nom seul faisait frissonner ses plus braves soldats; en effet, Cavalier, à cette époque, avait à peine vingt-quatre ans, et grâce à ses longs cheveux blonds, qui tombaient sur ses épaules, et à ses yeux qui étaient d'une douceur extrême, il en paraissait à peine dix-huit. De son côté, Cavalier ne connaissait aucun des trois hommes qu'il avait devant les yeux. Cependant, autant par son costume que par son air de commandement, M. de Villars attira toute son attention. Ce fut donc lui qu'il salua le premier; puis, se retournant vers les autres, il s'inclina de nouveau, mais moins profondément qu'il n'avait fait pour M. de Villars; alors, tout interdit et les yeux baissés, il resta immobile et muet, tandis que le maréchal fixait sur lui des yeux étonnés, et les reportait de temps en temps sur Baville et Sandricourt, comme pour leur demander s'ils ne le trompaient point, et si c'était bien là l'homme qu'ils attendaient. Enfin, ne pouvant en croire leurs signes affirmatifs :

— C'est bien vous qui êtes Jean Cavalier? demanda-t-il au jeune chef Cévenol.

— Oui, monseigneur, répondit celui-ci d'une voix visiblement émue.

— Mais Jean Cavalier, le général des camisards?... celui prend le titre de duc des Cévennes?

— Je ne prends point ce titre, monseigneur, dit Cavalier; seulement, quelquefois on me le donne, en riant sans doute;

car le roi seul a le droit de donner des titres, et je me félicite bien sincèrement, monseigneur, qu'il vous ait donné celui de gouverneur du Languedoc.

— Lorsque vous parlez du roi, ne pourriez-vous l'appeler Sa Majesté? dit M. de Baville. Sur mon âme, le roi est bien bon de consentir à traiter avec un rebelle.

Le sang monta à la tête de Cavalier, et une rougeur ardente passa comme une flamme sur son visage; puis, après un instant de silence, fixant un œil assuré sur M. de Baville et parlant d'une voix aussi ferme qu'elle était tremblante un instant auparavant :

— Si c'est pour me dire de pareilles choses que vous m'avez fait venir, monsieur, dit-il, mieux valait me laisser dans mes montagnes, ou venir y chercher vous-même une leçon d'hospitalité. Si je suis un rebelle, ce n'est pas moi qui répondrai de ma rébellion; car ce sont les tyrannies et les cruautés de M. de Baville qui nous ont mis les armes à la main; et si l'histoire fait quelque jour un reproche au grand roi dont je viens solliciter aujourd'hui le pardon, ce ne sera pas, je l'espère, d'avoir eu des ennemis comme moi, mais d'avoir eu des amis comme lui.

M. de Baville devint pâle de colère; car, soit que Cavalier l'eût reconnu ou non, la riposte était violente et frappait en plein visage; aussi allait-il répondre, lorsque M. de Villars l'arrêta.

— Ce n'est qu'à moi que vous avez affaire, monsieur, dit-il à Cavalier, ne vous préoccupez donc que de moi, je vous prie. Je vous parle au nom du roi, monsieur; et le roi, dans sa clémence, veut épargner ses sujets et suivre avec eux les voies de la douceur.

Cavalier ouvrit la bouche pour répondre; mais l'intendant lui coupa la parole.

— Et j'espère que cela doit vous suffire, dit-il dédaigneusement; et que comme le pardon est déjà plus que vous ne pouviez attendre, vous cesserez de prétendre à d'autres articles?

— Ce sont précisément ces articles-là, répondit Cavalier en s'adressant à M. de Villars, et comme si c'eût été à lui seul qu'il répondait, qui nous ont mis les armes à la main. Si j'étais seul, monseigneur, je me livrerais pieds et poings liés à votre loyauté; je ne demanderais aucune condition et n'exigerais pas même votre parole; mais je soutiens les intérêts de mes frères et de mes amis, qui me les ont confiés; et d'ailleurs les choses ont été portées trop loin maintenant, pour qu'il nous reste d'autre parti que celui ou de mourir les armes à la main, ou d'obtenir la fin de nos justes demandes.

L'intendant allait répondre; mais le maréchal l'arrêta d'un geste tellement impératif, qu'il fit un pas en arrière comme s'il avait renoncé dès lors à se mêler de l'entretien.

— Mais en quoi consistent ces demandes? sont-ce les mêmes que M. Lalande m'a transmises de vive voix?

— Oui, monseigneur.

— Il serait bon que je les eusse par écrit.

— Je les ai remises à M. d'Aygaliers, monseigneur.

— Je ne les ai point vues, monsieur; faites-en une copie nouvelle, et me la faites tenir, je vous prie.

— C'est à quoi je vais travailler, monseigneur, répondit Cavalier en s'inclinant et en faisant un pas en arrière pour se retirer.

— Un instant, dit le maréchal le retenant d'un sourire; est-il vrai, monsieur, que vous consentiriez à servir dans les armées du roi?

— Oui, certes, et de grand cœur, s'écria Cavalier dans toute la franchise et tout l'enthousiasme de son âge; mais cela ne peut être que si l'on m'accorde mes justes demandes.

— Et si on vous les accorde? dit Villars.

— Alors, monseigneur, répondit Cavalier, le roi n'aura jamais eu de plus fidèles sujets que nous.

— Eh bien! allez donc, et tout s'arrangera, je l'espère.

— Le Seigneur vous entende, dit Cavalier; car il m'est témoin que nous désirons la paix plus que personne. Il fit encore un pas en arrière pour se retirer.

— Vous ne vous éloignez pas trop, n'est-ce pas, monsieur? demanda le maréchal.

— Nous resterons au lieu que Votre Excellence nous fixera, répondit Cavalier.

— Eh bien dit M. de Villars, restez à Calvisson, et travaillez-y de tout votre pouvoir à amener les autres chefs à imiter votre exemple.

— Je ferai de mon mieux, monseigneur; mais, en attendant la réponse de Sa Majesté, ne nous empêchera-t-on point d'accomplir nos devoirs de religion?

— Non. Je donnerai des ordres pour que vous ayez liberté entière.

— Merci, monseigneur.

Cavalier s'inclina une dernière fois, et voulut se retirer; mais M. de Villars fit quelques pas encore avec lui et Lalande, qui était venu les rejoindre, et qui tenait la main sur l'épaule de Cavalier. Alors Catinat, voyant que la conférence était finie, entra avec ses hommes dans le jardin, et M. de Villars, prenant à son tour congé de lui en lui disant : *Adieu, seigneur Cavalier,* le laissa au milieu d'une douzaine de personnes, qui l'arrêtèrent pour causer avec lui, et le retinrent une demi-heure à lui faire des questions auxquelles il répondit avec la plus grande complaisance. Il avait au doigt une très-belle émeraude qui avait appartenu à un officier de marine nommé Deydier, qu'il avait tué de sa main à l'affaire du Devois-de-Martignargues, il regarda l'heure à une superbe montre qui venait de M. d'Acqueville, colonel en second de la marine, et présenta plusieurs fois à ses interlocuteurs du tabac parfumé dans une magnifique tabatière qu'il avait trouvée dans les fontes du cheval de M. de La Jonquière. Là il dit à qui voulut l'entendre, qu'il n'avait jamais eu l'intention de se révolter contre le roi; mais qu'au contraire il était prêt à verser la dernière goutte de son sang pour son service; que plusieurs fois il avait offert à M. de Montrevel de se soumettre, pourvu qu'on voulût accorder la liberté de conscience aux nouveaux convertis; mais que M. de Montrevel avait toujours rejeté ses offres, ce qui l'avait forcé de garder ses armes pour délivrer ceux de ses frères qui étaient prisonniers et donner à ceux qui étaient libres la faculté de prier Dieu à leur façon.

Il dit toutes ces choses d'un air ferme et gracieux, et le chapeau à la main; puis, traversant une grande foule de peuple qui environnait le jardin des Récollets, il alla faire collation au logis de la Poste, d'où il se rendit par l'Esplanade chez un nommé Guy Billard, jardinier, et qui était le père de Daniel Billard, son grand prophète. Pendant ce trajet, deux camisards, le sabre à la main, lui faisaient faire place, « et on lui présenta, dit Labeaume, plusieurs dames qui s'estimèrent heureuses de toucher le bout de son justaucorps; » puis, sa visite faite, il traversa de nouveau l'Esplanade, toujours précédé de ses deux camisards, et arrivé auprès du petit couvent, il commença, lui et son escorte, à chanter des psaumes, et ils chantèrent ainsi jusqu'à Saint-Césaire, d'où Cavalier renvoya les otages. Là, il trouva plus de cinq cents personnes de Nîmes, qui lui offrirent des rafraîchissements, ce dont il les remercia avec beaucoup de reconnaissance et d'affabilité. Enfin il alla souper et coucher à Saint-Déonise, où, après le repas et avant de se mettre au lit, il fit tout haut une longue prière pour le roi, pour M. de Villars, pour M. de Lalande, et même pour Baville.

Le lendemain au matin, Cavalier, ainsi qu'il s'y était engagé, envoya ses demandes à M. de Villars, et M. de Villars les fit tenir aussitôt au roi, en rendant compte à Sa Majesté de ce qui s'était passé la veille. Puis cette missive dépêchée, le jeune chef rejoignit sa troupe près de Tarnac, et informa Roland de ce qui s'était passé, l'invitant à suivre son exemple. Le même jour il alla coucher à Sauves, après avoir traversé Durfort à la tête de ses gens; un capitaine de dragons, nommé Montgros, l'accompagna avec vingt-cinq hommes, et lui faisait, au nom de M. de Villars, fournir dans les villages tout ce dont il avait besoin. Ils partirent ainsi de Sauves le 19 mai, de grand matin, pour se rendre à Calvisson, lieu, comme on se le rappelle, fixé pour la résidence de Cavalier pendant tout le temps de la trêve. A Quissac, où ils s'arrêtèrent pour prendre quelques rafraîchissements, Castanet se joignit à eux et fit une prédication à laquelle assistèrent tous les protestants du voisinage.

Dès le 17, au soir, deux bataillons de Charolais, en garnison à Calvisson, avaient reçu l'ordre d'en partir le lendemain matin, pour faire place aux camisards.

Le 18, le commissaire ordonnateur Vincel écrivit aux consuls de faire préparer des logements commodes pour Cavalier et pour sa troupe, selon le contrôle qui leur en sera remis ou par le baron d'Aygaliers, ou par quelque autre de sa part. En même temps arrivèrent à Calvisson nombre de charrettes chargées de toutes sortes de vivres, et suivis de quantité de bœufs et de moutons. Un étapier nommé Boisson et plusieurs commis suivaient les troupeaux et les charrettes, chargés de faire la distribution des provisions.

Le 19, à dix heures du matin, Catinat entra dans la ville à la tête de douze camisards. Ils trouvèrent à la barrière le commandant de la place, nommé Berlié, qui les attendait avec quatre-vingts hommes de la bourgeoisie, et qui, en les apercevant, renouvela à ses hommes la défense déjà faite de rien dire qui pût offenser les camisards, sous peine de punition corporelle.

A une heure après-midi, le baron d'Aygaliers arriva à son tour suivi de l'ordonnateur Vincel, du capitaine Capon, de deux autres officiers nommés Viala et Despuech, et de six dragons : c'étaient les otages de Cavalier.

A six heures du soir il se fit un grand tumulte dans la ville, et les cris de : « Cavalier ! Cavalier ! » retentirent de tous côtés. En effet, c'était le jeune chef cévenol lui-même, au-devant duquel se précipitait toute la population. Il marchait en tête de sa cavalerie, ayant son infanterie à sa suite, et toute la troupe, qui pouvait être de six cents hommes, chantait en chœur des psaumes à haute voix.

Cavalier, en arrivant, rangea ses gens en bataille devant l'église, où ils continuèrent pendant quelque temps encore à chanter des psaumes. Enfin ce chant s'arrêta, et tous ensemble commencèrent une fort longue prière qui édifia merveilleusement les auditeurs; puis cette prière terminée, Cavalier se rendit à la maison qui lui était destinée et qui était la plus belle de Calvisson. Dès qu'il y fut, il envoya prendre une douzaine de pains, pour juger de quelle manière ses soldats seraient nourris. Ne les trouvant point assez blancs, il s'en plaignit à M. Vincel, qu'il fit venir, et qui lui promit que le lendemain il en aurait de meilleure qualité. Sur cette assurance, Cavalier consentit à recevoir ceux qu'on lui présentait; mais craignant sans doute qu'ils ne fussent empoisonnés, il les fit déguster devant lui par M. Vincel et ses commis. Ces premiers devoirs accomplis, il alla prendre en personne possession de toutes les portes du bourg, y établit des corps de garde et posta des sentinelles à toutes les avenues qui conduisaient à la ville, les plus avancées étaient de trois quarts de lieue au moins. Outre celles-ci, il en mit encore dans toutes les rues et à chaque porte de sa maison; de plus, trente gardes couchaient toujours à l'entrée de sa chambre, et il ne sortait jamais, que cette escorte ne marchât avec lui, et ces précautions, il les prenait moins encore par crainte, car on a pu voir que son caractère n'était point défiant, que par politique, et pour donner une haute idée de sa puissance. Quant à ses soldats, ils furent logés par billets chez les habitants, et ils eurent chacun pour étape une livre de viande, un pot de vin, et deux livres et demie de pain par jour.

Le même jour il y eut convocation sur les débris mêmes du temple, qui avait été démoli par les catholiques. L'assemblée fut belle et nombreuse, par le grand concours de peuple qui y accourut de toutes parts; mais le lendemain et les jours suivants ce concours fut bien plus grand encore, car tous accouraient avec un empressement extrême pour recevoir cette manne de la parole dont ils avaient été privés si longtemps. « Si bien, dit d'Aygaliers dans ses Mémoires, qu'on ne pouvait s'empêcher d'être ému de voir tout un peuple, échappé du brûlement et du carnage, venir en foule mêler ses larmes et ses gémissements. Affamés de la parole divine, ils ressemblaient à des gens qui sortent d'une ville assiégée, où ils ont éprouvé une longue et cruelle famine, et à qui on présente avec la paix abondance de vivres, et qui, après avoir commencé par les dévorer des yeux, se jettent dessus et les engloutissent avec avidité sans mettre de distinction entre les viandes, le pain et les fruits; de même les infortunés habitants de la Vaunage, et même des lieux plus reculés encore, voyant leurs frères qui faisaient leurs assemblées dans les prairies et aux portes de Calvisson, se rangeaient en troupes auprès de celui ou de celle qui tenait un psaume, et de cette manière, les quatre ou cinq mille personnes, fondant en larmes, chantaient et priaient prosternées toute la journée, avec un cri et une dévotion qui perçaient le cœur et faisaient la plus vive impression. Toute la nuit on continuait à peu près de même, et l'on n'entendait que prêcher, chanter, prier et prophétiser. »

Mais si ce fut une ère de joie pour les protestants, ce fut une époque de scandale pour les catholiques. « Certainement, dit un historien, ce fut alors une chose bien surprenante et bien nouvelle dans une province comme le Languedoc, où il y avait tant de troupes, que d'y voir, par l'ordre de ceux qui y commandaient, un si grand nombre de scélérats, tous meurtriers, incendiaires et sacriléges rassemblés en un même lieu, tolérés dans leurs extravagances, nourris aux dépens du public, caressés de tout le monde et accueillis honnêtement par ceux qu'on avait envoyés pour les recevoir. »

Un de ceux que cet état de choses blessait le plus était M. de Baville : aussi en fut-il tellement importuné, qu'il alla trouver M. le maréchal de Villars, et lui représenta que c'était un trop grand scandale que de tolérer de pareilles choses et de permettre ces assemblées; que son avis à lui était, en conséquence, qu'il fallait les empêcher et donner aux troupes de faire main basse sur tous ces gens-là. Mais le maréchal ne fut point de cet avis et répondit à Baville : — Qu'agir selon ses conseils, ce serait remettre le feu dans la province, et disperser, sans espoir de retour, des gens qu'on avait déjà heureusement assemblés; qu'on n'avait, d'ailleurs, que peu de jours à tolérer ces impertinences. — Son avis était donc qu'il fallait dissimuler pour si peu de temps et dans la vue d'un plus grand bien. — D'ailleurs, ajouta le maréchal, c'est quelque chose de bien ridicule que l'impatience que les prêtres témoignent à ce sujet. Outre vos admonestations que je désire voir finir, j'ai reçu je ne sais combien de lettres remplies de plaintes, comme si les prières des camisards écorchaient non-seulement les oreilles, mais encore la peau de tout le clergé. Je voudrais de tout mon cœur savoir ceux qui m'ont écrit et qui n'ont eu garde de signer, pour leur faire donner la bastonnade; car je trouve que c'est une impudence bien grande, que ceux qui ont causé ces désordres se plaignent et désapprouvent les moyens dont je me sers pour les faire cesser.

D'après cette déclaration, il fallut bien que M. de Baville se le tînt pour dit et laissât aller les choses.

Elles allaient de manière à faire de plus en plus perdre la tête à Cavalier; car, grâce aux recommandations de M. de Villars, ses ordres étaient exécutés comme auraient pu l'être les siens mêmes; il avait une cour comme un prince, des lieutenants comme un général, et des secrétaires comme un homme d'État. L'un d'eux était chargé de donner les congés aux camisards qui avaient des affaires, ou qui désiraient visiter leurs parents. Voici dans quelle forme ces passeports étaient rédigés :

« Nous soussigné, secrétaire de frère Cavalier, généralissime des religionnaires, permettons, de son ordre à... d'aller vaquer à ses affaires pendant trois jours.

» *Signé :* DUPONT.

» Calvisson, ce..... »

Et ces saufs-conduits étaient respectés à l'égal de ceux au bas desquels on lisait : Maréchal de Villars.

Le 22, M. de Saint-Pierre arriva de la cour, rapportant la réponse du roi aux propositions que Cavalier avait faites à M. de Lalande; mais ces dépêches ne transpirèrent point; sans doute, elles n'étaient pas selon les intentions pacifiques du maréchal.

Enfin, le 25, arriva la réponse aux demandes faites par Cavalier à M. de Villars lui-même : c'était l'original écrit de la main du chef camisard qui avait été envoyé à Louis XIV, et il revenait annoté de la main du roi; ainsi ces deux mains, dont l'une portait la houlette et dont l'autre portait le sceptre, s'étaient posées sur la même feuille de papier. Voilà le traité tel qu'on le trouve rapporté par Cavalier dans ses Mémoires :

TRÈS-HUMBLE REQUÊTE DES RÉFORMÉS DU LANGUEDOC AU ROI.

1° Qu'il plaise au roi de nous accorder la liberté de conscience dans toute la province et d'y former des assemblées religieuses dans tous les lieux qui seront jugés convenables hors des places fortes et des villes murées.

Accordé, à condition qu'ils ne bâtiront point d'église.

2° Que tous ceux qui sont détenus dans les prisons ou sur les galères pour cause de religion, depuis la révocation de l'édit de Nantes, soient mis en liberté dans l'espace de six semaines, à compter de la date de la présente requête.

Accordé.

3° Qu'il soit permis à tous ceux qui ont abandonné le royaume pour cause de religion, d'y revenir librement et sûrement et qu'ils soient rétablis dans leurs biens et priviléges.

Accordé, à condition qu'ils prêteront serment de fidélité au roi.

4° Que le parlement de Languedoc soit rétabli sur son ancien pied, et dans tous ses priviléges.

Le roi y avisera.

5° Que la province soit exempte de capitation pendant dix ans, tant protestants que catholiques, les deux partis ayant presque également souffert.

Refusé.

6° Que les villes de Perpignan, de Montpellier, de Cette et d'Aiguemortes nous soient accordées, comme nos villes de sûreté.

Refusé.

7° Que les habitants des Cévennes, dont les maisons ont été brûlées ou détruites pendant le cours de la guerre, soient exempts d'impôts pour sept ans.

Accordé.

8° Qu'il plaise à Sa Majesté de permettre à Cavalier de choisir deux mille hommes, tant des gens de sa troupe que de ceux qui seront délivrés des prisons et des galères, pour lever et former un régiment de dragons au service de Sa Majesté, qui ira servir en Portugal et qui recevra immédiatement les ordres de Sa Majesté.

Accordé : et moyennant que tout mette bas les armes, le roi leur permettra de vivre tranquillement dans le libre exercice de leur religion.

« Il y avait huit jours, dit Cavalier dans ses Mémoires, que j'étais à Calvisson lorsque je reçus une lettre de M. le Maréchal de Villars, par laquelle il m'ordonnait de le venir trouver, ayant reçu de la cour la réponse de mes demandes : j'y allai aussitôt; mais quand j'eus vu que la plupart m'étaient refusées, je m'en plaignis, et surtout de ce qu'on ne nous accordait pas des villes de sûreté; mais M. le Maréchal me répondit que la parole du roi valait plus de vingt villes de sûreté, et qu'après les troubles que nous lui avions donnés, nous devions regarder comme un effet de sa grande clémence, qu'il nous accordât la plupart de nos demandes. Cette raison n'était pas satisfaisante, mais comme il n'était plus temps de refuser, et que j'avais mes raisons aussi bien que la cour de faire la paix, je pris ma résolution de bonne grâce. »

Tout ce que Cavalier put obtenir de M. de Villars, c'est que le traité porterait la date du jour où il avait été fait : de cette façon, les prisonniers qui devaient être mis en liberté au bout de six semaines gagnaient huit jours.

En conséquence, M. de Villars écrivit au bas du traité la ratification suivante, qui fut signée le jour même par le maréchal et M. de Baville pour le roi, et par Cavelier et Daniel Billard pour les protestants.

« En vertu des pleins pouvoirs que nous avons reçus du roi, nous avons accordé aux réformés du Languedoc les articles ci-dessus énoncés.

» Fait à Nîmes, le 17 mai 1704.

» Le maréchal DE VILLARS. LAMOIGNON DE BAVILLE.

» J. CAVALIER. DANIEL BILLARD. »

Ces deux signatures, tout indignes qu'elles étaient de se trouver accolées aux leurs, donnèrent une si grande joie à MM. de Villars et de Baville, qu'ils envoyèrent à l'instant même de nouveaux ordres à Calvisson, afin que l'on délivrât en abondance tout ce qu'il fallait aux camisards, et qu'on ne les laissât manquer de rien jusqu'à ce que les articles du traité fussent exécutés, c'est-à-dire que les prisonniers et les galériens fussent mis en liberté, ce qui devait arriver, d'après l'article 2 du traité, dans le cours de six semaines; quant à Cavalier, le maréchal lui remit, séance tenante, un brevet de colonel avec le pouvoir de nommer aux emplois de son régiment, qui devait aller servir en Espagne, un autre brevet de douze cents livres de pension, et un troisième de capitaine pour son petit frère.

Cavalier dressa le même jour l'état de ce régiment et le remit au maréchal : il se composait de sept cent douze hommes, formant quinze compagnies et ayant seize capitaines, seize lieutenants, un maréchal des logis et un chirurgien-major.

Pendant ce temps, Roland profitait de la suspension d'armes pour se promener dans le pays, comme s'il était le vice-roi des Cévennes, et partout où il passait on le régalait magnifiquement; il donnait comme Cavalier des congés et des escortes, et portait la tête haute, persuadé qu'il était qu'il allait à son tour traiter de pair avec des maréchaux de France et des gouverneurs de provinces. Roland se trompait. M. de Villars avait fait une concession à l'immense popularité de Cavalier; mais c'était la seule qu'il comptait faire. En effet, au lieu d'être convoqué à son tour, soit à Nîmes, soit à Uzès, par M. de Villars, Roland reçut tout bonnement avis de la part de Cavalier, qu'il avait à lui parler pour affaires d'importance.

Ils s'abouchèrent près d'Anduze, et Cavalier, fidèle à la promesse qu'il avait faite à M. de Villars, n'oublia rien pour déterminer Roland à suivre son exemple; mais celui-ci tint bon dans ses refus Alors Cavalier, voyant que ses prières et ses promesses étaient inutiles, voulut élever la voix; mais aussitôt Roland, lui posant la main sur l'épaule, lui dit que la tête lui tournait, que lui Roland était son ancien dans le commandement; qu'ainsi, quoi qu'il eût fait et promis en son nom, il n'avait pu l'engager, lui, et qu'il lui jurait bien qu'il n'y aurait jamais de paix que la liberté de conscience ne fût accordée tout entière. Le jeune Cévenol n'était plus depuis longtemps habitué à s'entendre parler ainsi, il porta avec un mouvement d'impatience la main à son épée. Roland fit un pas en arrière et tira la sienne, et la conférence allait finir par un combat, lorsque les prophètes se jetèrent entre eux et obtinrent de Roland, que le plus renommé d'entre eux, que l'on nommait Salomon, suivrait Cavalier à Nîmes, pour savoir de M. de Villars lui-même quelles étaient les conditions de cette paix que Cavalier avait signée et qu'on venait lui offrir.

En effet, deux heures après cette convention arrêtée, Salomon partit avec Cavalier; de sorte que le 27 ils arrivèrent ensemble à Nîmes, suivis d'une escorte de vingt-cinq hommes, et firent halte au-dessus de la tour Magne, où les protestants de la ville s'empressèrent de leur apporter des rafraîchissements; puis, la collation prise et la prière faite, ils passèrent devant les casernes et traversèrent les cours; l'affluence et l'enthousiasme n'étaient pas moins grands cette fois qu'à la première entrée de Cavalier, et plus de trois cents personnes lui baisèrent les mains et les genoux : il était vêtu ce jour-là d'un justaucorps de drap gris blanc, et portait un chapeau de castor, bordé d'un galon d'or avec une plume blanche.

Cavalier et son compagnon de voyage se dirigèrent vers le jardin des Récollets, où ils furent à peine, que MM. de Villars et Baville vinrent les y trouver avec Lalande et Sandricourt; la conférence dura trois heures; mais tout ce qu'il en transpira fut que Salomon déclara nettement qu'il doutait que ses frères se soumissent jamais, si on ne leur accordait pas liberté entière de conscience; et qu'en face de cette déclaration, la résolution fut prise de faire partir le plus tôt possible Cavalier et son régiment pour l'Espagne, afin d'affaiblir d'autant les religionnaires. Quant à Salomon, il fut renvoyé vers Roland avec promesse positive que, s'il voulait se soumettre comme Cavalier, il obtiendrait les mêmes conditions; c'est-à-dire un brevet de colonel, le droit de nommer aux emplois de son régiment et douze cents livres de pension. En sortant du jardin des Récollets, Cavalier trouva de nouveau une si grande affluence de peuple, que deux de ses gens furent obligés de mettre le sabre à la main et de marcher devant lui jusqu'à la route de Montpellier, pour lui faire faire place. Il coucha ce soir-là à Langlade, afin d'être le lendemain matin rendu près de sa troupe.

Mais pendant son absence il s'était passé, parmi ces hommes accoutumés à lui obéir aveuglément, des choses auxquelles il était loin de s'attendre. Il avait remis le commandement de sa troupe, selon son habitude, à Ravanel; mais à peine était-il parti, que celui-ci avait pris aussitôt des gardes, et avait ordonné aux camisards de ne pas quitter leurs armes. Les négociations avec le maréchal de Villars lui avaient inspiré de vives inquiétudes. Il était convaincu que les promesses de la cour étaient des piéges, et il regardait la condescendance de son chef comme une défection; il rassembla donc officiers et soldats, leur fit part de ses craintes, et parvint à leur faire partager ses soupçons : ce qui était d'autant plus facile, que l'on savait parfaitement que Cavalier s'était jeté dans les Cévennes bien moins pour soutenir la cause générale que pour venger une offense particulière, et que chacun avait été à même de juger, dans plus d'une circonstance, que le jeune chef avait plus de génie que de foi.

Aussi, en arrivant à Calvisson, trouva-t-il les principaux officiers de sa troupe, Ravanel en tête, qui l'attendaient sur la place, et qui lui demandèrent résolûment en quoi consistaient les conditions du traité qu'il avait signé avec le maréchal, disant qu'ils voulaient absolument le savoir, et qu'il fallait leur répondre sans renvoi et sans déguisement. Une telle façon de lui parler était si étrange et si inattendue, que le jeune Cévenol haussa les épaules et leur répondit que de pareilles choses ne les regardaient point et dépassaient le niveau de leur intelligence; que c'était à lui de décider et à eux d'obéir quand il avait pris une décision; que cela s'était toujours passé ainsi, et qu'avec l'aide de Dieu et de sa volonté, cela se passerait encore de la même façon. Puis, cette réponse faite, il leur enjoignit de se retirer; mais alors Ravanel répondit, au nom de tous, qu'ils ne se retireraient que lorsque les ordres que comptait leur donner Cavalier leur seraient connus, afin qu'ils délibérassent à l'instant même s'ils devaient y obéir ou y résister. Cette insubordination poussa Cavalier à bout.

— Ces ordres, dit-il, sont d'endosser les habits que l'on vous prépare et de me suivre en Portugal.

On devine l'effet qu'une pareille déclaration dut produire sur des hommes qui ne s'attendaient à rien moins qu'au rétablissement de l'édit de Nantes; aussi les mots de lâche et de traître se firent-ils jour au milieu des murmures. Cavalier, de plus en plus étonné, se leva sur ses arçons, regarda autour de lui, de ce regard dont il était habitué à les faire trembler; puis, comme si tous les démons de la colère ne rugissaient pas dans son cœur : — Quel est celui-là, demanda-t-il, d'une voix calme, qui a dit que Jean Cavalier était un lâche et un traître?

— Moi, dit Ravanel en se croisant les bras.

Cavalier tira un pistolet de ses fontes, et, frappant sur ceux qui l'entouraient avec la crosse, il se fit jour vers son lieutenant, qui tira son épée; mais en ce moment l'ordonnateur Vincel et le capitaine Cappon, qui étaient accourus, attirés par le bruit, se jetèrent entre Cavalier et Ravanel, et lui demandèrent de quoi il se plaignait.

— De quoi je me plains? répondit Ravanel détournant la question, je me plains que les cadets de la Croix, conduits par l'Ermite, ont assommé deux de nos frères qui venaient nous joindre et ont empêché les autres de se trouver à nos assemblées et de prier Dieu; ce qui prouve que si on n'a pas tenu les conditions de la trêve, on ne tiendra pas mieux celles du traité: ce qui fait que nous n'en voulons pas.

— Monsieur, répondit Vincel, si l'Ermite a fait ce dont vous vous plaignez, c'est contre les ordres de M. le maréchal, et il en sera châtié; d'ailleurs, le grand nombre d'étrangers qui habitent Calvisson à cette heure vous est une preuve que l'on n'a pas pris grand soin pour empêcher les nouveaux convertis d'y venir, et vous croyez trop légèrement, ce me semble, ce que des esprits mal intentionnés tâchent de vous persuader.

— Je crois ce que je dois croire, répondit Ravanel avec impatience; mais ce que je sais et ce que je vous dis, c'est que je ne mettrai bas les armes que lorsque le roi nous aura accordé une entière liberté de conscience, avec faculté de rebâtir nos temples, aura rappelé les exilés de l'exil et fait sortir les prisonniers de prison.

— Mais, à la manière dont vous parlez, dit Cavalier, qui,

jouant avec son pistolet, n'avait pas ouvert la bouche pendant l'entretien du lieutenant et de l'ordonnateur, il semble, Dieu me pardonne, que vous soyez le maître de la troupe : aurions-nous changé de rôle, par hasard, sans que je m'en doutasse

— Peut-être, dit Ravanel.

Cavalier éclata de rire.

— Cela peut t'étonner, dit Ravanel, mais cela est ainsi : fais ta paix pour toi, demande les conditions qui te conviennent, vends-toi au prix qu'on t'estime, c'est bien ; nous n'avons rien à dire, sinon que tu es un lâche et un traître ! Mais quant à la troupe, elle ne mettra bas les armes qu'aux conditions que j'ai proposées.

Cavalier fit un nouveau mouvement vers Ravanel ; mais comme on vit à la fois à sa pâleur et à son sourire qu'il allait se passer entre lui et son lieutenant de terribles choses, Vincel et Cappon, aidés des camisards, se jetèrent au-devant de son cheval ; en même temps, toute la troupe cria d'une seule voix : — Point de paix ! point de paix ! point d'accommodement, que nous n'ayons nos temples !... — Cavalier vit alor que la chose était réellement plus sérieuse qu'il ne l'avait cru d'abord ; en même temps, Vincel, Cappon, Berlié et une vingtaine de camisards enveloppèrent le jeune Cévenol et l'emmenèrent malgré lui dans une maison : c'était la maison de Vincel.

A peine y étaient-ils, que l'on entendit battre la générale : alors rien ne put retenir Cavalier, il s'élança vers la porte ; mais, comme il allait sortir, Berlié le retint en lui disant qu'il ferait bien d'écrire à M. de Villars ce qui venait de se passer, qu'ensuite il verrait à réparer le désordre.

— Vous avez raison, dit Cavalier ; comme je ne manque pas d'ennemis, on pourrait dire au général, si j'étais tué, que j'ai trahi ma parole. Une plume et de l'encre.

On donna au jeune Cévenol ce qu'il demandait, et il écrivit à M. de Villars.

— Tenez, dit-il en donnant le papier tout ouvert à Vincel ; partez pour Nîmes, remettez cette lettre au maréchal, et dites-lui que, si je suis tué dans la tentative que je vais faire, je mourrai son très-humble serviteur.

A ces mots, il s'élança hors de la maison, remonta à cheval, et, retrouvant à la porte les douze ou quinze hommes qui lui étaient restés fidèles, il leur demanda ce qu'étaient devenus Ravanel et sa troupe : car on ne voyait pas dans les rues un seul camisard : un des soldats lui répondit qu'ils étaient encore probablement dans la ville, mais qu'ils se retiraient vers les Garrigues de Calvisson. Cavalier mit son cheval au galop pour les rejoindre.

En traversant la place il rencontra Catinat, qui marchait entre deux prophètes, l'un appelé Moïse, et l'autre Daniel Guy : Catinat arrivait à l'instant même d'une course dans la montagne; de sorte qu'il n'avait ni assisté ni pris part à la scène d'insubordination qui venait de se passer.

Un rayon d'espoir apparut à Cavalier; il croyait pouvoir compter sur Catinat comme sur lui-même; il courut à lui, et lui tendit la main; mais Catinat retira la sienne.

— Que veut dire cela? s'écria Cavalier, sentant le sang lui monter au visage.

— Cela veut dire, répondit Catinat, que tu es un traître, et que je ne donne pas la main à un traître.

Cavalier jeta un rugissement de colère, et poussant son cheval sur Catinat, il leva sa canne pour le frapper; mais Moïse et Daniel Guy se précipitèrent entre eux deux, de sorte que le coup destiné à Catinat tomba sur Moïse. De son côté, Catinat, en voyant le mouvement de Cavalier, avait tiré un pistolet de sa ceinture, et comme il le tenait tout armé à la main, le coup partit, et la balle perça le chapeau de Daniel Guy, mais sans le blesser.

Au bruit que fit le coup de feu, on entendit à une centaine de pas de grands cris : c'étaient les camisards, qui n'étaient point encore sortis de la ville, et qui, croyant qu'on assassinait quelqu'un de leurs frères, revenaient sur leurs pas. En les voyant reparaître, Cavalier abandonna Catinat et piqua droit à eux; mais en l'apercevant ils s'arrêtèrent; et comme Ravanel s'était jeté au premier rang, croyant que là était le danger :

— Frères! dit-il à haute voix, c'est encore le traître qui vient nous tenter. Retire-toi, Judas! tu n'as rien à faire ici.

— Si fait! s'écria Cavalier; j'ai à punir un scélérat qui s'appelle Ravanel, s'il est assez brave pour me suivre.

— Viens donc, dit Ravanel en s'élançant dans une petite rue de traverse, et que nous en finissions. — Les camisards voulurent faire un mouvement pour le suivre; mais Ravanel se retournant vers eux : — Restez, dit-il; je vous l'ordonne.

Ils obéirent aussitôt, et Cavalier put voir qu'insubordonnés pour lui, ils étaient soumis pour un autre.

Mais au moment où il suivait Ravanel dans la petite ruelle où la querelle devait se vider, Moïse et Daniel Guy arrivèrent, se jetèrent à la bride de son cheval et l'arrêtèrent, tandis que les camisards de la suite de Cavalier entouraient Ravanel et le ramenaient de force vers ses soldats : la troupe se remit donc en marche au chant des psaumes, tandis qu'on retenait de force Cavalier.

Enfin, le jeune Cévenol parvint à se débarrasser de ceux qui l'entouraient, et comme ils fermaient la rue par laquelle s'étaient retirés les camisards, il prit un détour; mais les deux prophètes, se doutant de son intention, coururent, eux, par le chemin le plus court, et rejoignirent la troupe au moment où Cavalier, après avoir fait le tour de la ville, arrivait à travers plaine pour leur couper le passage : alors la troupe s'arrêta, et Ravanel ordonna de faire feu : tout le premier rang mit en joue, indiquant par là qu'il était prêt à obéir.

Mais ce n'était pas une démonstration de ce genre qui pouvait intimider Cavalier; aussi continua-t-il d'avancer. Alors Moïse, voyant le danger qu'il courait, se jeta entre les camisards et lui, les bras étendus et criant : — Arrêtez ! arrêtez ! hommes égarés ! vous allez tuer frère Cavalier, comme si c'était un larron et un brigand ! Il faut lui pardonner, frères ! il faut lui pardonner ! s'il n'a pas bien fait dans le passé, il fera mieux dans l'avenir.

Alors ceux qui tenaient Cavalier en joue posèrent la crosse de leurs fusils à terre, et Cavalier, passant de la menace à la prière, les supplia de ne pas manquer à la parole qu'il avait donnée pour eux; mais alors les prophètes commencèrent à entonner des psaumes, et le reste de la troupe, en les répétant en chœur, couvrit sa voix, de telle façon qu'il fut impossible d'entendre un mot de ce qu'il disait. Néanmoins Cavalier ne se rebuta point; il marcha avec eux jusqu'à Saint-Estève, c'est-à-dire pendant près d'une lieue, ne pouvant se résoudre à prendre son parti. Enfin, arrivé là, comme les chants cessèrent un instant, il essaya de nouveau de les ramener à l'obéissance; puis, voyant qu'il fallait y renoncer : « Eh bien! dit-il, au moins défendez-vous de votre mieux, car bientôt les dragons seront sur vous. » Puis se retournant une dernière fois: « Frères! cria-t-il, qui m'aime me suive! » Et il dit ces paroles avec un tel accent de douleur et d'affection, que beaucoup se sentirent ébranlés. Mais Ravanel et Moïse, voyant l'effet qu'il avait produit, se mirent à crier : « Vive l'épée de l'Éternel! » Aussitôt tous tournèrent le dos à Cavalier, à l'exception d'une quarantaine d'hommes qui, dès l'abord, étaient revenus à lui.

Alors Cavalier entra dans une maison, écrivit une nouvelle lettre à M. de Villars, dans laquelle il lui raconta ce qui venait de se passer, les efforts qu'il avait tentés sur sa troupe, et les conditions qu'elle exigeait. Il finissait par l'assurance de faire de nouveaux efforts auprès des rebelles, et par la promesse de tenir le maréchal au courant de tout ce qui se passerait; puis il se retira vers Cardet, n'osant plus revenir à Calvisson.

Le maréchal de Villars reçut presque en même temps les deux lettres de Cavalier; il s'attendait si peu à un pareil revers, que dans le premier moment de colère que lui inspira l'insubordination des camisards, il rendit l'ordonnance suivante :

« Depuis que nous sommes arrivé dans cette province pour en prendre le commandement par ordre du roi, nous n'avons pensé qu'à finir tous les troubles que nous y avons trouvés par des voies douces, qui y puissent rétablir le repos et la tranquillité, et conserver les biens de tous ceux qui sont opposés aux désordres qui continuent depuis si longtemps. Dans cette vue, nous avons obtenu de Sa Majesté le pardon des rebelles qui s'étaient soumis par l'entremise de leurs chefs, sans aucune condition que celle d'implorer sa clémence, et de la supplier d'agréer qu'ils pussent expier leur crime en sacrifiant leur vie pour son service. Cependant, étant informé qu'au lieu de suivre tous les engagements qu'ils ont pris, par des requêtes qu'ils ont signées, par des lettres qu'ils ont écrites, et par des paroles qu'ils nous ont données eux-mêmes, quelques-uns d'entre eux n'ont pensé qu'à insinuer dans l'esprit des peuples de fausses espérances de liberté pour l'exercice de la religion prétendue réformée, dont il n'a jamais été fait aucune proposition, et que nous aurions rejetée avec toute la sévérité que nous devons, comme étant entièrement contraire à la volonté du roi; à quoi étant nécessaire de remédier pour prévenir les maux qui s'ensuivraient, et pour donner lieu à ceux qui se pourraient laisser abuser par de semblables faussetés, d'éviter les châtiments qu'ils auraient mérités; déclarons que toutes assemblées illicites sous prétexte de religion sont expressément défendues, sous les peines portées par les édits et ordonnances de Sa Majesté, et qu'elles seront encore plus sévèrement punies à l'avenir que par le passé.

» Ordonnons à toutes les troupes qui sont sous notre commandement de faire main basse sur toutes les assemblées, comme ayant toujours été prohibées; enjoignons à tous les nouveaux convertis de cette province de se tenir dans l'obéissance qu'ils doivent, et leur défendons d'adhérer aux faux bruits que des scélérats ennemis de leur repos ne font courir que pour les troubler et pour les jeter dans tous les malheurs dont ils seraient infailliblement accablés par la perte de leurs biens, par la ruine de leur famille et par la désolation de leur pays, s'ils étaient assez crédules, téméraires et ennemis pour se laisser séduire par de telles impressions, dont nous saurons punir dans peu leurs véritables auteurs, suivant l'énormité de leur crime.

» Donné à Nîmes, le 27e jour de mai 1704.

» Maréchal de Villars. »

Cependant, à peine cette ordonnance, qui remettait tout les choses sur le pied où elles étaient du temps de M. de Montrevel, fut-elle rendue, que d'Aygaliers, désespéré de voir ainsi détruire en un jour l'œuvre d'un si long travail, quitta le maréchal, et s'enfonça dans la montagne pour y chercher Cavalier. Il le trouva à Cardet, où, comme nous l'avons dit, il s'était retiré après la journée de Calvisson; et malgré la résolution que celui-ci avait prise de ne plus reparaître devant le maréchal, il lui répéta tant de fois que M. de Villars était bien convaincu qu'il n'y avait aucunement de sa faute dans tout cela, et qu'il avait fait ce qu'il avait pu, qu'il lui rendit quelque courage en le réhabilitant à ses propres yeux, et finit, sur l'assurance qu'il lui donna que le maréchal était très-content de sa conduite, et que Vincel avait rendu sur lui d'excellents témoignages, par le déterminer à revenir à Nîmes. Ils partirent donc de Cardet avec les quarante hommes qui avaient suivi Cavalier, dix à cheval et trente à pied, et se rendirent tous ensemble, le 31 mai, à Saint-Geniès, où ils rencontrèrent M. de Villars.

Les promesses de d'Aygaliers n'étaient point fausses. Le maréchal reçut Cavalier comme s'il était encore le puissant chef de partisans qui avait traité de pair avec lui; si bien qu'à sa prière, et pour lui donner une preuve du crédit qu'il avait conservé sur lui, il résolut de recourir de nouveau aux voies de douceur, et, modérant la sévérité de sa première ordonnance, il rendit celle qui suit en prolongation d'amnistie

« Les principaux chefs des rebelles s'étant soumis avec la plupart de ceux qui les ont suivis et ayant reçu le pardon du roi, nous déclarons que nous donnons jusqu'à jeudi prochain, cinquième du présent mois de juin inclusivement, à tous ceux qui ont porté les armes, pour recevoir le même pardon, en se rendant à nous à Anduze, ou à M. le marquis de Lalande à Alais, ou à M. de Menon à Saint-Hippolyte, ou aux commandants d'Uzès, de Nîmes ou de Lunel, lequel jour cinquième du présent passé, nous ferons main basse sur tous les rebelles, et ferons piller et brûler tous les lieux qui se trouveront les avoir reçus, leur avoir fourni des vivres ou donné aucun secours; et afin qu'ils n'en prétendent cause d'ignorance, avons ordonné que la présente sera lue, publiée et affichée partout où besoin sera.

» MARÉCHAL DE VILLARS.

» A Saint-Geniès, le 1er juin 1704. »

Le lendemain, pour ne laisser aucun doute sur ses bonnes intentions, le maréchal fit abattre les gibets et les échafauds, qui jusque-là étaient demeurés en permanence.

En même temps tous les nouveaux convertis reçurent l'ordre de tenter un dernier effort près des chefs camisards pour les déterminer à accepter les conditions que leur offrait M. de Villars; et aussitôt les villes d'Alais, d'Anduze, de Saint-Jean, de Sauve, de Saint-Hippolyte et de Lasalle, ainsi que les paroisses de Cros, de Saint-Roman, de Manoblet, de Saint-Félix, de Lacadière, de Cesas, de Cambo, de Colognac et de Vabre, envoyèrent des députés à Durfort, pour y conférer sur les moyens les plus sûrs d'arriver à cette pacification que tout le monde désirait.

Ces députés écrivirent à la fois au maréchal de Villars pour le prier de leur envoyer M. d'Aygaliers, et à M. d'Aygaliers pour le prier de venir. Tous deux accueillirent la demande qui leur était faite, et M. d'Aygaliers arriva à Durfort le 3 juin 1704.

Là, après l'avoir remercié des soins qu'il donnait depuis plus d'un an à la cause commune, les députés décidèrent que l'assemblée se diviserait en deux parts, qu'une part resterait en délibération permanente, et que l'autre part se détacherait pour aller trouver Roland et Ravanel, et obtenir d'eux la cessation des hostilités. Ces envoyés étaient chargés de leur signifier que, s'ils n'acceptaient pas les propositions de M. de Villars, les protestants eux-mêmes s'armeraient pour leur courir sus et cesseraient à l'avenir de leur fournir des vivres.

Roland répondit aux députés que, s'il les revoyait jamais, il leur ferait tirer dessus, et Ravanel, que, s'ils ne lui fournissaient pas de vivres, il saurait bien leur en prendre.

Cette double réponse mit fin à l'assemblée; les députés se dispersèrent, et d'Aygaliers revint vers le maréchal de Villars pour lui faire son rapport.

Mais à peine lui avait-il rendu compte de ce qui s'était passé, qu'une lettre de Roland arriva, par laquelle ce chef de camisards demandait à son tour au maréchal une entrevue pareille à celle qu'avait obtenue Cavalier. Cette lettre était adressée à d'Aygaliers. Il la communiqua aussitôt au maréchal, qui lui ordonna de partir à l'instant même et de ne rien négliger pour gagner ce mécontent.

D'Aygaliers, toujours infatigable lorsqu'il s'agissait du bien de son pays, partit le jour même, et se rendit sur une montagne, où Roland l'attendait à trois quarts de lieue d'Anduze. Là, après une conférence de deux heures, il fut convenu qu'on échangerait des otages, et que les négociations commenceraient.

En conséquence, M. de Villars envoya à Roland M. de Montrevel, commandant d'un bataillon de marine, et M. de la Maison-Blanche, capitaine dans le régiment de Froulay. De son côté, Roland envoya à M. de Villars quatre de ses principaux officiers avec le titre de plénipotentiaires.

Si inhabiles que fussent en diplomatie ces députés, et si ridicules qu'ils paraissent aux historiens de cette époque, ils n'en obtinrent pas moins du maréchal les conditions suivantes :

« 1° Que Cavalier et Roland auraient chacun un régiment qui servirait hors du royaume, et qu'ils pourraient avoir chacun un ministre;

» 2° Que les prisonniers seraient élargis et les exilés rappelés;

» 3° Qu'il serait permis aux nouveaux convertis de sortir du royaume avec leurs effets;

» 4° Que les camisards qui voudraient y rester pourraient le faire en rendant les armes;

» 5° Que ceux qui étaient hors du royaume y pourraient revenir;

» 6° Qu'on n'inquiéterait personne pour la religion, pourvu que chacun restât tranquille dans sa maison;

» 7° Que les indemnités seraient supportées par la province sans qu'on pût les jeter en particulier sur les nouveaux convertis;

» 8° Qu'il y aurait une amnistie générale et sans réserve. »

Ces articles furent portés à Roland et à Ravanel par d'Aygaliers. Cavalier, qui, depuis le jour où il l'avait rejoint, était demeuré à la suite du maréchal, demanda à partir avec le négociateur, ce qui lui fut accordé. En conséquence, d'Aygaliers et lui partirent d'Anduze et joignirent, à un quart de lieue de cette ville, Roland et Ravanel, qui y attendaient le résultat des négociations. Ces derniers avaient avec eux MM. de Montbel et de Maison-Blanche, leurs otages.

A peine Cavalier et Roland furent-ils en face l'un de l'autre, qu'ils éclatèrent en récriminations et en reproches; mais néanmoins, grâce à d'Aygaliers, ils s'adoucirent bientôt, et finirent par s'embrasser.

Mais Ravanel fut de plus dure composition : à peine aperçut-il Cavalier, qu'il le salua du nom de traître, ajoutant que, pour son compte, il ne se rendrait jamais que l'on n'eût rétabli l'édit de Nantes; puis, après leur avoir dit que toutes les promesses de M. de Villars étaient fausses, et leur avoir prédit qu'ils se repentiraient un jour de la confiance qu'ils y avaient eue, sans attendre de réponse à cette sortie, il quitta brusquement la conférence, et s'en alla rejoindre sa troupe, qui était à trois quarts de lieue de là, sur une montagne, avec celle de Roland.

Cependant les négociateurs ne regardèrent point tout espoir comme perdu. Ravanel s'était éloigné d'eux; mais Roland était resté en leur compagnie; de sorte qu'ils convinrent d'aller tous ensemble parler aux frères, c'est-à-dire aux troupes de Roland et de Ravanel, qui, pour le moment, étaient réunies près de Leuziès, afin de leur faire part des articles arrêtés entre les envoyés de Roland et le maréchal. Ceux qui venaient de prendre la résolution de tenter cette dernière démarche étaient Cavalier, Roland, Moïse Saint-Paul, Laforêt, Maillé, Malplach et d'Aygaliers. Voici comment ce dernier raconte lui-même ce qui se passa à la suite de cette décision :

« Elle ne fut pas plutôt prise, que, pressés de l'exécution, nous nous mîmes en chemin. Nous marchions dans un petit sentier sur la montagne, où nous avions à notre gauche le Gardon, et à notre droite la hauteur.

» Après avoir fait une lieue, nous découvrîmes la troupe, qui paraissait être d'environ trois mille hommes, et une garde avancée postée sur notre chemin, qu'elle bouchait.

» Je crus que cette garde était là pour nous faire honneur, et j'approchai sans soupçon; mais tout d'un coup les camisards nous coupèrent à droite et à gauche du chemin; ils se jetèrent sur Roland avec des injures, et le firent entrer dans la troupe par force. En même temps, Maillé et Malplach furent jetés à bas de leurs chevaux. Quant à Cavalier, qui n'était pas si avancé que nous, se voyant poursuivi le sabre haut par des gens qui l'appelaient traître, il piqua son cheval, et se sauva de vitesse avec quelques bourgeois d'Anduze, qui étaient venus avec nous, et qui, voyant la réception qu'on nous faisait, pensèrent mourir de peur.

» Pour moi, j'étais trop avancé, ayant cinq ou six fusils appuyés sur l'estomac et un pistolet à chaque oreille; en sorte que je pris mon parti. Je leur dis qu'ils tirassent, que j'étais content de mourir pour le service de mon prince, de ma patrie, de ma religion, et pour eux-mêmes que je tâchais de rendre heureux en leur procurant la protection du roi.

» Ces paroles, que je répétai plusieurs fois pour me faire entendre parmi un tumulte épouvantable, arrêtèrent leur première fureur.

» Ils me dirent que je me retirasse, qu'ils ne voulaient pas me tuer. Je répondis que je n'en voulais rien faire, que je voulais aller au milieu de la troupe justifier Roland de la trahison dont ils l'accusaient, ou recevoir la mort moi-même, si je ne leur faisais pas connaître que tout ce que je voulais lui faire faire, et à Cavalier, était pour le bien du pays, de la religion et de nos frères; et après avoir crié pendant une heure contre trente voix qui étouffaient la mienne, je m'offris à combattre celui qui leur inspirait la guerre.

» A cette proposition, ils tournèrent leurs armes contre moi. Là-dessus, Maillé, Malplach et quelques autres se jetèrent au-devant de moi, et, quoique désarmés, ils eurent assez de crédit pour empêcher les autres de m'insulter; après quoi, ils me forcèrent de m'en aller.

» En partant je leur dis qu'ils allaient attirer bien des malheurs sur le pays; et un nommé Claris, s'avançant hors de la troupe, me cria : « Allez, monsieur, Dieu vous bénisse!
» nous savons que vos intentions sont bonnes et que vous êtes
» trompé le premier : travaillez toujours pour le bien du pays,
» et Dieu vous bénira. »

D'Aygaliers revint vers le maréchal, qui, furieux de voir la façon dont les choses avaient tourné, résolut dès ce moment de rompre les négociations et d'en revenir aux voies de rigueur. Cependant, avant de les mettre à exécution, il écrivit au roi la lettre suivante :

« Sire,

» Il m'est toujours glorieux d'exécuter fidèlement les ordres de Votre Majesté, quels qu'ils puissent être; mais j'aurais encore plus d'occasions à signaler mon zèle pour son service si je n'avais pas affaire ici contre des fous sur lesquels on ne peut compter. Lorsqu'on est prêt à tomber dessus, ils offrent de se soumettre, et changent, dans le moment, de résolution. Rien ne prouve tant leur folie que d'hésiter un moment à profiter d'un pardon dont ils sont indignes, et que Votre Majesté leur offre si généreusement. S'ils restent davantage dans cette indétermination, je les contraindrai par la force à se ranger dans leur devoir, et à rendre à cette province la tranquillité que ces malheureux y ont troublée. »

Le lendemain du jour où il avait écrit cette lettre au roi, Roland fit prier M. de Villars, par Maillé, de vouloir bien attendre, avant que d'en venir aux voies de rigueur, que le samedi 7 et le dimanche 8 fussent écoulés, car c'étaient les jours où finissait la trêve; et il le faisait assurer positivement que, d'ici là, il ramènerait la troupe tout entière, ou qu'il viendrait se rendre avec cent cinquante hommes. Le maréchal voulut bien encore attendre jusqu'au samedi matin; mais ce jour arrivé, il donna ordre d'attaquer les camisards, et le lendemain marcha de sa personne avec un corps de troupes considérable pour les surprendre à Carnoulet, où il avait appris qu'ils étaient rassemblés. Mais, de leur côté, ils avaient su ses intentions, et avaient évacué le village pendant la nuit.

Le village paya pour ceux qui l'avaient habité; il fut pillé et brûlé; les miquelets y égorgèrent même deux femmes pour lesquelles d'Aygaliers ne put obtenir vengeance. Ainsi, M. de Villars tenait la fatale parole qu'il avait donnée, et la guerre recommençait aussi acharnée qu'avant la trêve.

Furieux d'avoir manqué les camisards, de Menon, ayant

appris par un de ses espions que Roland devait coucher la nuit suivante au château de Prade, vint trouver M. de Villars, lui demandant de diriger une expédition contre ce chef, qu'il espérait surprendre, grâce à la connaissance parfaite qu'un guide qui offrait de le conduire avait des localités. Le maréchal lui donna carte blanche. Le soir, de Menon partit avec deux cents grenadiers; et il avait déjà monté avec eux, sans être découvert, plus des trois quarts du sentier qui conduisait au château, lorsqu'un Anglais, qui servait dans les troupes de Roland, et qui revenait d'un village voisin, où il avait sa maîtresse, tomba par hasard au milieu des grenadiers de Menon. Alors, sans s'arrêter à ce qui pourrait en advenir pour lui, il lâcha son coup de fusil en criant : — Sauve! sauve! les royaux sont ici. — A ce cri répété par les sentinelles, Roland saute à bas de son lit, et, sans avoir le temps de prendre ses habits ni de courir à ses chevaux, se sauve à pied et en chemise par une poterne qui donnait dans un bois. De Menon entra par une porte comme Roland sortait par l'autre, trouva son lit chaud, et s'empara de ses habits, dans l'un desquels était une bourse contenant trente-cinq louis, et de trois superbes chevaux.

Les camisards répondirent à cette dénonciation d'hostilités par un assassinat. Quatre d'entre eux, croyant avoir des sujets de mécontentement contre le subdélégué de M. de Baville, qui était en même temps maire et juge du Vigan, et que l'on nommait Daudé, se cachèrent dans un blé, près duquel ils savaient qu'il devait passer au retour de sa maison de campagne appelée la Valette. Leurs mesures étaient bien prises. Daudé suivit la route où l'attendaient les assassins, et comme il revenait n'ayant aucun soupçon du péril qui le menaçait, et causant tranquillement avec M. de Mondardier, jeune gentilhomme des environs, qui ce jour-là même était venu demander sa fille en mariage, il se trouva tout à coup enveloppé par quatre hommes qui, après lui avoir reproché les exactions et les cruautés dont il s'était rendu coupable, lui cassèrent la tête de deux coups de pistolet. Quant à M. de Mondardier, ils ne lui firent d'autre violence que de lui prendre son chapeau brodé et son épée.

Le jour même où il apprit cet assassinat, M. de Villars mit à prix la tête de Roland, de Ravanel et de Catinat.

Cependant l'exemple donné par Cavalier, joint à cette recrudescence d'hostilités, n'était point sans influence sur les camisards : chaque jour quelqu'un d'eux écrivait pour faire sa paix, et d'une seule fois, dans une seule journée, trente rebelles vinrent se remettre aux mains de Lalande, et vingt dans celles de Grandval. Pour engager les autres à en faire autant qu'eux, on accorda à ceux-ci non-seulement leur pardon, mais des récompenses; de sorte que, le 15 juin, huit autres, qui étaient de la troupe qui avait abandonné Cavalier à Calvisson, vinrent à leur tour faire leur soumission, tandis que douze autres vinrent demander à se rattacher à la fortune de leur ancien chef et à le suivre partout où il irait. On se hâta de leur accorder leur demande; et on les envoya à Valabrègues, où ils trouvèrent quarante-deux de leurs anciens compagnons, parmi lesquels étaient Duplan et le jeune frère de Cavalier, qui y avaient été conduits quelques jours auparavant. A mesure qu'ils arrivaient, ils étaient logés dans les casernes, et on leur donnait bonne paye, les chefs ayant quarante sous par jour et les soldats dix. Aussi se trouvaient-ils on ne peut plus heureux; car ils étaient bien nourris, bien logés, et passaient leur temps à prêcher, à chanter des psaumes et à faire la prière jour et nuit. Ce qui déplaisait si fort, dit Labaume, aux habitants du lieu, qui étaient catholiques, que, sans les troupes qui gardaient les camisards, les habitants les eussent tous jetés dans le Rhône.

Cependant le moment du départ de Cavalier était arrivé : une ville lui devait être fixée, assez loin du théâtre de la guerre pour que les rebelles ne fissent plus aucun fond sur lui; là, il devait organiser son régiment, et, son régiment une fois organisé, aller faire la guerre en Espagne. M. de Villars, qui n'avait point cessé d'être parfaitement bien pour lui, et de le traiter, non plus comme un rebelle, mais, au contraire, selon le nouveau grade qu'il occupait, le prévint, le 21 juin, qu'il eût à se tenir prêt à partir le lendemain; et en même temps il lui remit à compte sur leur paye future cinquante louis pour lui, trente pour Daniel Billard, qu'il avait fait son lieutenant-colonel à la place de Ravanel, dix pour chacun de ses capitaines, cinq pour chacun de ses lieutenants, deux pour chacun de ses sergents, et un pour chaque soldat. Sa troupe se montait alors à cent cinquante hommes, dont soixante seulement étaient armés; M. de Vassiniac, aide-major de Fimarçon, les accompagnait avec cinquante dragons et cinquante soldats de Hainault.

Sur toute la route qu'ils parcoururent Cavalier et sa troupe furent parfaitement reçus; à Mâcon ils trouvèrent l'ordre de s'arrêter.

Aussitôt Cavalier écrivit à M. de Chamillard qu'il avait des choses d'importance à lui communiquer, et sur-le-champ ce ministre lui envoya un courrier de cabinet, nommé Lavallée, pour le prendre à Mâcon et l'amener à Versailles.

Ce message comblait toutes les espérances de Cavalier; il n'ignorait pas qu'on s'était fort occupé de lui à la cour : la réception qu'on lui avait faite à Nîmes lui avait, quelque modestie qu'il eût, donné une idée, sinon de son mérite, du moins de son importance. D'ailleurs il croyait avoir rendu d'assez grands services au roi pour avoir bien mérité de lui.

L'accueil de Chamillard le confirma dans ses rêves dorés : le ministre reçut le jeune colonel en homme dont on apprécie la valeur, et l'assura que les plus grands seigneurs et les plus grandes dames de la cour n'étaient pas moins bien portés pour lui qu'il ne l'était lui-même.

Le lendemain, ce fut bien autre chose : Chamillard annonça à Cavalier que le roi désirait le voir; qu'en conséquence il se tînt prêt pour cette réception. Deux jours après, Cavalier reçut une lettre du ministre; il lui écrivait de venir le trouver à quatre heures de l'après-midi, et qu'il le placerait sur le grand escalier où le roi devait passer.

Cavalier revêtit son plus beau costume, et, pour la première fois peut-être, s'occupa de sa toilette. Il était d'une jolie figure, à laquelle sa grande jeunesse, ses longs cheveux blonds et la douceur de ses yeux prêtaient beaucoup de charmes. Deux ans de guerre lui avaient donné une tournure martiale. Bref, même au milieu des plus élégants, il pouvait passer pour un beau cavalier.

A trois heures il se rendit à Versailles, et y trouva Chamillard qui l'attendait : tout le ban et l'arrière-ban des courtisans était en émoi; car on avait appris que Louis le Grand avait désiré *rencontrer* l'ancien chef Cévenol, dont le nom avait été si souvent et si haut prononcé dans les montagnes du Languedoc, qu'il avait retenti jusque dans les appartements de Versailles. Aussi, comme l'avait pensé Cavalier, la curiosité fut-elle grande à son aspect; mais comme personne ne savait encore quel visage lui ferait Louis XIV, nul n'osa l'aborder, de peur de se compromettre, l'accueil de Sa Majesté devant servir de régulateur à tout le monde.

Ces regards curieux et ce silence affecté gênaient fort le jeune colonel; mais ce fut bien pis encore lorsque Chamillard, qui l'avait conduit au poste convenu, le quitta pour aller rejoindre le roi. Cependant, au bout d'un instant, il fit ce que font les gens embarrassés, c'est-à-dire qu'il cacha son embarras sous une apparence de dédain, s'appuyant contre la rampe de l'escalier, croisant ses jambes l'une sur l'autre, et jouant avec la plume de son chapeau.

Une demi-heure s'écoula ainsi; puis une grande rumeur se fit entendre; Cavalier se retourna et aperçut Louis XIV mettant le pied dans le vestibule : c'était la première fois qu'il le voyait, et cependant il le reconnut; alors il sentit ses jambes faillir et le sang lui monter au visage.

Le roi monta avec sa dignité habituelle l'escalier marche à marche, s'arrêtant de temps en temps pour dire un mot, faire un signe de tête ou un geste de la main. Derrière lui, et deux marches au-dessous, montait Chamillard marchant et s'arrêtant, selon que le roi marchait ou s'arrêtait, et se tenant toujours prêt à répondre d'une manière respectueuse, mais cependant précise et brève, aux questions que lui faisait Sa Majesté.

Arrivé à la hauteur de Cavalier, le roi s'arrêta, sous prétexte de faire remarquer à Chamillard un nouveau plafond que venait de terminer Lebrun, mais en effet pour regarder tout à son aise l'homme singulier qui avait lutté contre deux maréchaux de France et traité de pair à pair avec un troisième; puis, lorsqu'il l'eut examiné tout à son aise :

— Quel est ce jeune seigneur? demanda-t-il à Chamillard, comme s'il ne faisait que de l'apercevoir à l'instant même.

— Sire, répondit le ministre en faisant un pas pour le présenter au roi, c'est le colonel Jean Cavalier.

— Ah! oui, dit dédaigneusement le roi, l'ancien boulanger d'Anduze!

Puis, haussant les épaules en signe de mépris, il continua son chemin.

Cavalier, de son côté, avait fait, comme Chamillard, un pas en avant, croyant que le roi allait s'arrêter, lorsque cette dédaigneuse réponse du grand roi le changea en statue : un instant il demeura immobile, et pâlissant au point qu'on eût pu croire qu'il allait tomber mort; puis, instinctivement, il porta la main à son épée; mais aussitôt comprenant qu'il était perdu s'il restait un instant de plus parmi ces hommes, qui, tout en ayant l'air de trop le mépriser pour s'occuper de lui, ne perdaient pas un de ses mouvements de vue, il s'élança de l'escalier sous le vestibule, culbutant deux ou trois laquais qui se trouvaient sur son passage, se précipita dans le jardin, qu'il traversa en courant, et, rentrant dans la chambre de son hôtel, se jeta sur le parquet, où il se roula comme un insensé, jetant des cris de rage, et maudissant l'heure où, se fiant aux promesses de M. de Villars, il avait abandonné ses montagnes, où il était aussi roi que Louis XIV l'était à Versailles.

Le soir même, il reçut l'ordre de quitter Paris et de rejoindre son régiment à Mâcon.

Cavalier partit le lendemain matin, sans avoir même revu M. de Chamillard.

Le jeune Cévenol en arrivant à Mâcon retrouva ses frères, qui y avaient reçu la veille la visite de d'Aygaliers; il venait encore une fois à Paris dans l'espérance d'obtenir du roi plus que ne voulait, ou ne pouvait accorder M. de Villars.

Cavalier, sans raconter à ses compagnons l'étrange réception qu'il avait eue du roi, leur laissa soupçonner qu'il craignait, non-seulement qu'on ne leur tînt aucune des promesses qu'on leur avait faites, mais encore qu'on ne leur jouât quelque mauvais tour. Alors ces hommes, dont il avait été si longtemps le chef, et dont il était toujours l'oracle, lui demandèrent ce qu'il fallait qu'ils fissent. Cavalier répondit que, s'ils étaient disposés à le suivre, il croyait que ce qu'il y avait de mieux à faire était, à la première occasion, de gagner la frontière et de passer à l'étranger. Tous, à l'instant même, lui offrirent de le suivre. Ce fut un nouveau remords pour Cavalier; car il se souvint qu'il avait eu sous ses ordres quinze cents hommes pareils à ceux-là.

Le lendemain, Cavalier et ses compagnons se remirent en marche, sans savoir où on les conduisait, et sans avoir pu obtenir aucun renseignement à ce sujet; ce silence de leur escorte les confirma d'autant plus dans leur résolution. Aussi, arrivés à Onnan, Cavalier déclare à ses frères qu'il croit l'occasion favorable, et leur demande s'ils sont toujours dans la même intention; ceux-ci ne lui répondent qu'en le laissant maître de tout. Alors Cavalier leur ordonne de se tenir prêts : Daniel leur fait la prière; puis, la prière finie, ils désertent tous ensemble, traversent le mont Belliard, se jettent dans le Porentruy, et prennent le chemin de Lausanne.

Pendant ce temps d'Aygaliers arrivait à son tour à Versailles avec des lettres du maréchal de Villars pour le duc de Beauvilliers, chef du conseil du roi, et pour Chamillard. Le soir même de son arrivée, il remit ces lettres à ceux à qui elles étaient adressées; tous deux lui promirent de le présenter au roi.

Au bout de quatre jours, Chamillard fit savoir à d'Aygaliers qu'il eût à se trouver le lendemain à l'entrée du conseil dans la chambre du roi.

D'Aygaliers fut exact : le roi passa à l'heure accoutumée, et s'étant arrêté devant d'Aygaliers, Chamillard s'avança, et dit :

— Le baron d'Aygaliers, sire.

— Je suis bien aise de vous voir, monsieur, dit le roi; car je suis content du zèle que vous avez témoigné dans le Languedoc pour mon service, très-content.

— Sire, répondit d'Aygaliers, je m'estime, au contraire, bien malheureux de n'avoir encore rien fait qui puisse mériter la bonté avec laquelle Votre Majesté daigne me parler, et je demande à Dieu la grâce de trouver à l'avenir des occasions de lui mieux marquer mon zèle et ma fidélité pour son service.

— N'importe, n'importe, dit le roi; je vous le répète, monsieur, je suis très-content de ce que vous avez fait.

Et il entra au conseil.

D'Aygaliers se retira à demi satisfait : il n'était point venu pour recevoir seulement des félicitations de Louis XIV, mais dans l'espérance qu'il obtiendrait quelque chose pour ses frères; mais avec Louis XIV il n'y avait ni à solliciter ni à se plaindre, il fallait attendre.

Le même soir, Chamillard envoya chercher le baron, et lui dit que, le maréchal de Villars lui ayant écrit que les camisards avaient une grande confiance en lui, il désirait savoir s'il ne voulait pas s'employer de nouveau pour les faire rentrer dans le devoir.

— Certes, répondit d'Aygaliers, et je le ferai bien volontiers; mais je crois que les choses sont si fort brouillées à cette heure, qu'on aura grand'peine à calmer les esprits.

— Mais que veulent donc ces gens-là? demanda Chamillard à d'Aygaliers, comme si c'était la première fois qu'il en entendît parler; et que pensez-vous qu'il fallût faire pour pacifier les choses?

— Je crois, monseigneur, répondit le baron, qu'il faudrait que Sa Majesté permît à ses sujets le libre exercice de leur religion.

— Comment? rétablir l'exercice de la religion prétendue réformée! s'écria le ministre; gardez-vous bien de parler de cela. Le roi aimerait mieux, je crois, voir tout son royaume bouleversé que de consentir à une pareille chose.

— Monseigneur, répliqua alors le baron, je suis vraiment fâché, dans ce cas, de ne point connaître d'autres moyens que ceux que je vous propose pour calmer des malheurs qui causeront la perte d'une des plus belles provinces du royaume.

— Mais, dit le ministre avec un grand étonnement, voilà, sur mon honneur, une grande obstination! Des gens qui veulent se perdre et entraîner avec eux la ruine de leur pays!... Que ceux qui ne peuvent pas s'accommoder de notre religion prient Dieu chez eux, on ne les ira point troubler, pourvu qu'ils ne fassent point d'assemblées.

— Cela était bon dans le commencement, monseigneur, et je crois que si on n'avait point fait confesser et communier les gens par force, il aurait été facile de les contenir dans une soumission de laquelle ils ne sont sortis que par le désespoir où on les a poussés; mais à présent ils disent qu'il ne suffit pas de prier Dieu chez soi, qu'il faut se marier, baptiser les enfants, les instruire et trépasser, et que tout cela ne peut se faire sans l'exercice de la religion.

— Et où avez-vous vu, demanda Chamillard, qu'on ait fait communier quelqu'un par force?

D'Aygaliers regarda le ministre avec étonnement, et comme pour s'assurer qu'il ne plaisantait pas; mais voyant que sa figure était parfaitement sérieuse :

— Hélas! monseigneur, répondit-il, feu mon père, et ma mère, qui est encore vivante, sont pour moi de funestes exemples que ce sacrilége a été commis.

— N'êtes-vous donc point catholique? demanda Chamillard.

— Non, monseigneur, répondit d'Aygaliers.

— Mais alors comment avez-vous fait pour revenir dans le royaume?

— Pour vous faire là-dessus une confession sincère, monseigneur, je dois vous dire que j'étais venu dans le dessein de faire sortir ma mère, mais qu'elle n'a pu se résoudre à cela, à cause de beaucoup de difficultés qu'il lui eût fallu surmonter, et qu'elle employa tous nos parents pour me faire rester. Alors, je cédai à la persécution qu'ils me firent, mais à la condition que je ne serais pas tourmenté à l'endroit de ma croyance. Pour arriver à ce but, un prêtre de leurs amis dit que j'avais changé, et je les laissai dire; et en cela, monseigneur, je fis fort mal et je m'en repens. J'ajouterai cependant que toutes les fois qu'on m'a fait la question que Votre Excellence vient de me faire, j'ai répondu avec la même sincérité.

Le ministre ne témoigna aucun chagrin au baron sur sa franchise; seulement il lui dit, en prenant congé de lui, qu'il fallait qu'il trouvât un moyen pour faire sortir du royaume ceux qui ne voulaient pas se soumettre aux ordres de Sa Majesté sur la religion. D'Aygaliers répondit à cela qu'il y avait beaucoup pensé sans en trouver jamais, et que cependant il y penserait encore. Puis il se retira.

Quelques jours après, le ministre fit prévenir d'Aygaliers que le roi daignait lui accorder une audience de congé. Voici comment le baron raconte lui-même cette seconde entrevue :

« — Sa Majesté, dit-il, me fit appeler dans la chambre du conseil, où elle me fit de nouveau la grâce de me dire, en présence de tous les ministres, qu'elle était très-contente de mes services, et qu'il n'y avait qu'une seule chose qu'elle aurait voulu corriger en moi. Je suppliai Sa Majesté de me dire ce qui pouvait lui déplaire, et que je tâcherais de m'en défaire, au péril de ma vie.

» — C'est de votre religion, me dit le roi, que je veux vous parler. Je souhaiterais que vous fussiez bon catholique, pour avoir lieu de vous accorder des grâces et vous mettre par là à même de continuer à me servir. Sa Majesté, alors, ajouta qu'il fallait me faire instruire, et que je reconnaîtrais un jour qu'elle m'avait procuré un grand bien.

» — Je répondis à Sa Majesté que je m'estimerais heureux de pouvoir témoigner aux dépens de ma vie le zèle dont j'étais pénétré pour le plus grand roi du monde, mais que je me croirais indigne de la moindre de ses faveurs si je l'obtenais par une hypocrisie, comme serait celle de trahir le sentiment de ma conscience; que j'étais obligé à sa bonté royale du soin qu'elle voulait bien prendre pour me procurer mon salut ; que j'avais fait tout ce que j'avais pu pour m'instruire, et même pour étouffer les préjugés de la naissance, qui empêchent souvent les hommes de connaître la vérité ; que j'étais tombé par là dans une espèce d'irréligion, jusqu'à ce que Dieu, ayant pitié de moi, m'eût fait ouvrir les yeux et sortir de cet état déplorable, pour connaître que la religion dans laquelle je suis né était bonne. — Et je puis assurer Votre Majesté, ajoutai-je, que plusieurs évêques du Languedoc, qui devaient, ce me semble, travailler à nous faire catholiques, sont les instruments dont la Providence s'est servie pour nous empêcher de le devenir; car, au lieu de nous attirer par la douceur et les bons exemples, ils n'ont cessé, par toutes sortes de persécutions, de nous faire connaître que Dieu voulait punir notre lâcheté d'avoir abandonné une religion que nous croyions bonne, en nous livrant à des pasteurs qui, bien loin de travailler à nous procurer le salut, mettaient toute leur application à nous pousser dans le désespoir.

» A cela le roi plia les épaules et me dit : — Cela suffit, n'en parlez plus. — Je lui demandai sa bénédiction, comme à mon roi et au père de tous ses sujets. Le roi se mit à rire et me dit que M. de Chamillard me donnerait ses ordres. »

En vertu de cette invitation, d'Aygaliers se rendit le lendemain à la maison de campagne du ministre, où celui-ci lui avait dit d'aller le trouver; alors Chamillard lui annonça que le roi lui avait accordé une pension de huit cents livres. Le baron lui fit observer que, n'ayant point travaillé pour de l'argent, il avait espéré une meilleure récompense, et que tout ce qu'il demandait sous ce rapport était le remboursement pur et simple de trois ou quatre cents pistoles qu'il avait dépensées dans toutes ces allées et venues; mais Chamillard lui répondit que le roi était habitué qu'on acceptât avec reconnaissance tout ce qu'il offrait, et quelque chose qu'il offrît. Il n'y avait rien à dire à cela ; aussi d'Aygaliers repartit-il le même soir pour le Languedoc.

Trois mois après, il recevait de Chamillard l'ordre de sortir du royaume, avec promesse d'une pension de quatre cents écus, dont on lui paya le premier quartier d'avance. Comme il n'y avait pas moyen de faire autrement que d'obéir, il partit, accompagné de trente-trois hommes, avec lesquels il arriva à Genève le 23 septembre; mais une fois arrivé là, le roi Louis XIV pensa que sa magnificence avait assez fait, et se crut quitte avec lui; il en résulta que d'Aygaliers attendit en vain pendant un an le second quartier de sa pension.

Au bout de ce temps, ses lettres à Chamillard restant sans réponse, et se trouvant sans ressources en pays étranger, il se crut en droit de revenir à sa terre d'Aygaliers, et rentra en France. Malheureusement le prévôt des marchands de Lyon, informé de son passage dans cette ville, le fit arrêter, et donna avis de son arrestation au roi, qui ordonna qu'il fût conduit au château de Loches. Au bout d'un an de détention, d'Aygaliers, qui à cette époque était âgé de trente-cinq ans à peine, résolut de faire tout ce qu'il lui serait possible pour s'évader, préférant mourir dans cette tentative que de vivre dans une captivité dont il ne prévoyait pas la fin. En conséquence, il parvint à se procurer une lime, scia un des barreaux de sa prison, et descendit avec les draps de son lit, au bout desquels il avait attaché le barreau, dont, une fois à terre, il comptait se faire une arme. En effet, une sentinelle, qui était à portée, ayant crié : *qui vive?* d'Aygaliers l'assomma d'un coup de ce barreau de fer. Mais le cri qu'elle avait poussé avait donné l'alerte : une seconde sentinelle vit un homme qui fuyait, fit feu sur lui et le tua.

Telle fut la récompense qu'obtint le dévouement patriotique du baron d'Aygaliers.

Cependant la troupe de Roland s'était extrêmement grossie par la jonction de celle de Cavalier ; de sorte qu'il avait à peu près huit cents hommes sous ses ordres. D'un autre côté, un autre chef, nommé Joanny, en avait quatre cents. La Rose, à qui Castanet avait remis son commandement, en avait une de trois cents : Boizeau de Rochegude en avait une de cent, Saltet de Soustel une de deux cents, Louis Coste une de cinquante, et Catinat une de quarante ; si bien que, malgré la victoire de Montrevel et les négociations de M. de Villars, les camisards présentaient encore un effectif de dix-huit cent quatre-vingt-dix hommes, sans compter les coureurs isolés qui travaillaient pour leur propre compte, sans reconnaître aucun commandement, mais qui, peut-être, n'en faisaient que plus de mal. Toutes ces troupes, au reste, moins celles qui, comme nous l'avons dit, faisaient une guerre individuelle, obéissaient à Roland, qui avait été reconnu généralissime depuis la défection de Cavalier. M. de Villars pensa donc que, si l'on détachait Roland comme on avait fait de Cavalier, toutes choses alors deviendraient plus faciles.

Aussi tout avait-il été mis en œuvre pour gagner Roland, promesses et menaces, et quand un moyen avait échoué, on recourait aussitôt à un autre. Un instant on eut quelque espérance de le ramener, grâce à un nommé Jourdan de Mianet, son grand ami, qui s'était offert pour intermédiaire ; mais il échoua comme les autres, et Roland répondit par un refus si positif, que l'on vit qu'il fallait recourir à d'autres voies qu'à celles de la persuasion. La tête de Roland avait été mise à prix à cent louis; on doubla la somme.

Trois jours après, un jeune homme d'Uzès, nommé Malarte, qui avait toute la confiance de Roland, écrivit à M. de Paratte que le général des camisards, avec sept ou huit de ses officiers, devait aller coucher au château de Castelnau le 14 août au soir.

De Paratte fit aussitôt toutes ses dispositions, et commanda à Lacoste-Badié, commandant du second bataillon de Charolais, à deux compagnies de dragons de Saint-Sernin, et à tout ce qu'il y avait d'officiers bien montés à Uzès, de se tenir prêts à huit heures du soir pour une expédition dont il ne leur dit pas le but. A huit heures seulement ils surent donc ce qu'ils avaient à faire, et se mirent en route avec tant de diligence, qu'une heure après ils étaient en vue du château de Castelnau, et qu'ils furent obligés de s'arrêter et de se cacher, craignant d'être arrivés trop tôt, et que Roland ne fût pas encore couché.

Ils avaient tort de craindre : le chef des camisards, habitué à compter sur tous ses hommes comme sur lui-même, s'était couché sans défiance, se reposant sur la vigilance d'un de ses officiers nommé Grimaud, qui se plaça en sentinelle au haut du château. Mais conduits par Malarte, Lacoste-Badié et ses dragons prirent un petit sentier qui leur permit d'atteindre, presque à couvert, le pied des murailles; de sorte que, lorsque Grimaud les aperçut, il était déjà trop tard, et le château était investi de tous côtés. Aussitôt il tira un coup de fusil, et cria : Aux armes! Roland, réveillé à la fois par le cri et par le coup, sauta en bas de son lit, prit d'une main ses habits, et de l'autre son sabre, et courut aux écuries. A la porte de sa chambre il trouva Grimaud qui, au lieu de songer à sa sûreté, venait veiller sur celle de son chef. Ils coururent aux écuries pour prendre leurs chevaux; mais déjà trois des leurs, nommés Marchaud, Bourdalie et Bayos, plus diligents qu'eux, s'étaient emparés des meilleurs, et, sautant sur eux à poil nu, s'étaient élancés par la grande porte avant que les dragons s'en fussent emparés. Les autres chevaux étant les plus mauvais et devant être facilement rejoints par ceux des dragons, Roland ne voulut pas renoncer aux chances que pouvait lui offrir une fuite à pied, dans laquelle il ne serait pas obligé de suivre les chemins trayés, et pourrait, au contraire, se faire une retraite de chaque ravin, un abri de chaque buisson. En conséquence, il courut avec les cinq officiers qui lui restaient vers une petite porte de derrière qui donnait sur la campagne; mais comme, outre les dragons qui entraient par la grande porte, il y avait encore une ceinture de troupes autour du château, il tombèrent dans une embuscade et se virent aussitôt entourés. Alors Roland jeta ceux de ses habits dont il n'avait pas encore eu le temps de se vêtir, s'adossa à un arbre, tira son sabre, et défia le plus hardi, qu'il fût officier ou soldat, de le venir prendre. En effet, il y avait un tel caractère de résolution répandu sur le visage de cet homme, qui, seul et à moitié nu, portait un défi à tous, qu'il y eut un moment d'hésitation, pendant lequel, effectivement, personne n'osa s'approcher de lui. Mais au milieu de ce silence un coup de fusil retentit; le bras que Roland tenait étendu contre ses adversaires retomba près de lui; le sabre dont il les menaçait s'échappa de sa main; ses genoux faiblirent; le corps, soutenu par l'appui que lui offrait l'arbre contre lequel il était adossé, demeura un instant encore debout, s'affaissant graduellement sur lui-même. Alors, rassemblant toutes ses forces, Roland leva ses deux mains au ciel, comme pour appeler la vengeance de Dieu sur ses meurtriers, mais sans pouvoir prononcer une seule parole; puis il tomba mort.

Un dragon, nommé Soubeyrand, venait de lui passer une balle à travers la poitrine.

Maillie, Grimaud, Coutereau, Guérin et Ressal, c'est-à-dire les cinq officiers camisards, ne virent pas plutôt leur chef mort, que, sans penser à faire une plus longue résistance, ils se laissèrent prendre comme des enfants.

Le corps de Roland fut enlevé mort et porté en triomphe à Uzès, et de là à Nîmes, où le procès fut fait comme s'il était vivant. En conséquence, le cadavre fut condamné à être traîné sur la claie et ensuite à être brûlé. L'exécution se fit donc avec tout cet appareil qui éternise pour les uns le souvenir du châtiment, et pour les autres celui du martyre ; puis ses cendres furent jetées au vent.

Le supplice des cinq officiers suivit de près celui de leur chef; ils furent condamnés à la roue et exécutés tous ensemble. Mais leur mort, au lieu d'être pour les religionnaires un motif de terreur, leur fut une cause d'encouragement ; car, dit un témoin oculaire, ils souffrirent le supplice avec une constance et même une gaieté qui surprirent tout le monde, et surtout ceux-là qui n'avaient pas encore vu mourir des camisards.

Malarte reçut fidèlement les deux cents louis qui lui avaient été promis. Aujourd'hui encore, dans le pays, son nom équivaut à celui de Judas.

Mais les jours de fortune étaient finis pour les camisards. Cavalier avait emporté avec lui le génie, et Roland la foi. Le jour même de la mort de ce dernier, un des magasins avait été pris du côté de Toiras, et on y avait trouvé plus de quatre-vingts sacs de blé. Le lendemain, Catinat, caché avec douze hommes dans une vigne de la Vaunage, avait été surpris par un détachement du Soissonnais ; dix de ses gens avaient été tués, le onzième fait prisonnier, et lui-même ne s'était échappé qu'à grand'peine et avec une blessure. Le 25 du même mois, une caverne, qui servait de magasin aux rebelles, avait été découverte du côté de Sauve, et on y avait trouvé cent cinquante sacs du plus beau froment. Enfin, le chevalier de Froulay s'était rendu maître d'une troisième cachette du côté de Mialet; celle-là servait en même temps d'hôpital ; de sorte que, outre dix bœufs salés, du vin et de la farine, il y trouva encore six camisards blessés, qui furent fusillés à l'instant même.

La seule troupe qui restât bien entière était donc celle de Ravanel ; mais, comme, depuis le départ de Cavalier, rien n'avait réussi à son lieutenant, et qu'il voyait les autres troupes accablées par des échecs successifs, il décréta un jeûne solennel, pour intéresser Dieu à la cause des religionnaires. En conséquence, le samedi 13 septembre, il se rendit avec toute sa troupe dans le bois de Saint-Benazet, et pour y passer la journée du lendemain en prières. Malheureusement la trahison était devenue contagieuse. Deux paysans qui connaissaient cette résolution en donnèrent avis à M. Lenoir, maire du Vigan ; celui-ci en informa aussitôt le maréchal et M. de Baville qui étaient à Anduze.

Rien ne pouvait être plus agréable au maréchal qu'une nouvelle de cette importance ; aussi prit-il aussitôt toutes ses mesures pour en finir d'un seul coup avec les rebelles. Il ordonna à M. de Courten, colonel-brigadier qui commandait à Alais, de prendre un détachement des troupes qui étaient sous ses ordres, et d'aller border le Gardon entre Ners et Castagnols, point probable que choisiraient pour leur retraite les camisards lorsqu'ils se verraient poussés par un autre corps de troupes qui viendrait du côté opposé ; cet autre corps fut tiré d'Anduze, et se rendit dans la nuit aux environs de Dommersargues. Les deux détachements faisaient ensemble une petite armée, se composant d'un bataillon suisse, d'un bataillon du régiment de Hainault, d'un bataillon du régiment de Charolais, et de quatre compagnies de dragons de Fimarçon et de Saint-Sernin.

Tout s'était passé comme les deux paysans l'avaient déclaré. Le samedi 13, les camisards étaient entrés dans les bois de Saint-Benazet : et, pendant la nuit du samedi au dimanche, ils y avaient été enveloppés.

A la pointe du jour, le détachement des troupes royales, qui avait pris du côté de Dommersargues, commença d'agir. Les sentinelles avancées des camisards s'aperçurent bientôt du mouvement, et en donnèrent avis à Ravanel ; celui-ci assembla aussitôt son petit conseil de guerre. Les avis furent unanimes pour la retraite : on se retira donc du côté de Ners, afin d'aller passer le Gardon au-dessous de cette ville : c'était justement ce qu'avait prévu M. de Villars. Il était impossible que les rebelles secondassent mieux ses intentions; ils donnaient droit dans l'embuscade.

En effet, ils ne furent pas plutôt hors du bois de Saint-Benazet, qu'ils aperçurent, entre Marvejols et un moulin appelé le Moulin du Pont, un détachement de troupes royales qui les attendaient. Voyant que le passage était barré de ce côté, ils firent un à-gauche et suivirent une ravine qui longeait les bords du Gardon jusques au-dessous de Marvejols, où ils passèrent la rivière.

Ils croyaient, grâce à cette manœuvre, être à l'abri de tout danger, lorsqu'ils aperçurent, proche d'un moulin appelé le Moulin de la Scie, un autre détachement couché sur le gazon. A cette vue, les camisards s'arrêtèrent une seconde fois, et, croyant n'avoir point été découverts, reculèrent à petits pas et allèrent repasser le Gardon au-dessous de Castagnols, pour gagner du côté de Cardet; mais ils n'étaient sortis d'un piége que pour tomber dans un autre ; car de ce côté ils trouvèrent les dragons et le bataillon de Hainault, qui commencèrent à fondre sur eux. Alors quelques-uns de ces malheureux, ralliés à la voix de Ravanel et des autres officiers, essayèrent de s'opposer à la confusion générale, et se mirent en mesure de se défendre; mais le danger était si pressant, les ennemis si nombreux, le cercle qu'ils formaient se rétrécissait si rapidement, que l'exemple même fut sans influence sur eux, et que tous, prenant la fuite, se dispersèrent au hasard, chacun oubliant la sûreté de tous pour ne songer qu'à la sienne.

Alors ce ne fut plus un combat, ce ne fut plus même une déroute, ce fut une boucherie; car les royaux étaient un contre dix ; et parmi ceux à qui ils avaient affaire, à peine soixante étaient-ils armés de fusils, les autres, depuis la perte successive de leurs différents magasins, n'ayant d'autres armes que de mauvais sabres, des fourches et des baïonnettes au bout de bâtons. Aussi presque tous périrent-ils, et Ravanel lui-même n'échappa qu'en se jetant dans le Gardon, en se cachant entre deux roches, et ne sortant sa tête de l'eau que pour respirer. Il resta ainsi sept heures. Enfin la nuit vint, et les dragons s'étant éloignés, il put enfin fuir à son tour.

Ce fut la dernière lutte armée de cette guerre, qui avait duré quatre ans. Avec Cavalier et Roland, ces deux géants des Cévennes, toute la puissance des rebelles avait disparu. Aussi, dès que le bruit de cette nouvelle défaite se fut répandu, convaincus que l'esprit du Seigneur n'était plus en eux, chefs et soldats commencèrent à se rendre. Le premier qui avait donné l'exemple était Castanet. Dès le 6 septembre, c'est-à-dire huit jours avant la défaite de Ravanel, il s'était rendu au maréchal. Le 19, Catinat et François Souvayre, son lieutenant, l'imitèrent; le 22, ce fut Amet frère de Roland; le 4 octobre, ce fut Joanny; le 9, ce fut Laroze, Valette, Salomon, Laforêt, Moulières, Salles, Abraham et Marion; le 20, ce fut Fidèle; enfin le 25, ce fut de Rochegude.

Chacun d'eux fit son traité particulier, et le fit aux meilleures conditions possibles. En général, on leur donna à tous des récompenses, aux uns plus, aux autres moins; les plus modiques étaient de deux cents livres. Puis on donnait à ceux qui avaient fait ainsi leur soumission des passeports pour sortir du royaume, et on les faisait conduire, sous escorte et aux dépens du roi, jusqu'à Genève. Au reste, voici comment Élie Marion raconte son traité avec le marquis de Lalande; selon toutes les probabilités, les autres étaient sur des bases sinon pareilles du moins équivalentes :

« Je fus député, dit-il, pour capituler avec ce lieutenant-général; je traitai avec lui pour ma troupe, pour celle du chef Laroze et pour les habitants de trente-cinq paroisses qui avaient contribué à notre subsistance pendant la guerre. En vertu de ce traité, tous les prisonniers de nos cantons devaient être mis en liberté, et rentrer comme les autres dans la possession de leurs biens. Les habitants des paroisses que les ennemis avaient brûlées devaient être exempts de taille pendant trois ans, et ni les uns ni les autres ne devaient plus être inquiétés pour le passé ni molestés sur le chapitre de la religion; mais il leur devait être permis de servir Dieu dans leurs maisons, selon les mouvements de leurs consciences. »

Au reste, ces traités furent tenus avec tant de ponctualité, que Laroze, le jour même de sa soumission, c'est-à-dire le 9 octobre, alla ouvrir lui-même la porte du château de Saint-Hippolyte, qui renfermait près de quarante prisonniers.

Comme nous l'avons dit, à mesure qu'ils se rendaient, les religionnaires étaient acheminés sur Genève. D'Aygaliers, pour lequel nous avons anticipé sur les événements, y était arrivé, le 23 septembre, avec le frère aîné de Cavalier, Malplach, secrétaire de Roland, et trente-six camisards. Catinat et Castanet y arrivèrent le 8 octobre avec vingt-deux personnes; enfin Laroze, Laforêt, Salomon, Moulière, Salles, Abraham Marion et Fidèle, conduits par M. de Pradines et quatorze dragons de Fimarçon, y arrivèrent au mois de novembre.

Il ne restait donc plus de tous ces chefs qui avaient fait pendant quatre ans du Languedoc une vaste arène, que le seul Ravanel, qui n'avait ni voulu se rendre ni tenter de s'éloigner. Aussi, le 8 octobre, le maréchal rendit une ordonnance par laquelle il le déclarait déchu de la grâce de prétendre à aucune amnistie, promettait à ceux qui l'amèneraient vivant la somme de cent cinquante louis, et à celui qui le tuerait où l'amènerait mort, celle de deux mille quatre cents livres; quant aux bourgs ou villages qui lui donneraient retraite, ils seraient brûlés, et les habitants passés au fil de l'épée.

La révolte paraissait donc éteinte et le calme rétabli. En conséquence, le maréchal fut rappelé à la cour, et partit le 6 janvier de Nîmes. Avant son départ, il tint les états, dont il reçut non-seulement les éloges qu'il méritait à cause de sa conduite si intelligemment tour à tour indulgente et sévère, mais encore un présent de douze mille livres. Madame la maréchale, de son côté, en reçut un de huit mille. Mais ce n'était que le prélude des grâces qui l'attendaient : le roi le nomma, le jour même de son retour à Paris, chevalier de ses ordres et duc; et l'ayant reçu le lendemain : — Monsieur, lui dit-il, vos services passés me donnent de grandes espérances de ceux que vous pouvez me rendre à l'avenir, et les affaires du royaume en iraient beaucoup mieux si j'avais plusieurs Villars à employer; mais n'en ayant qu'un, je ne puis l'envoyer qu'aux endroits les plus nécessaires : c'est pourquoi je vous avais envoyé en Languedoc. Vous y avez remis la tranquillité parmi mes sujets; il faut à présent les aller défendre contre mes ennemis. Vous irez commander l'armée que j'aurai sur la Moselle la campagne prochaine.

M. le duc de Berwick arriva le 17 mars à Montpellier pour remplacer le maréchal de Villars. Son premier soin fut de s'informer auprès de M. de Baville de l'état des choses. M. de

Baville lui répondit alors qu'elles étaient loin d'être aussi calmes au fond qu'elles l'étaient à la surface. En effet, les Anglais et les Hollandais, qui avaient besoin qu'une guerre intestine rongeât la France, afin qu'elle tournât contre elle-même ses propres forces, ne cessaient de faire des tentatives de toutes façons auprès des exilés pour qu'ils retournassent dans leur patrie, leur promettant cette fois de les seconder par des débarquements de munitions, de fusils et d'hommes; si bien que l'on disait que quelques-uns étaient déjà partis dans ce dessein. De ce nombre, assurait-on, était Castanet.

En effet, cet ancien chef des rebelles, se lassant de son inaction, était parti de Genève vers la fin de février; il était heureusement arrivé dans le Vivarais, et, ayant tenu une assemblée de religion dans une caverne du côté de la Gorée, avait rallié à lui les nommés Valette de Vals et Boyer de Valon; mais, au moment où tous trois se proposaient de pénétrer dans les Cévennes, ils furent dénoncés par des paysans à un officier suisse nommé Muller, qui commandait un détachement dans un petit village nommé Rivière. Aussitôt Muller monta à cheval, et, guidé par les dénonciateurs, pénétra dans un petit bois qui leur servait d'asile, tombant sur eux au moment où ils s'y attendaient le moins. Boyer fut tué en fuyant. Castanet fut arrêté sur la place et conduit à la prison la plus prochaine, où le rejoignit le lendemain, au point du jour, Valette, qui avait été livré par des paysans auxquels il avait demandé l'hospitalité.

Le premier châtiment de Castanet fut d'être forcé, pendant toute la route depuis la Gorée jusqu'à Montpellier, de porter à la main la tête de Boyer. Il s'y était d'abord refusé avec énergie; mais on la lui avait liée par les cheveux autour du poignet; alors il l'avait embrassée sur les deux joues et avait fait un acte de religion de son supplice, lui adressant ses prières, comme il eût fait devant les reliques d'un martyr.

Arrivé à Montpellier, Castanet fut interrogé, et répondit d'abord aux interrogatoires : « qu'il n'avait aucun mauvais dessein, et qu'il n'était revenu dans le pays que parce qu'il n'avait pas de quoi vivre à Genève. » Mais, soumis à la torture, ses douleurs furent poussées à un tel point, que, malgré son courage et sa constance, il fut forcé d'avouer « qu'il y avait un dessein formé de faire entrer dans les Cévennes, par le Dauphiné ou par la mer, une troupe de religionnaires, avec des officiers pour les commander, et qu'en attendant ce secours, on avait envoyé par avance des émissaires pour disposer les esprits à la révolte; qu'il était lui-même un de ces envoyés; que Catinat devait être déjà de retour dans le Languedoc ou dans le Vivarais pour le même dessein, avec beaucoup d'argent que les étrangers lui avaient donné pour distribuer, et que plusieurs autres encore des plus importants devaient le suivre. »

Castanet fut condamné à être rompu vif. Au moment de marcher à l'exécution, l'abbé Tremondy, curé de Notre-Dame, et l'abbé Plomet, chanoine de l'église cathédrale, vinrent le trouver dans sa prison, afin de tenter un dernier effort pour le convertir; mais il ne voulut pas même leur répondre. Ils prirent aussitôt les devants, et allèrent l'attendre sur l'échafaud. Alors, leur vue parut inspirer à Castanet plus d'horreur encore que les instruments de son supplice; et tandis qu'il appelait le bourreau frère, il s'écria en s'adressant aux deux prêtres : — Retirez-vous, sauterelles, du puits de l'abîme : que venez-vous faire ici, maudits tentateurs? Je veux mourir dans la religion où je suis né. Laissez-moi, hypocrites, laissez-moi. — Mais les deux abbés tinrent bon, et Castanet expira en maudissant, non pas la roue, non pas le bourreau, mais les deux prêtres qui au moment de la mort détournaient, par leur présence, son esprit des choses qui eussent dû l'occuper.

Valette fut condamné à être pendu et exécuté le même jour que Castanet.

Malgré les révélations de Castanet, qui avaient eu lieu dans le courant de mars, près d'un mois se passa sans qu'on entendît parler de nouvelles menées ou d'un soulèvement quelconque. Mais le 17 avril, vers sept heures du soir, M. de Baville eut avis qu'il y avait à Montpellier quelques camisards revenus depuis peu des pays étrangers, sans qu'on pût lui dire cependant la maison où ils étaient cachés. Il communiqua cette nouvelle au duc de Berwick, et tous deux ordonnèrent aussitôt de faire fouiller certaines maisons dont ils soupçonnaient les maîtres capables de donner retraite aux mécontents.

A minuit on disposa les forces qu'on put réunir en douze détachements composés d'archers et de soldats, à la tête desquels on mit des gens sûrs. Le lieutenant du roi, Dumayne, leur assigna à chacun les quartiers qu'ils devaient visiter, et ils partirent tous à la fois de l'hôtel de ville à minuit et demi, marchant en silence et se divisant sur des signes que leur faisaient leurs chefs, tant était pressante la recommandation d'éviter tout bruit.

D'abord les perquisitions furent infructueuses, et ils fouillèrent plusieurs maisons inutilement; mais enfin Jausserand, prévôt diocésain, étant entré avec Villa, capitaine de bourgeoisie, dans une de celles qu'ils avaient eues en partage, ils trouvèrent trois hommes couchés à terre sur des matelas. Le prévôt les éveilla, leur demanda qui ils étaient, d'où ils venaient, et ce qu'il faisaient à Montpellier; et, comme, à peine éveillés, ils ne purent répondre sans quelque hésitation, il leur commanda de s'habiller promptement et de le suivre.

L'un de ces trois hommes était *Flessière*, déserteur du régiment de Finaïçon, lequel était principalement chargé du secret du complot; un autre était *Gaillard*, dit Lallemand, qui avait été soldat dans le régiment de Hainault, et le troisième *Jean-Louis*, surnommé le Génevois, qui avait déserté du régiment de Courten.

Flessière, qui était le chef, jugea alors que ce serait une grande honte pour lui que de se laisser prendre ainsi sans résistance. Il fit donc semblant d'obéir au prévôt; mais en prenant ses habits, qui étaient sur un coffre, il glissa ses mains dessous, saisit deux pistolets et les arma. Au bruit que firent les ressorts, le prévôt se douta de ce qui allait se passer, et se précipitant sur Flessière, il le saisit par derrière et à bras le corps. Alors celui ci, ne pouvant se tourner, renversa son bras en arrière, et lui tira par-dessus l'épaule un coup de pistolet qui lui brûla les cheveux seulement, et blessa à la main le valet du capitaine de bourgeoisie, qui portait le fanal. Mais alors, et comme il faisait effort pour lui lâcher le second coup, Jausseraud, d'une main, lui saisit au-dessus du poignet le bras dont il tenait le pistolet, et de l'autre main lui fit sauter la cervelle.

Tandis que Jausserand et Flessière étaient aux prises, Gaillard s'était jeté sur Vila, qu'il tenait étroitement embrassé, et qu'à défaut d'armes il poussait vers la muraille, afin de lui briser la tête contre le mur; mais au coup de pistolet de Flessière, ayant vu la lumière du fanal que le valet de Vila blessé à la main avait laissée tomber à terre presque éteinte, il espéra pouvoir fuir à l'aide de l'obscurité, et abandonnant tout à coup son antagoniste, il s'élança vers la porte. Malheureusement pour lui, aux deux issues qui répondaient aux deux rues, on avait posté des soldats et des archers, de sorte que bien qu'il eût par surprise franchi une de ces portes sans être arrêté, les gardes, apercevant un homme à moitié nu et fuyant à toutes jambes, coururent après lui, lui tirèrent quelques coups de fusil, dont l'un d'eux, quoiqu'en le blessant légèrement, suffit néanmoins pour ralentir sa course, au point qu'ils le rejoignirent et l'arrêtèrent. Il fut aussitôt conduit à l'hôtel de ville, où le cadavre de Flessière était déjà apporté.

Quant au Génevois Jean-Louis, il avait eu le bonheur, pendant la double lutte que nous venons de raconter, de se glisser inaperçu jusqu'à une fenêtre qu'il avait ouverte et de laquelle il avait sauté dans la rue, de sorte qu'ayant pu tourner de suite à l'angle de la maison, il avait disparu comme une ombre aux yeux des archers et des soldats qui gardaient la porte. Il erra longtemps de rues en rues et de carrefours en carrefours; et le hasard l'ayant conduit du côté de la Poissonnière, il aperçut contre une borne un mendiant qui dormait. Il éveilla aussitôt cet homme, et lui proposa de changer d'habits avec lui. Comme ses vêtements étaient neufs et que ce mendiant, au contraire, était couvert de haillons, celui-ci crut qu'il se moquait de lui; mais comme Jean-Louis insistait, il vit bien qu'il parlait sérieusement. L'échange fut fait aussitôt, et les deux troqueurs se séparèrent enchantés l'un de l'autre. Jean-Louis s'avança vers l'une des portes de la ville, afin de pouvoir en sortir aussitôt qu'on l'ouvrirait, et le mendiant, de son côté, se hâta de s'éloigner de l'inconnu qui l'avait si bien habillé, de crainte que le repentir ne suivît l'échange de trop près.

Mais toutes les aventures de cette nuit étaient loin d'être terminées. Le mendiant fut arrêté sous l'habit du Génevois, parce que l'habit fut reconnu, et on le conduisit à l'hôtel de ville, où l'on vit bien qu'il y avait méprise. De son côté, comme le Génevois suivait une rue sombre dans laquelle il était perdu, il vit venir à lui trois hommes dont l'un portait une lanterne; alors il s'approcha d'eux pour profiter de la lumière, mais justement celui qui portait le fanal était le valet de Vila, qui avait été blessé par Flessière et qui allait se faire panser. Alors le Génevois voulut se retirer, mais il était déjà trop tard : le valet l'avait reconnu. Le Génevois essaya de fuir, mais il fut bientôt rejoint par le blessé, qui, tout blessé qu'il était d'une main, l'arrêta de l'autre avec tant de vigueur et en criant si fort : « A l'aide ! » que les deux hommes qui l'accompagnaient accoururent à leur tour et se saisirent de lui. On le conduisit aussitôt à l'hôtel de ville, où il trouva le duc de Berwick et M. de Baville, qui attendaient les résultats de cette échauffourée.

A peine le prisonnier fut-il en leur présence, que, se croyant déjà pendu, ce qui lui était bien permis, au reste, vu la promptitude merveilleuse des exécutions de cette époque, il se jeta à genoux, avoua qui il était, et les raisons qui l'avaient fait s'engager avec les fanatiques; puis il ajouta que, comme il n'avait pas adopté ce parti par conscience, mais par force, si on voulait lui accorder la vie, il déclarerait des choses de la dernière conséquence, et qui donneraient moyen de faire arrêter les principaux conjurés.

La proposition était trop belle, et la vie de celui qui la faisait était de trop peu d'importance pour que MM. de Berwick et de Baville marchandassent longtemps : le maréchal et l'intendant promirent donc sur leur honneur la vie au Génevois, dans le cas où, comme il le disait, ses révélations auraient une importance réelle. Le marché fut conclu à ces conditions; alors le Génevois déclara :

« Que sur plusieurs lettres venues des pays étrangers, par lesquelles on assurait les malintentionnés de la province d'un grand secours d'hommes et d'argent, il s'y était formé un parti considérable pour y exciter un nouveau soulèvement, que par ces lettres et par divers autres écrits qui avaient été répandus de tous côtés, on leur faisait espérer que M. de Miremont, qui était le dernier prince protestant de la maison de Bourbon, devait amener un secours composé de cinq à six mille hommes, avec lequel il viendrait par mer, et ferait une descente à Aigues-Mortes ou au port de Cette, et que deux mille barbets ou religionnaires viendraient en même temps par le Dauphiné et se joindraient aux troupes de débarquement.

» Que, dans cette espérance, Catinat, Clary et Jonquet avaient quitté Genève, étaient rentrés en France, s'étaient joints à Ravanel, avaient déjà parcouru secrètement les quatre diocèses infectés de fanatisme, y avaient disposé toutes choses, établi des magasins de poudre et de plomb, ainsi que des munitions de guerre et de bouche, et, en outre, enrôlé tous ceux de leur connaissance qui étaient d'âge à porter les armes; de plus, ils avaient fait un état de ce que chaque ville, bourg ou village devait payer en argent ou en nature pour la ligue des Enfants de Dieu, de sorte qu'ils comptaient avoir déjà huit ou dix mille hommes tout prêts à se déclarer au premier signal; il avait, en outre, été résolu que les soulèvements auraient lieu en différents endroits à la fois : on s'était distribué les lieux, et on avait nommé ceux qui devaient agir. A Montpellier, cent des plus déterminés mettraient le feu aux divers quartiers, aux maisons des anciens catholiques, tueraient ceux qui courraient pour l'éteindre, et, avec le secours des religionnaires, égorgeraient la garnison, se saisiraient de la citadelle et enlèveraient M. le duc de Berwick et M. de Baville; à Nîmes, à Uzès, à Alais, à Anduze, à Saint-Hippolyte et à Sommières on devait faire la même chose; enfin, il y avait déjà près de trois mois que l'on travaillait à cette conspiration, et les conjurés, pour n'être pas découverts, ne s'étaient adressés qu'à ceux qu'ils savaient être disposés à les seconder; si bien qu'ils n'avaient révélé leur secret à aucune femme, ni à personne qui leur fût suspect; mais, au contraire, avaient réglé toutes choses en petites assemblées, tenues la nuit dans certaines maisons de campagne, où l'on n'était introduit que sur le mot du guet; enfin, on avait pris le 25 du mois d'avril pour le soulèvement général et l'exécution spontanée de tout ce qui avait été convenu. »

Comme on voit, le danger était pressant, puisqu'il ne restait plus que six jours entre celui où la révélation était faite et celui où devait éclater le complot; aussi demandèrent-ils au Génevois, en lui renouvelant la promesse qu'ils lui avaient faite de lui donner la vie sauve, quel moyen il croyait qu'ils dussent prendre pour arrêter les principaux chefs dans le plus court délai possible. Celui-ci leur répondit alors qu'il n'en voyait pas d'autre que de le conduire lui-même à Nîmes, où Catinat et Ravanel devaient être dans une maison dont il ignorait le numéro et dans une rue dont il ne savait pas le nom, mais qu'il reconnaîtrait l'une et l'autre si on le faisait promener par la ville; qu'au reste, si ce conseil était adopté, il n'y avait point de temps à perdre pour le suivre, attendu que Ravanel et Catinat ne devaient rester à Nîmes que jusqu'au 20 ou jusqu'au 21 au plus tard, et que par conséquent, si on différait d'y aller, on ne les y trouverait plus.

Le conseil était bon : aussi le maréchal et l'intendant s'empressèrent-ils de le suivre. On envoya le prisonnier à Nîmes, mené par six archers, sous la conduite de Barnier, lieutenant du prévôt, homme de confiance, de main et de tête, auquel on donna des lettres pour le marquis de Sandricourt.

Dès le premier soir que le Génevois fut arrivé à Nîmes, c'est-à-dire dans la nuit du 19 au 20, on le fit promener par toute la ville; ainsi qu'il l'avait promis, il indiqua plusieurs maisons dans le quartier de Sainte-Eugénie. Aussitôt Sandricourt ordonna aux officiers de la garnison et à ceux du régiment de Courten et de la bourgeoisie de faire mettre sous les armes tous les soldats, de les répandre sans bruit dans la ville, et de faire investir principalement le quartier de Sainte-Eugénie.

A dix heures du soir, le marquis de Sandricourt, voyant que ses instructions étaient ponctuellement exécutées, ordonna à M. de l'Estrade, à Barnier, à Joseph Martin, à Eusèbe, au major des Suisses et à quelques autres officiers, suivis de dix soldats choisis, de se rendre chez le nommé Alison, marchand de soie, dont la maison avait été plus particulièrement désignée par le prisonnier : ceux-ci obéirent aussitôt; mais trouvant la porte ouverte, ils crurent d'abord qu'il y avait peu d'apparence que les chefs d'une conspiration fussent dans un logis dont les abords étaient si mal gardés. Néanmoins, voulant accomplir les instructions reçues, ils se glissèrent doucement jusque dans l'intérieur d'un vestibule, situé au rez-de-chaussée. Après un moment d'attente passé dans le silence et dans l'obscurité, ils entendirent des gens qui parlaient assez haut dans une chambre voisine, et, prêtant l'oreille avec intention, ils entendirent distinctement un homme qui disait : « C'est une chose sûre, que dans moins de trois semaines le roi ne sera plus maître du Dauphiné, du Vivarais, ni du Languedoc; l'on me cherche partout; je suis dans Nîmes, et je ne crains rien. »

La proposition était trop claire, pour que ceux qui l'entendaient ne fussent pas convaincus qu'ils avaient enfin sous la main quelques-uns de ceux qu'ils cherchaient. Ils coururent à la porte, elle n'était que poussée, et ils entrèrent tous ensemble, et l'épée à la main; c'étaient en effet Ravanel, Jonquet et Villas qui causaient ensemble, l'un assis à une table, l'autre debout devant la cheminée, et le troisième à demi couché sur un lit.

Jonquet était un jeune homme de Sainte-Chatte, fort estimé parmi les camisards, et qui, si on se le rappelle, avait été un des principaux officiers de la troupe de Cavalier; Villas était le fils d'un médecin de Saint-Hippolyte, jeune, bien fait de sa personne, fort élégant dans son costume, et qui déjà portait l'épée depuis dix ans, ayant servi en Angleterre en qualité de cornette dans le régiment de Galloway. Quant à Ravanel, il est suffisamment connu du lecteur, pour que nous nous étendions autrement sur son compte.

De l'Estrade se jeta sur le premier qui se trouva devant lui, et, sans se servir de son épée, lui donna un violent coup de poing : Ravanel, car c'était lui, fit, tout étourdi, un pas en arrière, et demanda à l'officier quelle était la cause d'une aussi étrange agression; en même temps Barnier s'écria : —

Ne le lâchez point, monsieur de L'Estrade, c'est Ravanel. — Eh bien! oui, je suis Ravanel, dit le camisard; faut-il faire tant de bruit pour cela? — Puis, en prononçant ces paroles, il voulut sauter sur ses armes; mais de L'Estrade et Barnier ne lui en donnèrent pas le temps, et, se jetant sur lui, le renversèrent après une lutte de quatre ou cinq minutes, pendant laquelle on avait également arrêté ses deux compagnons; tous trois furent aussitôt conduits au fort, où on les garda à vue.

Le marquis de Sandricourt fit partir immédiatement un courrier, pour avertir le duc de Berwick et M. de Baville de l'importante capture qu'il venait de faire, et tous deux en eurent une si grande joie, que le lendemain, dans la journée, ils arrivèrent à Nîmes.

Ils trouvèrent toute la population en rumeur; chaque extrémité de rue était gardée par des soldats ayant la baïonnette au bout du fusil, et les portes des maisons et celles de la ville étaient fermées, sans qu'il fût permis à personne d'en sortir sans une permission écrite de Sandricourt. Pendant toute la journée du 20, et pendant toute la nuit du 20 au 21, on arrêta plus de cinquante personnes, parmi lesquelles étaient : Alison, le marchand chez lequel s'étaient retirés Ravanel, Villas et Jonquet; Delacroix, beau-frère d'Alison, qui, ayant entendu le bruit qu'on faisait en arrêtant Ravanel, s'était réfugié sur le toit, où il ne fut découvert que le lendemain; Jean Lauze, accusé d'avoir apprêté le souper de Ravanel; la mère de ce Lauze, qui était veuve; Tourelle, sa servante; l'hôte de la Coupe-d'Or et un prédicant nommé La Jeunesse.

Mais, quelle que fût la joie du maréchal de Berwick, du marquis de Sandricourt et de M. de Baville, elle n'était point complète; car le plus dangereux des rebelles manquait encore : c'était Catinat, dont, quelque chose qu'on eût pu faire, il avait été impossible de découvrir la retraite. Alors, le maréchal de Berwick fit publier une ordonnance par laquelle il promettait de donner cent louis d'or à celui qui livrerait Catinat ou le ferait prendre, déclarant qu'il ferait grâce à celui qui l'aurait retiré, pourvu qu'il le dénonçât avant la perquisition exacte et générale qui allait être faite dans toutes les maisons, mais ajoutant qu'après cela, le maître de celle où il serait trouvé serait pendu sur-le-champ à sa porte, sa famille emprisonnée, ses biens confisqués, et sa maison rasée sans autre forme de procès.

Cette proclamation produisit le résultat qu'en attendait M. de Berwick : en effet, soit que le maître de la maison qui servait d'asile à Catinat se fût laissé intimider par cette publication, et l'eût prié de sortir de chez lui; soit que Catinat lui-même pensât qu'il valait mieux tenter de quitter la ville que d'y demeurer enfermé, il entra un matin dans la boutique d'un barbier, se fit raser, coiffer et accommoder du mieux qu'il lui fut possible et à la manière des gentilshommes, dont il portait l'habit; puis, sortant de chez le frater avec une assurance merveilleuse, il traversa la ville, et, le chapeau enfoncé sur les yeux et un papier à la main, s'achemina vers la porte Saint-Antoine; il était tout près de la franchir, lorsqu'un capitaine de la garde, nommé Charreau, excité par un de ses confrères, qui causait avec lui, et qui, voyant venir Catinat, se douta que cet homme cherchait à fuir, lui barra la porte en lui défendant d'aller plus loin; Catinat lui demanda alors quelle chose il avait à lui dire ou quelle affaire il avait à démêler avec lui; Charreau lui répondit qu'il le lui apprendrait au corps de garde, s'il voulait bien se donner la peine d'y entrer : comme toute explication, en pareille circonstance, était on ne peut plus désagréable à Catinat, il essaya de forcer le chemin; mais Charreau le saisit au collet, l'autre officier qui causait avec lui lui prêta main-forte, et Catinat, voyant que toute résistance non-seulement serait inutile, mais encore pourrait lui nuire, se laissa conduire au corps de garde.

Il y était depuis une heure, sans qu'aucune des personnes qui, attirées par la curiosité, le venaient voir, l'eussent reconnu encore, lorsqu'un des visiteurs, en se retirant, dit que cet homme lui paraissait ressembler fort à Catinat; alors des enfants, qui entendirent ces paroles, se mirent à crier en courant par les rues : « Catinat est pris! Catinat est pris! » Cette nouvelle attira en un instant au corps de garde une foule considérable, et, parmi cette foule, un homme nommé

Anglejas, qui, ayant regardé de plus près le prisonnier, dit qu'il le reconnaissait, et que c'était effectivement Catinat.

A l'instant la garde fut renforcée et le prévenu fouillé. Un livre de psaumes, à fermoir d'argent, et une lettre portant cette adresse : « A M. Maurel, dit Catinat, » que l'on trouva sur lui, ne laissèrent plus aucun doute; d'ailleurs, impatienté de ces investigations, le prévenu, pour les faire finir, avoua qu'il était Catinat lui-même.

Aussitôt Catinat fut conduit sous bonne escorte au palais, où M. de Baville travaillait, avec le présidial, à juger Ravanel, Villas et Jonquet. En apprenant cette nouvelle, l'intendant fut si joyeux, que, ne pouvant pas croire à une capture si importante, il se leva et alla au-devant du prisonnier, pour s'assurer par ses propres yeux que c'était bien Catinat lui-même.

Du palais, Catinat fut conduit chez M. le duc de Berwick, qui lui fit diverses questions auxquelles Catinat répondit; puis, à son tour, le prisonnier dit au maréchal qu'il aurait quelque chose d'important à lui dire en particulier. Le duc ne se souciait pas fort de rester en tête-à-tête avec Catinat; cependant, lui ayant solidement fait lier les mains et ayant ordonné à Sandricourt de ne pas s'éloigner, il consentit à la conversation que demandait le prisonnier.

Resté seul avec le maréchal et Sandricourt, Catinat proposa un échange de sa personne contre celle du maréchal de Tallard, prisonnier de guerre en Angleterre, disant que si on n'y consentait pas, le même traitement qui lui serait fait, à lui Catinat, serait fait à M. de Tallard. M. de Berwick, avec les idées aristocratiques dans lesquelles il était né, trouva la proposition si insolente, qu'il lui répondit aussitôt : « Si tu n'as pas de meilleure proposition à faire, je te promets que dans quelques heures tu ne seras plus de ce monde. »

En conséquence de cette promesse, le maréchal renvoya Catinat au palais, où effectivement son procès fut bientôt terminé. Celui des trois autres était déjà prêt, et il n'y avait plus que le jugement à porter. Catinat et Ravanel, qui étaient les plus coupables, furent condamnés à être brûlés vifs. Quelques conseillers avaient opiné pour que Catinat fût tiré à quatre chevaux; mais la majorité avait opiné pour le feu, attendu que ce supplice *était plus long, plus violent et plus douloureux que le déchirement.*

Villas et Jonquet furent condamnés à être roués vifs, avec cette différence cependant dans leur supplice, que le dernier devait être jeté vivant dans le bûcher de Catinat et de Ravanel. Le jugement portait en outre que chacun des condamnés serait préalablement appliqué à la question ordinaire et extraordinaire. Catinat, dont le caractère était violent, la souffrit avec courage, mais en injuriant ses bourreaux. Ravanel épuisa tous les tourments avec une constance au-dessus de l'humanité, si bien que ce furent les tortureurs qui se lassèrent les premiers. Jonquet parla peu ou révéla des choses insignifiantes. Quant à Villas, il convint que les conjurés avaient formé le dessein d'enlever le maréchal et M. de Baville lorsqu'ils iraient à la promenade, et il ajouta que ce complot avait été formé chez un nommé Boëton de Saint-Laurent d'Aigozre, établi à Milhaud, en Rouergue.

Cependant, toutes ces tortures et tous ces interrogatoires avaient traîné en longueur; de sorte que, lorsque le bûcher et l'échafaud furent dressés, la nuit était si proche que le maréchal remit le supplice au lendemain, ne voulant pas qu'une exécution si importante se fît aux flambeaux, afin, dit Brueys, que les malintentionnés entre les religionnaires ne pussent pas soutenir, comme cela s'était fait quelquefois, que les condamnés qu'on avait menés au supplice n'étaient pas ceux qu'on se vantait d'avoir fait mourir, et que tout le peuple vît bien au grand jour que ceux qu'on exécutait étaient réellement Catinat, Ravanel, Villas et Jonquet. Mais ce qu'il y a de plus probable, c'est que MM. de Berwick et Baville craignirent quelque émeute; et la preuve, c'est qu'au lieu de faire faire l'exécution au lieu ordinaire, ils firent dresser les échafauds et le bûcher au bout du Cours, vis-à-vis du glacis du fort, afin que les soldats de la garnison fussent à portée de donner du secours en cas de soulèvement.

Catinat fut mis dans un cachot séparé, dans lequel on l'entendit maugréer et se plaindre jusqu'au jour. Ravanel, Villas et Jonquet furent laissés ensemble, et passèrent la nuit à chanter des psaumes et à dire des prières.

Le lendemain, qui était le 22 avril 1705, ils furent tirés de leur prison et menés au lieu de l'exécution sur deux charrettes, car ils ne pouvaient marcher, à cause de la question extraordinaire qu'ils avaient subie et qui leur avait brisé les os des jambes. Ils étaient assortis selon le supplice : Catinat avec Ravanel, et Villas avec Jonquet; un seul bûcher était dressé pour Catinat et Ravanel; deux roues attendaient Villas et Jonquet.

On commença par attacher Catinat et Ravanel au même poteau et dos à dos, en ayant soin de placer Catinat du côté par où le vent venait, afin que son supplice durât plus longtemps; puis on alluma le feu du côté de Ravanel.

Comme on l'avait prévu, cette précaution fut on ne peut plus avantageuse aux amateurs de supplices; le vent soufflait avec une certaine force, de sorte que, la flamme montant diagonalement, le feu dévora lentement les jambes de Catinat, qui, dit l'auteur de l'*Histoire des Camisards*, souffrit ce supplice avec quelque impatience. Quant à Ravanel, il fut héroïque jusqu'à la fin, ne cessant de chanter des psaumes que pour encourager son compagnon de mort, qu'il ne pouvait voir, mais qu'il entendait jurer et gémir; puis, reprenant ses psaumes, qu'il chanta ainsi jusqu'au moment où la flamme étouffa sa voix. Au moment où il venait d'expirer, on descendit Jonquet de sa roue, et, les quatre membres brisés et pendants, on vint le jeter comme une masse informe, mais vivante encore, dans le bûcher à demi consumé. Du milieu des flammes, Jonquet cria alors à Catinat : « Courage, Catinat! au revoir au ciel ! » Quelques instants après, le poteau auquel était attaché le patient brûla dans sa base, se rompit, et Catinat tomba en arrière dans le brasier, où il fut bientôt étouffé. Cette circonstance déjoua les précautions prises; et, au grand mécontentement des assistants, le supplice ainsi abrégé ne dura guère que trois quarts d'heure.

Villas vécut encore trois heures sur sa roue, et mourut sans avoir poussé une seule plainte.

Le surlendemain, un nouveau jugement condamna six personnes à mort et une aux galères. Ces sept personnes étaient les deux cousins Alison, chez lesquels Ravanel, Villas et Jonquet avaient été pris; Alègre, accusé d'avoir donné retraite à Catinat et d'être le trésorier des camisards; Rougier, armurier, accusé d'avoir réparé les fusils des rebelles; Jean Lauze, aubergiste, qui avait préparé à manger à Ravanel; la Jeunesse, séducant, convaincu d'avoir fait des sermons et chanté des psaumes; enfin Jean Delacroix. Le jugement portait que les trois premiers mourraient sur la roue, que leur mais n serait démolie et leurs biens confisqués. Les trois autres devaient être pendus. Enfin, Jean Delacroix à cause de sa jeunesse, mais plutôt encore grâce aux révélations qu'il fit, fut condamné seulement aux galères, où il resta plusieurs années, après lesquelles, étant revenu à Arles, il y fut enlevé par la peste de 1720.

Tous ces jugements furent exécutés dans leur dernière rigueur.

Comme on le voit, la destruction de la révolte allait bon train; il ne restait plus d'autres chefs camisards que deux jeunes gens, anciens officiers de Cavalier et de Casanet, nommés l'un Pierre Brun, et l'autre Francezet. Quoiqu'ils n'eussent ni le génie ni l'influence de Catinat et de Ravanel, tous deux étaient fort à craindre, l'un par sa force personnelle, l'autre par son adresse et sa légèreté: en effet, on disait de Francezet qu'il ne manquait jamais un coup de fusil; et un jour, poursuivi par les dragons, il avait échappé à leur poursuite en sautant d'un bord à l'autre du Gardon, qui, à cet endroit, avait vingt-deux pieds.

On était depuis longtemps déjà à leur recherche sans avoir pu les joindre, lorsque la femme d'un meunier nommé Semelin, chez lequel Pierre Brun et Francezet étaient cachés avec deux de leurs compagnons, les ayant quittés sous le prétexte de venir à la provision, se présenta chez le marquis de Sandricourt pour les dénoncer.

La délation fut reçue avec un empressement et une reconnaissance qui prouvaient l'importance qu'attachait le gouverneur de Nîmes à la capture de ces deux derniers chefs. En effet, elle eut promesse de cinquante louis s'ils étaient pris, et le chevalier de la Valla, Grandidier et cinquante Suisses, le major de Saint-Sernin, un capitaine et trente dragons furent détachés pour prendre ces quatre hommes.

Arrivés à un quart de lieue du moulin, le chevalier de la Valla, qui commandait l'expédition, prit de la femme du meunier les renseignements topographiques nécessaires. Ayant su alors qu'il n'y avait au moulin, outre le point où il comptait l'attaquer, qu'une seconde issue, et que cette issue était un pont sur le Vistre, il donna l'ordre à dix dragons et à cinq Suisses de s'emparer de ce pont, tandis qu'avec le reste de sa troupe il s'avancerait directement vers le moulin. Les quatre camisards ne les eurent pas plutôt aperçus, qu'ils résolurent de fuir par le pont; mais l'un d'eux, étant monté sur le moulin pour s'assurer qu'ils n'avaient aucune embuscade à craindre de ce côté, descendit aussitôt en criant que le pont était gardé. A cette nouvelle, les camisards virent bien qu'ils étaient perdus; mais ils résolurent au moins de faire une vigoureuse défense et de vendre chèrement leur vie. En effet, à peine les troupes royales furent-elles à portée, que quatre coups de fusil partirent, et que deux dragons, un Suisse et un cheval tombèrent. M. de Valla ordonna aussitôt de charger au galop sur les rebelles; mais, avant qu'ils eussent atteint la porte du moulin, trois autres coups de fusil partirent, et deux hommes tombèrent encore. Néanmoins, comme ils n'étaient point en mesure de tenir tête à si nombreuse compagnie, Francezet donna lui-même le signal de la retraite en criant : Sauve qui peut ! et en sautant par une croisée élevée de vingt pieds; Pierre Brun le suivit et tomba près de lui sans se faire aucun mal. Aussitôt tous deux, se fiant l'un à sa force, l'autre à sa légèreté, prirent à travers champs; les deux autres, qui voulurent descendre par la porte furent rejoints et pris.

Alors tous les efforts des dragons se tournèrent vers Brun et Francezet; les Suisses les suivirent à pied, et une course merveilleuse commença; car ces deux hommes, si forts et si adroits, semblaient se faire un jeu de cette fuite, s'arrêtant d'instant en instant, quand ils croyaient avoir gagné assez sur ceux qui les poursuivaient, et déchargeant alors leurs fusils sur les plus proches, sans que Francezet, digne de la réputation qu'il s'était faite, manquât un seul coup; puis, se remettant à fuir, ils rechargeaient leurs armes en fuyant, sautant fossés et rivière, et profitant des détours qu'étaient obligés de faire les Suisses et les dragons, pour s'arrêter et reprendre haleine, au lieu de gagner quelques couverts où ils eussent été en sûreté. Deux ou trois fois Brun fut sur le point d'être pris, mais chaque fois le dragon ou le Suisse qui se trouvait le plus près de lui tomba par la balle inévitable de Francezet. Cette course dura quatre heures. Pendant quatre heures cinq officiers, dont deux supérieurs, trente dragons et cinquante Suisses furent aux prises avec deux hommes, dont l'un était encore un enfant, car Francezet n'avait pas vingt et un ans. Pendant ces quatre heures quinze dragons tombèrent, quatre tués par Brun, onze par Francezet. Alors les deux camisards, manquant tous deux de munitions, échangèrent entre eux le nom du village où ils comptaient se retrouver, et piquant chacun d'un côté avec la légèreté de deux cerfs, forcèrent la troupe qui les poursuivait à se séparer.

Francezet prit du côté de Milhaud avec une telle rapidité, que les dragons eux-mêmes, après l'avoir poursuivi un instant à grande course de cheval, commencèrent à perdre sur lui. Francezet était donc sauvé, lorsqu'un paysan, nommé La Bastide, qui travaillait à la terre avec une houe, et qui avait regardé le combat depuis qu'il était à la portée de ses yeux, voyant le fuyard se diriger vers la brèche d'un mur, se glissa le long de ce mur, et au moment où il passait comme un éclair, lui asséna sur la tête un si rude coup de houe, que, le fer ayant porté en plein sur le crâne, il l'étendit à terre, baigné dans son sang.

Les dragons, qui avaient vu de loin ce qui venait de se passer, arrivèrent aussitôt, et tirèrent Francezet des mains du paysan qui continuait de frapper sur lui, et qui le voulait achever. Le prisonnier fut transporté sans connaissance à Milhaud, où on banda sa plaie, et où on le fit revenir à lui en lui introduisant des spiritueux dans la bouche et dans les narines.

Quant à son camarade Brun, d'abord plus heureux que lui, et n'ayant trouvé aucun obstacle sur sa route, il s'était bientôt mis, non-seulement hors de l'atteinte, mais encore hors de la vue de ceux qui le poursuivaient. Alors, écrasé de fatigue et ne sachant, après la trahison dont il avait failli être victime, à qui demander un asile, il s'était jeté dans un fossé où il s'était endormi. Les dragons, qui n'avaient point abandonné sa recherche, le trouvèrent là comme un sanglier forcé, se jetèrent sur lui avant qu'il fût réveillé, et l'arrêtèrent ainsi sans qu'il fît la moindre résistance.

Conduits tous deux devant le gouverneur, Francezet, interrogé par lui, répondit qu'il ne dirait rien autre chose sinon que, depuis que frère Catinat était mort, il n'avait point eu d'autre désir que d'être martyr comme lui et de mêler ses cendres aux siennes; quant à Brun, il répondit qu'il était à la fois fier et heureux de mourir pour la cause du Seigneur avec un aussi brave compagnon que Francezet. C'était un système de défense qui les menait tout droit à la question extraordinaire et au bûcher : nos lecteurs savent ce que c'est que ce double supplice. Francezet et Brun le subirent l'un et l'autre le 30 avril sans faire une seule révélation et sans pousser aucune plainte.

Restait Boëton, chez lequel s'était ourdi le complot, et qui avait été dénoncé par Villas, lequel étant trop faible pour la torture, en avait obtenu la fin, grâce à cette révélation.

Boëton, qui était un religionnaire modéré, mais ferme et plein de foi, et qui, dans ses principes se rapprochant du quakérisme, n'avait point voulu tirer l'épée, mais avait consenti à aider la cause de tous ses autres moyens, attendait, avec la quiétude ordinaire que lui donnait sa confiance en Dieu, le jour marqué pour l'exécution du complot, lorsqu'il vit tout à coup, et pendant la nuit, sa maison investie par les troupes royales. Fidèle à son système de paix, il ne fit aucune résistance, tendit les mains aux cordes avec lesquelles on les lui lia, fut conduit en triomphe à Nîmes, et de là transféré à la citadelle de Montpellier. Sur la route, il fut rejoint par sa femme et par son fils, qui venaient solliciter à Montpellier en sa faveur. Alors, comme tous deux étaient sur le même cheval, ils descendirent, et se mettant à genoux sur la grande route, ils demandèrent, l'une la bénédiction de son mari, l'autre celle de son père. Si insensibles que fussent les soldats, ils s'arrêtèrent cependant, et permirent à Boëton de s'arrêter comme eux. Alors celui-ci leva ses mains liées et donna à sa femme et à son fils la double bénédiction qu'ils sollicitaient;

après quoi, touché de cette scène, le baron de Saint-Chatte, qui, au reste, était le cousin par alliance de Boëton, permit au prisonnier de les embrasser tous deux; alors la pauvre famille resta un instant groupée aux bras et sur le cœur les uns des autres; puis, le premier, Boëton, donnant le signal du départ, s'arracha de cette douloureuse étreinte, ordonnant à sa femme et à son fils de prier pour M. de Saint-Chatte qui leur avait permis cette dernière consolation, et leur donnant l'exemple, en entonnant lui-même, à son intention, un psaume qu'il chanta d'un bout à l'autre à haute voix.

Le lendemain de son arrivée à Montpellier, Boëton, malgré les sollicitations de sa femme et de son fils, fut condamné à mourir sur la roue, après avoir subi la question ordinaire et extraordinaire; son calme et son courage ne se démentirent point en entendant prononcer ce jugement, quelque cruel qu'il fût, et il dit qu'il était prêt à souffrir tous les maux qu'il plairait à Dieu de lui envoyer pour éprouver l'inflexibilité de sa foi.

En effet, Boëton souffrit la question avec une fermeté si grande, que M. de Baville qui était présent pour recueillir ses aveux, semblait plus impatient que le condamné lui-même : cette impatience fut portée au point, qu'oubliant son caractère sacré, le juge insulta et frappa le patient. Alors Boëton, sans répondre autrement à M. de Baville, leva les yeux au ciel, et s'écria : « Seigneur, Seigneur, jusques à quand souffriras-tu le triomphe de l'impie? Jusques à quand permettras-tu qu'il répande le sang de l'innocent? Ce sang crie vengeance devant toi; tarderas-tu longtemps encore à en faire justice? Réveille ton ancienne jalousie, et rappelle tes compassions! » M. de Baville se retira en donnant l'ordre de le mener au supplice.

L'échafaud était dressé sur l'Esplanade; c'était, comme on avait coutume de le faire pour cette exécution, un plancher élevé de cinq ou six pieds, sur lequel était attachée à plat une croix de Saint-André faite avec deux solives assemblées dans leur milieu et se croisant obliquement. On pratiquait dans chacune des quatre branches deux entailles, placées à environ un pied l'une de l'autre, afin qu'à ces endroits, les membres portant à faux, fussent plus faciles à briser; enfin, près de cette croix, et à l'un des angles de l'échafaud, s'élevait, sur un pivot qui l'isolait, une petite roue de carrosse dont on avait scié la partie saillante et supérieure du moyeu. C'était sur ce lit de douleurs, qui permettait que les assistants jouissent de ses dernières convulsions, qu'était étendu le patient, lorsque le bourreau avait rempli son office, et que c'était au tour de la mort d'accomplir le sien.

Boëton fut conduit au supplice en charrette et environné de tambours pour qu'on n'entendît point ses exhortations. Cependant sa voix était si puissante qu'elle ne cessa point de dominer le bruit des roulements : elle exhortait ses frères à demeurer fermes dans la communion de Jésus-Christ.

A moitié chemin à peu près de l'Esplanade, un des amis du condamné se trouva par hasard sur sa route, et, craignant de ne pas avoir la force de supporter un pareil spectacle, se jeta dans la boutique d'un marchand; mais, arrivé devant la porte, Boëton fit arrêter la charrette, et demanda au prévôt la permission de dire un mot à son ami : cette permission lui fut accordée. Alors il le fit appeler dans la boutique où il était réfugié, et lorsqu'il fut venu tout en pleurs : « Pourquoi me fuyez-vous? lui dit-il; est-ce parce que vous me voyez couvert des livrées de Jésus-Christ? Pourquoi pleurez-vous quand il me fait la grâce de m'appeler à lui, et qu'il permet, à moi indigne, de sceller de mon sang la défense de sa cause? » Alors, comme cet ami se jetait dans ses bras, et que l'on vit que l'attendrissement gagnait les spectateurs, on donna ordre de continuer la route, et Boëton se remit en chemin sans murmurer de la brutalité avec laquelle on abrégeait ce dernier adieu.

Au détour de la première rue, il aperçut l'échafaud; aussitôt il leva les mains au ciel, et s'écria d'une voix joyeuse et avec un visage riant : « Courage, mon âme! je vois le lieu de ton triomphe, et bientôt dégagée de tes liens douloureux, tu entreras dans le ciel! »

Arrivé au pied de l'échafaud, on fut obligé de l'aider à monter; car ses jambes endolories par la torture des brodequins ne pouvaient le soutenir, et pendant ce temps il exhortait et consolait les protestants qui fondaient en larmes. Arrivé sur le plancher, il s'étendit de lui-même sur la croix de Saint-André ; mais alors l'exécuteur lui dit qu'il fallait qu'il se déshabillât. Boëton se releva en souriant, et le valet du bourreau lui enleva son pourpoint et son haut-de-chausses; puis, comme il n'avait pas de bas, mais seulement des linges qui enveloppaient les blessures de ses jambes, il détacha ces linges, retroussa les manches de la chemise jusqu'au coude, et lui ordonna dans cet état de se remettre sur la croix. Boëton s'y recoucha avec le même calme; alors le valet l'attacha avec des cordes à toutes les jointures des membres; cette préparation achevée, il se retira. Le bourreau s'avança à son tour, tenant à la main une barre de fer carrée, large d'un pouce et demi, longue de trois pieds, et arrondie à la poignée. A sa vue, Boëton se mit à entonner un psaume qu'il interrompit presque aussitôt en jetant un léger cri : le bourreau venait de lui rompre l'os de la jambe droite; mais presque aussitôt il reprit son chant, qu'il continua sans relâche, quoique l'exécuteur lui rompit tour à tour la cuisse, l'autre jambe et l'autre cuisse, et chaque bras à deux endroits. Alors le bourreau prit ce tronc informe et mutilé, mais vivant toujours et disant les louanges du Seigneur, et, l'ayant détaché de la croix, il le porta sur la roue, où il le déposa, après avoir replié sous lui ses cuisses rompues, de manière à ce que ses talons touchassent le derrière de sa tête; et toute cette odieuse cérémonie se fit sans qu'on cessât d'entendre la voix pieuse du patient, qui continuait de chanter les louanges du Seigneur.

Jamais peut-être exécution n'avait produit sur la foule un pareil effet; aussi l'abbé de Massilla, témoin de l'impression générale, s'en vint dire à M. de Baville que, bien loin que cette mort effrayât les protestants, elle ne servait qu'à les affermir dans leur religion, ce qu'il était facile de reconnaître par les larmes qu'ils versaient et par les louanges qu'ils donnaient au mourant.

M. de Baville, ayant reconnu la justesse de cette observation, donna l'ordre qu'on achevât le condamné. Cet ordre fut aussitôt transmis au bourreau, qui s'approcha de Boëton pour lui briser la poitrine d'un dernier coup; mais alors, un archer qui était sur l'échafaud se jeta entre le patient et le bourreau, disant qu'il n'entendait pas qu'on achevât le huguenot, attendu qu'il n'avait pas assez souffert. A ces mots, le patient, qui avait entendu l'atroce discussion qui avait lieu près de lui, cessa de prier un instant, et relevant sa tête qui pendait le long de sa roue : « Mon ami, dit-il, vous croyez que je souffre, et vous ne vous trompez point : je souffre en effet; mais celui qui est avec moi et pour lequel je souffre me donne la force de supporter mes souffrances avec joie. » Mais, en ce moment, l'ordre de M. de Baville ayant été renouvelé, et l'archer n'osant s'opposer plus longtemps à l'exécution, le bourreau s'approcha du patient. Alors, voyant que sa dernière heure était venue : « Mes chers frères, dit Boëton, que ma mort vous soit un exemple pour soutenir la pureté de l'Évangile, et soyez mes fidèles témoins, comme quoi je meurs dans la religion du Christ et de ses saints apôtres. » A peine avait il prononcé ces dernières paroles, que la barre du bourreau lui brisa la poitrine. On entendit encore quelques sons inarticulés qui conservaient l'accent de la prière; puis la tête du patient retomba en arrière. Le martyr venait d'expirer.

Cette dernière exécution terminée, tout fut à peu près fini dans le Languedoc.

Il y eut bien encore quelques prédicateurs imprudents, qui payèrent de la roue ou du gibet quelques sermons attardés, qu'écoutaient en tremblant un reste de rebelles; il y eut bien encore quelques soulèvements dans le Vivarais, occasionnés par Daniel Billard, à la suite desquels quelques catholiques furent trouvés assassinés sur les grandes routes; enfin, il y eut bien encore quelques combats, comme celui de Saint-Pierre-Ville, par exemple, où les camisards, fidèles aux vieilles traditions des Cavalier, des Catinat et des Ravanel, luttèrent un contre vingt; mais toutes ces prédications, tous ces meurtres, tous ces combats furent sans importance : c'étaient les derniers tressaillements de la guerre civile; c'étaient les derniers frémissements que la terre éprouve encore longtemps après que le volcan est éteint.

Cavalier lui-même comprit bientôt que tout était fini, car il passa de la Hollande en Angleterre, où il reçut de la reine Anne un accueil des plus distingués : elle lui offrit alors d'entrer au service de l'Angleterre, ce qu'il accepta, et elle lui donna le commandement d'un régiment de réfugiés; de sorte qu'il se trouva occuper dans la Grande-Bretagne ce grade de colonel qui lui avait été offert en France. Cavalier commandait, à la bataille d'Almanza, un régiment qui se trouva opposé par hasard à un régiment français; alors, ces vieux ennemis se reconnurent, et, rugissant d'une même colère, sans entendre à aucun commandement, sans exécuter aucune manœuvre, se ruèrent les uns sur les autres avec une telle furie, qu'au dire du maréchal de Berwick, ils se détruisirent presque entièrement. Cavalier survécut cependant à cette boucherie, dont il avait largement pris sa part, et à la suite de laquelle il fut nommé officier général et gouverneur de l'île de Jersey. Enfin, il mourut à Chelsea, en mai 1740, âgé de soixante ans.

« J'avoue, dit Malesherbes, que ce guerrier qui, sans jamais avoir servi, se trouva un grand général, par le seul don de la nature; ce camisard qui osa une fois punir le crime en présence d'une troupe féroce, laquelle ne subsistait que par des crimes semblables; ce paysan grossier qui, admis à vingt ans dans la société des gens bien élevés, en prit les mœurs, et s'en fit aimer et estimer; cet homme qui, accoutumé à une vie tumultueuse, et pouvant être justement enorgueilli de ses succès, eut assez de philosophie naturelle pour jouir pendant trente-cinq ans d'une vie tranquille et privée, me paraît un des caractères les plus rares que l'histoire nous ait transmis. »

Enfin, Louis XIV, tout courbé sous le poids d'un règne de soixante ans, parut à son tour devant Dieu, les uns disent pour lui demander récompense, les autres disent pour lui demander pardon. Mais déjà depuis quelque temps Nîmes, la ville aux entrailles de flammes, était tranquille; pareille aux blessés qui ont perdu les trois quarts de leur sang, elle ne songeait plus guère, dans son égoïsme de convalescente, qu'à se rétablir en paix des terribles saignées que Montrevel et Berwick lui avaient faites. Pendant soixante ans, les petites ambitions succédèrent aux grands dévouements, et les querelles d'étiquette aux combats mortels; bientôt l'ère philosophique parut, poursuivant de ses sarcasmes encyclopédiques la vieille intolérance monarchique de Louis XIV et de Charles IX : alors, les protestants retournent au prêche, rebaptisent leurs enfants et enterrent leurs morts; le commerce renaît, les deux religions se côtoient, gardant, sous leur double apparence pacifique, l'une le souvenir de ses martyres, l'autre la mémoire de son triomphe. C'est dans cette disposition que le soleil de 89 les éclaira, en se levant dans son aube ensanglantée; les protestants le saluèrent avec des cris de joie : en effet, la liberté promise leur rendait une patrie, un état civil et le rang de citoyens français.

Néanmoins, quelles que fussent les espérances d'un parti et les craintes de l'autre, aucune collision n'avait encore troublé la tranquillité générale, lorsque, les 19 et 20 juillet 1789, on procéda dans la capitale du Gard à la formation d'une milice qui devait porter le nom de milice nîmoise; cette délibération, prise par les citoyens des trois ordres dans la salle du Palais, Porte :

Article 10. Que la légion nîmoise sera composée d'un colonel, d'un lieutenant-colonel, d'un major, d'un aide-major, d'un adjudant, de vingt-quatre capitaines, de vingt-quatre lieutenants, de soixante-douze sergents, d'autant de caporaux, de onze cent cinquante-deux soldats, en tout treize cent quarante-neuf hommes divisés en vingt-quatre compagnies.

Art. 11. Que le point de réunion général sera l'Esplanade.

Art. 12. Que les vingt-quatre compagnies seront attachées aux quatre parties de la ville ci-après : places de l'Hôtel-de-Ville, de la Maison-Carrée, de Saint-Jean et du Château.

Art. 13. Que les compagnies, à mesure de leur formation déterminée par le conseil permanent, nommeront leurs capitaine, lieutenant, sergents et caporaux, et que, dès sa nomination, le capitaine prendra séance au conseil permanent.

La milice nîmoise fut donc formée sur les bases arrêtées, et, catholiques et protestants, alliés cette fois, se retrouvèrent les uns à côté des autres les armes à la main.

C'était une mine qui devait éclater un jour ou l'autre, dès que le contact des deux partis produirait un choc, et ce choc une étincelle.

Cependant les haines couvèrent sourdement pendant près

d'une année, se corroborant encore des antipathies politiques : presque tous les protestants étant républicains, et presque tous les catholiques royalistes.

Sur ces entrefaites, c'est-à-dire vers le mois de janvier 1790, un catholique, nommé François Froment, « fut chargé, ainsi qu'il le rapporte dans une lettre adressée à M. le marquis de Foucault, imprimée à Paris en 1817, fut chargé, dis-je, par M. le comte d'Artois, de former un parti royaliste dans le Midi, de l'organiser et de le commander. » Voici les projets de cet agent tels qu'il les expose lui-même.

« Il est aisé de concevoir que, fidèle à ma religion et à mon roi, révolté des idées séditieuses qu'on propageait de toutes parts, je cherchai à répandre l'esprit dont j'étais animé : je publiai, dans le courant de 1789, plusieurs écrits dans lesquels je dévoilais les dangers dont l'autel et le trône étaient menacés. Mes compatriotes, frappés de la justesse de mes observations, manifestèrent le zèle le plus ardent pour rétablir le roi dans l'exercice de ses droits : désireux de tirer parti de ces dispositions favorables, jugeant trop dangereux de recourir aux ministres de Louis XVI surveillé par les conspirateurs, je me rendis secrètement à Turin, auprès des princes français, pour solliciter leur approbation et leur appui. Dans un conseil qui fut tenu à mon arrivée, je leur démontrai que s'ils voulaient armer les partisans de l'autel et du trône, et faire marcher de pair les intérêts de *la religion* avec ceux de la royauté, il serait aisé de sauver l'un et l'autre.

» Mon plan tendait uniquement à lier un parti et à lui donner, autant qu'il serait en moi, de l'extension et de la consistance.

» Le véritable argument des révolutionnaires étant la force, je sentais que la véritable réponse était la force : alors, comme à présent, j'étais convaincu de cette grande vérité, qu'on ne peut étouffer une forte passion que par une plus forte encore, et que le *zèle religieux* pouvait seul étouffer le délire républicain.

» Les princes, assurés de la vérité de mon rapport et de la réalité de mes moyens, me promirent les armes et les munitions nécessaires pour contenir les factieux, et Monsieur, comte d'Artois, me donna des lettres de recommandation auprès des chefs de la noblesse du haut Languedoc, pour concerter mes mesures avec eux : les gentilshommes de cette contrée, réunis à Toulouse, avaient délibéré d'engager les autres ordres à se rassembler pour *rendre à la religion son utile influence*, aux lois leur force et leur activité, au roi sa liberté et son autorité.

» De retour en Languedoc, je me hâtai d'en parcourir les principales villes, pour m'aboucher avec les correspondants de Monsieur, comte d'Artois, les royalistes les plus influents, et quelques membres des états du parlement : après avoir arrêté un plan général, et concerté les moyens de correspondre secrètement entre nous, je me rendis à Nîmes, où, en attendant les secours qu'on m'avait promis à Turin, et que je n'ai jamais reçus, je m'attachai à soutenir, à exciter le zèle des habitants ; à mes instances, ils prirent, le 20 avril, une délibération qui fut signée par cinq mille citoyens. »

Cette délibération, qui était à la fois une association religieuse et un manifeste politique, était écrite par Viala, secrétaire de M. Froment, et chacun pouvait la venir signer dans son bureau.

Beaucoup de catholiques signèrent sans savoir même ce qu'ils signaient, car cette délibération était précédée de ce paragraphe, et la lecture de ce paragraphe leur suffisait.

« Messieurs,

» Les vœux d'un très-grand nombre de nos concitoyens catholiques et bons Français sont exprimés dans la délibération que nous avons l'honneur de vous soumettre ; ils ont cru nécessaire de la prendre dans les circonstances actuelles ; et si, comme ils n'en doutent pas, votre patriotisme, votre zèle pour la religion et votre amour pour notre auguste souverain vous portent à y adhérer, elle pourra concourir au bonheur de la France, *au maintien de la religion*, et à faire rendre au roi son autorité légitime.

» Nous sommes avec respect, messieurs, vos très-humbles et très obéissants serviteurs, les président et commissaires de l'assemblée catholique de Nîmes.

» Signé : Froment, commissaire ; Lapierre, président ; Fo-

[illegible]chet, commissaire; Levelut, commissaire; Faure, commissaire; Robin, commissaire; Melchiond, commissaire; Vigne, commissaire. »

En même temps, on distribuait dans les rues un écrit intitulé : *Pierre Romain aux catholiques de Nîmes*, dans lequel, entre autres attaques contre les protestants, on lisait celles qui suivent :

« Fermez aux protestants la porte des charges et des honneurs civils et militaires; qu'un tribunal puissant, établi dans Nîmes, veille jour et nuit à l'observance de ces importants articles, et vous les verrez bientôt abandonner le protestantisme.

» Ils vous demandent de participer aux avantages dont vous jouissez; mais vous ne les y aurez pas plutôt associés, qu'ils ne penseront plus qu'à vous en dépouiller, et bientôt ils y réussiront.

» Vipères ingrates, que l'engourdissement de leurs forces mettait hors d'état de vous nuire, réchauffées par vos bienfaits, elles ne revivent que pour vous donner la mort.

» Ce sont vos ennemis nés : vos pères ont échappé comme par miracle de leurs mains sanguinaires; ne vous ont-ils pas raconté les excès de cruauté qu'ils ont exercés contre vos aïeux? C'était peu pour eux de leur donner la mort, s'ils ne la leur eussent donnée par les tourments les plus inouïs : tels ils ont été, tels ils sont encore. »

On comprend que de pareilles agressions devaient bientôt aigrir des esprits déjà si disposés à faire des haines neuves de leurs vieilles haines : d'ailleurs, bientôt les catholiques ne se bornèrent plus à des délibérations et à des pamphlets. Froment, qui s'était fait nommer receveur du chapitre et capitaine d'une des compagnies catholiques, voulut assister à l'installation de la municipalité avec sa compagnie armée de fourches, malgré la défense expresse du colonel de la légion. Ces fourches étaient une arme terrible : le dos formait une scie, et on les avait fabriquées exprès pour les catholiques de Nîmes, d'Uzès et d'Alais. Mais Froment et sa compagnie ne tinrent aucun compte de cette défense. Cette désobéissance causa une grande rumeur parmi les protestants, qui devinèrent les dispositions hostiles de leurs ennemis : il en résulta que dès ce jour peut-être la guerre civile éclatait à Nîmes, si la municipalité qu'on installait n'eût pris le parti de fermer les yeux.

Le lendemain, à l'ordre, un sergent d'une autre compagnie, nommé Allien, et tonnelier de son état, reprocha à l'un des porteurs de fourches d'avoir désobéi en se présentant la veille avec cette arme. — Celui-ci lui répondit alors que le maire lui avait permis de la porter ; Allien n'en voulut rien croire, et proposa aux catholiques d'aller chez le maire pour lui demander si la chose était vraie. Les deux gardes nationaux se rendirent aussitôt chez M. Marguerite. Celui-ci désavoua la permission et condamna le délinquant à la prison ; mais une demi-heure après il le fit sortir (6).

Celui-ci courut aussitôt trouver ses camarades, qui, se regardant comme insultés dans sa personne, résolurent de se venger le jour même. En effet, à onze heures du soir, ils se rendirent chez le tonnelier, portant avec eux une potence et des cordes toutes savonnées. Mais, si doucement qu'ils procédassent, comme la porte était fermée en dedans et qu'ils furent forcés de l'enfoncer, Allien entendit du bruit, regarda à la fenêtre, et, voyant un grand rassemblement, se douta qu'on en voulait à sa vie ; il sauta par une croisée qui donnait sur la cour, et s'enfuit par une porte de derrière. Alors l'attroupement, qui avait manqué son but, se vengea de ce désappointement sur les protestants qui passèrent. Les sieurs Pourcher, Larnac et Ribes, que leur mauvaise étoile poussa de ce côté, furent très-grièvement maltraités. M. Pourcher reçut même trois coups de couteau.

Le 22 avril 1790, la cocarde blanche est arborée par les royalistes, c'est-à-dire par les catholiques, quoique cette cocarde ne soit plus celle de la nation ; et, le samedi 1er mai, les légionnaires qui ont planté un mai à la porte du maire sont invités à déjeuner chez lui. Pendant toute la journée du 2, les légionnaires qui ont la garde de la mairie crient à plusieurs reprises : « Vive le roi ! vive la croix ! à bas les gorges noires ! — C'est ainsi qu'ils nomment les religionnaires. — Vive la cocarde blanche ! nous ne la quitterons que rouge du sang des protestants. » Cependant, le 5 mai, ils la quittent et la remplacent par un pompon écarlate, que dans leur patois ils appellent un *pouf* rouge. A défaut de la cocarde blanche, le pouf rouge fut donc, à partir de ce moment, le signe de ralliement des catholiques.

Chaque jour qui suit voit éclore quelque rixe ou quelque provocation nouvelle; les libelles se succèdent, rédigés dans la maison des Capucins et distribués par le frère Modeste, le P. Alexandre et le P. Saturnin. Chaque jour les rassemblements augmentent, et finissent par être si nombreux, que la municipalité invite les dragons de la milice nîmoise à les disperser. Or, les attroupements étaient formés en grande partie de ces travailleurs de terre qu'on appelle *cébets*, du mot provençal *cebé*, qui signifie oignon, et qu'à leurs poufs rouges, qu'ils portaient même sans être en uniforme, on pouvait reconnaître pour catholiques. — Les dragons étaient tous protestants.

Cependant, ces derniers mirent une telle douceur dans leurs admonestations, que, quoique les deux partis ennemis se trouvassent, pour ainsi dire, en face l'un de l'autre, les armes à la main, ils parvinrent pendant quelques jours à disperser cette foule sans effusion de sang. Mais ce n'était point là l'affaire des cébets : ils résolurent en conséquence d'insulter les dragons et de tourner en ridicule leur vigilance. En conséquence, un matin, ils se réunissent en grand nombre, montent sur des ânes, et, le sabre en main, se mettent à leur tour à faire des patrouilles par la ville. En même temps, la classe populaire, à laquelle appartiennent plus particulièrement les catholiques, et surtout les travailleurs de terre qui exécutent les mascarades que nous venons de raconter, se plaint tout haut des dragons : les uns disent que les chevaux ont blessé leurs enfants, les autres qu'ils ont effrayé leurs femmes. Les protestants nient que rien de cela soit vrai; on s'aigrit de part et d'autre; les sabres sont à moitié tirés déjà, quand les municipaux interviennent; mais, au lieu de s'en prendre aux véritables perturbateurs, ils décident que les dragons ne feront plus de patrouilles par la ville, mais qu'ils fourniront seulement un poste de vingt hommes au palais épiscopal, et qu'ils ne marcheront que sur la réquisition expresse des officiers municipaux. On comptait que les dragons se révolteraient contre cet ordre humiliant. Au contraire, ils obéissent, et, au grand désappointement des cébets, leur ôtent tout espoir d'un nouveau désordre. N'importe, les catholiques ne se tiennent pas pour battus : ils trouveront un nouveau moyen de pousser leurs ennemis à bout.

Le dimanche 13 juin arrive : c'est le jour désigné par les catholiques à tous ceux qui partagent leurs opinions politiques et religieuses pour se tenir prêts. Vers dix heures du matin, quelques compagnies à pouf rouge, sous prétexte d'aller à la messe, s'arment et traversent la ville dans un appareil menaçant. Les dragons, au contraire, en petit nombre et paisibles dans leur poste de l'évêché, ne font pas même sentinelle et n'ont que cinq fusils à leur disposition.

A deux heures, il y eut dans l'église des Jacobins une assemblée formée tout entière de légionnaires à pouf rouge ; on y prononça un éloge du maire en forme de discours ; puis, à la suite de l'éloge, Pierre Froment, frère de François Froment, qui nous a expliqué lui-même sa mission, fait apporter une tonne de vin qu'il distribue aux cébets, en leur ordonnant de se promener trois par trois dans la ville, et de désarmer tous les dragons qu'ils trouveront hors de leur poste.

Vers les six heures du soir, un volontaire à pouf rouge se présente à la porte de l'évêché, et s'adressant au suisse, il lui ordonne de balayer la cour, attendu, dit-il, que les volontaires vont venir donner le bal aux dragons. Après cette bravade, il se retire, et deux minutes après revient un billet ainsi conçu : « Le suisse de l'évêché est averti de ne laisser entrer aucun dragon à pied ni à cheval passé ce soir, sous peine de vie, le 13 juin 1790. » Ce billet est remis au lieutenant, qui s'approche alors du volontaire, et lui fait observer que les gens de l'évêché n'ont à recevoir d'ordre que de la municipalité. Le volontaire répond insolemment ; le lieutenant l'invite à se retirer, en le menaçant de le faire sortir de force s'il ne consent pas à s'en aller de bonne volonté. Pendant ce temps le nombre des poufs rouges s'accroît ; de leur côté, les dragons, attirés par le bruit, descendent dans la cour. Une altercation plus vive s'élève, des pierres sont jetées, le cri aux armes se fait entendre; aussitôt une quarantaine de cébets qui rôdent dans les rues voisines accourent sur la place de l'Évêché armés de fusils et de sabres. Le lieutenant, voyant qu'il n'a que douze dragons autour de lui, ordonne au trompette de sonner pour rappeler ceux qui sont éloignés. Les légionnaires se jettent alors sur le trompette, et lui arrachent son instrument, qu'ils mettent en morceaux. Quelques coups de fusil partent des rangs des légionnaires, un dragon riposte, le feu devient respectif, le combat s'engage. Le lieutenant voit dans cet engagement, non pas une rixe, mais une émeute préparée; il devine la gravité que les choses vont prendre, et envoie par une porte de derrière un dragon à la municipalité.

M. de Saint-Pons, major de la légion, entend du tumulte, et ouvre sa fenêtre. La ville est en tumulte; des gens courent de tous côtés, et crient en courant qu'on assassine les dragons à l'évêché : il s'élance aussitôt hors de chez lui, ramasse douze ou quinze volontaires patriotes sans armes, court à l'hôtel de ville, où il trouve deux officiers municipaux, les engage à se rendre sur la place de l'Évêché, escortés de la première compagnie qui est de garde à l'hôtel de ville. Les deux municipaux répondent qu'ils sont tout prêts à seconder ses bonnes intentions, et se mettent aussitôt en route. Chemin faisant, on tire sur eux, mais sans les atteindre. En arrivant sur la place, ils essuient la décharge des cébets; mais aucune balle ne porte. Par les trois rues qui aboutissent à l'évêché, on voit accourir des poufs rouges. La première compagnie s'empare des avenues, reçoit et rend le feu, repousse les assaillants et déblaye la place. Un des leurs est tué, mais plusieurs cébets sont blessés et se retirent.

Pendant qu'on se bat à l'évêché, on assassine ailleurs.

A la porte de la Madeleine, l'entrée de la maison du sieur Jalabert est forcée par des gens à pouf rouge. Le malheureux vieillard s'avance alors au-devant d'eux, et leur demande ce qu'ils veulent : — Ta vie et celle de tous ces chiens de protestants, répondent-ils. — Et on l'arrache de sa maison, on le traîne dans la rue; quinze légionnaires le mutilent à coups de sabre, et deux jours après il meurt de ses blessures.

Un autre vieillard, nommé Astruc, qui marche courbé sous le poids de ses soixante-quatorze années, et dont les cheveux blancs couvrent les épaules, est arrêté comme il va de la porte de la Couronne à celle des Carmes; reconnu pour être protestant, il reçoit cinq coups de ces fameuses fourches dont est armée la compagnie Froment. Le malheureux tombe, ses assassins le ramassent et le jettent dans le fossé, où ils s'amusent à l'écraser à coups de pierre; enfin l'un d'eux, plus humain, lui casse la tête d'un coup de fusil.

Trois électeurs, les sieurs Massador, du district de Beaucaire; le sieur Vialla, du canton de Lasalle et le sieur Puech, du même canton, sont attaqués par des gens à pouf rouge en se retirant chez eux, et blessés tous trois grièvement.

Le capitaine qui avait commandé le détachement de garde à l'assemblée électorale se retirait avec un sergent et trois volontaires de sa compagnie, lorsque, arrivés sur le Petit-Cours, ils sont arrêtés par Froment dit Demblay, qui, s'adressant au capitaine et lui mettant le pistolet sur l'estomac, lui dit : — Halte là, coquin! rends les armes. — En même temps des cébets à pouf rouge saisissent le capitaine par les cheveux, le renversent en arrière; en même temps Froment tire le pistolet dont il le menaçait, et le manque. En tombant, le capitaine tire son épée; mais on la lui arrache des mains, et Froment lui donne un coup de la sienne. Alors le capitaine fait un effort, débarrasse un de ses bras, tire de sa poche un pistolet, écarte les assassins, tire sur Froment, le manque. Un des volontaires qui l'accompagnent est blessé et désarmé.

Une patrouille du régiment de Guyenne, à la suite de laquelle était le sieur Boudon, dragon, passait aux Calquières. M. Boudon est attaqué par une troupe de gens à pouf rouge. On lui enlève son casque et son mousquet; plusieurs coups de fusil lui sont tirés; les uns ratent, les autres le manquent; la patrouille l'enveloppe pour le sauver; mais il a reçu deux coups de baïonnette, et veut se venger; il écarte ses protecteurs, s'élance pour reprendre son mousquet, il est à l'instant même massacré. On lui coupe le doigt pour enlever un diamant qu'il y porte. On lui vole sa montre et sa bourse, et on le jette dans le fossé.

Pendant ce temps, la place des Récollets, le Cours, la place des Carmes, la Grande-Rue et celle de Notre-Dame-de-l'Esplanade, sont envahis par des hommes, les uns armés de fusils, les autres de fourches et de sabres : tout est sorti, hommes et armes, de la maison de Froment, qui domine le quartier de Nîmes appelé les Calquières et s'ouvre sur les remparts et sur les tours des Dominicains. Les trois chefs de l'insurrection, Froment, Folacher et Descombiez, s'emparent de ces tours, qui font partie de l'ancien château; de là les catholiques peuvent diriger leur feu sur tout le quai de Calquières et sur le perron de la salle de spectacle; et dans le cas où leur mouvement n'aurait pas dans la ville toute l'étendue et toute la spontanéité qu'ils en attendent, il est facile à eux de se maintenir dans une pareille position jusqu'à ce qu'ils y reçoivent des secours.

Ces dispositions ou étaient méditées depuis longtemps, ou étaient l'improvisation d'un habile stratégiste. En effet, la rapidité avec laquelle toutes les avenues de cette forteresse furent gardées par une double ligne de légionnaires à pouf rouge, le soin qu'on avait eu de placer les plus animés près des casernes où le parc d'artillerie était renfermé, enfin une compagnie entière qui barrait le chemin de la citadelle, le seul lieu où les patriotes pussent se procurer des armes, tout indiquait que ce plan, qui semblait n'être que défensif, et qui présentait le double avantage et d'attaquer sans beaucoup de danger et de laisser croire qu'on avait été attaqué soi-même, était arrêté depuis longtemps; aussi était-il entièrement accompli avant que les citoyens fussent même armés, et jusque-là une partie de la garde à pied et les douze dragons de l'évêché avaient seuls résisté aux ligueurs.

Le drapeau rouge, qui est l'étendard autour duquel doivent se réunir, en cas de guerre civile, les bons citoyens, et qui, en dépôt à la municipalité, aurait dû en sortir aux premiers coups de fusil, est alors vivement réclamé : on presse, on force même l'abbé de Belmont, chanoine, vicaire général et officier municipal, à le porter, comme étant le plus propre, par son caractère ecclésiastique, à imposer à des rebelles armés au nom de la religion.

Voici, du reste, comment l'abbé Belmont raconte lui-m... l'accomplissement de cette mission :

« A sept heures du soir, à peu près, j'étais avec MM. ... thier et Ferrand, occupé à régler un compte. Nous en... dîmes du bruit dans la cour, et, du haut de l'escalier, n... vîmes venir à nous plusieurs dragons, parmi lesquels était ... sieur Pâris; ils nous dirent qu'on se battait à la place de l'Évêché, parce qu'un quidam était venu remettre un billet au portier, dans lequel il lui avait dit de ne plus admettre les dragons dans l'évêché, sous peine de la vie. Je leur dis alors qu'ils auraient dû arrêter ce quidam et fermer les portes; ils me répondirent que cela n'avait point été possible. Incontinent, MM. Ferrand et Ponthier prirent leurs écharpes et sortirent.

» Peu d'instants après, plusieurs dragons, parmi lesquels je ne reconnus que les sieurs Lezan du Pontet, Pâris le cadet et Boudon, ainsi qu'un grand nombre de légionnaires, vinrent me demander que le drapeau rouge sortît; ils coururent à la porte de la salle du conseil, et la trouvant fermée, ils m'en rendirent responsable. J'appelle un valet de ville, on n'en trouve pas; je demande les clefs à la concierge, qui me dit que M. Berding les a emportées; les volontaires travaillent à enfoncer la porte; les clefs arrivent, on ouvre la porte, on prend le drapeau rouge, on me le remet, on m'entraîne dans la cour, et de là sur la place.

» C'est en vain que je veux faire des observations sur les préliminaires à remplir et sur mon état; on me répond qu'il y va de ma vie, et que ma robe imposera aux perturbateurs du repos public. Je représente que ce n'est pas à moi de porter le drapeau; on ne m'écoute pas. Je marche donc, suivi d'un piquet du régiment de Guyenne, d'une partie de la compagnie n° 1, et de plusieurs dragons; un jeune homme, armé d'une baïonnette, est toujours à côté de moi. La fureur est peinte sur le visage de tous ceux qui me suivent, et ils se permettent envers moi des injures et des menaces auxquelles je ne m'arrête point.

» Je passe par la rue des Greffes; on trouve que je ne lève pas assez le drapeau rouge, et qu'il n'est point assez déployé.

Arrivé au corps de garde de la porte de la Couronne, le détachement se met en bataille, et l'on dit à l'officier qui commande le poste de nous suivre : il répond qu'il ne le saurait sans une réquisition par écrit de la municipalité; ceux qui m'entourent me disent de la faire; je demande une plume et une écritoire, et l'on me rend encore responsable de ce que je n'ai ni l'une ni l'autre; les propos insultants que m'adressent et les gestes menaçants que se permettent contre moi les volontaires et plusieurs soldats du régiment de Guyenne m'inspirent de la frayeur; on me rudoie, on me frappe; le sieur Boudon apporte du papier, une plume et j'écris : *Je requiers la troupe de prêter main-forte.* Alors l'officier du régiment de Guyenne se met en devoir de nous suivre.

» A peine ai-je fait quelques pas, qu'on me demande la réquisition que je viens d'écrire; on ne la trouve pas; on vient à moi, on dit que je ne l'ai pas faite, et je suis sur le point d'être accablé, lorsqu'un légionnaire la tire toute chiffonnée de sa poche. Les menaces redoublent : on se plaint avec fureur que je ne leve pas assez le drapeau rouge, et l'on me dit que je suis assez grand pour le lever davantage.

» Mais bientôt paraissent les légionnaires à pouf rouge, quelques-uns armés de fusils, un plus grand nombre avec des sabres; on tire de part et d'autre; la troupe de ligne et les gardes nationaux se rangent en bataille dans une espèce d'enfoncement, et on veut me faire aller seul en avant : je m'y refuse, parce que j'aurais été entre deux feux.

» C'est alors que les injures, les menaces et les mauvais traitements sont portés à leur comble : on me saisit au milieu de la troupe qui m'environne, et à grands coups de culasse de fusil, on me force d'aller en avant; j'en reçois un entre les deux épaules qui me fait venir le sang à la bouche. Cependant ceux du parti opposé s'approchaient davantage, et l'on ne cessait de me crier d'aller en avant. Je m'avance avec le drapeau rouge, je les atteins; je les conjure de se retirer je me jette même à leurs genoux; je les persuade; mais ils m'entraînent avec eux, me font entrer par la porte des Carmes, prennent le drapeau, et me conduisent chez une femme dont j'ignore le nom. Je crachais le sang à pleine bouche;

elle me donna tout ce qu'elle put trouver de plus propre à me remettre, et, peu de temps après, je me fis conduire chez M. Ponthier. »

Pendant que le drapeau rouge était porté par l'abbé de Belmont, on forçait les municipaux à proclamer la loi martiale. Cette loi venait d'être proclamée, lorsqu'on apprend que le premier drapeau rouge est enlevé; alors M. Ferrand de Missol s'empare d'un autre drapeau, et, suivi d'une escorte assez considérable, prend le même chemin que son confrère l'abbé de Belmont. Arrivés aux Calquières, les gens à pouf rouge, qui garnissent toujours le rempart et les tours, font une nouvelle décharge sur le cortége; un légionnaire reçoit un coup de feu à la cuisse; l'escorte rétrograde de nouveau : M. Ferrand s'avance seul vers la porte des Carmes, comme avait fait M. de Belmont. Comme M. de Belmont, il est fait prisonnier par les rebelles et emmené à la tour.

Arrivé à la tour, il y trouve Froment furieux; selon lui, la municipalité ne tient pas sa parole : elle ne lui a pas envoyé les secours promis et tarde à lui livrer la citadelle.

Cependant la troupe n'a fait retraite que pour aller chercher du secours. Elle se rend en tumulte aux casernes, et y trouve le régiment de Guyenne en ordre de bataille, M. de Bonne, lieutenant-colonel, en tête; mais celui-ci refuse de se mettre en marche, s'il n'en reçoit l'ordre écrit de la municipalité. Alors un vieux caporal s'écrie : « Braves soldats de Guyenne, la patrie étant en danger, nous ne devons pas attendre plus longtemps pour remplir notre devoir. — Oui, oui, s'écrient tous les soldats; marchons! marchons! » Le lieutenant-colonel n'ose plus résister à de pareilles démonstrations, donne l'ordre demandé, et l'on marche vers l'Esplanade.

Au bruit des tambours du régiment de Guyenne, le feu des remparts cesse. Comme la nuit est arrivée sur ces entrefaites, on ne veut pas risquer une attaque; d'ailleurs la cessation du feu fait croire que les conspirateurs renoncent à leur entreprise. Au bout d'une heure de station sur la place, la troupe entre dans ses quartiers, et les patriotes vont passer la nuit dans un enclos sur le chemin de Montpellier.

En effet, on pouvait croire que les catholiques avaient reconnu l'impuissance de leur complot, puisqu'en excitant le fanatisme, en disposant de la municipalité, en répandant l'or et le vin, ils n'avaient pu mettre en mouvement que trois compagnies sur dit-huit. « Quinze compagnies, dit M. Alquier dans son rapport à l'Assemblée nationale, quinze compagnies, portant aussi le pouf rouge, ne prirent aucune part à l'action, et ne contribuèrent en rien aux crimes de cette journée ou à ceux qui la suivirent. »

Mais, à défaut de renfort parmi leurs concitoyens, les catholiques comptaient qu'il leur en arriverait de la campagne : aussi, sur les dix heures du soir, les chefs des révoltés, voyant qu'il ne leur arrivait aucun auxiliaire de la plaine, résolurent d'activer ce secours. En conséquence, Froment écrivit à M. de Bouzols, commandant en second la province du Languedoc et résidant à Lunel, la lettre suivante :

« Monsieur,

» Vainement j'ai réclamé jusqu'à ce jour l'armement des compagnies catholiques; malgré l'ordre que vous avez bien voulu m'accorder, les officiers municipaux ont cru qu'il était de la prudence de retarder la livraison des fusils jusqu'après l'assemblée électorale. Aujourd'hui les dragons protestants ont attaqué et tué plusieurs de nos catholiques désarmés; vous pouvez juger du désordre et de l'alarme qui règnent dans la ville. Je vous supplie, en ma qualité de citoyen et de bon Français, d'envoyer de suite un ordre au régiment de royal-dragons, pour venir mettre le bon ordre dans la ville et imposer aux ennemis de la paix. La municipalité est dispersée, personne n'ose sortir des maisons, et si elle ne vous fait aucune réquisition en ce moment, c'est que chacun de ses membres tremble pour ses jours et n'ose se montrer. On a sorti deux drapeaux rouges, et les officiers municipaux sans gardes ont été obligés de se réfugier chez de bons patriotes. Quoique simple citoyen, je me permets de réclamer auprès de vous, parce que je pense que les protestants ont déjà envoyé dans la Vaunage et la Gardonninque pour demander des secours, et que l'arrivée des fanatiques de ces contrées exposerait tous les bons Français à être égorgés. Daignez avoir égard à ma demande, je l'attends de votre bonté et de votre justice.

» FROMENT, capitaine de la compagnie n° 39. »

Malheureusement pour les catholiques, les nommés Dupré et Lieutaud, porteurs de cette lettre et munis de passeports comme chargés d'affaires du roi et de l'État, furent arrêtés à Vehaud, et leurs dépêches apportées à l'assemblée électorale. On signala en même temps d'autres missives à peu près pareilles; des légionnaires à pouf rouge parcouraient les villages voisins, disant qu'on égorgeait les catholiques de Nîmes. Le curé de Courbessac, entre autres, reçut une lettre dans laquelle on lui disait qu'un capucin avait été assassiné, et qu'il fallait porter secours aux catholiques. Les agents qui lui présentèrent cette lettre le prièrent de la signer pour la produire ailleurs; mais il s'y refusa positivement.

A Bouillargues et à Mandael le tocsin sonna : les habitants de ces deux villages se réunirent alors, et se rendirent armés sur le chemin de Beaucaire à Nîmes. Au pont du Quart, ceux de Redressan et de Marguerite se joignirent à eux. Renforcée ainsi, cette troupe catholique barra le chemin, interrogeant tous ceux qui passaient : s'ils étaient catholiques, ils continuaient leur route; s ils étaient protestants, ils étaient assassinés. C'était, qu'on se le rappelle, de la même façon que procédaient en 1704 les cadets de la Croix.

Cependant Descombiés, Froment et Folacher étaient toujours maîtres des remparts et de la tour, et comme, vers les trois heures du matin, leur troupe se recruta de deux cents hommes à peu près, ils profitèrent de ce renfort pour enfoncer la porte d'une maison appartenant à un nommé Therond, pour entrer chez les Jacobins, et de là à la tour attenant au couvent; de sorte que leur ligne s'étendit dès lors depuis le pont des Calquières jusqu'à l'embouchure de la rue du Collége. De ces diverses portes on commença, au point du jour, à tirer sur les patriotes armés ou non armés qui passaient à la portée du fusil.

Le 14, dès quatre heures du matin, la partie de la légion opposée aux catholiques vint se ranger sur la place de l'Esplanade, où ils furent bientôt rejoints par les patriotes des villes et des villages voisins, qui arrivèrent successivement, et finirent par former un corps d'armée. A cinq heures, M. de Saint-Pons, jugeant que des fenêtres du couvent des Capucins, qu'il savait appartenir entièrement aux catholiques, puisque c'était dans ce couvent que s'étaient fabriqués tous les pamphlets dont nous avons parlé, on pourrait tirer sur les patriotes, se rendit au couvent avec une compagnie, et le visita entièrement, ainsi que les Arènes : ni dans l'un, ni dans l'autre de ces monuments on ne trouva rien de suspect.

Ce fut alors qu'on apprit les massacres de la nuit.

On avait brisé les portes de la maison de campagne de M. et de madame Noguiès, et, après avoir dévasté le château, on les avait tués dans leur appartement ; un vieillard de soixante-dix ans, nommé Blacher, qui habitait avec eux, avait été massacré à coups de faux.

Le jeune Payre, âgé de quinze ans, passait devant une troupe postée au pont des Iles : un légionnaire à pouf rouge lui demande s'il est catholique ou protestant ; le jeune homme répond : — Je suis protestant. — Aussitôt un de la troupe lui tire un coup de fusil, et l'étend roide mort. — Autant aurait valu tuer un agneau, dit un compagnon du meurtrier. — Bah ! répond celui-ci, j'ai promis de tuer quatre protestants pour ma part, et celui-ci comptera pour un.

M. Maigre, vieillard de quatre-vingt-deux ans, et chef d'une famille des plus considérées dans le pays, fuyait de sa maison de Trois-Fontaines, ayant dans sa voiture son fils, la femme de son fils, deux de leurs enfants et deux servantes : on arrête sa voiture, et tandis qu'on l'assassine lui et son fils, sa femme et ses filles se réfugient dans une auberge ; alors les assassins les y poursuivent : heureusement, comme elles ont quelques minutes d'avance sur eux, l'aubergiste a la présence d'esprit d'ouvrir la porte du jardin et de dire qu'elles se sont enfuies par cette porte : les catholiques le croient, se répandent dans la campagne, et pendant ce temps ces deux malheureuses femmes sont sauvées par des cavaliers de la maréchaussée.

Ces nouvelles successives portent à son comble l'exaspération des protestants, qui n'ont encore tiré aucune vengeance de ces meurtres; ils demandent à grands cris à marcher contre le rempart et contre les tours, quand tout à coup une vive fusillade part des fenêtres et du clocher du couvent des Capucins : M. Massin, officier municipal, est tué sur le coup, un sapeur frappé à mort, et vingt-cinq autres gardes nationaux blessés plus ou moins légèrement. Aussitôt les protestants s'élancent en masse et sans garder d'ordre vers le couvent des Capucins; mais au lieu de leur faire ouvrir la porte, le père vicaire paraît à la fenêtre qui est au-dessus de cette porte, et, traitant les assaillants de canaille, il leur demande ce qu'ils veulent au couvent : — Nous voulons l'abattre, nous voulons le raser, nous voulons qu'il n'en reste pas pierre sur pierre, répondent ceux-ci. — Alors le père vicaire fait sonner les cloches, et le tocsin retentit, appelant au secours avec sa grande voix de bronze : aussitôt la porte est enfoncée à coups de hache, cinq capucins et quelques légionnaires à houppe rouge sont tués, les autres prennent la fuite; les capucins se réfugient chez un religionnaire nommé Paulhan, où ils trouvent un asile. L'église est respectée ; un saint ciboire seulement, trouvé dans la sacristie, est volé par un homme de Sommières ; mais dès qu'on s'aperçoit de ce vol, l'homme est arrêté et conduit en prison.

Quant au couvent, on en enfonce les portes ; les meubles sont mis en morceaux, la bibliothèque et la pharmacie dévastées ; on brise les armoires et les placards de la sacristie, ainsi que deux ostensoirs qu'ils renferment ; mais on ne fait rien de plus. Le grenier d'abondance placé dans le cloître et la manufacture de draps restent intacts, et quant à l'église, ainsi que nous l'avons déjà dit, on n'y commit aucun désordre.

Mais les tours sont toujours le poste principal; c'est là qu'on se bat réellement, et avec d'autant plus de rage, que les ligueurs, qui ignorent que leurs messagers ont été arrêtés et leurs lettres saisies, attendent de moment en moment des secours et espèrent les attirer d'autant plus, que le feu sera mieux soutenu ; aussi de ce côté tout va-t-il selon leur désir, la fusillade ne cesse pas un instant de pétiller ; on tire de la place de l'Esplanade, on tire des fenêtres, on tire des toits des maisons. Mais ces coups, si multipliés qu'ils soient, ont peu de résultats pour les protestants, trompés qu'ils sont par une ruse de Descombiez, qui a recommandé à ses hommes de poser leurs bonnets à houppe rouge sur la muraille, pour y attirer les balles, tandis qu'eux tirent d'à côté. Pendant ce temps les ligueurs, pour mieux diriger encore leur fusillade, rétablissent une communication anciennement murée et qui conduit de la tour du Poids de la farine à celle des Dominicains. Descombiez, à la tête de trente hommes, se présente à la porte de ce monastère, qui touche aux fortifications, et demande la clef d'une autre porte pour gagner la partie des remparts située vis-à-vis la place des Carmes où les gardes nationaux sont postés. Malgré les instances des religieux, qui font observer aux ligueurs qu'ils les exposent à être égorgés, les portes sont ouvertes; Froment accourt, et place chacun à son poste; et de son côté aussi le combat s'engage avec d'autant plus d'acharnement, que chaque minute amène aux protestants des renforts de la Gardonninque et de la Vaunage. Le feu a commencé à dix heures du matin, et à quatre heures de l'après-midi il se soutient de part et d'autre avec le même acharnement.

A quatre heures cependant, un parlementaire s'avance. C'est le valet de Descombiez : il vient de la part des catholiques, et apporte une lettre de Descombiez, de Froment et de Folacher, qui s'intitulent capitaines commandants des tours du château.

Cette lettre est ainsi conçue :

« A M. le commandant des troupes de ligne, pour communiquer aux légionnaires campés à l'Esplanade.

» Monsieur,

» On vient de nous dire que vous proposiez la paix : nous l'avons toujours désirée, et jamais nous ne l'avons troublée. Si ceux qui sont la cause des désordres affreux qui règnent dans la ville veulent mettre fin à leur coupable conduite, nous offrons d'oublier le passé et de vivre en frères ; nous sommes, avec toute la franchise et la loyauté de bons patriotes et de vrais Fançais, vos très-humbles serviteurs.

» Les capitaines de la légion nîmoise, commandant les tours du château.

» FROMENT, DESCOMBIEZ, FOLACHER.

» Nîmes, ce 14 juin 1790, à 4 heures du soir. »

D'après cette lettre, le trompette de la ville est envoyé aux tours pour offrir aux rebelles une capitulation; les trois chefs se présentèrent alors pour parler aux commissaires du corps électoral : ils étaient armés et suivis d'un grand nombre des leurs, aussi armés. Cependant, comme, avant tout, les négociateurs veulent la cessation des hostilités, ils proposent aux trois chefs de se rendre et de se mettre sous la garde de l'assemblée électorale; ceux-ci s'y refusent : les commissaires électeurs se retirent, et les rebelles rentrent dans leurs retranchements.

Vers les cinq heures du soir, c'est-à-dire au moment où les négociations sont rompues, le sieur Aubry, capitaine d'artillerie, qui s'est porté au dépôt de l'artillerie de campagne avec deux cents hommes à peu près, arrive avec six pièces de canon, pour battre en brèche la tour où les ligueurs sont retranchés, et d'où ils tirent à couvert sur les soldats que rien ne garantit. A six heures les canons sont en batterie ; aussitôt ils tonnent, dominant le bruit de la fusillade, qu'ils doivent bientôt faire cesser, car chaque coup creuse la tour, et elle va s'ouvrir éventrée. Alors les commissaires de l'assemblée électorale font taire un instant les batteries ; car ils espèrent qu'en présence du danger imminent qui les menace, les chefs accepteront les conditions qu'ils ont refusées une heure auparavant, et ils ne veulent pas les pousser au désespoir. Ils s'avancent donc, précédés d'un trompette, par la rue du Collége, et font avertir François Froment et Descombiez de venir leur parler : ceux-ci descendent dans la rue, et en voyant du dehors la tour près de s'écrouler, consentent à mettre bas les armes, à les faire porter au palais, et à se rendre à l'assemblée électorale pour se mettre sous sa sauvegarde. Ces propositions sont acceptées, et les commissaires élèvent leurs chapeaux en l'air pour indiquer que tout est fini.

En ce moment trois coups de fusil partent des remparts, et les cris : « Trahison ! trahison ! » retentissent de tous côtés. Les chefs catholiques rentrent dans la tour. Les protestants, croyant que l'on assassine leurs commissaires, recommencent le feu des batteries; mais la brèche tarde trop longtemps à s'ouvrir, les protestants courent aux échelles, on escalade les remparts, les tours sont emportées d'assaut, une partie des catholiques est égorgée, l'autre se jette dans la maison de Froment, où, raillée par celui-ci, elle essaye de faire résistance. Mais les assaillants, malgré la nuit qui arrive, se ruent sur elle avec un tel acharnement, qu'en un instant portes et fenêtres sont brisées. François et Pierre Froment se sauvent par un petit escalier qui donne sur les toits. Mais, avant qu'ils les aient atteints, une décharge les poursuit : Pierre Froment, atteint à la cuisse, tombe sur l'escalier. François Froment gagne la terrasse, s'élance sur la maison voisine, et de toit en toit arrive jusqu'à celui du collége, entre dans ce bâtiment par une lucarne, et se cache dans une grande chambre solitaire la nuit, et qui sert le jour de salle d'études.

Froment demeure caché ainsi jusqu'à onze heures. A onze heures, voyant l'obscurité complète, il descend par la fenêtre, traverse la ville, gagne la campagne, marche toute la nuit, se cache, quand le jour vient, dans la maison d'un catholique, se remet en route le soir, arrive au bord de la mer, trouve une barque, gagne les côtes d'Italie, et va rendre compte à ceux qui l'ont envoyé du mauvais résultat de son entreprise.

Trois jours entiers le carnage dura. Les protestants, poussés à bout, massacrent à leur tour sans pitié, et avec des raffinements de cruauté atroce. Plus de cinq cents catholiques perdent la vie dans ces trois journées; ce n'est que le 17 que la paix est rétablie.

Longtemps catholiques et protestants rejetèrent l'un sur l'autre l'agression qui avait amené ces fatales journées. Mais enfin François Froment prit soin lui-même de lever tous les doutes qui pouvaient rester à ce sujet, en publiant l'ouvrage dans lequel se trouve une partie des détails que nous venons de mettre sous les yeux du lecteur, ainsi que la récompense qu'il reçut à son retour à Turin. Cette récompense, la voici : c'est une délibération de la noblesse française émigrée en faveur de M. Pierre Froment et de ses enfants, habitants de Nîmes. — Nous reproduisons textuellement cette pièce historique.

« Nous, soussignés, gentilshommes français, convaincus que la noblesse n'a été instituée que pour devenir le prix du courage et l'encouragement de la vertu, déclarons que le chevalier de Guer nous ayant rendu compte des preuves de courage, de dévouement pour le roi et d'amour de la patrie, qu'ont données M. Pierre Froment père, receveur du clergé, et ses fils, Mathieu Froment, bourgeois, Jacques Froment, chanoine, François Froment, avocat, habitants de Nîmes ; nous les regarderons désormais, eux et leurs descendants, comme nobles et faits pour jouir de toutes les distinctions qui appartiennent à la véritable noblesse. Les braves citoyens qui feront des actions distinguées en combattant pour le rétablissement de la monarchie devant être les égaux des chevaliers français dont les ancêtres ont contribué à la fonder, déclarons de plus qu'à l'instant où les circonstances le permettront, nous nous réunirons pour demander à Sa Majesté d'accorder à cette famille illustrée par la vertu tous les honneurs et prérogatives qui appartiennent aux vrais gentilshommes, et pour les faire jouir dès le premier instant des avantages réservés en France à la noblesse. Nous chargeons MM. le marquis de Miran, le comte d'Espinchal, le marquis d'Escars, le vicomte de Pons, le chevalier de Guer, le marquis de la Féronnière, d'aller en députation vers monseigneur le comte d'Artois, monseigneur le duc d'Angoulême, monseigneur le duc de Berry, monseigneur le prince de Condé, monseigneur le duc de Bourbon et monseigneur le duc d'Enghien, pour les supplier de se mettre à notre tête quand nous demanderons à Sa Majesté d'accorder à MM. Froment toutes les distinctions qui appartiennent à la véritable noblesse.

Le comte de Choiseul. Le marquis de Plarin.
Beaumont d'Autichamp. Le comte de Lafare.

Le comte François d'Escars.
Le chevalier de Vivien.
D'Espinchal père.
Begon de la Rouzière.
De la Salle.
Ulrich.
Le comte de Vérac.
Le comte d'Auteuil.
La Feuillide.
Le chevalier de Verne.
D'assac, comte de Fernay.
Le vicomte de Gouvello.
Mirant.
Le marquis de Seraut.
Le comte de Vintimille.
Rebourgueil.
Le marquis de Gain-Montagnac.
Dubois de La Féronnière.
Desouenne d'Empugène.
D'Espinchal fils.
De Pons.
L'abbé de Pons.
L'abbé de Menar.
Le comte d'Avessens.
Le chevalier de Grailly.
Le vicomte de Milleville.
Barthès de Marmoriers.
Le comte Antoine de Lévis
Le comte Philippe de Vaudreuil.
Le comte Joseph de Maccarthy.
Le vicomte Robert de Maccarthy.
Le baron de Corcelles.
Le marquis Boulanger.
D'Auteuil fils.
Le prince de La Trémoille.
Le chevalier de Bouglan.
La Rouzière fils.
Le chevalier de Milleville.
Le chevalier de Marcombe.
Le chevalier de Guer.
Le marquis d'Escars.
De Caze.
Le marquis de Pierrevert.
Le baron Dubois d'Escordal.
Le comte de Lantivy.
Defaure.

» A Turin, ce 12 septembre 1790. »

La noblesse du Languedoc apprit de son côté avec joie les honneurs conférés à son compatriote M. Froment; aussi lui adressa-t-elle la lettre suivante :

« Lorch, le 7 juillet 1792.

» La noblesse du Languedoc s'est empressée, monsieur, de confirmer la délibération tenue en votre faveur par les gentilshommes assemblés à Turin. Elle rend justice au zèle et au courage qui ont distingué votre conduite et celle de votre famille : en conséquence, elle nous charge de vous assurer qu'elle vous verra avec plaisir parmi les gentilshommes réunis sous les ordres de M. le maréchal de Castries, et que vous pouvez vous rendre au cantonnement de Lorch, pour prendre votre rang dans une de ces compagnies.

» Nous avons l'honneur d'être, monsieur, vos très-humbles et très-obéissants serviteurs,

» Le comte DE TOULOUSE-LAUTREC, le marquis DU LAC, le marquis DE LA JONQUIÈRE, le marquis DE PANOT, le chevalier DE BEDOS. »

Les protestants, nous l'avons dit, avaient salué avec joie les premiers beaux jours de la révolution; mais bientôt arriva la terreur, qui, sans distinction de culte, frappait sur tous. Cent trente-huit têtes tombèrent sur l'échafaud, condamnées par le tribunal révolutionnaire du Gard. Quatre-vingt-onze condamnés étaient catholiques, quarante-sept étaient protestants. On eût dit que les bourreaux, dans leur impartialité, avaient fait le recensement de la population.

Le consulat apparut à son tour : hommes de commerce et d'industrie, plus riches en général que les catholiques, et par conséquent ayant plus à perdre, les protestants, qui voyaient en lui plus de stabilité et surtout un génie plus puissant que dans les gouvernements précédents, s'y rallièrent avec confiance et avec sincérité. Puis vint l'empire avec ses idées absolues, son système continental, ses réquisitions redoublées; et alors les protestants s'écartèrent de lui; car c'est envers eux surtout, qui ont tant espéré en lui, qu'il est parjure et que Napoléon ne tient pas les promesses de Buonaparte.

Aussi la première restauration fut-elle saluée à Nîmes par un cri de joie universel; et un observateur superficiel aurait pu croire que toute trace du vieux levain religieux avait disparu. En effet, pendant les dix-sept ans, les deux cultes semblent confondus dans une paix profonde et dans une bienveillance mutuelle; depuis dix-sept ans, dans la société comme dans les affaires, on se réunit sans s'informer de la communion à laquelle on appartient, et Nîmes, à sa surface, peut être citée comme un exemple d'union et de fraternité.

Bientôt Monsieur arriva à Nîmes, la garde urbaine fut sa garde d'honneur; elle conservait encore l'organisation qu'elle avait reçue en 1812, c'est-à-dire qu'elle se composait indistinctement de citoyens appartenant aux deux cultes. Six décorations lui furent accordées : trois furent données aux catholiques, trois furent données aux protestants. En même temps, M. Daunant, M. Olivier Desmonts et M. de Seine, le premier maire, le second président du Consistoire, et le dernier membre de la préfecture, tous trois de la religion réformée, reçoivent la même faveur.

De la part de Monsieur, une pareille impartialité était presque une préférence, et cette préférence blessa les catholiques. Ils se rappelèrent qu'à une certaine époque les pères de ceux qui venaient d'être décorés de la main du prince combattaient contre ceux qui lui étaient fidèles. Aussi Monsieur était-il à peine parti, que l'on s'aperçut que l'harmonie n'était déjà plus la même. Les catholiques avaient un café de prédilection, dans lequel, pendant tout le temps de l'empire, ils s'étaient trouvés réunis aux protestants, sans que cette réunion amenât une seule rixe de religion. A compter de ce moment, ils commencèrent à faire mauvaise mine aux religionnaires. Ceux-ci s'en aperçurent; mais, décidés à conserver la paix à tout prix, ils abandonnèrent peu à peu le café aux seuls catholiques, et en adoptèrent un autre qui venait de s'élever à l'enseigne de l'*Ile d'Elbe*. Il n'en fallut pas davantage pour les faire traiter de bonapartistes; et, à ce titre, comme on pensait que le cri de « Vive le roi! » pouvait leur être désagréable, on les saluait de ce cri à tout moment, et avec un accent qui prenait de jour en jour une intonation plus provocante. D'abord, au cri de « Vive le roi! » ils répondirent par un cri pareil; mais alors on les traita de lâches, attendu, disait-on, qu'ils proféraient de la bouche un cri qu'ils n'avaient point dans le cœur. Sensibles à cette inculpation, ils se turent; mais alors on les accusa d'aversion pour la famille royale. Enfin ce cri de « Vive le roi! » que chacun avait d'abord prononcé de si bon cœur dans un chorus universel, devint si inquiétant, lorsqu'il ne fut plus que l'expression de la haine d'un parti, que, le 21 février 1815, M. Daunant, le maire, défendit par un arrêté public ce cri de « Vive le roi! » qu'on était parvenu à rendre séditieux.

Les esprits en étaient déjà arrivés à ce degré d'irritation, lorsqu'on apprit à Nîmes, le 4 mars, au soir, le débarquement de Napoléon.

Quelle que fût l'impression que produisit cette nouvelle, la ville resta sombre, mais calme; d'ailleurs, on n'avait pas de nouvelles positives. Napoléon, qui connaissait la sympathie des montagnards pour lui, s'était engagé dans les Alpes, et son aigle ne volait point encore assez haut pour qu'on le vît planer au-dessus du mont Genève.

Le 12, monseigneur d'Angoulême arriva à Nîmes : deux proclamations, qui appellent les habitants aux armes, y signalent son arrivée ; les Nîmois répondent à l'appel avec l'ardeur méridionale; une armée se forme; les protestants se présentent concurremment avec les catholiques; mais les protestants sont exclus, les catholiques ne reconnaissant qu'à eux seuls le droit de défendre leurs souverains légitimes.

Cependant ce triage se fait sans que, en apparence, le duc d'Angoulême en soit instruit. Pendant son séjour à Nîmes, il accueille également bien les protestants et les catholiques, et les uns et les autres sont admis à sa table. Or, il se trouve qu'invité, un vendredi, à cette table, un général protestant fait maigre, tandis qu'un général catholique faisait gras. Le prince remarque en riant cette anomalie. — Bah! répond le général catholique, mieux vaut une aile de poulet de plus et une trahison de moins. — L'attaque était si directe, que, quoique le général protestant ne pût en rien se l'appliquer, il se leva de table et sortit. Le général protestant si cruellement blessé était le brave général Gilly.

Cependant les nouvelles deviennent de plus en plus désastreuses; Napoléon a le vol rapide de ses aigles. Le 24 mars, le bruit se répand à Nîmes que le roi Louis XVIII a quitté Paris le 19, et que Napoléon y est entré le 20. On remonte à la source de ce bruit, et on apprend qu'il a été répandu par M. Vincent de Saint-Laurent, conseiller de préfecture, et l'un des hommes les plus respectables de Nîmes. Aussitôt M. Vincent de Saint-Laurent est mandé pour savoir d'où il tient ces renseignements. Il dit qu'il les a lus dans une lettre reçue par M. de Braguères, et produit la lettre; mais cette preuve, toute convaincante qu'elle est, ne suffit point : M. Vincent de Saint-Laurent est conduit, de brigade en brigade, au château d'If. Les protestants prennent parti pour M. Vincent de Saint-Laurent; les catholiques se rangent du côté de l'autorité, qui le persécute; les partis si longtemps calmes, les haines si longtemps assoupies, se retrouvent en présence. Cependant il n'éclate aucune rixe; mais la ville est fiévreuse, et chacun s'attend à une crise.

Déjà, le 22 mars, deux bataillons de volontaires catholiques, organisés à Nîmes, et formant à peu près dix-huit cents hommes, ont été acheminés sur Saint-Esprit. Au moment du départ, on leur a distribué des fleurs de lis de drap rouge : ce changement de couleur dans l'emblème monarchique est une menace que comprennent les protestants.

Le prince part à son tour, emmenant avec lui le reste des volontaires royaux, et laissant par le départ des catholiques les protestants à peu près maîtres de Nîmes.

Cependant le calme continue d'y régner, et, chose étrange, les provocations viennent de la part des plus faibles.

Le 27 mars, six hommes se réunissent sur une aire, y font un repas, et concertent un tour de ville. Ce sont Jacques Dupont, qui, sous le nom de Trestaillons, acquit depuis la terrible célébrité que vous savez; Truphemy, le boucher; Morenet, le tondeur de chiens; Hours, Servant et Gilles. Ils partent, ils arrivent en face du café de l'Ile d'Elbe, qui par son nom même indique l'opinion de ceux qui le fréquentent : ce café est en face d'un corps de garde occupé par les soldats du 67e. Là, ces hommes s'arrêtent, et avec l'accent de la provocation poussent le cri de « Vive le roi ! » sans parvenir à rien amener qu'une espèce de rixe sans importance, que nous n'avons nous-mêmes rapportée que pour donner une idée de la modération des protestants, et pour mettre en scène les hommes qui devaient jouer trois mois après un rôle si terrible.

Le 1er avril, le maire convoque à la mairie même le conseil municipal, les divers membres des autorités constituées, les officiers de la garde urbaine, les curés, les pasteurs du culte protestant et diverses autres personnes notables de la ville. Là,

M. Trinquelague, avocat de la cour royale, présente une adresse énergique qui a pour objet de manifester l'amour des citoyens pour le roi, pour la patrie, et de les exhorter à l'union et à la paix. Cette adresse est adoptée à l'unanimité, signée par tous les membres de l'assemblée, et parmi les signatures sont celles des principaux protestants de Nîmes. Ce n'est pas tout; le lendemain, elle est imprimée, publiée et envoyée à toutes les communes du département sur lesquelles le drapeau blanc flotte encore. Et cela, comme nous l'avons dit, se passe le 2 avril, c'est-à-dire onze jours après la rentrée de Napoléon à Paris.

Le même jour on apprend que l'on a proclamé à Montpellier le gouvernement impérial.

Le lendemain, 3 avril, les officiers de demi-solde devaient se réunir à la fontaine pour y passer une revue du général et du sous-inspecteur. A l'heure dite, on s'assembla à la fontaine, et comme le général et le sous-inspecteur tardent, l'ordre du jour du général Ambert, portant reconnaissance du gouvernement impérial, se distribue dans les rangs, les têtes se montent, un des officiers met l'épée à la main et crie : « Vive l'empereur! » Le mot magique trouve des échos de tous les côtés. On se porte en tumulte aux casernes du 63e régiment, qui se réunit à l'instant même aux officiers; le maréchal de camp Pelissier arrive au milieu de ce tumulte, et comme il veut s'opposer aux mouvements des esprits, il est arrêté par ses propres soldats. Les officiers se rendent aussitôt chez le général Briche, commandant la garnison, pour lui demander communication officielle de l'ordre du jour qu'il a dû recevoir. Le général répond qu'il n'a rien reçu; interrogé alors sur le parti qu'il prendra, il refuse de répondre. Les officiers s'emparent aussitôt de sa personne et le constituent prisonnier. A peine est-il écroué aux casernes, que le fonctionnaire de la poste se rend chez lui pour lui remettre une dépêche du général Ambert qui vient d'arriver. Apprenant que son général est prisonnier, le fonctionnaire porte la dépêche au colonel du 63e régiment, qui est le plus ancien officier après le général. Celui-ci l'ouvre, elle contient l'ordre du jour.

A l'instant même cet officier fait battre la générale, la garde urbaine prend les armes, les troupes sortent des casernes et se mettent en ligne; les lignes formées, les gardes nationaux se placent immédiatement après les troupes réglées et dans l'ordre de bataille; l'ordre du jour est lu; les placardeurs se l'arrachent; en un instant il est affiché dans toutes les rues et à tous les carrefours : à ce moment, la cocarde nationale remplace la cocarde blanche, et l'on force tout le monde de porter la première ou de n'en pas porter du tout; la ville est déclarée en état de siége, et les militaires forment un comité de surveillance et de police.

Lors du séjour du duc d'Angoulême à Nîmes, le général Gilly est venu solliciter dans l'armée du prince de l'emploi, que, malgré ses vives instances, il n'a pu obtenir; aussi, immédiatement après le dîner où il a été insulté, s'est-il retiré à sa campagne de l'Avernede; c'est là que, dans la nuit du 5 au 6, il reçoit par un courrier l'ordre du général Ambert de prendre le commandement de la seconde subdivision; le 6 au matin, le général Gilly se rend à Nîmes, annonce qu'il accepte, et, par cette acceptation, les départements du Gard, de l'Ardèche et de la Lozère se trouvent sous ses ordres.

Le lendemain, le général Gilly reçoit de nouvelles dépêches du général Ambert; il lui annonce que, dans la vue de séparer l'armée du duc d'Angoulême des départements dans lesquels la sympathie qu'elle excite pourrait amener la guerre civile, il a pris la résolution de faire occuper militairement Pont-Saint-Esprit; qu'en conséquence, il a donné l'ordre au 10e régiment de chasseurs à cheval, au 13e d'artillerie et à un bataillon d'infanterie, de partir de Montpellier pour se porter sur ce point à marches forcées; ces divers corps sont sous les ordres du colonel Saint-Laurent; mais le général Ambert désire, si le général Gilly croit pouvoir quitter Nîmes sans danger, qu'il en prenne le commandement en chef et qu'il les rejoigne avec une partie du 63e; la ville est si parfaitement calme, que le général Gilly n'hésite pas un instant à obéir à cette invitation; il part le 7 de Nîmes, va coucher à Uzès, trouve la ville abandonnée de ses magistrats, dans la crainte des troubles que peut amener cet abandon, la déclare en état de siége et en laisse le commandement à M. Bresson, chef de bataillon, officier en retraite, né dans la ville et y faisant sa résidence habituelle; puis, tous les malheurs prévenus, autant qu'il est en lui de le faire, il se remet en route le 8 au matin.

Au-dessus du village de Conans, le général Gilly reçoit une ordonnance, que lui expédie le colonel Saint-Laurent; cette ordonnance lui annonce que le colonel occupe Pont-Saint-Esprit, et que le duc d'Angoulême, qui se trouve pris entre deux feux, vient de lui envoyer le général d'Aultanne, chef de l'état-major de l'armée royale, pour traiter avec lui : le général Gilly force sa marche, arrive à Pont-Saint-Esprit, et y trouve en effet le général d'Aultanne et le colonel Saint-Laurent, réunis à l'hôtel de la Poste.

Porteur des instructions du commandant en chef, le colonel Saint-Laurent avait déjà réglé avec l'envoyé de M. le duc d'Angoulême différents points de la capitulation : le général Gilly en modifia quelques-uns, régla les autres, et le même jour, c'est-à-dire le 8 avril, la convention suivante fut signée.

« Convention conclue entre le général Gilly et le baron de Damas.

» S. A. R. monseigneur le duc d'Angoulême, commandant en chef l'armée royale du Midi, et M. le général de division, baron de Gilly, commandant en chef le premier corps de l'armée impériale, pénétrés de la nécessité et du désir d'arrêter l'effusion du sang français, ont chargé de leurs pleins pouvoirs, pour régler les articles d'une convention qui puisse assurer la tranquillité du midi de la France, savoir : Son Altesse Royale, M. le baron de Damas, maréchal de camp, sous-chef de l'état-major général; et M. le général de Gilly, M. l'adjudant-commandant Lefèvre, chevalier de la Légion d'honneur, chef d'état-major du premier corps d'armée, lesquels, après avoir échangé leurs pouvoirs respectifs, sont convenus des articles suivants :

» Art. 1er. L'armée royale est licenciée; les gardes nationales qui en font partie, sous quelque dénomination qu'elles aient été levées, rentreront chez elles après avoir déposé les armes ; il leur sera délivré des feuilles de route pour rentrer dans leurs foyers, et M. le général de division commandant en chef leur garantit qu'il ne sera jamais question de tout ce qui a pu être dit ou fait relativement aux événements qui ont eu lieu avant la présente convention.

» Les officiers conserveront leurs épées ; les troupes de ligne qui font partie de cette armée se rendront dans les garnisons qui leur seront assignées.

» Art. II. MM. les officiers généraux, officiers supérieurs d'état-major et autres de toutes armes, les chefs et employés de toute administration dont il sera fourni un état nominatif à M. le général en chef, se retireront dans leurs foyers, en attendant les ordres de Sa Majesté l'empereur.

» Art. III. Les officiers de tout grade qui voudraient donner leur démission sont libres de le faire ; il leur sera accordé de suite des passeports pour entrer dans leurs foyers.

» Art. IV. Les caisses de l'armée et les registres du payeur général seront remis de suite aux commissaires nommés à cet effet, par M. le général commandant en chef.

» Art. V. Les articles ci-dessus sont applicables aux corps commandés par monseigneur le duc d'Angoulême en personne et à tous ceux qui agissent séparément sous ses ordres et qui font partie de l'armée royale du Midi.

» Art. VI. Son Altesse Royale se rendra en poste au port de Cette, où les bâtiments nécessaires pour elle et sa suite seront disposés pour la transporter partout où elle voudra se rendre. Des postes de l'armée impériale seront placés à tous les relais pour protéger le voyage de Son Altesse, et il lui sera rendu partout les honneurs dus à son rang, si elle le désire.

» Art. VII. Tous les officiers et autres personnes de la suite de Son Altesse qui désirent la suivre auront la faculté de s'embarquer avec elle, soit qu'ils veuillent partir de suite, soit qu'ils demandent le temps nécessaire pour arranger leurs affaires particulières.

» Art. VIII. Le présent traité restera secret jusqu'à ce que Son Altesse ait quitté le territoire de l'empire.

» Fait en double expédition et convenu entre les chargés de pouvoirs ci-dessus désignés, le 8e jour d'avril de l'an 1815, sous l'approbation de M. le général commandant en chef, et ont signé,

» Au quartier général de Pont-Saint-Esprit, les jour et an ci-dessus :

» L'adjudant commandant en chef d'état-major du premier corps de l'armée impériale du Midi,

» *Signé :* Lefèvre.

» Le maréchal de camp sous-chef d'état-major général,

» Baron de Damas.

» Approuvée la présente convention par le général de division commandant en chef l'armée impériale du Midi.

» *Signé :* Gilly. »

Après quelques discussions entre le général Gilly et le général Grouchy, la capitulation fut exécutée : le 16 avril, à huit heures du matin, le duc d'Angoulême arriva au port de Cette, et, profitant d'un vent favorable, il quitta le même jour la France, à bord du vaisseau suédois *la Scandinavie*.

Dès le 9 et de grand matin, un officier supérieur avait été envoyé à la Palud pour délivrer des feuilles de route aux troupes qui, d'après l'article 1er de la capitulation, *devaient rentrer chez elles après avoir déposé les armes*. Mais pendant la journée de la veille et pendant la nuit même, une partie des volontaires royaux s'étaient déjà soustraits à cet article en se retirant avec *armes et bagages*. Comme cette infraction amena de graves résultats, nous allons, pour bien l'établir, rapporter la déposition de trois volontaires royaux eux-mêmes.

« Revenant de l'armée de monseigneur le duc d'Angoulême après la capitulation, dépose Jean Saunier, je m'étais rendu avec mes chefs et mon corps à Saint-Jean des Anels; de là nous nous dirigeâmes sur Uzès; lorsque nous fûmes au milieu d'un bois, près d'un village dont je ne me rappelle pas le nom, notre général, M. de Vogué, nous dit qu'il fallait que nous nous retirassions chacun chez nous. Nous lui demandâmes où nous devions déposer le drapeau. Dans ce moment, le commandant Magné le détacha du bâton et le mit dans sa poche. Nous demandâmes au général *où nous devions dépo-*

ser nos armes : il nous répondit *que nous devions les conserver, croyant qu'il n'y en aurait pas pour longtemps avant que nous en eussions besoin, et même que nous devions conserver aussi nos munitions* pour nous garantir en chemin de tout événement malheureux.

» Dès ce moment, chacun prit son parti, et nous restâmes ensemble soixante-quatre qui prîmes un guide pour nous conduire de manière à éviter de passer à Uzès. »

Nicolas Marie, travailleur de terre, dépose ainsi :

« Revenant de l'armée de monseigneur le duc d'Angoulême après la capitulation, je m'étais rendu avec mes chefs et mon corps à Saint-Jean des Anels. Nous nous dirigeâmes vers Uzès; mais lorsque nous fûmes au milieu d'un bois après un village dont je ne me rappelle pas le nom, notre général, M. de Vogué, nous dit de faire en sorte de nous retirer chacun chez nous. Nous vîmes le commandant Magné, qui, ayant détaché le drapeau de son bâton, le roula et le mit dans sa poche. Nous demandâmes au général ce que nous devions faire de *nos armes :* il nous répondit *qu'il fallait les conserver, de même que nos munitions, qui pourraient nous être utiles.* Dès ce moment nos chefs nous abandonnèrent, et chacun se sauva comme il put. »

« Après la capitulation de monseigneur le duc d'Angoulême, je me trouvai, dépose Paul Lambert, passementier à Nîmes, faire partie de divers détachements qui étaient sous les ordres du commandant Magné et M. le général de Vogué. Lorsque nous fûmes dans un bois près d'un village dont je ne sais pas le nom, M. de Vogué et les autres chefs nous dirent de nous retirer chez nous. On fit plier le drapeau, que M. Magné mit dans sa poche. Nous demandâmes à nos chefs ce que nous devions faire de *nos armes.* M. de Vogué nous dit *qu'il fallait les garder, que nous ne resterions pas longtemps sans en avoir besoin;* que d'ailleurs elles pourraient nous servir en route, s'il nous arrivait quelque chose. »

Les trois dépositions sont trop identiques pour laisser aucun doute. Les volontaires royaux étaient donc en contravention avec l'article 1er de la capitulation.

Ainsi abandonnés par leurs chefs, sans général et sans drapeau, les soldats de M. Vogué ne prirent plus conseil que d'eux-mêmes, et s'étant réunis, comme le dit l'un d'eux, au nombre de soixante-quatre avec un seul sergent-major, ils prirent un guide afin de ne point passer à Uzès, où ils craignaient d'être insultés. Le guide les conduisit jusqu'à Montarem sans que nul cherchât à mettre obstacle à leur passage, ni les inquiétât au sujet de leurs armes.

Tout à coup un cocher nommé Bertrand, domestique de confiance de l'ancien grand vicaire d'Alais, M. l'abbé Rafin, et de madame la baronne d'Arnaud Wurmeser, et qui régissait à leurs frais communs le domaine d'Aureillac, arrive à grande course de cheval à Arpaillargues, commune presque entièrement protestante, et par conséquent napoléoniste, annonçant que les miquelets, après cent dix ans, c'est encore, comme on le voit, le même nom que l'on donne aux troupes royales, annonçant, dis-je, que les miquelets arrivent par la route de Montarem, pillant les maisons, assassinant les ministres, violant les femmes et les jetant ensuite par la fenêtre. On comprend l'impression que produit un pareil récit : des groupes se forment; en l'absence du maire et de l'adjoint, on conduit Bertrand chez un nommé Boucarut, qui reçoit son rapport, ordonne la générale et fait sonner le tocsin. Alors la consternation devient universelle : les hommes s'arment de fusils, les femmes et les enfants de pierres et de fourches, et chacun s'apprête à faire face à un danger qui n'a jamais existé que dans l'esprit de Bertrand, lequel a fait le faux rapport, sans que rien existe qui ait pu l'y autoriser.

C'est au milieu de la fermentation d'esprits qui y règne, que les volontaires royaux arrivent en vue d'Arpaillargues. A peine les aperçoit-on, que le cri, « les voilà ! les voilà ! » s'élève de tous côtés; on barre les rues avec des charrettes; le tocsin, qui gémissait, hurle à toute volée; tout ce qu'il y a d'hommes armés ou en état de porter les armes se précipite à l'extrémité du village. Alors on aperçoit les gardes royaux qui, au bruit qu'ils entendent et aux préparatifs hostiles qu'ils distinguent, s'arrêtent un instant, et, pour indiquer leurs intentions pacifiques, mettent la crosse de leurs fusils en l'air, leurs shakos au bout, et annoncent qu'on a tort de se défier d'eux et qu'ils ne veulent faire de mal à personne; mais, prévenus qu'ils sont par les récits terribles de Bertrand, les habitants d'Arpaillargues répondent qu'ils ne se contenteront pas d'une simple démonstration, et que si les miquelets ne remettent pas leurs armes, ils ne passeront point par le village. On conçoit qu'une pareille déclaration devait déplaire à des hommes qui avaient déjà manqué à la capitulation en les conservant; aussi s'y refusent-ils obstinément. Ce refus redouble la défiance; les pourparlers deviennent plus vifs entre le sieur Boucarut, pour les habitants d'Arpaillargues, et le sieur Fournier pour les gardes royaux. Enfin des paroles on en vient aux faits. Les miquelets veulent forcer le passage, quelques coups de fusil partent: deux miquelets tombent; ce sont les nommés Calvet et Fournier. Les autres se dispersent; une vive fusillade les poursuit, deux miquelets sont blessés encore, mais légèrement. Tous alors fuient et se dispersent dans une prairie qui borde le chemin; la populace les y poursuit un instant, puis revient bientôt autour des corps des deux blessés, et procès-verbal est dressé par Antoine Robin, avocat et juge du canton d'Uzès, de ce qui vient de se passer.

Cet accident est à peu près le seul que l'on ait à déplorer pendant les Cent-Jours; les partis restent en présence, menaçants, mais contenus; mais il ne faut pas s'y tromper, la paix n'est pas faite, seulement on attend la guerre.

Cette fois, c'était Marseille qui devait donner le signal des hostilités; ici, nous nous effaçons pour laisser parler un témoin oculaire qui, catholique lui-même, ne peut être soupçonné de partialité.

« J'habitais Marseille à l'époque du débarquement de Napoléon, je fus témoin de l'impression que cette nouvelle produisit sur tout le monde. Il n'y eut qu'un cri; l'élan fut unanime, la garde nationale demanda en masse à marcher; mais le maréchal Masséna ne le lui permit que lorsqu'il n'était plus temps. Napoléon avait déjà gagné les montagnes, et marchait avec une telle rapidité qu'il eût été impossible de le joindre. Bientôt on apprit son entrée triomphale à Lyon et son entrée nocturne à Paris; Marseille se soumit comme le reste de la France; le prince d'Essling fut rappelé dans la capitale, et le maréchal Brune, qui vint prendre le commandement du sixième corps d'observation, établit son quartier général à Marseille.

» Par une versatilité d'opinions assez incompréhensible, Marseille, dont le nom pendant la terreur avait été en quelque sorte le symbole des opinions les plus avancées, était en 1815 presque entièrement royaliste. Néanmoins, ses habitants virent sans le moindre murmure le drapeau tricolore, de retour après un an d'absence, flotter de nouveau sur leurs murailles : aucun acte arbitraire de la part de l'autorité, aucune menace, aucune rixe entre les habitants et les militaires ne troubla la paix de la vieille Phocée, et jamais révolution ne fut si douce ni si facile.

» Il faut dire aussi que le maréchal Brune était bien l'homme qui convenait, pour amener sans secousse une pareille transformation; à la franchise et à la loyauté d'un vieux soldat, il joignait des qualités plus solides que brillantes : c'était son Tacite à la main, qu'il regardait passer les révolutions modernes, y prenant part quand la voix de son pays l'appelait à sa défense, et toujours par des motifs de patriotisme et non d'intérêt personnel. En effet, le vainqueur d'Harlem et de Bakkun était oublié depuis près de quatre ans dans la retraite ou plutôt dans l'exil, lorsque la même voix qui l'avait éloigné le rappela; à cette voix, Cincinnatus quitta sa charrue et reprit ses armes. Voici pour le moral. Quant au physique, c'était à cette époque un homme de cinquante-cinq ans à peu près, à la figure franche et ouverte, encadrée par de gros favoris, à la tête chauve, et garnie seulement aux deux tempes de cheveux grisonnants, à la taille élevée, à la démarche vive et à la tournure essentiellement militaire.

» J'avais été mis en relation avec lui à propos d'un mémoire qu'un de mes amis et moi avions composé sur les opinions des habitants du Midi, et dont il nous avait demandé copie : après avoir causé longtemps avec nous sur son contenu, qu'il discuta avec l'impartialité d'un homme qui n'est point venu avec un parti pris, mais avec un parti à prendre, il nous invita à revenir le voir souvent; nous profitâmes de la permission, et nous y fûmes si bien reçus que nous y revînmes presque tous les soirs.

» A son arrivée dans le Midi, une vieille calomnie, qui l'avait déjà poursuivi autrefois, se réveilla, toute rajeunie de son long sommeil. Je ne sais quel auteur, en rapportant les massacres du 2 septembre et la mort de la malheureuse princesse de Lamballe, avait dit : « Quelques personnes ont cru » reconnaître dans l'homme qui portait la tête au bout d'une » pique le général Brune déguisé, » et cette accusation, si dénuée non-seulement de vérité, mais encore de possibilité, qu'elle fût, puisqu'à cette époque le général était loin de Paris, après avoir été saisie avec avidité sous le consulat, poursuivait encore le maréchal en 1815 avec un tel acharnement, qu'il se passait peu de jours sans qu'il reçût quelque lettre anonyme qui le menaçait d'un sort pareil à celui de la princesse. Un soir que nous étions chez lui, il en ouvrit une, qu'il nous passa aussitôt; elle était conçue en ces termes :

« Coquin,

» Nous connaissons tous tes crimes, tu en recevras bientôt » le juste châtiment. Dans la révolution, c'est toi qui as fait » périr la princesse de Lamballe; tu portais sa tête au bout » d'une pique, mais la tienne doit encore faire plus de chemin. Si tu as le malheur de te rendre à la revue des allées, » ton affaire est faite, et ta tête doit être placée au haut du » clocher des Accoules.

» Adieu, scélérat. »

» Nous lui donnâmes alors le conseil de remonter à la source de toutes ces calomnies et d'en tirer une fois pour toutes une vengeance éclatante. — Il réfléchit un instant, puis, approchant la lettre d'une bougie et la tenant dans sa main en regardant avec distraction la flamme qui la consumait :

» — Vengeance! Oui, dit-il, je sais bien qu'en en tirant vengeance, je les ferais taire, et que j'assurerais peut-être la tranquillité publique, qu'ils troublent incessamment. Mais je préfère employer la persuasion à la rigueur. J'ai pour principe qu'il vaut mieux ramener les têtes que de les couper, et passer pour un homme faible que pour un buveur de sang.

» Le maréchal Brune était tout entier dans ces quelques mots.

» En effet, la tranquillité publique fut troublée deux fois à Marseille pendant le gouvernement des Cent-Jours; et elle le fut les deux fois de la même manière. Les officiers de la garnison se réunissaient dans un café de la place Necker, et chantaient des chansons analogues aux circonstances. On les attaqua en cassant les vitres avec des pierres qui en atteignirent quelques-uns. Ils sortirent et crièrent aux armes. Les habitants répondirent par les mêmes cris, on battit la générale, de nombreuses patrouilles furent faites, et le commandant de la place parvint à calmer les esprits et à rétablir la tranquillité sans qu'il y eût personne de blessé.

» Le jour du Champ-de-Mai, l'ordre fut donné d'illuminer généralement et d'arborer un drapeau tricolore aux croisées. Le plus grand nombre des habitants ne se conformèrent point au vœu de l'autorité. Les officiers, irrités de cette désobéissance, se portèrent à des excès coupables; mais, en somme, ces excès n'aboutirent qu'à casser les carreaux des maisons non illuminées et à forcer ainsi les propriétaires à se conformer aux ordres qu'ils avaient reçus.

» Cependant, comme à Marseille, ainsi que dans tout le reste de la France, on commençait à désespérer de la cause royale, ceux qui représentaient cette cause (et comme nous l'avons dit, ils étaient très-nombreux à Marseille) avaient cessé de provoquer la colère des militaires, et semblaient se résigner à leur sort. De son côté, le maréchal Brune avait quitté la ville pour se rendre à son poste de la frontière, sans qu'une seule des menaces qui lui avaient été faites eût même eu une apparence d'exécution. On était arrivé au 25 juin, et les nouvelles que l'on avait reçues des premiers succès obtenus à Fleurus et à Ligny semblaient confirmer l'espérance de nos soldats, quand, vers le milieu de la journée, un bruit sourd se répandit dans la ville, écho lointain du canon de Waterloo; à l'instant même le silence des chefs, l'inquiétude des militaires, la joie des royalistes, tout annonça qu'une guerre nouvelle allait éclater dont on semblait prévoir d'avance les résultats. Vers quatre heures du soir, un homme mieux instruit sans doute que ses compatriotes arrache sa cocarde tricolore et la foule aux pieds, au cri de «Vive le roi!» Les soldats irrités le saisissent et veulent l'emmener au corps de garde; la garde nationale s'y oppose, cette opposition devient une lutte; des cris s'élèvent, les soldats sont entourés d'un cercle immense, quelques coups de fusil partent, d'autres leur répondent, trois ou quatre hommes tombent et se roulent dans leur sang. Au milieu de ce tumulte le nom de Waterloo retentit, et avec ce nom inconnu, prononcé pour la première fois par la grande voix de l'histoire, se répandent les revers de l'armée française et le triomphe des alliés. Alors le général Verdier, qui commande la place en l'absence du maréchal Brune, monte à cheval et veut haranguer le peuple; mais sa voix est dominée par les cris de la populace ameutée devant un café où est le buste de l'empereur et qui veut qu'on lui livre ce buste. Verdier, qui croit apaiser par là ce qu'il prend pour une simple émeute, ordonne que ce buste soit livré; cette condescendance, étrange de la part d'un général commandant au nom de la cause impériale, prouve que tout est perdu pour elle. La colère de la populace s'augmente de la certitude de l'impunité; elle courut à l'hôtel de ville, arrache le drapeau tricolore, le brûle et le remplace à l'instant même par le drapeau blanc. On bat la générale, le tocsin sonne, la population s'augmente de celle de tous les villages voisins; les assassinats commencent, les massacres vont venir.

» Dès le commencement du tumulte, j'étais descendu dans la ville avec M*** : nous avions donc été témoins de cette agitation menaçante et de ces troubles croissants; mais nous ignorions encore la véritable cause, lorsque nous rencontrâmes dans la rue de Noailles un autre de nos amis qui, quoique d'opinion différente, nous avait paru jusque-là fort attaché. — Eh bien! lui dis-je, quelle nouvelle? — Bonne pour moi, mauvaise pour vous, me répondit-il. Je vous engage à vous retirer. — Étonnés de ce langage, et commençant à craindre réellement, nous le prions de s'expliquer. — Écoutez, nous dit-il, des troubles vont éclater dans la ville. On sait que vous alliez chez Brune presque tous les soirs; vos voisins ne vous aiment guère: réfugiez-vous à la campagne.

— Je voulus insister; mais, cette fois, il me tourna le dos et s'éloigna sans me répondre.

» Nous nous regardions, stupéfaits, M*** et moi, lorsque le bruit, qui commençait à s'accroître, nous indiqua que nous n'avions pas un instant à perdre pour suivre le conseil qui nous avait été donné. Nous gagnâmes rapidement ma maison, située au bout des allées de Meilhan. Ma femme se préparait à sortir; je l'arrêtai. — Nous avons des sujets de crainte, lui dis-je; il faut nous retirer à la campagne. — Chez qui? — Où notre bonne ou mauvaise fortune nous conduira. — Partons! — Elle prenait son chapeau; je le lui fis laisser. Il était important qu'on crût que nous n'étions instruits de rien, et que nous allions dans le voisinage. Cette précaution nous sauva. Nous apprîmes le lendemain qu'on ne nous aurait point laissé sortir si l'on avait soupçonné notre fuite.

» Nous marchions au hasard, et nous entendions derrière nous des coups de fusil sur tous les points de la ville. Nous trouvâmes sur le chemin une petite troupe de soldats qui couraient au secours de leurs camarades. Le lendemain nous sûmes qu'ils n'avaient point dépassé la barrière.

» Nous songeâmes à un ancien militaire qui, retiré des affaires du monde et ayant quitté le service depuis quelque temps, habitait la campagne auprès du village de Saint-Juste: ce fut vers sa maison que nous nous dirigeâmes. — Capitaine, lui dis-je, on s'égorge à la ville; nous sommes poursuivis et sans asile, nous venons nous jeter dans vos bras. — C'est bien, mes enfants, nous répondit-il; venez, je ne me suis jamais mêlé de rien, on ne peut pas m'en vouloir; entrez donc, car on ne viendra pas vous chercher ici.

» Le capitaine avait à la ville des amis qui, en arrivant successivement chez lui, nous rendirent compte de tous les détails de cette épouvantable journée. Un grand nombre de militaires avaient été tués; le massacre des mamelouks avait été général. Une négresse qui servait ces malheureux se trouvait sur le port : — Crie : Vive le roi! lui dit le peuple. — Non, répond-elle; Napoléon me fait vivre : vive Napoléon! — Elle reçoit un coup de baïonnette dans le ventre. — Scélérats, dit-elle en y portant la main pour retenir ses entrailles qui sortent : vive Napoléon! — On la pousse dans la mer; elle tombe, touche le fond, reparaît à la surface, et en agitant sa main hors de l'eau : « Vive Napoléon! » crie-t-elle une dernière fois; car cette fois une balle l'atteint et la tue.

» Quant aux bourgeois de la ville, quelques-uns avaient été assassinés avec des circonstances odieuses. M. Anglès, entre autres, mon voisin, vieux et respectable savant, avait eu le malheur de dire, quelques jours auparavant, au palais, en présence de quelques personnes, *que Napoléon était un grand homme;* de sorte qu'ayant appris que pour ce crime on devait l'arrêter, il avait cédé aux prières de sa famille, et était monté, déguisé, sur une charrette pour se réfugier à la campagne. Malgré son déguisement, il avait été reconnu, saisi, amené à la place du Chapitre, et là, après avoir été exposé une heure aux insultes et aux coups, il avait été égorgé.

» On devine qu'après de pareilles nouvelles, quoique la nuit fût calme pour nous, nous ne dormîmes guère. Nos femmes reposaient tout habillées dans des fauteuils ou sur des canapés, tandis que mon ami, notre hôte et moi, nous faisions sentinelle chacun à notre tour, un fusil à la main.

» Aussitôt que le jour parut, nous délibérâmes sur ce que nous avions à faire. Je conseillai de gagner par des chemins détournés la ville d'Aix, où nous avions des connaissances, afin de prendre là une voiture pour Nîmes, où demeurait ma famille. Ma femme ne fut pas de mon avis. — Il faut, dit-elle, que je retourne à la ville pour faire nos malles; car nous n'avons absolument rien que ce que nous portons sur nous. Envoyons au village, on nous dira si les troubles d'hier ont cessé à Marseille. — Je consentis à ce que ma femme désirait, et nous envoyâmes un message au village.

» Les nouvelles qu'il apportait étaient bonnes : le calme, assurait-on, était complétement rétabli. J'avais grand'peine à le croire, et je m'obstinais à ne point laisser partir ma femme pour la ville, ou du moins à l'accompagner. Mais alors j'eus contre moi toute ma famille; ma présence ne pouvait, disait-on, que faire naître pour elle un danger qui n'existait pas sans moi. Quels seraient les meurtriers assez lâches pour assassiner une jeune femme de dix-huit ans, sans opinion politique, et qui n'a jamais fait de mal à personne? tandis que moi, connu pour mes opinions, c'était toute autre chose. D'ailleurs, la mère de ma femme s'offrait pour l'accompagner, et chacun se réunissait à elle pour me persuader qu'il n'y avait aucun danger. Je consentis enfin, mais à une condition. — J'ignore, lui dis-je, jusqu'à quel point sont fondées les nouvelles rassurantes que l'on vient de nous donner; mais je n'ai qu'un mot à te dire : il est sept heures du matin; une heure te suffit pour aller à Marseille, une autre heure pour faire ta malle et une troisième heure pour revenir; j'en mets une de plus pour les accidents imprévus. Si à onze heures tu n'es pas de retour, je croirai qu'il t'est arrivé malheur, et j'agirai en conséquence. — Soit, me répondit ma femme. Si à onze heures je ne suis pas revenue, je te permets de me croire morte et d'agir comme il te conviendra de le faire. — Elle partit.

» Une heure après son départ, les nouvelles étaient déjà changées; des fuyards, qui comme nous cherchaient un asile à la campagne, m'apprirent que le tumulte, loin de cesser, avait augmenté; les rues étaient jonchées de cadavres; deux assassinats venaient d'avoir lieu avec une cruauté inouïe.

» Un vieillard, nommé Bessières, de mœurs simples et d'une conduite irréprochable, dont tout le crime était d'avoir servi sous l'usurpateur, jugeant lui-même que ce crime était capital en pareille occasion, avait fait la veille son testament, que l'on retrouva dans ses papiers, et qui commençait par ces paroles :

» Pouvant, dans le courant de cette révolution, être assas-
» siné comme partisan de Bonaparte, quoique je n'aie jamais
» aimé cet homme-là, je donne et lègue, etc., etc. »

» Dès la veille, son beau-frère, lui connaissant quelques ennemis particuliers, était accouru chez lui, et avait passé la nuit, essayant de le déterminer à fuir, ce qu'il avait constamment refusé; mais le lendemain, dès le matin, sa maison avait été assaillie; alors il essaya de se sauver par derrière; mais, arrêté par quelques nationaux, il se met sous leur protection, et ils le conduisent au cours Saint-Louis. Harcelé par la populace, et se voyant faiblement défendu par ceux qui l'accompagnent, il veut se réfugier dans le café Mercantier; mais on lui en ferme la porte. Accablé de fatigue, haletant et couvert de sueur et de poussière, il tombe assis sur un des bancs adossés à la maison; alors un coup de fusil l'atteint et le blesse, mais sans le tuer; le sang coule, et, à cette vue, les cris de joie redoublent. Alors un jeune homme fend la presse, tenant un pistolet de chaque main, et lâche à bout portant les deux coups sur le vieillard.

» Un autre assassinat plus odieux encore avait eu lieu dans la même matinée. Un père et un fils, liés dos à dos, avaient été livrés à la populace. Leur supplice avait duré près de deux heures: sous le bâton, sous les pierres, sous les crosses de fusil, le sang du père avait rejailli sur le fils, et le sang du fils sur le père.

» Pendant ce temps, ceux qui ne frappaient pas dansaient autour d'eux.

» Le temps s'écoulait à entendre raconter de pareilles nouvelles; enfin j'aperçois quelqu'un de ma connaissance qui accourait vers nous. Je vais à lui; il était si pâle, que j'osai à peine l'interroger. Il venait de la ville, il venait de ma maison. Inquiet pour moi, il avait été voir chez moi ce que j'étais devenu; il n'avait trouvé personne; seulement, à ma porte, étaient deux corps morts; un drap ensanglanté les couvrait. Il n'avait point osé le soulever.

» A ces paroles terribles, comme on le comprend bien, rien ne m'arrête plus, et je pars pour Marseille. M***, qui me voit partir, ne veut point m'y laisser retourner seul, et me suit. En traversant le village de Saint-Just, nous rencontrons une foule de paysans dans la principale rue ; ils étaient tous armés de sabres et de fusils, et paraissaient pour la plupart avoir appartenu aux compagnies franches. Si peu rassurante que fût cette rencontre, reculer était en pareille circonstance ce qu'il y avait de plus dangereux; nous continuâmes donc notre chemin comme si nous n'éprouvions pas la moindre crainte. Notre air, notre tournure, tout fut examiné; on se parlait bas, et nous entendions prononcer le mot *castaniers*. C'était par cette épithète de mangeurs de châtaignes, attendu que les châtaignes viennent de Corse, que les gens du peuple désignaient les bonapartistes. Cependant aucune menace ne se fit entendre, et aucune insulte ne nous fut faite. D'ailleurs nous allions du côté de la ville; il n'y avait donc point de probabilité que nous fussions des fuyards. A cent pas du village, nous trouvâmes une troupe de paysans qui se rendaient comme nous à Marseille. Des étoffes, des flambeaux et des bijoux qu'ils portaient nous prouvèrent qu'ils venaient de piller quelque maison de campagne. En effet, ils sortaient de celle de M. R***, inspecteur aux revues. Plusieurs avaient des fusils. Je fis remarquer à mon compagnon de route une tache de sang que l'un d'eux avait à son pantalon sur la cuisse droite. Le jeune homme vit que nous y portions les yeux, et se mit à rire. Deux cents pas en avant de la barrière je rencontrai une femme qui avait servi chez moi, et qui fut fort étonnée de me voir. — Gardez-vous bien d'avancer, me dit-elle, le massacre est horrible, et encore plus affreux qu'hier. — Mais ma femme! m'écriai-je, en avez-vous des nouvelles? — Non, monsieur, me répondit-elle : j'ai voulu frapper à sa porte; mais on m'a menacée, en me demandant si je savais *où était l'ami de ce coquin de Brune, attendu qu'on était décidé à lui faire passer le goût du pain.* Ainsi donc, si vous m'en croyez, continua cette femme, retournez d'où vous êtes venu.

» Ce conseil était le dernier que je voulusse suivre. Nous allâmes donc en avant; mais la barrière était gardée, et par conséquent il était impossible d'entrer sans être reconnu. En même temps les cris et les coups de fusil se rapprochèrent de nous; c'était courir à une mort inévitable que de continuer notre route, et force nous fut de rétrograder. Nous repassâmes alors par le village de Saint-Just, et nous y retrouvâmes nos paysans armés. Mais cette fois ils éclatèrent en menaces à notre vue : « Tuons-les ! tuons-les ! » s'écriaient-ils. Au lieu de fuir, nous nous avançâmes vers eux, nous leur vantâmes notre royalisme. Notre sang-froid les convainquit, et nous sortîmes sains et saufs de leurs mains.

» En rentrant chez le capitaine, je tombai écrasé sur un sopha : l'idée que le matin encore ma femme était là, près de moi, et que, la tenant ainsi et pouvant veiller sur elle, je l'avais laissée retourner à la ville, où l'attendait une mort aussi certaine que cruelle, cette idée me brisait le cœur. Notre hôte et mon ami, M***, voulaient me consoler tous deux; mais je ne voyais rien, je n'entendais rien, j'étais comme fou.

» M*** sortit pour aller aux nouvelles. Au bout d'un instant, nous entendîmes des pas précipités, et il entra dans la chambre en nous criant : — Ils viennent ! les voilà ! — Qui ? demandâmes-nous. — Les assassins !

» J'eus presque un mouvement de joie, je l'avoue. Je sautai sur une paire de pistolets à deux coups, bien décidé à ne pas me laisser tuer comme un mouton. En effet, en allant à la fenêtre, je vis des hommes qui escaladaient le mur et qui s'apprêtaient à sauter dans le jardin. Nous avions encore le temps de fuir par un escalier dérobé; nous gagnâmes une porte de derrière, et, la refermant après nous, nous n'eûmes qu'à traverser le chemin pour sauter dans une vigne voisine et nous glisser sous des sarments, où nous nous blottîmes.

» La maison du capitaine avait été désignée comme un repaire de bonapartistes, et les assassins avaient espéré nous y surprendre : effectivement, un instant plus tard nous étions perdus; nous n'étions pas cachés depuis cinq minutes, qu'ils parurent sur le bord du chemin que nous venions de traverser, et jetèrent les yeux de tous côtés, ne se doutant pas que nous étions à six pas d'eux. Quant à moi, qui les voyais, je tenais mes pistolets tout armés, bien décidé à tuer le premier qui s'approcherait. Ils ne nous virent point et s'éloignèrent.

» Lorsqu'ils furent éloignés, nous réfléchîmes sur notre situation et nous en pesâmes toutes les chances : nous ne pouvions plus retourner chez le capitaine. D'ailleurs, il s'était sauvé lui-même, et nous ne le retrouverions plus. Rester errants dans la campagne était impossible; car nous ne pouvions manquer d'être reconnus pour des fugitifs. En ce moment nous entendîmes des cris : à quelques pas de nous on assassinait un homme. C'étaient les premiers cris d'agonie que j'entendais; et je fus, je l'avoue, glacé de terreur; mais bientôt une réaction violente s'opéra en moi : je préférai marcher droit au danger que de l'attendre, et, quelque danger que je courusse à traverser de nouveau Saint-Just pour retourner à Marseille, je résolus de le risquer. Je me retournai alors vers M***. — Écoute, lui dis-je : tu peux rester ici jusqu'au soir sans courir de danger; moi, je vais à Marseille, car je ne puis rester plus longtemps dans une pareille incertitude. Si les assassins ont quitté Saint-Just, je viens te reprendre; sinon, je continue ma route tout seul.

» Nous connaissions le danger que nous courions tous deux et le peu de chance que nous avions de nous rejoindre : il me tendit la main, je me jetai dans ses bras, nous nous embrassâmes, et nous nous dîmes adieu.

» Je pars aussitôt, j'arrive à Saint-Just; j'aperçois les brigands, je me dirige droit à eux en chantant; un d'eux me saisit au collet et deux autres me couchent en joue.

» S'il est un moment de ma vie où j'ai crié : « Vive le roi ! » sans y mettre l'enthousiasme que ce cri demande, c'était en ce moment-là, certainement : railler, rire, affecter une tranquillité parfaite, quand il n'y a entre vous et la mort que la pression plus ou moins forte du doigt d'un assassin sur la gâchette d'un fusil, n'est pas chose facile; cependant, je fis tout cela, et je sortis du village sain et sauf, mais décidé cette fois à me brûler la cervelle plutôt que d'y rentrer.

» Cependant, comme aucun chemin latéral ne m'était ouvert, en prenant la résolution de ne plus revenir à Saint-Just, je prenais celle d'entrer à Marseille, et à cette heure ce n'était point chose commode : quelques troupes ayant la cocarde blanche se croisaient sur le chemin. On m'apprit que le danger d'entrer dans la ville était plus grand que jamais; je résolus d'attendre la nuit en me promenant, afin d'entrer à la faveur de l'obscurité; mais une des patrouilles m'avertit alors que j'étais suspect en rôdant ainsi sur la route, et me signifia l'ordre de me retirer ou à la ville, dont j'avais des nouvelles si alarmantes, ou au village, où on avait voulu m'assassiner. Une auberge s'offrit à moi comme ma seule ressource : j'y entrai, je demandai de la bière, et je m'assis près d'une fenêtre, espérant toujours que je verrais passer quelqu'un de connaissance. En effet, après une demi-heure d'attente, j'aperçus M***, que j'avais laissé dans la vigne, et qui, n'ayant pas voulu rester à m'attendre, était parti pour me rejoindre, et en se mêlant à une bande de pillards était parvenu à traverser le village sans être remarqué. Je l'appelai, il monta. Nous nous consultâmes : l'hôte nous donna un homme sur lequel nous pouvions compter, qui se chargea d'aller avertir mon beau-frère que nous l'attendions à l'auberge. Après trois heures d'attente, nous le vîmes sur la route. Je voulais courir au-devant de lui; mais M*** me fit sentir le danger d'une pareille démarche : nous demeurâmes donc où nous étions, mais ne le perdant pas de vue. Il entra dans l'auberge. Alors je ne pus pas résister plus longtemps; je courus au-devant de lui, et le joignis dans l'escalier : — Ma femme! m'écriai-je; avez-vous vu ma femme? — Elle est chez moi, me répondit-il. — Je poussai un cri de joie, et je me jetai dans ses bras.

» En effet, ma femme, menacée, insultée, maltraitée à cause de mon opinion à moi, s'était réfugiée chez lui.

» Le jour commençait à baisser. Mon beau-frère était en habit de garde national, habit qui, dans ce moment, était une sauvegarde : il nous prit chacun sous un bras; nous traversâmes la barrière sans qu'on nous demandât même où nous allions; quelques rues détournées nous conduisirent chez lui. La ville, au reste, était calme : le carnage était fini ou sur le point de finir.

» Ma femme était sauvée : tout ce que le cœur d'un homme peut contenir de joie était dans ce mot. Voilà ce qui était arrivé :

» Ma mère et ma femme, ainsi que la chose avait été convenue entre nous, s'étaient rendues chez elles pour faire nos malles. Mais la propriétaire de la maison, sachant leur retour, les attendit sur l'escalier au moment où elles sortaient, et s'adressant à ma femme, elle l'accabla d'injures. Son mari, qui ignorait ce qui se passait, entendit du bruit, sortit de sa chambre, la prit par le bras et la força de rentrer; mais elle courut à la fenêtre, et au moment où ma femme sortait : — Tirez, s'écria-t-elle s'adressant à une compagnie franche qui stationnait devant la porte, tirez, ce sont des bonapartistes. — Heureusement, ces hommes eurent plus de pitié qu'elle, et voyant deux femmes seules, il les laissèrent passer; presque aussitôt, d'ailleurs, mon beau-frère arriva, et, grâce à son opinion et à son costume, il les prit toutes les deux sous son bras, et les emmena chez lui.

» Un jeune homme, employé à la préfecture, qui était venu chez moi la veille, et avec lequel je devais m'occuper de la rédaction du *Journal des Bouches-du-Rhône*, fut moins heureux. Son emploi, la visite qu'il m'avait faite, parurent indiquer une opinion si dangereuse, qu'on le pressa de fuir; mais il n'en eut pas le temps. Attaqué au détour de la rue de Noailles, il reçut un coup de poignard qui l'étendit dans son sang; sa blessure heureusement ne fut point mortelle.

» Toute la journée s'était écoulée en massacres plus terribles encore que ceux de la veille : les ruisseaux roulaient du sang, et l'on ne pouvait faire cent pas sans rencontrer un cadavre. Mais ce spectacle, au lieu d'effrayer les assassins, ne faisait qu'éveiller leur gaieté. Le soir, il y eut des rondes et des chants par les rues, et longtemps encore après, ce jour, que nous appelions, nous, *le jour du massacre*, était appelé par les royalistes de bas étage *le jour de la farce*.

» Quant à nous, incapables de supporter plus longtemps un pareil spectacle, quoique le danger fût à peu près passé pour nous-mêmes, nous montâmes le même soir en voiture, et nous prîmes la route de Nîmes.

» Nous ne trouvâmes, au reste, rien de remarquable sur notre chemin jusqu'à Orgon, où nous arrivâmes le lendemain : quelques postes isolés nous annonçaient seulement que nulle part la tranquillité n'était parfaite. Au reste, en approchant de la ville nous aperçûmes trois hommes se tenant par-dessous les bras, et dont l'intimité devait nous paraître étrange après ce que nous venions de voir : l'un d'eux avait une cocarde blanche, le second avait une cocarde tricolore, et le troisième n'en avait pas du tout. Comme je l'ai dit, ils se donnaient amicalement le bras, et attendaient, chacun sous une bannière différente, le résultat des événements politiques. Cette sagesse me frappa : je n'avais rien à craindre de pareils philosophes; j'allai à eux et les interrogeai : chacun m'expliqua naïvement ses espérances, et surtout son parti bien pris de se soumettre au plus fort.

» En entrant dans Orgon, nous vîmes, du premier coup d'œil, que la ville était troublée par une nouvelle importante. Un air d'inquiétude était répandu sur tous les visages; un homme, qu'on nous dit être le maire, pérorait au milieu d'un groupe. Comme chacun l'écoutait avec une grande attention, nous nous approchâmes de lui et lui demandâmes le sujet de cette rumeur. — Messieurs, nous dit-il alors, vous devez connaître les nouvelles : le roi est dans sa capitale; nous avons repris le drapeau blanc, et nous l'avons fait heureusement sans qu'aucune dispute ait troublé cette journée. Les uns ont triomphé sans violence, les autres se sont soumis avec résignation. Eh bien! je viens d'apprendre qu'une troupe de vagabonds, composée de trois cents hommes à peu près, réunie sur le pont de la Durance, se prépare à marcher cette nuit sur notre petite ville, et prétend nous piller et nous faire contribuer. Il me reste quelques fusils, je vais les faire distribuer et chacun veillera à sa sûreté commune. — Il n'y avait point d'armes pour tout le monde, et cependant il nous en offrit; mais je refusai, j'avais mes pistolets à deux coups. Je fis coucher ces dames, et, placé à leur porte, j'essayai de dormir un pistolet de chaque main. A chaque instant, au reste, une fausse alerte se répandait dans la ville, et j'avais, du moins, quand vint le jour, cette triste consolation que personne à Orgon n'avait mieux dormi que moi.

» Le lendemain, nous continuâmes notre route vers Tarascon, où nous attendaient de nouveaux événements. En approchant de cette ville, nous entendîmes sonner le tocsin et battre la générale. Nous commencions d'être accoutumés au tumulte, et celui-ci nous étonna moins. Nous nous informâmes en arrivant, et on nous annonça que douze mille Nîmois avaient marché sur Beaucaire, et qu'ils mettaient tout à feu et à sang. Douze mille hommes me paraissaient former une troupe bien forte, pour avoir été fournie par une seule ville. J'en fis l'observation; mais on me répondit qu'ils étaient secondés par ceux de la Gardonninque et des Cévennes. Nîmes avait conservé le drapeau tricolore, Beaucaire avait arboré le drapeau blanc; et c'était pour le faire enlever, disait-on, et pour dissiper les attroupements royalistes qui s'étaient formés dans cette dernière ville, que les Nîmois avaient marché contre elle. Cependant, comme Tarascon et Beaucaire ne sont séparées que par le Rhône, il me parut étrange que l'on ne fût pas autrement agité sur une rive, quand on se battait ainsi sur l'autre; et comme nous doutions tant soit peu, non pas précisément d'un fait analogue, mais de sa gravité, nous résolûmes de pousser jusqu'à Beaucaire : là nous trouvâmes tout le monde parfaitement tranquille. Cette expédition de douze mille hommes s'était réduite à une simple excursion de deux cents hommes, que l'on avait repoussée. Le résultat de l'affaire, qui avait tourné au désavantage des assaillants, avait même été un blessé et un prisonnier. Fiers de ce succès, les habitants de Beaucaire nous chargèrent de porter mille imprécations aux Nîmois, leurs ennemis éternels.

» S'il est un voyage qui puisse donner une juste idée des apprêts de la guerre civile et de la confusion qui régnait déjà dans le Midi, c'est, sans contredit, celui que nous fîmes dans cette journée. Les quatre lieues qui séparent Beaucaire de Nîmes étaient occupées alternativement par des postes ayant l'une ou l'autre cocarde. Chaque village sur notre route, excepté les plus proches de Nîmes, s'était prononcé pour le roi ou pour Napoléon; mais les soldats, qui campaient à des distances à peu près égales sur le chemin, étaient tantôt royalistes, tantôt bonapartistes. Nous les examinions de loin par la portière; et comme nous nous étions, par précaution et à l'instar des habitants d'Orgon, munis de deux cocardes, nous mettions à notre chapeau celle qu'ils portaient au leur, et nous cachions l'autre dans nos souliers; puis, quand nous les avions joints, nous passions nos chapeaux encocardés par la portière, et, selon les circonstances, nous criions : « Vive le roi ! » ou : « Vive l'empereur ! » Grâce à cette concession aux opinions du grand chemin, et surtout à l'argent que nous donnâmes à tous les partis à titre de pourboire, nous arrivâmes aux barrières de Nîmes, où nous retrouvâmes les gardes nationaux repoussés par les habitants de Beaucaire.

» Voilà ce qui s'était passé dans la ville avant notre arrivée : — La garde nationale de Nîmes, et les troupes qui composaient la garnison, avaient résolu de se réunir le dimanche, 25 juin, dans un banquet, pour célébrer les premiers succès des armées françaises. La nouvelle de la bataille de Waterloo n'arriva point aussi rapidement qu'à Marseille; le banquet ne fut donc point interrompu : le buste de Napoléon fut promené en pompe par toute la ville, et les militaires et les gardes nationaux se livrèrent pendant tout le reste du jour à des réjouissances qui ne furent suivies d'aucun excès.

» Cependant la journée n'était point encore finie, que l'on avait appris que des rassemblements nombreux s'étaient formés à Beaucaire; aussi, quoique la nouvelle de la défaite de Waterloo fût arrivée le mardi, on avait envoyé, le mercredi, pour dissiper ces rassemblements, le détachement que nous avions rencontré en arrivant aux portes de la ville. Néanmoins les bonapartistes, commandés par le général Gilly, qui avait aussi sous ses ordres un régiment de chasseurs, commençaient à désespérer de leur cause; de sorte que leur situation devenait de plus en plus critique; d'autant plus que le bruit courait que l'armée de Beaucaire devenait agressive à son tour, et allait marcher sur Nîmes. Quant à moi, étranger à tout ce qui jusque-là s'était passé dans la capitale du Gard, je n'avais rien à craindre personnellement; mais, accoutumé déjà à l'injustice des soupçons, je crus que le malheur qui me suivait n'épargnerait pas mes amis et ma famille, auxquels on aurait pu faire un crime d'accueillir un réfugié de Marseille; mot qui ne signifiait au reste rien en lui-même, mais qui pouvait me devenir funeste dans la bouche d'un ennemi. Craignant donc pour l'avenir, par le souvenir que j'avais du passé, je résolus de me soustraire à un spectacle que je n'avais que trop de raisons de redouter, et j'allai demeurer quelque temps à la campagne, avec le projet bien arrêté d'ailleurs de revenir à la ville quand le drapeau blanc y serait arboré.

» Un vieux château situé dans les Cévennes, et qui depuis les bûchers des Albigeois jusqu'au massacre de la Bagarre, avait vu bien des réactions, devint notre asile; nous nous y retirâmes avec M. ***, ma femme et ma mère. La tranquillité de notre solitude n'offrant rien à raconter, je passerai rapidement sur les jours que nous y passâmes. Mais enfin, l'homme est ainsi fait, nous nous ennuyâmes de notre tranquillité, et, privés de nouvelles depuis près d'une semaine, nous résolûmes d'aller nous assurer nous-mêmes de l'état de Nîmes, et nous nous mîmes en route pour y rentrer; mais à peine avions-nous fait deux lieues, que nous rencontrâmes la voiture d'un de nos amis, riche propriétaire de la ville : dès que je l'aperçus, je mis pied à terre pour lui demander comment tout se passait à Nîmes. — Gardez-vous bien d'y aller, me dit-il, en ce moment surtout : les esprits fermentent, le sang a déjà coulé; on s'attend à une catastrophe.

» Nous revînmes à notre château des montagnes; mais au bout de quelques jours, repris de la même inquiétude, et ne pouvant la surmonter, nous prîmes le parti de tout risquer, pour voir par nous-mêmes où les choses en étaient; et cette fois, sans que conseils ni avertissements nous arrêtassent, nous nous remîmes en route, et le même soir nous étions rendus à notre destination.

» On ne nous avait point trompés : déjà, en effet, quelques rixes particulières avaient enflammé les esprits. Un coup de fusil, tiré près de l'Esplanade, avait tué un homme, et ce malheur en présageait bien d'autres. Les catholiques attendaient avec impatience l'arrivée de cette redoutable armée de Beaucaire qui devait faire leur principale force; les protestants gardaient un silence pénible, et on pouvait voir la crainte sur tous les visages. On arbora enfin le drapeau blanc, le roi fut proclamé, et tout se passa à cette occasion avec plus de calme qu'on ne s'y attendait; mais ce calme était visiblement le repos que les passions prenaient pour se préparer à une lutte. Alors la tranquillité dont nous avions joui dans notre solitude nous inspira une idée : nous avions appris que, revenu de son obstination à ne pas vouloir reconnaître Louis XVIII, le maréchal Brune avait enfin arboré le drapeau blanc à Toulon, et que, la cocarde blanche au chapeau, il avait cédé aux autorités royales le commandement de cette place. La Provence désormais ne lui offrait donc plus un asile où il pût vivre ignoré; ses intentions ultérieures n'étaient pas connues, et ses démarches annonçaient la plus grande hésitation... Cette idée qui nous vint était donc de lui offrir, dans notre petite maison de campagne, un refuge où il aurait attendu dans le plus profond repos la fin des troubles. En conséquence, il fut arrêté que M. *** et un autre de nos amis, qui venait d'arriver de Paris depuis quelques jours, iraient lui faire cette proposition, qu'il eût acceptée sans doute, ne fût-ce que parce qu'elle partait de cœurs qui lui étaient profondément dévoués. Ils partirent donc; mais le même jour, à mon grand étonnement, je les vis revenir; ils rapportaient la nouvelle que le maréchal Brune avait été assassiné à Avignon.

» Nous ne pûmes d'abord croire à la vérité de cet épouvantable événement et nous le prîmes pour une de ces rumeurs sanglantes comme il en court par les temps d'orages civils; mais bientôt il n'y eut plus à en douter, et la catastrophe nous arriva avec tous ses détails. »

Depuis quelques jours, Avignon avait ses assassins, comme Marseille avait eu les siens, et comme Nîmes allait les avoir; depuis quelques jours, Avignon tout entière tremblait aux seuls noms de cinq hommes. Ces cinq hommes s'appelaient Pointu, Fargès, Roquefort, Nadaud et Magnan.

Pointu était le type parfait de l'homme du Midi : teint olivâtre, œil d'aigle, nez recourbé, dents d'émail. Quoiqu'il fût d'une taille à peine au-dessus de la moyenne, qu'il eût le dos voûté par l'habitude de porter des fardeaux, et les jambes arquées en dehors par la pression des masses énormes qu'il transportait journellement, il était d'une force et d'une adresse extraordinaires : il envoyait par-dessus la porte de Loulle un boulet de quarante-huit comme un enfant eût fait de sa balle; il jetait une pierre d'une rive à l'autre du Rhône, c'est-à-dire à plus de deux cents pas; enfin, il lançait en fuyant son couteau d'une manière si vigoureuse et si juste, que cette nouvelle flèche de Parthe allait en sifflant cacher, à vingt pas derrière elle, deux pouces de son fer dans un arbre de la grosseur de la cuisse. Ajoutez à cela une adresse égale au fusil, au pistolet et au bâton, un esprit naturel, vif et rapide, une haine profonde qu'il avait vouée aux républicains au pied de l'échafaud de son père et de sa mère, et vous aurez une idée de ce qu'était ce terrible chef des assassins d'Avignon, qui avait sous ses ordres, comme premiers agents, le taffetassier Fargès, le portefaix Roquefort, le boulanger Nadaud, et le brocanteur Magnan.

Avignon était donc entièrement livrée à ces quelques hommes, dont les autorités civiles et militaires ne voulaient, n'osaient ou ne pouvaient point réprimer les désordres, lorsqu'on apprit que le maréchal Brune, qui était au Luc avec six mille hommes de troupes, était rappelé à Paris pour y rendre compte de sa conduite au nouveau gouvernement.

Le maréchal, connaissant l'état d'effervescence du Midi et devinant les dangers qui l'attendaient sur la route, avait demandé la permission de revenir par mer; mais cette permission lui avait été formellement refusée, et M. le duc de Rivière, gouverneur de Marseille, lui avait donné un sauf-conduit. Les assassins rugirent de joie en apprenant qu'un républicain de 89, devenu maréchal de l'usurpateur, allait traverser Avignon. Aussitôt de sinistres bruits coururent, le précédant comme des courriers de mort. On répétait encore cette calomnie infâme, déjà cent fois démentie, que Brune, qui n'était arrivé à Paris que le 5 septembre 1792, avait le 2, c'est-à-dire trois jours auparavant, et lorsqu'il était encore à Lyon, porté au bout d'une pique la tête de la princesse de Lamballe. Bientôt le bruit se répandit que le maréchal avait manqué d'être assassiné à Aix : en effet, il n'avait dû son salut qu'à la vitesse de ses chevaux. Pointu, Fargès et Roquefort jurèrent qu'il n'en serait pas de même à Avignon.

En suivant la route qu'il avait prise, le maréchal n'avait que deux débouchés pour arriver à Lyon : il lui fallait passer par Avignon, ou éviter la ville en quittant deux lieues avant elle la route au Pointet, et en s'engageant dans un chemin de traverse. Les assassins prévirent ce cas, et le 2 août, jour où l'on attendait le maréchal, Pointu, Magnan et Nadaud, accompagnés de quatre de leurs gens, montèrent à six heures du matin en carriole, et, partant du pont du Rhône, allèrent s'embusquer sur la route du Pointet.

Arrivé à l'embranchement des deux chemins, le maréchal, prévenu des dispositions hostiles d'Avignon, voulut prendre le chemin de traverse qui s'offrait à lui, et sur lequel l'attendaient Pointu et ses hommes; mais le postillon refusa obstinément de se prêter à ce désir, disant que sa poste était à Avignon, et non au Pointet et à Sorgues. Alors un des aides de camp du maréchal voulut le forcer de marcher le pistolet au poing ; mais le maréchal lui-même s'opposa à ce qu'il lui fût fait aucune violence, et donna l'ordre de continuer la route par Avignon.

A neuf heures du matin le maréchal entrait dans la ville, et s'arrêtait à l'hôtel du Palais-Royal, qui était alors celui de la poste. Pendant que l'on changeait les chevaux et que l'on visait les passeports et le sauf-conduit à la porte de Loulle, le maréchal descendit pour prendre un bouillon. Il n'était pas descendu depuis cinq minutes, que déjà un rassemblement était formé à la porte. M. Moulin, le maître de l'hôtel, reconnaissant les figures de ceux qui le composaient pour sombres et sinistres, monta aussitôt chez le maréchal, l'invita à ne point attendre la remise de ses papiers, lui donna le conseil de partir à l'instant même, et s'engagea de parole à faire courir après lui un homme à cheval, qui lui rapporterait à deux ou trois lieues de la ville les passeports de ses aides de camp et son sauf-conduit. Le maréchal descendit, trouva les chevaux prêts, et monta en voiture au milieu des murmures de la populace, parmi laquelle commençait à bruire le terrible *zaou!* ce cri provençal d'excitation, qui renferme toutes les menaces selon la manière dont il est prononcé, et qui veut dire à la fois et dans une seule syllabe : « Mordez, déchirez, tuez, assassinez ! »

Le maréchal partit au grand galop, franchit sans obstacle la porte de la ville, poursuivi, menacé par les hurlements de la populace, mais non point encore arrêté par elle. Il croyait déjà être hors de l'atteinte de ses ennemis, lorsqu'en arrivant à la porte du Rhône il trouva un groupe d'hommes armés de fusils et commandés par Fargès et Roquefort : ce groupe le mit en joue; alors le maréchal ordonna au postillon de rebrousser chemin : le postillon obéit, et au bout de cinquante pas la voiture se trouva en face de ceux qui la poursuivaient depuis l'hôtel du Palais-Royal; aussitôt le postillon s'arrêta. En un instant les traits des chevaux furent coupés; le maréchal ouvrit alors la portière, descendit avec son valet de chambre, rentra par la porte de Loulle, suivi de sa seconde voiture, où étaient ses aides de camp, et revint frapper à l'hôtel du Palais-Royal, qui s'ouvrit pour le recevoir, lui et sa suite, et se referma aussitôt.

Le maréchal demanda une chambre; M. Moulin lui donna le numéro 1, sur le devant. Au bout de dix minutes, trois mille personnes encombraient la place, la population sortait de dessous les pavés. En ce moment la voiture abandonnée par le maréchal arriva, conduite par le postillon, qui avait rattaché les traits. On ouvrit une seconde fois la grande porte de la cour; mais le portefaix Vernet et M. Moulin, qui étaient deux hommes d'une force colossale, repoussèrent chacun un battant, parvinrent à les réunir, et barricadèrent aussitôt la porte. Les aides de camp, qui étaient restés jusque-là dans leur voiture, descendirent aussitôt, et voulurent se rendre auprès du maréchal; mais Moulin donna ordre au portefaix Vernet de les faire cacher dans une remise : Vernet en prit un de chaque main, les entraîna malgré eux, les jeta derrière des tonneaux vides, étendit sur eux une vieille tapisserie, et leur dit avec cette voix solennelle des prophètes : — Si vous faites un mouvement, vous êtes morts. — Les aides de camp demeurèrent immobiles et silencieux.

En ce moment, M. de Saint-Chamans, préfet d'Avignon, arrivé à cinq heures du matin, s'élança dans la cour : on brisait les fenêtres et la petite porte de la rue; la place était encombrée; on entendait mille cris de mort, que dominait le terrible *zaou!* qui de moment en moment prenait une expression plus menaçante. M. Moulin vit que tout était perdu si l'on ne tenait pas jusqu'au moment où arriveraient les troupes du major Lambot, et dit à Vernet de se charger de ceux qui enfonçaient la porte; qu'il se chargerait, lui, de ceux qui voulaient passer par la fenêtre : et ces deux hommes, d'un mouvement pareil et d'un cœur égal, seuls contre toute une population rugissante, entreprirent de lui disputer le sang dont elle avait soif.

Tous deux s'élancèrent, l'un dans l'allée, l'autre dans la salle à manger : portes et fenêtres étaient déjà enfoncées; plusieurs hommes étaient entrés. A la vue de Vernet, dont ils connaissaient la force prodigieuse, ils reculèrent : Vernet profita de ce mouvement rétrograde et ferma la porte. Quant à M. Moulin, il saisit son fusil à deux coups, qui était à la cheminée, mit en joue les cinq hommes qui se trouvaient dans la salle à manger, et les menaça de faire feu sur eux s'ils n'obéissaient à l'instant : quatre obéirent ; un seul resta ; Moulin, se retrouvant homme à homme, posa son fusil, prit son adversaire aux flancs, l'enleva comme un autre eût fait d'un enfant, et le jeta par la fenêtre : trois semaines après, cet homme mourut, non de la chute, mais de l'étreinte.

Moulin s'élança alors à la fenêtre pour la fermer ; mais au moment où il poussait les battants, il sentit qu'on lui prenait la tête par derrière et qu'on la lui penchait violemment sur l'épaule gauche. En même temps un carreau vola en éclats, et le fer d'une hache glissa sur son épaule droite. M. de Saint-Chamans, qui le suivait, avait vu descendre l'arme, et c'était lui qui avait détourné non pas le fer, mais le but qu'il voulait frapper. Moulin saisit la hache par le manche, et l'arracha des mains de celui qui venait de lui porter le coup qu'il avait si heureusement évité ; puis il acheva de refermer la fenêtre, la barricada avec les volets intérieurs, et monta aussitôt chez le maréchal.

Il le trouva se promenant à grands pas dans sa chambre. Sa belle et noble figure était calme, comme si tous ces hommes, toutes ces voix, tous ces cris, ne demandaient point sa mort. Moulin le fit passer de la chambre n° 1 dans la chambre n° 3, qui, placée sur le derrière et donnant dans la cour, offrait quelques chances de salut, que l'autre n'avait point. Le maréchal demanda alors du papier à lettre, une plume et de l'encre : Moulin les lui donna. Le maréchal s'assit devant une petite table et se mit à écrire.

En ce moment de nouveaux cris se firent entendre. M. de Saint-Chamans était sorti, et avait ordonné à cette multitude de se retirer ; mille voix lui avaient aussitôt demandé d'un seul cri qui il était pour donner un pareil ordre ; alors il avait décliné sa qualité. — Nous ne connaissons le préfet qu'à son habit, lui avait-on aussitôt répondu de toutes parts. — Malheureusement, les malles de M. de Saint-Chamans venaient par la diligence, et n'étaient point encore arrivées; de sorte qu'il était vêtu d'un habit vert, d'un pantalon de nankin et d'un gilet piqué, costume peu imposant dans une pareille circonstance. Il monta sur un banc pour haranguer la populace; mais une voix se mit à crier : — A bas l'habit vert! Nous avons bien assez de charlatans comme cela. — Il fut obligé de descendre. Vernet lui rouvrit la porte. Quelques hommes voulurent profiter de cette circonstance pour rentrer en même temps que lui; mais Vernet laissa retomber trois fois son poing, trois hommes roulèrent à ses pieds comme des taureaux frappés de la massue; les autres se retirèrent. Douze défenseurs comme Vernet eussent sauvé le maréchal, et cependant cet homme était royaliste aussi; il professait les opinions de ceux qu'il combattait. Pour lui comme pour eux, le maréchal était un ennemi mortel; mais il avait un noble cœur, et si le maréchal était coupable, il voulait un jugement et non un assassinat.

Cependant, un homme avait entendu ce qu'on avait dit à M. de Saint-Chamans à propos de son costume, et il était allé revêtir le sien. Cet homme était M. de Puy, beau et digne vieillard à cheveux blancs, à la figure douce, à la voix conciliante. Il revint avec son habit de maire, son écharpe et sa double croix de Saint-Louis et de la Légion d'honneur; mais ni son âge ni son titre n'imposèrent à ces hommes : ils ne le laissèrent pas même arriver jusqu'à la porte de l'hôtel; il fut renversé, foulé aux pieds; son habit et son chapeau furent déchirés, et ses cheveux blancs souillés de poussière et de sang. L'exaspération monta alors à son comble.

Alors parut la garnison d'Avignon : elle se composait de quatre cents volontaires, formant un bataillon qu'on appelait le Royal-Angoulême. Elle était commandée par un homme qui s'intitulait lieutenant général de l'armée libératrice du Vaucluse. Cette troupe vint se ranger sous les fenêtres mêmes de l'hôtel du Palais-Royal. Elle était presque entièrement composée de Provençaux, parlant le même patois que les portefaix et les gens du peuple. Ceux-ci demandèrent aux soldats ce qu'ils venaient faire, et pourquoi ils ne les laissaient pas tranquillement accomplir leur justice, et s'ils comptaient les en empêcher. — Bien au contraire, répondit un des soldats, jetez-le par la fenêtre, et nous le recevrons sur nos baïonnettes. — Des cris de joie atroces accueillirent cette réponse, à laquelle succéda un silence de quelques instants; mais il était facile de voir que tout ce peuple était dans l'attente, et que ce calme n'était qu'apparent. En effet, bientôt de nouvelles vociférations se firent entendre, mais cette fois dans l'intérieur de l'hôtel : une troupe s'était détachée du rassemblement; conduite par Fargès et Roquefort, elle avait, à l'aide d'échelles, escaladé les murailles, et, se laissant glisser sur la pente du toit, elle était retombée sur le balcon qui longeait les fenêtres de la chambre du maréchal. Il était toujours assis et écrivant.

Alors les uns se précipitèrent à travers les fenêtres sans même les ouvrir, tandis que d'autres s'élançaient par la porte ouverte. Le maréchal, surpris et enveloppé ainsi tout à coup, se leva, et ne voulant point que la lettre qu'il écrivait au commandant autrichien pour réclamer sa protection tombât entre les mains de ces misérables, il la déchira. Alors un homme qui appartenait à une classe plus aisée que les autres, et qui porte encore aujourd'hui la croix de la Légion d'honneur qu'il reçut sans doute pour la conduite qu'il tint en cette occasion, s'avança vers le maréchal l'épée à la main, et lui dit que « s'il avait quelques dispositions à faire, il les fît promptement, attendu qu'il n'avait plus que dix minutes à vivre. »

— Qu'est-ce que vous dites donc? dix minutes! s'écria Fargès; est-ce qu'il a donné dix minutes à la princesse de Lamballe, lui?

Et il dirigea son pistolet vers la poitrine du maréchal; mais le maréchal leva le bout du canon avec la main, le coup partit en l'air, et la balle alla se perdre dans la corniche.

— Maladroit! dit le maréchal en haussant les épaules, qui ne sait pas tuer un homme à bout portant.

— Cié vrai, — répondit en patois Roquefort, — vas veiyre comme à qui se fa!

En même temps il recula d'un pas, ajusta le maréchal avec une carabine pendant qu'il lui tournait à moitié le dos; le coup partit, et le maréchal tomba roide mort : la balle, entrée par l'épaule, lui avait traversé la poitrine et avait été s'enfoncer dans le mur.

Ces deux coups avaient été entendus de la rue, et ils avaient fait bondir la populace; elle y répondit aussitôt par de véritables hurlements. Un misérable, nommé Cadillan, courut alors au balcon qui donnait sur la place, et, tenant de chaque main un pistolet qu'il n'avait pas même osé décharger sur le cadavre, il battit un entrechat, et montrant les armes innocentes qu'il calomniait : — Va, dit-il, qui a fé lou coup. — Et il mentait, le fanfaron, car il se vantait d'un crime commis par de plus hardis assassins que lui.

Derrière lui venait le général de l'armée libératrice du Vaucluse; il salua gracieusement le peuple.

— Le maréchal s'est fait justice en se suicidant, dit-il; vive le roi!

Des cris, dans lesquels il y avait à la fois de la joie, de la vengeance et de la haine, s'élevèrent de cette foule, et le procureur du roi et le juge d'instruction se mirent incontinent à rédiger un procès-verbal de suicide (7).

Tout était fini : il n'y avait plus moyen de sauver le maréchal; M. Moulin voulut au moins sauver les effets précieux que contenait sa voiture : il trouva dans le coffre quarante mille francs, dans la poche une tabatière enrichie de diamants, dans les sacoches une paire de pistolets et deux sabres, dont l'un, à la poignée enrichie de pierres précieuses, était un don du malheureux Sélim. Comme M. Moulin traversait la cour avec ces objets, le damas lui fut arraché des mains; l'homme qui s'en était emparé ainsi le garda cinq ans comme un trophée, et ce ne fut qu'en 1820 qu'il fut forcé de le remettre au mandataire de la maréchale Brune : cet homme était un officier; cet officier conserva son grade pendant toute la restauration et ne fut destitué qu'en 1830.

Ces objets mis en sûreté, M. Moulin requit le juge d'instruction de faire enlever le cadavre, afin que la foule se dissipât, et que l'on pût faire sauver les aides de camp. Pendant qu'on déshabillait le maréchal pour constater le décès, on trouva sur lui une ceinture de cuir qui contenait cinq mille cinq cent trente-six francs.

Le corps du maréchal fut descendu sans opposition par les fossoyeurs; mais à peine eurent-ils fait dix pas sur la place, que les cris : « Au Rhône! au Rhône! » retentirent de tous côtés. Le commissaire de police, qui voulut résister, fut renversé; les porteurs reçurent ordre de changer de route, ils obéirent. La foule les entraîna vers le pont de bois : arrivée à la quatorzième arche, la civière fut arrachée des mains de ceux qui la portaient; le cadavre fut précipité dans le fleuve, et au cri : « Les honneurs militaires! » les fusils furent déchargés sur le cadavre, qui reçut deux nouvelles balles.

Puis on écrivit sur l'arche du pont : *Tombeau du maréchal Brune!*

Le reste de la journée se passa en fêtes.

Cependant le Rhône ne voulut pas être complice de ces hommes; il emporta le cadavre que les assassins croyaient englouti. Le lendemain, il était arrêté sur les grèves de Tarascon; mais avant lui le bruit de l'assassinat était arrivé; on le reconnut à ses blessures, on le repoussa dans le Rhône, et le fleuve continua de l'entraîner vers la mer.

Trois lieues plus loin, il s'arrêta une seconde fois dans des herbes : un homme d'une quarantaine d'années et un jeune homme de dix-huit ans l'aperçurent aussi : eux aussi le reconnurent; mais, au lieu de le repousser dans le Rhône, ils le tirèrent sur la rive, et l'emportant dans la propriété de l'un d'eux, l'y enterrèrent religieusement. Le plus âgé de ces deux hommes était M. de Chartrouse, le plus jeune était M. Amédée Pichot.

Le corps fut exhumé par ordre de la maréchale Brune, transporté en son château de Saint-Just en Champagne, embaumé, placé dans un appartement près de sa chambre à coucher, et il y resta couvert d'un voile, jusqu'à ce qu'un jugement public et solennel eût lavé sa mémoire de l'accusation de suicide. Alors, et seulement, il fut enterré avec l'acte de la cour de Riom.

Les assassins, qui s'étaient soustraits à la justice des hommes, n'échappèrent point à la vengeance de Dieu. Presque tous eurent une fin misérable : Roquefort et Farges furent atteints de maladies étranges et inconnues, pareilles à ces anciennes plaies qu'envoyait la main de Dieu aux peuples qu'il voulait punir. Chez Fargès, ce fut un racornissement de la peau, et des douleurs tellement enflammées, que, tout vivant, on l'enterrait jusqu'au cou pour le rafraîchir. Chez Roquefort, ce fut une gangrène qui attaquait la moelle et qui, décomposant les os, ôtait leur résistance et leur solidité; de sorte que ses jambes cessèrent de le porter, et qu'il allait par les rues, se traînant comme un reptile. Tous deux moururent au milieu d'atroces douleurs, et regrettant l'échafaud qui leur eût épargné cette effroyable agonie.

Pointu, condamné à mort par la cour d'assises de la Drôme pour avoir assassiné cinq personnes, fut abandonné par son propre parti. Pendant quelque temps, on vit à Avignon sa femme, infirme et difforme, aller de maison en maison, demandant l'aumône pour celui qui avait été pendant deux mois le roi de la guerre civile et de l'assassinat. Puis, un jour, on la vit ne demandant plus rien et coiffée d'un haillon noir. Pointu était mort; seulement on ne savait pas où. Dans un coin, au creux de quelque rocher, au fond de quelque bois, comme un vieux tigre auquel on a scié les griffes et arraché les dents.

Nadaud et Magnan furent condamnés chacun à dix ans de galères, Nadaud y mourut; Magnan en sortit, et, fidèle à sa vocation de mort, valet de voirie, il empoisonne aujourd'hui les chiens.

Puis il y en a d'autres qui vivent encore, qui ont des places, des croix et des épaulettes, qui se réjouissent dans leur impunité, et qui croient, sans doute, avoir échappé au regard de Dieu.

Attendons!...

1815

C'était un samedi que l'on avait arboré le drapeau blanc à Nîmes. Le lendemain, une multitude de paysans catholiques des environs se rendirent dans la ville, et vinrent y attendre l'armée royaliste de Beaucaire. Les esprits fermentaient; le désir des représailles animait tous ces hommes, dont la haine paternelle, après avoir sommeillé pendant tout le temps de l'empire, se réveillait avec une nouvelle force. Le lundi les trouva dans ces dispositions, et ici je dois le dire, quoique je croie être sûr des jours que je cite, je ne garantis pas aussi bien les dates que les faits: chaque événement que je raconte est vrai, chaque détail est juste; mais le jour ne frappe pas également ma mémoire, et il est plus aisé de se souvenir qu'un meurtre a été commis que de se rappeler précisément l'heure où on en fut témoin.

La garnison de Nîmes se composait d'un bataillon du 13e régiment de ligne et d'un autre bataillon du 79e régiment, qui était venu avec un cadre s'y compléter. Après la journée de Waterloo, les habitants avaient, autant qu'il était en leur pouvoir, fait déserter les soldats; de sorte qu'il n'était resté des deux bataillons que deux cents hommes à peu près, y compris les officiers.

Lorsque la nouvelle de la proclamation de Napoléon II fut arrivée à Nîmes, le général de brigade Malmont, commandant le département, l'avait fait faire aussi dans la ville, et il n'y avait eu aucun mouvement populaire. Ce ne fut que quelques jours après que la nouvelle se répandit qu'une armée royaliste se rassemblait à Beaucaire, et que la populace allait profiter sans doute de son arrivée pour se porter à des excès. Pour faire face à ce double danger, le général avait ordonné à la troupe et à une partie de la garde nationale des Cent-Jours de prendre en armes position derrière la caserne, sur une éminence où il avait fait mettre en batterie ses cinq pièces de canon. Il avait gardé cette position pendant deux jours et une nuit; mais, ne voyant aucun mouvement de la part du peuple, il l'avait quittée, et les troupes étaient rentrées à la caserne.

Mais le lundi, comme nous l'avons dit, le peuple, qui savait que l'armée de Beaucaire devait arriver le lendemain, s'ameuta devant la caserne avec des dispositions hostiles et demandant à grands cris et avec des menaces qu'on lui livrât les cinq pièces de canon qui y étaient déposées. Le général, ainsi que les officiers qui étaient logés en ville, informés du tumulte, se rendirent aussitôt dans le quartier, d'où ils sortirent bientôt, et s'avancèrent vers le peuple pour l'engager à se retirer; mais les Nîmois, pour toute réponse, firent feu sur eux. Alors convaincu, par la connaissance qu'il avait des esprits, que dès lors que l'affaire était engagée il n'y avait plus moyen de l'empêcher de suivre son cours, le général recula pas à pas vers la caserne, et arrivé à la porte, il la referma sur lui.

On se mit en devoir de repousser la force par la force, car tout le monde était décidé à défendre chèrement une existence qui du premier coup paraissait si terriblement compromise. Aussi, sans attendre même l'ordre de tirer, quelques coups de fusil ayant cassé des carreaux, les soldats ripostèrent par la fenêtre, et, plus habitués au maniement des armes que les bourgeois, couchèrent quelques-uns de ces derniers sur le carreau. Aussitôt la populace effrayée se retira, se mit hors de la portée du fusil et se retrancha dans les maisons environnantes.

Vers les neuf heures du soir, une espèce de parlementaire, décoré d'une écharpe blanche, parut et parla au général. Cette conférence avait pour but de s'informer de la capitulation qu'exigeaient les troupes pour évacuer Nîmes. Le général demanda que la troupe sortît avec armes et bagages, excepté les pièces de canon, qui resteraient dans la caserne, et que, une fois sortie, elle s'arrêtât dans un petit vallon à une certaine distance de Nîmes : là, il serait donné aux soldats les moyens ou de rejoindre les régiments auxquels ils appartenaient, ou de rentrer dans leurs foyers.

A deux heures du matin à peu près, le parlementaire revint, et annonça au général que la capitulation était acceptée, à l'exception d'un seul article qui était : « que la troupe devait sortir sans armes. » Cet individu, au reste, ajouta que, s'il ne l'acceptait sur-le-champ, dans deux heures, peut-être, il ne serait plus temps de capituler, et qu'il ne répondait pas de la fureur du peuple, qu'il ne pourrait plus contenir. Le général accepta cette condition, et le parlementaire disparut.

En apprenant la dernière condition imposée, les soldats furent sur le point de refuser de s'y soumettre, tant il leur paraissait humiliant de déposer leurs armes devant une populace que quelques coups de fusil avaient déjà fait reculer; mais le général parvint à les calmer et à les déterminer à sortir sans fusils, en leur disant qu'il n'y a rien de déshonorant dans une action qui tendait à empêcher l'effusion du sang entre enfants de la même patrie.

La gendarmerie, d'après un article de la capitulation, devait fermer la marche de la colonne et empêcher par là que le peuple ne se portât à des excès envers les soldats qui la composaient. C'était tout ce qu'on avait pu obtenir du parlementaire en compensation de l'abandon des armes. La gendarmerie, selon les conventions arrêtées, se trouva en effet placée en bataille vis-à-vis de la caserne, et semblait attendre la sortie de la troupe pour l'escorter.

A quatre heures du matin, on forma les faisceaux dans la cour de la caserne, et le mouvement commença. Mais à peine quarante ou cinquante hommes furent-ils dehors, que l'on tira dessus à bout portant, et qu'à cette première décharge, on en tua ou blessa près de la moitié. Aussitôt les soldats qui étaient encore dans la cour de la caserne voulurent fermer les portes, et coupèrent toute retraite à ceux qui se trouvaient dehors; quelques-uns d'entre eux parvinrent cependant à s'échapper, de sorte que le sort de ceux qui restaient se trouva, quoiqu'ils fussent enfermés, tout aussi déplorable que celui de leurs compagnons. En effet, voyant que sur quarante hommes dix ou douze étaient parvenus à fuir, la populace se retourna furieuse contre la caserne, enfonça les portes, escalada les murs, et cela avec tant de rage et de promptitude, que quelques soldats à peine eurent le temps de ressaisir leurs armes; encore, faute de munitions, ces armes leur furent-elles à peu près inutiles. Alors une horrible boucherie commença au dedans et au dehors; car quelques-uns de ces malheureux, poursuivis de chambre en chambre, sautant par les fenêtres sans en mesurer la hauteur, ou tombèrent sur les baïonnettes de ceux qui les attendaient en bas, ou se brisèrent les jambes en tombant, et furent achevés impitoyablement. Le massacre dura trois heures.

Quant à la gendarmerie, qui était venue pour escorter la

garnison, sans doute elle se crut convoquée tout bonnement à quelque exécution judiciaire; car elle ne bougea point de sa place, et demeura témoin impassible de toutes les atrocités qui s'accomplissaient sous ses yeux. Mais la peine de cette impassibilité ne se fit pas attendre; quand tout fut fini avec les soldats, les assassins trouvèrent que le massacre avait été court et se retournèrent contre les gendarmes: beaucoup furent blessés, tous perdirent leurs chevaux, quelques-uns la vie.

La populace était encore occupée de sa sanglante besogne, lorsqu'on vint lui annoncer que l'armée de Beaucaire était en vue de la ville; elle se hâta d'achever quelques blessés qui respiraient encore, et courut au-devant du renfort qui lui arrivait.

Il faut avoir vu cette armée pour se faire une idée de ce que c'était, à part le premier corps, commandé par M. de Barre, qui avait pris ce commandement dans le noble but de s'opposer autant qu'il le pourrait au massacre et au pillage. En effet, ce premier corps qui s'avançait, précédé de quelques officiers respectables, mus par le même motif philanthropique qui avait amené le général, s'offrait avec une certaine régularité, et observait une discipline assez exacte. Tous étaient armés de fusils.

Mais le second corps, c'est-à-dire l'armée véritable, car le premier corps n'était réellement qu'une avant-garde; le second corps, dis-je, était quelque chose de miraculeux à voir. Jamais tant de cris insensés, tant de menaces de mort, tant de haillons, tant d'armes étranges, depuis le fusil à mèche du temps de la Michelade, jusqu'au bâton ferré des bouviers de la Camargue, ne s'étaient trouvés ensemble. Aussi, si déguenillée et hurlante que fût la populace nîmoise, son premier sentiment, à la vue de cette horde fraternelle qui lui tendait la main, fut l'hésitation et l'étonnement.

Au reste, les nouveaux venus donnèrent bientôt la preuve que ce n'était que faute d'occasion de se mettre dans un état plus respectable qu'ils étaient ainsi nus et à peine armés; car, à peine entrés dans la ville, ils se firent indiquer les maisons protestantes des anciens gardes nationaux; chacune fut taxée à un fusil, à un habit et à un équipement, puis à vingt ou trente louis, selon le caprice de celui qui fixait l'imposition; de sorte que, le soir même, la plupart de ceux qui le matin étaient entrés à moitié nus dans la ville étaient vêtus d'un uniforme complet et avaient de l'or dans leurs poches.

Le même jour le pillage commença; car ce qui s'était fait depuis le matin s'était accompli sous le titre de contribution.

On prétendit que pendant le siége des casernes un individu avait tiré d'une fenêtre un coup de fusil sur les assiégeants. Le peuple indigné se porta à la maison désignée et la pilla sans y rien laisser que les murs. Il est vrai qu'ensuite l'individu fut reconnu innocent.

La maison d'un riche négociant se trouva sur le passage de l'armée; on cria que ce négociant était bonapartiste, et cette accusation suffit. La maison fut envahie, pillée, et les meubles jetés par la fenêtre. Le surlendemain il fut prouvé que non-seulement le négociant n'était point bonapartiste, mais encore que son fils avait accompagné le duc d'Angoulême jusqu'à Cette, où le prince s'était embarqué. Les pillards répondirent alors qu'ils avaient été dupes d'une erreur de nom : l'excuse était si bonne, à ce qu'il paraît, qu'elle sembla parfaitement suffisante à l'autorité.

Il n'en fallait pas tant pour exciter la populace de Nîmes à imiter ses frères de Beaucaire. En vingt-quatre heures, des compagnies s'organisèrent, dont Trestaillons, Truphémy, Graffan et Morinet se firent les capitaines ou les lieutenants. Ces compagnies prirent le titre de garde nationale, et ce que j'avais vu à Marseille résultat de l'effervescence du moment, commença de s'organiser à Nîmes avec toutes les symétries de la haine et toutes les précautions de la vengeance.

La réaction suivit la progression ordinaire, le pillage d'abord, l'incendie ensuite, le meurtre après.

M. V... vit sa maison d'abord pillée, ensuite démolie; elle était bâtie au centre de la ville, et cependant aucun secours ne lui fut donné.

Sur le chemin de Montpellier, la maison de M. T... fut d'abord pillée, puis démolie; les meubles avaient été empilés, on y mit le feu, et l'on commença de danser à l'entour, comme on eût fait dans une réjouissance publique. On chercha partout le propriétaire pour le tuer, et comme on ne le trouva point, la haine contre le vivant retomba sur les morts. Un enfant enterré depuis trois mois fut exhumé, traîné par les pieds dans la fange des ruisseaux, et jeté à la voirie. Le maire du village dormait pendant cette nuit de pillage, d'incendie et de sacrilége, et cela d'un sommeil si excellent, qu'il se réveilla le lendemain *tout étonné*, dit-il, de ce qui s'était passé.

Cette expédition achevée, la compagnie qui l'avait faite se porta vers la maison de campagne d'une veuve que j'avais invitée bien souvent à la quitter et à venir demeurer avec nous. La pauvre femme, se reposant dans sa faiblesse même, avait toujours refusé, et se tenait seule et renfermée chez elle. Les portes furent jetées en dedans, la veuve insultée, maltraitée, chassée; puis on démolit la maison, et on mit le feu aux meubles. Un caveau contenait les restes de sa famille, ces restes furent arrachés au cercueil et dispersés dans les champs. Le lendemain, apprenant ce sacrilége, la veuve revint, recueillit les restes de ses pères, et les remit dans leurs tombes; c'était un crime. La compagnie revint, les exhuma de nouveau, en la menaçant de mort, si elle les replaçait dans le sépulcre, et la pauvre veuve fut réduite à aller pleurer sur ces restes sacrés brisés et répandus dans les champs.

Cette pauvre femme s'appelait la veuve Pepin, et la maison où ce sacrilége fut commis était un petit enclos situé sur la colline des Moulins à vent.

Pendant ce temps, dans le faubourg des Bourgades, le peuple se livrait à un autre genre d'amusement, qu'il considérait comme la comédie du grand drame qui se jouait ailleurs. Des hommes avaient armé de clous des battoirs à laver le linge; ces clous, par la manière dont ils étaient disposés, présentaient l'image d'une fleur de lis, et toute protestante qui tombait entre leurs mains, quelque fût son âge ou son rang, était marquée, à tour de bras, de la sanglante effigie. Plusieurs furent blessées grièvement, les clous ayant généralement un pouce de longueur.

Bientôt on commença à entendre parler d'assassinats. On apprit que les nommés Loriol, Bigot, Dumas, Lhermet, Héritier, Domaison, Combe, Clairon, Begomet, Poujas, Imbert, Vigal, Pourchet, Vignole, avaient été tués. A chaque instant des détails plus ou moins atroces se répandaient sur les meurtres croissants. Dalbos était conduit par deux hommes armés; d'autres arrivent et délibèrent. Dalbos, espérant dans les nouveaux venus, demande grâce : on la lui accorde. Il fait deux pas pour se retirer, et tombe atteint de plusieurs coups de fusil.

Rambert essaye de se sauver, déguisé en femme; il est reconnu et fusillé à quelques pas de sa maison.

Saussine, capitaine de canonniers, se promenait sur le chemin d'Uzès, se doutant si peu qu'il courût quelque risque, qu'il avait la pipe à la bouche; il est rencontré par cinq hommes appartenant à la compagnie de Trestaillons, qui l'entourent et le tuent à coups de couteau.

Chivas aîné fuyait à travers champs; il gagne la maison de campagne Rouvière, qui était, sans qu'il le sût, au pouvoir de la nouvelle garde nationale, et est assassiné en mettant le pied sur le seuil.

Raut est saisi chez lui et fusillé. Clos est aperçu par une compagnie; mais voyant dans ses rangs Trestaillons, qui avait été son ami, il marche à lui et lui tend la main. Trestaillons tire un pistolet de sa ceinture et lui brûle la cervelle.

Calandre, poursuivi dans la rue des Sœurs-Grises, se réfugie dans une taverne. On le force d'en sortir, et on l'égorge à coups de sabre.

Courbet suit quelques hommes qui le conduisent en prison. En route, ces hommes changent d'avis; au milieu de la rue, ils font feu sur lui et l'étendent sur la place.

Cabanon, marchand de vin, fuit devant Trestaillons, et se réfugie dans une maison où se trouve un vénérable prêtre nommé le curé Bonhomme. A la vue de l'assassin déjà tout couvert de sang, le prêtre s'avance et l'arrête :

— Que diras-tu, malheureux, s'écrie-t-il, quand tu te présenteras au tribunal de la pénitence, les bras teints de sang?

— Bah ! répond Trestaillons, vous mettrez votre grande robe, les manches sont larges, tout y passera.

A ces différents assassinats, je joindrai le récit d'un meurtre dont je fus personnellement témoin, et qui me fit ressentir une des impressions les plus terribles que j'aie jamais éprouvées.

Il était minuit. Je travaillais auprès du lit de ma femme, qui était près de s'endormir, lorsqu'un bruit lointain fixa notre attention. Peu à peu, le bruit devint plus distinct ; plusieurs tambours battaient la générale et se croisaient en tous sens. Dissimulant mes propres craintes dans la peur d'augmenter les siennes, je répondis à ma femme, qui me demandait quelle chose nouvelle ce pouvait être, que sans doute des troupes partaient ou arrivaient, et que ces troupes étaient la seule cause de ce bruit. Mais bientôt des coups de fusil, accompagnés de ces rumeurs auxquelles nous étions si bien habitués que nous ne nous y trompions plus, se firent entendre. J'ouvris ma fenêtre, et j'entendis des imprécations horribles mêlées aux cris de : « Vive le roi ! » Ne voulant pas demeurer dans l'incertitude où j'étais, je courus éveiller un capitaine qui logeait dans la maison ; il se leva, prit ses armes, et nous sortîmes ensemble, en nous dirigeant vers le lieu d'où semblaient sortir les cris. La lune nous permettait de distinguer les objets presque aussi bien qu'en plein jour. Une foule considérable se pressait sur le cours et poussait des cris de rage : le plus grand nombre à demi nu, armé de fusils, de sabres, de couteaux et de bâtons, jurait de tout exterminer, et, faisant briller ses armes, menaçait des hommes arrachés de leurs maisons et amenés en victimes sur la place ; le reste, attiré par la curiosité, venait demander comme nous la cause de ce tumulte. — On s'égorge partout, me répondit-on. On a assassiné plusieurs personnes dans les faubourgs ; on a fait feu sur la patrouille... — Et au milieu de ces réponses différentes, le tumulte allait toujours croissant. Comme je n'avais personnellement rien à faire dans un endroit où déjà trois ou quatre assassinats étaient commis, impatient d'ailleurs de rassurer ma femme et de veiller moi-même sur elle, si ce tumulte gagnait de notre côté, je dis adieu au capitaine, qui se retira vers la caserne, tandis que je me dirigeais du côté du faubourg où était notre maison.

J'étais déjà arrivé à une cinquantaine de pas de ma maison, lorsque j'entendis parler assez loin derrière moi ; je me retournai, et vis briller des fusils au clair de la lune. Comme le groupe paraissait se diriger de mon côté, je gagnai l'ombre que projetaient les maisons, et rasant les murs, j'arrivai à ma porte, que j'ouvris et que je repoussai sans la fermer, afin de ne rien perdre des mouvements de ceux que je guettais et qui s'approchaient toujours. En ce moment, je sentis quelque chose qui me caressait ; c'était un gros chien corse qu'on lâchait la nuit et dont la férocité faisait une sûre défense. Je n'eus garde de le renvoyer ; en cas de combat, c'était un allié trop important pour que je le méprisasse.

Je reconnus trois hommes armés ; ils en tenaient un quatrième, mais désarmé et prisonnier, qu'ils amenèrent juste à l'endroit où je me trouvais. Ce spectacle ne me surprit point, car depuis un mois à peu près que duraient tous ces tumultes, tout homme armé, quoique non autorisé par un mandat, s'était arrogé le droit de saisir et d'emprisonner qui il voulait. Quant aux autorités, elles laissaient tout faire.

Ces quatre hommes s'arrêtèrent juste devant ma porte, que je refermai alors doucement ; mais comme je ne voulais pas les perdre de vue, je gagnai le jardin qui donnait sur la rue, toujours suivi de mon chien, qui, contre son habitude et comme s'il comprenait le danger, au lieu de gronder avec menace, se plaignait tristement ; je montai sur un figuier dont les branches s'étendaient jusque dans la rue, et, caché dans le feuillage, les deux mains appuyées au mur que je ne dépassais que de ce qu'il fallait pour que je pusse voir, je cherchais ce qu'étaient devenus mes hommes.

Ils étaient toujours à la même place ; seulement, ils avaient changé de position : le prisonnier était à genoux, les mains jointes devant les assassins et leur demandant, au nom de sa femme et de ses enfants, et avec cet accent qui déchire, de lui laisser la vie ; mais ses bourreaux ne lui répondaient qu'en le raillant. — Ah ! te voilà enfin entre nos mains, chien de bonapartiste, lui disaient-ils ; allons, voyons, appelle ton empereur, et qu'il vienne te tirer d'ici. — Le malheureux alors redoublait de supplications, et eux d'ironie ; ils le mettaient en joue, puis ils abaissaient leurs fusils en disant : — Non, pas encore, que diable ! donnons-lui un peu le temps de se voir mourir. — Et alors la victime, n'espérant plus de grâce, les priait au moins de l'achever tout de suite.

La sueur me coulait sur le front. Je me tâtai pour savoir si je n'avais pas sur moi une arme quelconque. Je n'avais rien, pas même un couteau. Je regardai mon chien. Il était couché à plat ventre au pied de l'arbre, et paraissait lui-même atteint de la terreur la plus profonde. Le prisonnier continuait de se lamenter; les assassins menaçaient et raillaient toujours. Je descendis doucement du figuier pour aller chercher des pistolets. Mon chien me suivait des yeux, et semblait n'avoir que la tête de vivante. Au moment où je mettais le pied sur le sol, une double détonation se fit entendre; mon chien poussa un hurlement plaintif et prolongé. Je devinai que tout était fini.

Il était désormais inutile d'aller chercher des armes; je remontai sur mon figuier. Le malheureux, la face contre terre, se tordait dans son sang; les assassins s'éloignaient en rechargeant leurs fusils.

Je voulus voir s'il n'y avait pas moyen de porter secours à celui que je n'avais pu sauver. Je sortis donc aussitôt, je m'approchai de lui; il était sanglant, défiguré, expirant, et pourtant il vivait encore, et poussait des gémissements sourds. J'essayai de le soutenir; mais je vis bientôt que ses blessures, faites à bout pourtant l'une dans la tête, et l'autre dans les reins, étaient sans remède. Une patrouille de la garde nationale parut alors au coin de la rue. Au lieu de voir en elle des secours, je voyais en elle un danger. Je ne pouvais plus rien pour le blessé; déjà il râlait, et bientôt allait mourir. Je rentrai, je repoussai la porte à demi, et j'écoutai.

— Qui vive? demanda le caporal.

— Farceur, dit un autre, qui demande qui vive à un mort.

— Eh! non, il n'est pas mort, répliqua un troisième, tu vois bien qu'il chante encore. — En effet, le malheureux, dans son agonie, poussait des gémissements affreux.

— On l'a chatouillé, dit un autre, il n'y a point de mal à cela; le meilleur maintenant serait de l'achever.

Aussitôt j'entendis cinq ou six coups de fusil, et les gémissements cessèrent.

Celui qui venait d'expirer se nommait Louis Lichaire : ce n'était pas à lui, mais à son neveu, que les assassins en voulaient; ils avaient pénétré de force dans son domicile, et comme ils n'y avaient point trouvé celui qu'ils cherchaient, et qu'il leur fallait une victime, ils l'avaient arraché des bras de sa femme, et l'avaient emmené jusqu'auprès de la citadelle, où, comme je viens de le dire, ils l'avaient assassiné.

Le lendemain, dès le point du jour, j'envoyai chez trois commissaires de police les uns après les autres, pour obtenir l'autorisation d'enlever le cadavre et de le transporter à l'hospice; mais, ou ces messieurs n'étaient pas encore levés, ou ils étaient déjà sortis; si bien que ce ne fut qu'à onze heures du matin et à force de visites, qu'on voulut bien me délivrer cette autorisation.

Le lendemain, grâce à ce retard, toute la ville vint voir le corps de ce malheureux : le jour qui suit un massacre semble un jour de fête, on laisse tout pour venir contempler les cadavres des victimes : un homme, voulant amuser la foule, ôta sa pipe de sa bouche et la mit dans celle du cadavre; la plaisanterie eut un merveilleux succès, et les assistants se prirent à rire aux éclats.

Toute la nuit s'était passée en meurtres; les compagnies parcouraient les rues, en chantant une espèce de chanson, qu'un de ces poëtes de sang avait composée, et dont le refrain était :

N'épargnons personne;
Trestaillons l'ordonne.

Dix-sept assassinats mortels avaient été commis; et cependant ni les coups de feu des assassins ni les cris des victimes ne troublèrent le sommeil paisible de M. le préfet et de M. le commissaire général de la police (8).

Mais si les autorités civiles dormaient, le général Lagarde, arrivé depuis peu dans la ville pour en prendre le commandement au nom du roi, s'était réveillé, lui, au premier coup de feu : aussitôt il avait sauté à bas de son lit, s'était habillé et avait visité les postes; puis, sûr de toutes ses forces, il avait organisé des patrouilles de chasseurs, et lui-même, accompagné de deux officiers seulement, il avait couru partout où les cris l'avaient appelé; néanmoins, malgré la sévérité des ordres donnés, le peu de troupes qu'il avait à sa disposition avait ôté à ses efforts une partie de leur efficacité; aussi ne fut-ce qu'à près de trois heures du matin qu'on parvint à s'emparer de Trestaillons; il portait comme d'habitude l'uniforme de la garde nationale, un chapeau à trois cornes et des épaulettes de capitaine; le général Lagarde lui fit ôter son épée et sa carabine, et ordonna qu'il fût conduit désarmé à la caserne des gendarmes, afin qu'il y demeurât sous leur garde : la lutte fut longue, Trestaillons prétendait qu'il ne rendrait sa carabine qu'avec sa vie; néanmoins, il lui fallut céder au nombre, et comme son absence était nécessaire à la tranquillité de la ville, le général ordonna que dès le lendemain matin il serait transféré dans la citadelle de Montpellier : au point du jour il y fut conduit, en effet, et sous bonne escorte.

Cependant, à huit heures du matin, le désordre n'avait point encore cessé; l'esprit de Trestaillons continuait d'animer cette multitude; pendant que les soldats parcouraient un quartier de la ville, une vingtaine d'hommes se rassembla et força la maison d'un nommé Scipion Chabrier, qui longtemps s'était caché, mais qui enfin, sur les proclamations que le général Lagarde avait publiées en prenant le commandement de la ville, était revenu chez lui; en effet, il avait cru les troubles de Nîmes un peu calmés, lorsque la journée du 16 octobre les redoubla; le 17 au matin, il était renfermé chez lui, où il travaillait à son état de taffetassier, lorsque, prévenu par les cris des assassins qui s'avançaient vers sa maison, il essaya de se sauver; mais à peine se fut-il réfugié dans la maison dite de la Coupe d'Or, que les meurtriers s'y précipitèrent derrière lui, et que le premier arrivé lui enfonça sa baïonnette dans la cuisse; renversé du coup du haut en bas d'un escalier, il fut saisi et traîné dans une écurie, où, le croyant mort, les assassins l'abandonnèrent percé de sept blessures.

Ce fut, au reste, le seul meurtre qui fut commis dans cette journée, grâce à la vigilance et au courage du général Lagarde.

Le lendemain, il se forma un attroupement considérable;

une députation tumultueuse se rendit à l'hôtel du général Lagarde, et demanda effrontément qu'on lui rendît Trestaillons : le général invita le rassemblement à se dissiper; mais le rassemblement ne tint aucun compte de cette invitation; alors le général Lagarde ordonna de charger; la force opéra en un instant ce que n'avait pu faire la persuasion; plusieurs des mutins furent arrêtés et conduits en prison.

Ainsi, comme on le voit, la lutte avait changé de face : la résistance au nom de la royauté se faisait contre la royauté même, et ceux qui troublaient ou ceux qui rétablissaient l'ordre opéraient chacun de leur côté au nom de : « Vive le roi! »

La fermeté du général Lagarde avait rendu quelque tranquillité apparente à Nîmes; mais rien n'était fini réellement : un pouvoir occulte, qui se trahissait par son inertie, neutralisait toutes les mesures du commandant militaire. Or, comme il avait vu que le fond de cette sanglante rixe politique était une vieille haine religieuse, il résolut, sur la demande générale des protestants, et après en avoir reçu l'autorisation du roi, de frapper un dernier coup en rouvrant les temples qui étaient fermés depuis plus de quatre mois, et en rétablissant publiquement l'exercice du culte réformé, qui, depuis ce même temps, était entièrement banni de la ville.

Deux pasteurs seulement étaient restés à Nîmes, tous les autres avaient fui : ces deux pasteurs étaient MM. Juillerat et Olivier Desmonts; le premier, jeune homme de vingt-huit ans, le second, vieillard de soixante-dix : c'était tout ce qui restait des six ministres que possédait Nîmes avant les massacres.

Tout le poids du ministère était tombé, pendant ces heures de proscription, sur M. Juillerat, qui avait accepté et rempli religieusement son mandat, et qu'un pouvoir suprême semblait avoir protégé miraculeusement au milieu de tous les dangers qui l'entouraient; quant à M. Olivier Desmonts, quoique président du consistoire, le péril avait été pour lui moins réel; il était d'un âge qui commande presque toujours des égards, et de plus son fils, qui était lieutenant dans un des corps organisés à Beaucaire, le protégeait de son nom, quand il ne le protégeait point de sa présence; M. Desmonts était donc à peu près en sûreté, soit qu'il passât dans les rues de Nîmes, soit même qu'il se rendît à sa campagne de Redessans (9).

Mais, comme nous l'avons dit, il n'en était point de même de M. Juillerat : c'était lui qui, par l'activité de son âge et la fermeté de sa foi, était resté presque seul pour la consolation des malades et pour les autres fonctions du culte : la nuit, on lui apportait les enfants à baptiser, et il avait consenti à cette espèce de concession, parce qu'en exigeant que cette cérémonie se fît le jour, il ne compromettait pas sa seule existence; mais pour tout ce qui lui était personnel, comme consolation aux malades, secours aux blessés, il agissait publiquement et au grand jour, sans que jamais le danger qui se trouvait sur son chemin eût pu le faire reculer d'un seul pas.

Aussi un jour que M. Juillerat, pour accomplir un devoir de son ministère, se rendait à la préfecture, vit-il, comme il passait par la rue des Barquettes, plusieurs hommes embusqués dans une espèce d'impasse et qui le couchaient en joue; mais il n'en continua pas moins son chemin, avec une telle tranquillité et une si grande résignation, que son calme avait imposé aux assassins, et que les fusils levés sur lui s'étaient abaissés sans qu'un seul eût osé faire feu. M. Juillerat, pensant qu'un préfet devait connaître de tout ce qui était contraire à l'ordre, avait raconté ce fait à M. d'Arbaud-Jouques; mais celui-ci n'avait point trouvé qu'il méritât la peine d'une enquête particulière.

C'était donc, comme on le voit, une chose sérieuse à entreprendre et difficile à mener à bien, que d'essayer, dans les circonstances où l'on se trouvait, et certain comme on devait l'être de la mauvaise volonté des autorités civiles, de rouvrir publiquement les temples fermés depuis quatre mois; mais le général Lagarde était un de ces esprits fermes qui ne reculent jamais devant une conviction : d'ailleurs, il comptait, pour préparer les esprits à ce coup d'état religieux, sur la présence du duc d'Angoulême, qui devait incessamment visiter la ville de Nîmes, en faisant une tournée dans le Midi.

Le 5 novembre, le prince fit son entrée dans la ville; prévenu par les rapports du général au roi Louis XVIII, et ayant reçu les instructions positives de son oncle pour la pacification des malheureuses provinces qu'il venait de visiter, il se présentait avec le désir sinon réel, du moins apparent, d'une impartialité parfaite ; aussi, lorsque les députés du consistoire lui furent présentés, non-seulement le prince les accueillit avec une grande bienveillance, mais encore il leur parla le premier des intérêts de leur culte, ajoutant que c'était avec douleur qu'il avait appris, quelques jours auparavant seulement, qu'il était interrompu depuis le 16 juillet. Le consistoire répondit à Son Altesse Royale que, dans une pareille émotion, la fermeture des temples était une mesure de prudence qu'ils avaient dû supporter et qu'ils avaient supportée effectivement avec résignation : le prince approuva cette réserve pour le passé; mais il répondit en même temps que sa présence devait donner toute garantie à l'avenir, et qu'il désirait que le jeudi, 9 du courant, les deux temples fussent rouverts et rendus à leur culte, promettant en même temps aux protestants effrayés de la faveur qu'on leur accordait et à laquelle ils étaient loin de s'attendre, que toutes les mesures seraient prises pour que la tranquillité ne pût être troublée : en même temps, M. Olivier Desmonts, président, et M. Roland-Lacoste, membre du consistoire, furent invités à dîner avec le prince.

Derrière cette députation, une autre députation entra : celle-ci était catholique et venait demander la mise en liberté de Trestaillons. Le prince fut tellement indigné d'une pareille demande, que pour toute réponse il tourna le dos à ceux qui la lui faisaient.

Le lendemain, le duc d'Angoulême partit pour Montpellier, accompagné du général Lagarde : comme c'était sur ce dernier que les protestants comptaient seulement pour soutenir leurs droits, garantis désormais par la parole du prince, ils ne voulurent rien faire en son absence, laissèrent passer le 9 novembre sans rien tenter pour le rétablissement public de leur culte, et attendirent le retour de leur protecteur, qui rentra à Nîmes pendant la soirée du samedi 11 novembre.

En arrivant, le premier soin du général Lagarde est de

s'informer si les intentions du prince ont été suivies; et sur la réponse négative, sans s'arrêter aux raisons qu'on lui donne pour justifier ce retard, il envoie au président du consistoire l'invitation positive d'ouvrir les deux temples.

Alors le président, poussant l'abnégation et la prudence jusqu'au bout, se rend chez le général, l'aborde avec des remercîments, puis ensuite lui rappelle tous les dangers auxquels il s'expose en heurtant brusquement ainsi les opinions de ceux qui depuis quatre mois sont les maîtres de la ville; mais le général Lagarde n'entend à rien; il a reçu un ordre du prince, et, dans son rigorisme militaire, il faut que cet ordre s'accomplisse.

Le président hasarde quelques nouvelles observations.

— Il n'arrivera rien, dit le général, j'en réponds sur ma tête.

Cependant le président insiste encore, demandant au moins qu'on n'ouvre qu'un seul temple. Le général y consent.

Cependant cette espèce de résistance au rétablissement du culte, de la part de ceux-là mêmes qui y sont intéressés, donne au général la mesure du danger, et à l'instant même ses mesures sont prises; sous prétexte d'une revue générale qu'il improvise, il se trouve avoir sous la main toute la force civile et militaire de Nîmes, décidé qu'il est, si la chose devient nécessaire, à comprimer l'une par l'autre. Dès huit heures du matin, des gendarmes sont placés aux portes du temple qu'on doit ouvrir, tandis que des pelotons de soldats de la même arme stationnent dans les rues adjacentes. De son côté, le consistoire décide que l'ouverture des portes sera faite une heure plus tôt que l'on n'a coutume de le faire le dimanche; qu'on ne sonnera point les cloches, et qu'à l'exemple des cloches, les orgues resteront muettes.

Ces précautions avaient à la fois leur bon et leur mauvais côté. Les gendarmes, placés à la porte du temple, promettaient, sinon la tranquillité, du moins l'appui de la force; mais ils indiquaient en même temps aux habitants mal intentionnés ce que l'on se proposait de faire : aussi, dès neuf heures du matin, des groupes de catholiques commencèrent-ils à se former, et comme le jour fixé pour la réouverture des temples était justement, comme nous l'avons dit, un dimanche, les habitants de la campagne, en arrivant petit à petit des villages environnants, eurent bientôt fait de ces groupes un rassemblement. En effet, en peu d'instants toutes les rues qui conduisent au temple sont obstruées, les injures commencent à poursuivre les protestants qui passent, et le président du consistoire, dont les cheveux blancs et la figure vénérable sont sans puissance sur cette multitude, entend répéter tout autour de lui : « Les brigands de protestants viennent à leur temple, mais nous leur en f....... tant qu'ils n'auront plus envie d'y revenir. »

La colère du peuple est rapide, et du moment où elle commence à frémir, elle ne tarde pas à bouillonner. A ces menaces proférées d'abord à demi-voix succédèrent bientôt des rumeurs et des vociférations. Des femmes, des enfants, des hommes commencèrent à crier : « A bas les grilleurs (c'est sous ce titre qu'on désigne les protestants)! à bas les grilleurs! nous ne voulons pas qu'ils se servent de nos églises! qu'ils nous rendent nos églises! — Qu'ils aillent au désert! dehors! dehors! — Au désert! au désert! »

Cependant comme il n'y avait encore que des insultes, et que depuis longtemps les protestants étaient habitués à mieux que cela, ils continuèrent à s'acheminer, humbles et muets, vers leur temple ; ils y entrèrent à travers ces premiers obstacles, et la célébration du culte commença; mais avec eux entrèrent des catholiques, et bientôt les mêmes cris qui les avaient accompagnés au dehors retentirent au dedans. Cependant, comme le général veillait pour tous, à peine ces cris eurent-ils retenti, que les gendarmes entrèrent dans l'église, et que ceux qui les avaient proférés furent arrêtés. Les catholiques voulurent s'opposer à ce que l'on conduisît les perturbateurs en prison; mais le général parut à la tête de forces imposantes. A sa vue, ils se turent, le calme parut se rétablir, et l'exercice du culte continua librement.

Le général fut trompé par les apparences ; il avait lui-même une messe militaire à entendre. A onze heures, il rentra chez lui pour déjeuner.

A peine fut-il absent, que cette absence fut remarquée, et que les perturbateurs en profitèrent. En un instant les attroupements dissipés se reforment et grossissent à vue d'œil; les protestants, menacés de nouveau, ferment la porte de leur temple en dedans ;les gendarmes se rangent en dehors. Mais la multitude devient si pressée et si menaçante, que, désespérant de pouvoir tenir contre une pareille masse, le capitaine qui la commande ordonne à M. Delbose, un de ses officiers, de courir avertir le général; celui-ci fend la foule à grand'-peine, et s'éloigne au galop.

Alors la multitude comprend qu'elle n'a pas de temps à perdre; elle connaît le général, elle sait que dans un quart d'heure il sera sur les lieux. Mais elle est puissante de son nombre; elle n'a qu'à pousser, et tout ce qui est devant elle cédera, hommes, bois et fer; il se fait un de ces mouvements devant lesquels tout plie, craque et se brise; les gendarmes et leurs chevaux sont broyés contre le mur, les portes cèdent, et le flot orageux et bruyant entre violemment dans le temple. Aussitôt des cris de terreur et des imprécations de colère se font entendre, chacun se fait des armes de ce qu'il trouve; une lutte à coups de bancs et de chaises commence, le désordre est à son comble, les jours de la Michelade et de la Bagarre vont revenir, quand tout à coup une nouvelle terrible se répand, qui arrête à l'instant même assaillis et assaillants: le général Lagarde vient d'être assassiné.

En effet, prévenu par l'officier de gendarmerie, le général Lagarde est monté aussitôt à cheval; trop brave ou peut-être trop dédaigneux de pareils ennemis pour s'entourer d'une escorte, il n'a pris avec lui que deux ou trois officiers et s'est dirigé en toute hâte vers le théâtre du tumulte; il a traversé, en refoulant toute cette masse du poitrail de son cheval, ces rues étroites qui conduisent à la place du temple; mais en arrivant sur cette place, un jeune homme, nommé Boissin, sergent de la garde nationale de Nîmes, s'est approché de lui, et comme le général, sans défiance, en voyant un homme revêtu de son uniforme, s'était penché vers lui pour écouter ce qu'il avait à lui dire, celui-ci à bout portant lui avait tiré un coup de pistolet, dont la balle lui avait brisé la clavicule et ne s'était arrêtée que dans le cou, derrière l'artère carotide. Le général était tombé sur la place.

La nouvelle de cet assassinat avait produit un résultat étrange et inattendu; c'est que la foule, toute bouillonnante et insensée qu'elle était, en avait calculé à l'instant même toutes les conséquences. En effet, ce n'était plus, comme à Avignon, sur le maréchal Brune, et à Toulouse, sur le général Ramel, une vengeance exercée contre un favori de Napoléon, c'était une rébellion ouverte à main armée et sanglante contre un agent du roi. C'était non-seulement un assassinat, c'était une haute trahison.

Une terreur profonde se répandit à l'instant même par la ville. Quelques fanatiques seulement continuèrent à hurler dans l'église, que les protestants, dans la crainte des plus grands malheurs, abandonnèrent aussitôt. Le président Olivier Desmonts marcha en tête, conduit par le maire de Nîmes, M. Vallongues, qui venait d'arriver seulement, et qui avait couru aussitôt où son devoir l'appelait.

M. Juillerat prit ses deux enfants entre ses bras et marcha derrière lui. Tous les protestants qui étaient dans le temple vinrent après. La multitude était toujours menaçante et irritée, faisant entendre des cris et jetant des pierres; mais à la voix du maire, à l'aspect vénérable de M. Olivier Desmonts, qui était pasteur depuis cinquante et un ans, elle s'ouvrit. Et quoique dans cette retraite étrange plus de quatre-vingts personnes eussent été blessées, aucune ne succomba, excepté une jeune fille nommée Jeannette Cornillière, qui avait été maltraitée à tel point et frappée avec un tel acharnement, qu'elle en mourut quelques jours après.

Cependant, cette heureuse hésitation, que l'assassinat du général Lagarde avait occasionnée, ne réduisit point à une inaction totale les catholiques. Durant tout le reste de la journée la population toute fiévreuse sembla secouée comme par un tremblement de terre. Le soir, vers les six heures, quelques-uns des plus acharnés se réunirent, se firent donner une hache, et, s'acheminant vers le temple, ils en brisèrent les portes, mirent en pièces les habits des ministres, volèrent le tronc des pauvres et déchirèrent les livres. Une patrouille arriva néanmoins à temps pour les empêcher de mettre le feu.

Le lendemain, la journée fut plus calme; la chose était trop grave, cette fois, pour passer inaperçue devant le préfet, comme tant d'autres choses sanglantes qui y avaient déjà passé. Le rapport fut donc fait au roi. Vers le soir, au reste, la nouvelle se répandit que la blessure du général Lagarde ne serait peut-être pas mortelle; le docteur Delpech, appelé de Montpellier, était parvenu à extraire la balle, et sans donner l'espoir, du moins il ne l'ôtait pas.

Le surlendemain, tout parut avoir repris à peu près le train accoutumé; enfin, le 21 novembre, le roi rendit l'ordonnance suivante :

« Louis, par la grâce de Dieu, roi de France et de Navarre,

» A tous ceux qui ces présentes verront, salut :

» Un crime atroce a souillé notre ville de Nîmes. Au mépris de la charte constitutionnelle, qui reconnaît la religion catholique pour la religion de l'État, mais qui garantit aux autres cultes protection et liberté, des séditieux attroupés ont osé s'opposer à l'ouverture du temple protestant. Notre commandant militaire, en tâchant de les dissiper par la persuasion avant que d'employer la force, a été assassiné, et son assassin a cherché un asile contre les poursuites de la justice. Si un tel attentat restait impuni, il n'y aurait plus d'ordre public ni de gouvernement, et nos ministres seraient coupables de l'inexécution des lois.

» A ces causes, nous avons ordonné et ordonnons ce qui suit :

» Article Ier. Il sera, à la diligence de notre procureur général et de notre procureur ordinaire, procédé sans délai contre l'auteur de l'assassinat commis sur la personne du sieur Lagarde, et contre les auteurs, fauteurs et complices de l'émeute qui a eu lieu dans la ville de Nîmes, le 12 du présent mois.

» Art. II. Des troupes en nombre suffisant seront envoyées dans ladite ville; elles y demeureront aux frais des habitants jusqu'à ce que l'assassin et ses complices aient été traduits devant les tribunaux.

» Art. III. Il sera procédé au désarmement de ceux des habitants qui n'ont pas le droit de faire partie de la garde nationale.

» Notre ministre garde des sceaux, nos ministres de la guerre, de l'intérieur et de la police générale sont chargés de l'exécution de la présente ordonnance.

» Donné à Paris, au château des Tuileries, le 21 novembre de l'an de grâce 1815, et de notre règne le 21e.

» *Signé* : LOUIS. »

Boissin fut acquitté.

Ce fut le dernier crime commis dans le Midi, et celui-là, heureusement, n'a point encore eu de représailles.

Trois mois après l'assassinat dont il avait failli être victime, le général Lagarde quitta avec le rang d'ambassadeur la ville de Nîmes, où M. d'Argout entrait, de son côté, avec le titre de préfet.

Ce fut pendant son administration ferme, juste et indépendante, que le désarmement voulu par l'ordonnance royale s'opéra sans qu'il fût répandu une seule goutte de sang.

Le résultat de son influence fut la nomination à la chambre des députés de MM. Chabot-Latour, Saint-Aulaire et Lascour, en remplacement de MM. de Calvière, de Vogué et de Trinquelade.

Si bien qu'aujourd'hui le nom de M. d'Argout est encore en vénération à Nîmes, comme s'il avait quitté la ville seulement d'hier.

NOTES.

(1) Voir l'*Histoire de Nîmes* par Nisard, l'un des meilleurs ouvrages qui aient été faits parmi les travaux publics sur les villes de France.

(2) Ménars, *Histoire de Nîmes.*

(3) Ces deux noms si caractéristiques n'étaient cependant une prophétie que par hasard : ils lui venaient de ce qu'elle avait été conclue au nom du roi, par Biron, qui était boiteux, et par Mesme, qui était seigneur de Malassis.

(4) Ménard, *Histoire de Nîmes;* — Nisard, *id.*

(5) Ce passage de l'adresse a rapport à un édit du commencement de la majorité de Louis XIV, où il confirme tous les priviléges que ses prédécesseurs ont accordés aux protestants; mais où il déclare, en outre, que ses sujets de la religion réformée lui ont donné des preuves certaines de leur affection et de leur fidélité.

Trois ans après, il s'explique sur eux avec de plus grands détails encore :

« J'ai sujet, dit-il, de louer leur fidélité pour mon service; ils n'omettent rien pour m'en donner des preuves, même au delà de ce que l'on peut imaginer, contribuant en toutes choses au bien et avantage de mes affaires. »

Enfin, dans une lettre écrite à l'électeur de Brandebourg, c'est-à-dire à une époque où les persécutions étaient déjà commencées, il dit en parlant des réformés :

« Je suis engagé vis-à-vis d'eux par ma parole royale, et c'est la règle que je me prescris à moi-même, tant pour observer la justice que pour leur témoigner la satisfaction que j'ai de leur obéissance et de leur zèle depuis la pacification de 1629, et la reconnaissance que j'ai de leur fidélité pendant les derniers moments où ils ont pris les armes pour mon service, et se sont opposés avec vigueur et avec force aux mauvais desseins qu'un parti de rébellion avait formés dans mes États contre mon autorité. »

(6) Les détails qui précèdent et ceux qui suivent, sur les événements arrivés à Nîmes en 90, sont tirés de l'excellent ouvrage de M. Lauze de Pelet.

(7) Voici le procès-verbal tel qu'il a été produit à la cour d'assises de Riom :

« Cejourd'hui 2 août 1815, nous, Joseph-Louis-Joachim Piot, juge d'instruction de l'arrondissement d'Avignon, département de Vaucluse, disons et rapportons que cejourd'hui, environ sur les deux heures et demie de relevée, M. le procureur du roi près le tribunal de première instance, séant en cette ville d'Avignon, nous ayant informé personnellement qu'il apprenait à l'instant même que le maréchal Brune, passant casuellement dans cette ville, venait de perdre la vie, et que son cadavre gisait dans une chambre de l'hôtel du Palais-Royal, tenu par le sieur Molin, aubergiste, sur la place des Spectacles de cette ville; nous nous sommes transporté, de suite, en compagnie de ce magistrat et de M. Verney, commis greffier près ledit tribunal, audit hôtel, où nous n'avons pu pénétrer qu'à travers les flots tumultueux d'un peuple nombreux et agité, soit sur ladite place des Spectacles, soit dans les rues environnantes, et qui ne pouvait être contenu par la présence de la force publique et le zèle des autorités civiles et militaires.

» Nous avons trouvé dans l'intérieur dudit hôtel M. de Saint-Chamans, nouveau préfet de Vaucluse, arrivé seulement aujourd'hui dès cinq heures du matin, et qui n'était point encore allé habiter celui de la préfecture. Ce courageux magistrat, environné de toutes les autorités civiles et militaires, n'ayant pu, par les soins de tous genres et le concours de ces mêmes autorités, parvenir à calmer l'effervescence populaire, nous a confirmé la nouvelle de la mort du maréchal Brune.

» Voulant aussitôt constater d'une manière légale le genre de sa mort et procéder aux divers actes auxquels elle donne lieu, MM. Louvel-Beauregard, docteur en chirurgie, et Martin, officier de santé, tous deux de cette ville, ayant été préalablement requis, se sont aussitôt transportés près de nous aux fins des opérations ci-après.

» D'après l'indication qui nous a été donnée, nous sommes montés au premier étage dudit hôtel, et nous sommes entrés avec ledit procureur du roi, M. de Saint-Chamans, préfet du département, M. le major Lambot, commandant supérieur du département de Vaucluse, M. Vernetty, commandant d'armes de cette ville, M. Acart, capitaine commandant la gendarmerie royale de ce département, M. Hugues, chef de bataillon des chasseurs d'Angoulême, M. Bressy, l'un des commissaires de police d'Avignon, lesdits Louvet-Beauregard, docteur en chirurgie, Martin, officier de santé, et M. Verney, commis greffier, en une chambre portant au-dessus de la porte le n° 3, qui a deux fenêtres à l'exposition du midi, donnant sur une petite cour dans l'intérieur de l'hôtel, entre lesquelles se trouve une commode, et vis-à-vis deux lits du côté droit en entrant dans ladite chambre, dont la cheminée est placée en face de la porte : au milieu de ladite chambre était étendu par terre le cadavre d'un homme couché sur le ventre, dont la figure nageait dans le sang, qui était vêtu d'un habit gris foncé et mélangé, pantalon de drap bleu, un gilet de bazin blanc piqué, une cravate de taffetas noir, une chemise de linge fin et des bottes à la russe. Lesdits docteur et officier de santé, serment préalablement prêté par eux individuellement entre nos mains, ont reconnu et nous ont déclaré en présence de tous les susnommés que ce cadavre était encore chaud, qu'il avait deux plaies de forme orbiculaire du diamètre de quatorze millimètres environ, l'une située à la partie antérieure un peu latérale droite, dite larynx, pénétrant d'outre en outre à travers le cou, et correspondante à une autre plaie située derrière le dos, entre les deux épaules, entre la troisième et la quatrième vertèbre cervicale : que ces deux plaies ont été faites par un même coup d'arme à feu, et que la balle dans son trajet avait fracturé non-seulement le corps des vertèbres, mais avait déchiré les artères jugulaire et carotide et lésé complétement toutes les parties molles, ce qui a dû nécessairement procurer une mort prompte au sujet ; que cet homme leur paraissait âgé de cinquante-huit à soixante ans.

» L'état du cadavre ainsi constaté par lesdits docteur en chirurgie et officier de santé, les sieurs Recellac, chirurgien aide-major de la garde nationale de Marseille, Arnoux, ex-officier du 6e régiment d'infanterie de ligne, aujourd'hui officier de la garde nationale d'Avignon, et Pierre Laporte, domestique de l'auberge du Palais-Royal, ont déclaré le reconnaître pour être celui du maréchal de France Brune.

» Nous avons ensuite remarqué dans ladite chambre et contre le mur, entre la cheminée et l'un des deux lits, une empreinte qui nous a paru être celle d'une balle, laquelle empreinte est à la hauteur à peu près de la taille d'un homme ; nous avons encore remarqué une brèche qui nous a paru récente, faite à ce plâtre à l'angle et vers le milieu de la poutre du plafond ; ladite brèche étant de forme irrégulière, nous ne pouvons en déterminer la cause.

» Procédant ensuite à l'examen et reconnaissance des objets de tous genres qui peuvent se trouver sur la personne et dans la chambre du maréchal et à lui appartenant, nous avons trouvé, savoir :

» Sur sa personne, une ceinture de cuir contenant deux rouleaux composés chacun de 25 pièces d'or de 40 fr., faisant 2,000 fr. ci	2,000 fr.
» Six rouleaux composés chacun de 25 pièces d'or de 20 fr., faisant 3,000 fr. ci	3,000
» 25 pièces d'or de 20 fr., faisant 500 fr.. . . ci	500
» Et différentes pièces d'argent faisant la somme de 36 fr. ci	36
Total. . .	5,536 fr.

» Plus une paire d'éperons en argent attachés aux bottes qu'il avait aux jambes ; un cachet d'argent portant les lettres G. B. et les bâtons de maréchal en sautoir derrière l'écusson ; un couteau, un mouchoir, deux souvenirs, une lunette, une paire de gants de peau de couleur grisâtre.

» Dans la chambre, une montre en or placée sur la commode, un chapeau garni de plumes blanches avec sa ganse en or, la cocarde blanche et bouton de maréchal ; une poignée de petits morceaux d'une ou plusieurs feuilles de papier écrites, lesquels morceaux ont été recueillis par les soins du sieur Jean-Baptiste Didier, sous lieutenant dans la compagnie de chasseurs de la garde urbaine d'Avignon, qui, après les avoir tous pliés dans une feuille de papier blanc, nous les a remis au moment où nous sommes entrés dans ladite chambre.

» Toute opération à faire dans l'intérêt de la procédure touchant ledit cadavre étant terminée, nous avons ordonné à l'un des fossoyeurs de se procurer une toile convenable à son ensevelissement, et d'y procéder, comme encore d'avertir l'officier de l'état civil et le curé de la paroisse cathédrale sur laquelle est décédé ledit maréchal, d'avoir à se tenir prêts à déférer aux ordres qui seront donnés par M. le major commandant supérieur du département, aux soins duquel, attendu la qualité du défunt, nous avons confié l'enlèvement du corps et son inhumation.

» Pour parvenir à connaître de quelle main le maréchal a reçu le coup qui lui a procuré la mort, et étant informé que les sieurs Didier, Boudon et Girard en avaient été témoins, nous avons reçu leurs dépositions individuelles séparément l'un de l'autre, ainsi qu'il suit.

» En premier lieu est comparu le témoin ci-après nommé, lequel, après avoir prêté serment de dire toute la vérité, rien que la vérité,

» A dit :

» S'appeler Jean-Baptiste Didier, être âgé de vingt-huit ans, marié, serrurier de profession, sous-lieutenant dans la compagnie de chasseurs de la garde urbaine d'Avignon, né à Paris, domicilié à Avignon, n'être parent, allié, serviteur ni domestique de feu le maréchal Brune, et a ensuite déposé que, dès l'instant que ledit maréchal est entré dans la chambre n° 3, au premier étage du Palais-Royal, sur la place des Spectacles, pouvant être alors dix heures du matin de ce jour, il a été préposé à la garde dudit maréchal avec quatre hommes de piquet, qui étaient des chasseurs volontaires d'Angoulême, et qui lui sont inconnus; que les mouvements populaires qui ont eu lieu pendant environ quatre heures, soit à l'extérieur, soit dans l'intérieur dudit hôtel, avaient poussé à plusieurs reprises ledit maréchal pendant cet intervalle à la tentative de se détruire lui-même, soit au moyen d'armes à feu, soit au moyen d'un couteau, intentions qu'il manifestait à chaque instant; que toute arme à feu lui a été constamment refusée, et que le déposant lui a arraché une fois un couteau des mains; qu'il a vu en outre ledit maréchal proposer de l'argent à un factionnaire pour qu'il condescendît à lui prêter son fusil, à l'effet de se donner la mort; qu'enfin cet après-midi, sur les deux heures et demie, il a vu ledit maréchal se saisir d'un pistolet d'arçon qu'avait un chasseur d'Angoulême qui était de planton à sa porte, et se donner la mort en se tirant lui-même un coup de pistolet au-dessous du cou, du côté droit; il ne connaît pas le chasseur, auquel cependant il a vu reprendre et emporter son pistolet; qu'environ un quart d'heure avant que le maréchal se brûlât la cervelle, il l'a vu jeter dans la cheminée de sa chambre une poignée de petits morceaux de papier écrit paraissant avoir été déchirés; qu'il les a ensuite fait ramasser et plier dans un grand papier par un chasseur, et que ce sont ces mêmes petits morceaux de papier qu'il vient de remettre entre nos mains il y a quelques instants.

» Et plus n'a dit savoir : lecture à lui faite de ses réponses, a dit icelles contenir vérité, y a persisté et a signé en cet endroit. *Signé :* Piot, Didier.

» En second lieu est comparu le témoin ci-après nommé, lequel, après avoir prêté serment de dire toute la vérité, rien que la vérité,

» A dit :

» S'appeler Claude Boudon, être âgé de vingt-huit ans, non marié, boucher de profession, sergent dans la première compagnie des grenadiers de la garde urbaine de cette ville d'Avignon, né et domicilié en cette dite ville; n'être parent, allié, serviteur ni domestique dudit maréchal Brune, et a ensuite déposé que sur les onze heures et demie de ce jour il avait été placé de planton dans le corridor, au premier étage du Palais-Royal, pour y empêcher le désordre qui avait lieu dans l'intérieur de l'hôtel, comme au dehors; que la porte de la chambre n° 3 étant restée ouverte, il a été à portée de voir ce qui s'y passait, ne faisant que circuler dans ledit corridor; qu'il a constamment vu ledit maréchal dans l'intention de se détruire avec la première arme qu'il pourrait se procurer; qu'il l'a entendu proposer de l'argent à un volontaire, pour qu'il lui prêtât son fusil; qu'il a engagé le déposant lui-même à lui prêter son sabre, en lui disant : « Sergent, prête-moi ton sabre, et tu verras comment un brave militaire meurt; » qu'enfin, sur les deux heures et demie de ce jour, ledit maréchal s'étant trouvé à portée d'un volontaire qui avait un pistolet d'arçon, il s'en est saisi de force, et s'en est tiré un coup au cou du côté droit, qui lui a aussitôt donné la mort.

» Et plus n'a dit savoir : lecture à lui faite de sa déposition, a dit icelle contenir vérité, y a persisté, et a signé en cet endroit. *Signé :* Piot, Boudon.

» En troisième lieu est comparu le témoin ci-après nommé, lequel, après avoir prêté serment de dire toute la vérité, rien que la vérité,

» A dit :

» S'appeler François-Xavier Girard, être âgé de vingt-sept ans, marié, fileur de soie de profession, grenadier dans la première compagnie du deuxième bataillon de la garde nationale de cette ville, né à Lille, domicilié à Avignon; n'être parent, allié, serviteur ni domestique de feu le maréchal Brune, et a déposé que cejourd'hui, sur les dix heures du matin, les devoirs de son service l'avaient conduit, d'après les ordres de son capitaine, à l'hôtel du Palais-Royal en cette ville, où il est resté pour le maintien de l'ordre jusqu'après le décès du maréchal Brune; qu'il n'avait cessé d'être à portée dudit maréchal, soit dans le corridor du premier étage dudit hôtel, soit dans la chambre qui est à droite dudit corridor, dont les deux croisées donnent sur une cour intérieure, laquelle a été occupée par ledit maréchal; que sans entrer dans le détail des différents colloques qu'il a eus avec ledit maréchal, et dont les sujets n'étaient nullement importants, il se borne à dire que dès que ledit maréchal a été entré dans ladite chambre, il lui a vu sortir de la poche de sa redingote trois ou quatre lettres missives, autant qu'il a pu en juger; qu'il s'est placé au-devant de celui des deux lits qui est placé derrière la porte de ladite chambre, et a déchiré lesdites lettres; que pendant qu'il les déchirait, soit avec les mains, soit l'une d'elles avec les dents, le déposant lui a demandé s'il correspondait encore avec l'armée de la Loire; à quoi ledit maréchal a répondu : — Ce sont des lettres de ma femme; — qu'il l'a vu ensuite rassembler dans la paume de la main tous les petits morceaux desdites lettres déchirées, et qu'il est venu en jeter une petite partie, qu'il avait mise dans sa bouche, par la fenêtre du corridor, dans la susdite cour, et qu'il a jeté tous les morceaux qui étaient renfermés dans sa main sur la cheminée de sa chambre; qu'il n'a point été témoin de la mort du maréchal; qu'il a seulement entendu l'explosion du coup de feu qui lui a donné la mort, se trouvant pour lors, le déposant, au rez-de-chaussée de l'hôtel avec M. le major commandant supérieur du département.

» Et plus n'a dit savoir : lecture à lui faite de sa déposition, a dit icelle contenir vérité, y a persisté, et a signé en cet endroit. *Signé :* PIOT, GIRARD.

» D'après les renseignements authentiques que nous avons recueillis, il demeure constant que le maréchal Brune est parti de

Toulon avec sa suite dans la nuit du 31 juillet dernier au 1er août courant, sur les deux heures après minuit; qu'il s'est présenté sur les dix heures du matin de ce jour à la poste aux chevaux de cette ville pour y relayer; qu'il occupait seul une voiture dite calèche; qu'il avait pour toute suite deux aides de camp et un seul domestique qui voyageaient en cabriolet; qu'ayant exhibé ses papiers à l'officier du poste de la porte de l'Oule, par laquelle il est entré en cette ville, et cet officier ayant voulu en référer à M. le major commandant supérieur du département, ledit maréchal a éprouvé quelque retard, toutefois assez court pour pouvoir continuer sa route; que la nouvelle de sa présence, circulant bientôt de bouche en bouche, a bientôt accumulé auprès de la poste aux chevaux et à la porte de la ville un certain nombre de curieux; que, néanmoins, ledit maréchal est parvenu à sortir, mais que, la foule s'étant au même instant considérablement accrue, on a couru après lui; que ses voitures ont été amenées à l'hôtel du Palais-Royal; qu'on l'a forcé à descendre de la sienne, ainsi que les personnes de sa suite de la leur; qu'il est monté dans la chambre n° 3, au premier étage dudit hôtel, et l'a occupée jusqu'à l'instant de sa mort; qu'il a eu successivement des entretiens, soit avec M. le préfet, arrivé quelques heures avant lui à Avignon, soit avec M. le major commandant supérieur du département, M. Boudard, conseiller de préfecture, M. le maire de cette ville, M. le commandant d'armes, soit avec d'autres fonctionnaires publics, chefs et officiers de différents corps de la force armée; qu'ils ont tous cherché à faciliter le départ dudit maréchal; qu'ils n'ont cessé de protéger sa personne *au péril de leur propre vie;* que, malgré les efforts de l'autorité, le tumulte est parvenu à son comble; que les vociférations se sont fait entendre de toutes parts; que des menaces ont éclaté de tous les points de la place et des rues adjacentes; que le comble des maisons était couvert de gens qui, par leurs cris, excitaient le tumulte, et cherchaient à pousser le peuple aux dernières extrémités; que cette exaltation présageait les suites les plus sinistres; qu'une multitude effrénée s'est portée avec violence et la hache à la main sur la principale porte d'entrée dudit hôtel, où plusieurs entailles desdites haches se font encore remarquer; que beaucoup de vitres du rez-de-chaussée ont été brisées; que lesdites fenêtres ont été forcées; qu'on a pénétré avec le plus grand désordre dans l'intérieur de l'hôtel; que toutes sortes de dégâts s'y sont faits, même sur le comble de la maison, sur lequel une quarantaine d'individus sont parvenus; que plusieurs objets ont été brisés ou volés, ainsi que le tout sera constaté, comme de droit, par le sieur Molin, propriétaire dudit hôtel; que, pendant les quelques heures que ces mouvements populaires ont duré, on a plusieurs fois menacé ledit Molin d'incendier son auberge; que les voyageurs de passage cejourd'hui se sont empressés d'évacuer ledit hôtel; qu'enfin l'autorité a été complétement méconnue, la propriété violée, la sûreté des personnes compromise; que le désordre n'a cessé qu'à l'instant où M. le major commandant supérieur de Vaucluse a annoncé à la multitude que le maréchal Brune *venait de se donner la mort.*

» Les autorités qui nous avaient précédés sur les lieux ayant, avant notre arrivée, pourvu à la sûreté des deux voitures du maréchal Brune par la présence d'une forte garde chargée de surveiller à ce que rien n'en fût distrait ni enlevé, et nous étant assurés que lesdites voitures étaient en effet soigneusement gardées dans la remise dite du Palais-Royal, nous n'avons eu qu'à confirmer les dispositions déjà prises, et ce jusqu'à la conclusion de l'inventaire que nous nous proposons de dresser de tout ce qui y est renfermé.

» De tout quoi nous avons dressé le présent procès-verbal à Avignon, les an, mois et jour susdits, à quatre heures après midi, dans une salle basse dudit hôtel du Palais-Royal, et d'après les notes sommairement et successivement prises sur le matériel; et avons signé avec M. le procureur du roi, M. le préfet, M. le major, commandant supérieur de Vaucluse, M. le commandant de la place, M. le capitaine de la gendarmerie royale, M. Hugues, chef de bataillon, M. Bressy, commissaire de police, maîtres Louvel-Beauregard et Martin; M. Arnoux, adjudant-major de la garde nationale, M. Pierre Laporte et M. Vernay, commis greffier, écrivant: et n'a signé M. Recellac, étant sorti de l'hôtel après sa déclaration.

» *Signé :* Piot, Verger, procureur du roi, le préfet, baron de Saint-Chamans, Lambot, commandant supérieur du département de Vaucluse, Acart, capitaine de gendarmerie, Louvel-Beauregard, docteur en chirurgie, Martin, officier de santé, Bressy, pour le commissaire de police, Joseph Arnoux, adjudant-major de la garde nationale, le chef de bataillon Hugues, P. Vernetty, chef de bataillon, commandant la place, Pierre Laporte, Vernay, commis greffier.

» Pour copie conforme délivrée à M. le procureur du roi, sur sa demande.

» *Signé :* VITALIS, greffier. »

(8) Ici s'arrête le curieux et intéressant récit que nous empruntons à l'auteur de *Nîmes et Marseille en* 1815, publié en 1818 : une pareille publication à cette époque était non-seulement un bien grand exemple de patriotisme, mais encore une bien grande preuve de courage.

(9) Nous empruntons presque textuellement, et pour être toujours certain de ne point nous écarter de la vérité, tous ces détails à l'excellent ouvrage de M. Lauze de Pelet, intitulé : *Causes et précis des troubles, des crimes, des désordres,* dans le département du Gard et dans d'autres lieux du midi de la France, en 1815 et en 1816.

FIN DES MASSACRES DU MIDI.

URBAIN GRANDIER

1634

Le dimanche 26 novembre 1631, il y avait grande rumeur dans la petite ville de Loudun, et surtout dans les rues qui conduisaient de la porte par laquelle on arrivait de l'abbaye de Saint-Jouin de Marmes à l'église de Saint-Pierre, située sur la place du Marché; cette rumeur était causée par l'attente d'un personnage dont depuis quelque temps on s'occupait en bien et en mal à Loudun, avec un acharnement tout provincial; aussi était-il facile de reconnaître, aux figures de ceux qui formaient sur le seuil de chaque porte des clubs improvisés, avec quels sentiments divers on allait accueillir celui qui avait pris soin lui-même d'annoncer pour ce jour-là son retour à ses amis et à ses ennemis.

Vers les neuf heures, un grand frémissement courut par toute cette foule, et les mots : *Le voilà! le voilà!* circulèrent avec une rapidité électrique d'une extrémité à l'autre des rassemblements. Alors les uns rentrèrent et fermèrent leurs portes et leurs fenêtres, comme aux jours des calamités publiques; les autres, au contraire, ouvrirent joyeusement toutes les issues de leurs maisons, comme pour y donner entrée à la joie : et au bout de quelques instants un silence profond, commandé par la curiosité, succéda au bruit et à la confusion qu'avait occasionnés cette nouvelle.

Bientôt, au milieu de ce silence, on vit s'avancer, une

branche de laurier à la main, en signe de triomphe, un jeune homme de trente-deux à trente-quatre ans, d'une taille avantageuse et bien proportionnée, à l'air noble, au visage parfaitement beau, quoique son expression fût un peu hautaine : il était revêtu de l'habit ecclésiastique, et, quoiqu'il eût fait trois lieues à pied pour rentrer dans la ville, cet habit était d'une élégance et d'une propreté remarquables. Il traversa ainsi, les yeux au ciel, et chantant d'une voix mélodieuse des actions de grâces au Seigneur, d'un pas lent et solennel, toutes les rues qui conduisaient à l'église du marché de Loudun, et cela sans adresser un regard, un mot ou un geste à personne, quoique toute la foule, se réunissant derrière lui à mesure qu'il avançait, le suivît chantant avec lui, et quoique les chanteuses, car cette foule, nous avons oublié de le dire, se composait presque entièrement de femmes, fussent les plus jolies filles de la ville de Loudun.

Celui qui était l'objet de tout ce mouvement arriva ainsi devant le porche de l'église Saint-Pierre. Parvenu sur la dernière marche, il se mit à genoux, fit à voix basse une prière; puis, se relevant, il toucha de sa branche de laurier les portes de l'église, qui, s'ouvrant aussitôt, comme par enchantement, laissèrent voir le chœur tendu et illuminé, comme pour l'une des quatre grandes fêtes de l'année, et ayant tous ses commensaux, suisses, enfants de chœur, chantres et bedeaux, à leur place. Alors celui qu'on attendait traversa la nef, entra dans le chœur, fit une seconde prière au pied de l'autel, posa sa branche de laurier sur le tabernacle, revêtit une robe blanche comme la neige, passa l'étole, et commença devant un auditoire composé de tous ceux qui l'avaient suivi le saint sacrifice de la messe, qu'il termina par un *Te Deum.*

Celui qui venait, pour son propre triomphe à lui, de rendre à Dieu les mêmes grâces qu'on lui rendait pour les triomphes du roi, était le prêtre Urbain Grandier, acquitté la surveille, en vertu d'une sentence rendue par M. d'Escoubleau de Sourdis, archevêque de Bordeaux, d'une accusation portée contre lui, laquelle accusation l'avait fait condamner par l'official à jeûner au pain et à l'eau tous les vendredis, pendant trois mois, et l'avait interdit *à divinis* dans le diocèse de Poitiers pendant cinq mois, et dans la ville de Loudun pour toujours.

Voici maintenant à quelle occasion l'accusation avait été portée et jugement rendu.

Urbain Grandier était né à Rovère, bourg voisin de Sablé, petite ville du bas Maine; après avoir étudié les sciences avec son père Pierre et son oncle Claude Grandier, qui s'occupaient d'astrologie et d'alchimie, il était entré, à l'âge de douze ans, ayant reçu déjà une éducation de jeune homme, au collége des Jésuites de Bordeaux, où ses professeurs, outre ce qu'il savait, remarquèrent encore en lui une grande aptitude pour les langues et pour l'éloquence : ils lui firent en conséquence apprendre à fond le latin et le grec, l'exercèrent dans la prédication, afin de développer son talent oratoire; puis, s'étant pris d'une grande amitié pour un élève qui devait leur faire honneur, ils le pourvurent, aussitôt que son âge lui permit de remplir les fonctions ecclésiastiques, de la cure de Saint-Pierre au marché de Loudun, qui était à leur présentation. Outre cette cure, il fut encore, grâce à ses protecteurs, pourvu, au bout de quelques mois d'installation, d'une prébende dans la collégiale de Sainte-Croix.

On comprend que la réunion de deux bénéfices sur la tête d'un aussi jeune homme, qui n'étant pas de la province, semblait venir usurper les droits et priviléges des gens du pays, produisit une grande sensation dans la petite ville de Loudun, et exposa le titulaire à l'envie des autres ecclésiastiques. Au reste, ce sentiment avait nombre d'excellents motifs pour s'attacher à lui : Urbain, comme nous l'avons dit, était parfaitement beau ; l'éducation qu'il avait reçue de son père, en le faisant pénétrer assez avant dans les sciences, lui avait donné la clef d'une foule de choses qui restaient des mystères pour l'ignorance, et qu'il expliquait, lui, avec une facilité extrême. En outre, les études libérales qu'il avait faites au collége des Jésuites l'avaient mis au-dessus d'une foule de préjugés sacrés au vulgaire, et pour lesquels il ne dissimulait pas son mépris; enfin son éloquence avait attiré à ses sermons presque tous les auditeurs des autres communautés religieuses, et surtout ceux des ordres mendiants, qui jusques alors avaient obtenu à Loudun la palme de la prédication. C'était plus qu'il n'en fallait, comme nous l'avons dit, pour donner prétexte à l'envie et pour que l'envie se changeât bientôt en haine : ce fut ce qui arriva.

On connaît la médisante oisiveté des petites villes et le mépris irascible du vulgaire pour tout ce qui le dépasse et le domine. Urbain, par ses qualités supérieures, était fait pour un plus grand théâtre ; mais il se trouva renfermé à l'étroit, manquant d'air et d'espace, entre les murailles d'une petite ville, de sorte que tout ce qui eût concouru à sa gloire à Paris devint à Loudun la cause de sa perte.

Malheureusement pour Urbain, son caractère, loin de lui faire pardonner son génie, devait augmenter encore la haine qu'il inspirait : Urbain, avec ses amis, d'un commerce doux et agréable, était envers ses ennemis railleur, froid et hautain ; inébranlable dans les résolutions qu'il avait prises, jaloux du rang auquel il était arrivé, et qu'il défendait comme une conquête, intraitable sur ses intérêts, quand il avait le droit pour lui, il repoussait les attaques et les injures avec une roideur qui de ses adversaires d'un moment lui faisait bientôt des ennemis de toute la vie.

Le premier exemple qu'Urbain donna de cette inflexibilité fut en 1620, à l'occasion d'un procès qu'il gagna, à peine établi, contre un prêtre nommé Meunier, et dont il fit exécuter le jugement avec tant de rigueur, que celui-ci en conserva contre lui un ressentiment qu'il fit éclater en toute occasion.

Un second procès qu'il eut à soutenir contre le chapitre de Sainte-Croix, au sujet d'une maison que ce chapitre lui disputait, et qu'il gagna comme le premier, lui donna l'occasion de déployer de nouveau cette rigide application du droit ; malheureusement, le fondé de pouvoirs du chapitre qui avait perdu, et qui jouera un grand rôle dans la suite de cette histoire, était un chanoine de la collégiale de Sainte-Croix, directeur du couvent des Ursulines : c'était un homme à passions vives, vindicatif et ambitieux, trop médiocre pour arriver jamais à une haute position, et cependant trop supérieur, dans sa médiocrité, à tout ce qui l'entourait, pour se contenter de la position secondaire qu'il avait prise : aussi hypocrite qu'Urbain était franc, il avait la prétention d'obtenir, partout où son nom serait connu, la réputation d'un homme d'une haute piété, et, pour y parvenir, affectait tout l'ascétisme d'un anachorète et toute la rigidité d'un saint. Très-versé, au reste, dans les matières bénéficiales, il avait regardé comme une humiliation personnelle la perte d'un procès dont il s'était chargé, et du succès duquel il avait en quelque sorte répondu; si bien que, lorsque Urbain triompha et usa de ses avantages avec la même rigueur qu'il avait fait à l'égard de Meunier, il compta dans Mignon un second ennemi non-seulement plus acharné, mais encore plus dangereux que le premier.

Sur ces entrefaites, et à propos de ce procès, il arriva qu'un individu nommé Barot, oncle de Mignon, et par conséquent son partner, se prit de discussion avec Urbain; comme c'était un homme plus que médiocre, Urbain n'eut, pour l'écraser, qu'à laisser tomber de sa hauteur quelques-unes de ces dédaigneuses réponses qui impriment des stigmates comme un fer brûlant; mais cet homme médiocre était fort riche, n'avait point d'enfants, possédait à Loudun une parenté très-nombreuse, préoccupée sans cesse de lui faire la cour pour trouver place en son testament; de sorte que l'insultante raillerie, tout en tombant sur Barot, éclaboussa bon nombre de personnes qui, prenant part à sa querelle, augmentèrent encore les adversaires d'Urbain.

Vers le même temps un événement plus grave arriva : parmi ses pénitentes les plus assidues, Urbain comptait une jeune et jolie personne, fille du procureur du roi Trinquant, lequel était aussi oncle du chanoine Mignon. Or il advint que cette jeune fille tomba dans un état de langueur qui la força de garder la chambre. Elle fut soignée pendant cette maladie par une de ses amies nommée Marthe Pelletier, qui, renonçant tout à coup aux sociétés qu'elle fréquentait, poussa le dévouement jusqu'à s'enfermer avec elle; mais, lorsque Julie Trinquant fut guérie et qu'elle reparut dans le monde, on apprit que pendant sa retraite, Marthe Pelletier était accouchée d'un enfant qu'elle avait fait baptiser et qu'elle avait mis en nourrice. Cependant, par une de ces bizarreries étranges qui lui sont si familières, le public prétendit que la véritable mère n'était point celle qui s'était déclarée, et le bruit se répandit qu'à prix d'argent Marthe Pelletier avait vendu sa réputation à son amie : quant au père, on avait encore moins de doute sur ce point, et la clameur publique, habilement soufflée, désigna Urbain.

Alors Trinquant, instruit des bruits qui couraient sur le compte de sa fille, prit sur lui, en sa qualité de procureur du roi, de faire arrêter et conduire en prison Marthe Pelletier; là elle fut interrogée sur le compte de l'enfant, soutint qu'elle en était la mère, fit la soumission de l'élever, et comme il pouvait y avoir faute, mais non pas crime, Trinquant fut obligé de la relâcher, sans que cet abus de justice eût eu d'autres suites que de rendre l'affaire plus scandaleuse, et d'enfoncer davantage le public dans la conviction qu'il s'était faite.

Ainsi, jusques alors, soit protection du ciel, soit supériorité de la part d'Urbain Grandier, tout ce qui s'était attaqué à lui avait été battu; mais chacune de ses victoires augmentait le nombre de ses ennemis : bientôt il fut si grand, que tout autre homme qu'Urbain en eût été effrayé et se fût mis en mesure ou de les calmer ou de se prémunir contre leur vengeance; mais Urbain, dans son orgueil, dans son innocence peut-être, méprisa tous les conseils que ses plus dévoués lui donnèrent, et continua de marcher dans la voie qu'il avait suivie par le passé.

Jusques alors les attaques portées contre Urbain avaient été individuelles et séparées; ses ennemis attribuèrent leur insuccès à cette cause et résolurent de se réunir pour l'écraser; en conséquence, une convocation eut lieu chez Barot; elle devait se composer de Meunier, de Trinquant et de Mignon; ce dernier amena avec lui un nommé Menuau, avocat du roi, son intime ami, et que cependant un autre motif que cette amitié faisait encore agir : Menuau était amoureux d'une femme dont il n'avait jamais pu rien obtenir, et il se figurait que cette indifférence et ce mépris qu'elle lui témoignait avaient pour cause la passion que lui avait inspirée Urbain. Le but de cette réunion était de chasser l'ennemi commun du pays de Loudenois.

Cependant Urbain veillait avec un si grand soin sur lui-même, qu'on ne pouvait lui reprocher réellement que le plaisir qu'il paraissait prendre dans la société des femmes, qui, de leur côté et avec ce tact que possèdent les plus médiocres, voyant un prêtre, jeune, beau et éloquent, le choisissaient de préférence pour leur directeur. Comme cette préférence avait déjà blessé bon nombre de pères et de maris, on convint que ce serait sur ce point, le seul où il fût vulnérable, que l'on attaquerait Grandier. En effet, dès le lendemain de cette décision, tous les bruits vagues qui depuis longtemps déjà s'étaient répandus commencèrent à prendre quelque consistance; on parla, sans la nommer, d'une demoiselle de la ville, qui serait, disait-on, malgré les fréquentes infidélités qu'il lui faisait, sa maîtresse dominante; bientôt on raconta que cette jeune personne ayant eu des scrupules de conscience à l'égard de cette liaison, Grandier les avait apaisés par un sacrilége : ce sacrilége était un mariage qu'il aurait contracté avec elle pendant la nuit, et dans lequel il aurait été à la fois le prêtre et le marié. Plus ces bruits touchaient à l'absurde, plus ils obtinrent de croyance; bientôt personne ne douta plus à Loudun que la chose ne fût vraie; et cependant il était, chose étonnante dans une aussi petite ville, impossible de nommer cette étrange épouse qui n'avait pas craint de contracter mariage avec un prêtre du Seigneur.

Quelle que fût la force d'âme de Grandier, il ne pouvait se dissimuler sur quel terrain mouvant il avait mis le pied; il sentait que la calomnie rampait sourdement autour de lui, et ne se dissimulait pas que, lorsqu'elle l'aurait bien enveloppé de tous ses replis, elle lèverait un jour sa tête infâme, et que de ce jour-là commencerait entre lui et elle la véritable lutte; mais, dans ses principes, faire un pas en arrière, était avouer qu'il était coupable; d'ailleurs, peut-être était-il déjà trop tard pour reculer; il continua donc d'aller en avant, toujours inflexible, railleur et hautain.

Parmi les personnes qui avaient accrédité avec le plus d'acharnement les bruits les plus injurieux à la réputation d'Urbain, était un nommé Duthibaut, important de province, esprit fort de petite ville, oracle de tout ce qui était médiocre et vulgaire; les propos tenus par lui revinrent à Urbain; il apprit que chez M. le marquis de Bellay cet homme avait parlé de lui en termes peu mesurés; et comme un jour, revêtu des habits sacerdotaux, il était prêt à entrer à l'église de Sainte-Croix pour y assister aux offices, il le rencontra sous le porche même de l'église, et lui fit, avec sa hauteur et son mépris accoutumés, reproche de ses calomnies. Celui-ci, habitué par sa fortune et par l'influence qu'il avait prise sur les esprits infimes, auxquels il paraissait un homme supérieur, à tout dire et à tout faire impunément, ne put supporter cette réprimande publique, et ayant levé sa canne, il en frappa Urbain.

L'occasion fournie à Grandier de se venger de ses ennemis était trop belle pour qu'il n'en profitât point; mais, jugeant avec raison qu'il n'obtiendrait pas justice s'il s'adressait aux autorités du pays, quoique le respect dû au culte religieux fût compromis dans cette affaire, il prit le parti d'aller se jeter aux pieds du roi Louis XIII, qui daigna l'écouter, et qui, voulant que l'outrage fait à un ministre de la religion, revêtu des habits sacerdotaux, fût vengé, renvoya l'affaire au parlement pour être le procès fait et parfait à Duthibaut.

Alors les ennemis d'Urbain jugèrent qu'il n'y avait point de temps à perdre, et profitèrent de son absence pour faire porter de leur côté une plainte contre lui. Deux misérables, nommés Cherbonneau et Bugrau, consentirent à se porter délateurs devant l'official de Poitiers : ils accusèrent Grandier d'avoir débauché des femmes et des filles, d'être impie et profane, de ne jamais dire son bréviaire, et de changer le sanctuaire en un lieu de débauche et de prostitution. L'official reçut la plainte, nomma Louis Chauvet, lieutenant civil, et avec lui l'archiprêtre de Saint-Marcel et du Loudenois, pour en informer; de sorte qu'au moment où Urbain poursuivait à Paris contre Duthibaut, on informait à Loudun contre lui-même.

Cette information se poursuivait avec toute l'activité de la vengeance religieuse. Trinquant déposa comme témoin, et entraîna après lui plusieurs autres dépositions; au reste, celles qui ne furent point faites selon les désirs des instructeurs furent falsifiées ou omises. Il en résulta que l'information, présentant des charges graves, fut renvoyée à l'évêque de Poitiers, auprès duquel les accusateurs de Grandier avaient des amis très-puissants. D'ailleurs, l'évêque avait lui-même un grief personnel contre lui : Urbain avait donné, dans un cas urgent, une dispense de publication de mariage; de sorte que l'évêque, déjà prévenu, trouvant dans l'instruction, toute superficielle qu'elle était, des charges suffisantes, rendit contre Urbain un décret de prise de corps conçu en ces termes :

« Henri-Louis Chataignier de la Rochepezai, par misération divine évêque de Poitiers, vu les charges et informations à nous rendues par l'archiprêtre de Loudun, faites à l'encontre de Urbain Grandier, prêtre de Saint-Pierre au Marché de Loudun en vertu de commissions émanées de nous audit archiprêtre, et en son absence au prieur de Chassaignes; vu aussi les conclusions de notre promoteur sur icelles; avons ordonné et ordonnons que Urbain Grandier, accusé, soit amené sans scandale ès prison de notre hôtel épiscopal de Poitiers, si pris et appréhendé peut être, sinon sera ajourné à son domicile à trois briefs jours par le premier appariteur prêtre ou clerc tonsuré, et d'abondant par le premier sergent royal, sur ce requis avec imploration du bras séculier, et auxquels et à l'un d'iceux donnons pouvoir de ce faire et mandement, nonobstant opposition ou appellations quelconques pour ce fait; et ledit Grandier ouï, prendre par notre promoteur telles conclusions à l'encontre de lui qu'il verra l'avoir à faire.

» Donné à Dissai, le 22e jour d'octobre 1629; ainsi signé en l'original.

» Henri-Louis, évêque de Poitiers. »

Grandier, comme nous l'avons dit, était à Paris lorsque ce décret fut prononcé contre lui : il y poursuivait devant le parlement sa plainte contre Duthibaut, lorsque celui-ci, qui avait reçu le décret avant que Grandier eût même appris qu'il était rendu, après s'être défendu par le tableau des mœurs scandaleuses du curé, produisit à l'appui de ses assertions la pièce terrible dont il était porteur. La cour, ne sachant plus alors que penser de ce qui se passait devant elle, ordonna qu'avant de faire droit à la plainte de Grandier, celui ci se retirerait par-devant son évêque pour se justifier des accusations portées contre lui : Grandier quitta aussitôt Paris, arriva à Loudun, n'y resta que quelques instants pour prendre connaissance de l'affaire, et se rendit immédiatement à Poitiers pour se mettre en état d'y répondre. Mais il y était arrivé à peine, qu'il fut arrêté par un huissier nommé Chatry, et conduit dans la prison de l'évêché.

On était au 15 novembre, cette prison était froide et humide, et cependant Grandier ne put obtenir qu'on le transférât dans une autre : dès ce moment il vit que ses ennemis étaient encore plus puissants qu'il ne le croyait, et prit patience; il resta ainsi deux mois, pendant lesquels ses meilleurs amis eux-mêmes le crurent perdu; si bien que Duthibaut riait des poursuites dont il se croyait déjà débarrassé, et que Barot avait déjà présenté un de ses héritiers nommé Ismaël Boulieau pour remplacer Urbain dans ses bénéfices.

Le procès se poursuivait à frais communs, les riches payant pour les pauvres; car, comme l'instruction se faisait à Poitiers, et que les témoins demeuraient à Loudun, le déplacement d'un aussi grand nombre de personnes nécessitait des frais considérables, mais le désir de la vengeance fut plus grand que l'avarice : chacun fut taxé selon sa fortune, paya sa taxe, et l'instruction fut achevée au bout de deux mois.

Cependant, quelque soin qu'on y eût mis pour rendre cette instruction la plus fatale qu'il serait possible à celui qu'elle compromettait, le principal chef ne put être prouvé. On accusait Urbain d'avoir débauché des femmes et des filles, mais on ne nommait ni ces femmes ni ces filles; on ne produisit point de parties qui se plaignissent; tout reposait sur le bruit public, rien ne reposait sur un fait; c'était un de ces procès les plus étranges qui se fussent jamais vus. Néanmoins, jugement fut rendu le 3 de janvier 1630; par ce jugement, Grandier fut condamné à jeûner au pain et à l'eau, par pénitence, tous les vendredis pendant trois mois, interdit *à divinis* dans le diocèse de Poitiers pendant cinq ans, et dans la ville de Loudun pour toujours.

On appela des deux côtés de cette sentence : Grandier en appela à l'archevêque de Bordeaux, et ses adversaires, sous le nom du promoteur de l'officialité, en appelèrent comme d'abus au parlement de Paris; ce dernier appel était fait pour surcharger Grandier et le courber sous la peine. Mais Grandier avait en lui-même une force qui se mesurait à l'attaque : il fit face à tout, et, se pourvoyant, il fit plaider l'appel au parlement, tandis qu'il restait sur les lieux pour poursuivre en personne son appel auprès de l'archevêque de Bordeaux. Mais comme il s'agissait d'entendre un grand nombre de témoins, et que le déplacement à une si grande distance devenait presque impossible, la cour renvoya la connaissance de l'affaire au présidial de Poitiers. Le lieutenant criminel de Poitiers instruisit donc à nouveau; mais cette nouvelle instruction, faite avec impartialité, ne fut point favorable aux accusateurs. Il se trouva des contradictions dans les témoins qui tentèrent de persister; il y en eut d'autres qui avouèrent ingénument qu'ils avaient été gagnés; d'autres enfin déclarèrent qu'on avait falsifié leurs dépositions, et du nombre de ces derniers étaient un prêtre nommé Méchin et ce même Ismaël Boulieau que Trinquant s'était empressé de présenter comme prétendant aux bénéfices d'Urbain Grandier. La déclaration de Boulieau a été perdue; mais voici celle de Méchin, qui s'est conservée intacte et telle qu'elle est sortie de sa plume :

« Je, Gervais Méchin, prêtre vicaire de l'église de Saint-Pierre au marché de Loudun, certifie, par la présente écrite et signée de ma main, pour la décharge de ma conscience sur certain bruit qu'on fait courir qu'en l'information faite par Gilles Robert, archiprêtre, contre Urbain Grandier, prêtre curé de Saint-Pierre, en laquelle information ledit Robert me sollicita de déposer que j'avais dit que j'avais trouvé ledit Grandier couché avec des femmes et des filles tout de leur long dans l'église de Saint-Pierre, les portes étant fermées.

» Item, que plusieurs et diverses fois, à heures indues de jour et de nuit, j'avais vu des filles et des femmes venir trouver ledit Grandier en sa chambre, et quelques-unes desdites femmes y demeuraient depuis une heure après midi jusqu'à deux ou trois heures après minuit, et y faisaient apporter leur souper par leurs servantes, qui se retiraient incontinent.

» Item, que j'ai vu ledit Grandier dans l'église, les portes ouvertes, et quelques femmes y étant entrées, il les fermait : désirant que tels bruits ne continuent davantage, je déclare par ces présentes que je n'ai jamais vu ni trouvé ledit Grandier avec des femmes et des filles dans l'église, les portes étant fermées, ni seul avec elles; ainsi lorsqu'il a parlé à elles, elles étaient en compagnie, les portes toutes ouvertes; et pour ce qui est de la posture, je pense avoir assez éclairci par ma confrontation que ledit Grandier était assis et les femmes assez éloignées les unes des autres; comme aussi je n'ai jamais vu entrer femmes ni filles dans la chambre dudit Grandier de jour ni de nuit; bien est vrai que j'ai entendu aller et venir du monde au soir bien tard; mais je ne puis dire qui c'est, attendu qu'il couchait toujours un frère dudit Grandier proche de sa chambre, et n'ai connaissance que ni femmes ni filles y aient fait porter leur souper; je n'ai non plus déposé ne lui avoir jamais vu dire son bréviaire, parce que ce serait contre vérité, d'autant que diverses fois il m'a demandé le mien, lequel il prenait et disait ses heures; et semblablement déclare ne lui avoir jamais vu fermer les portes de l'église, et qu'en tous les devis que je lui ai vu avoir avec les femmes, je n'ai jamais vu aucune chose déshonnête, non pas même qu'il leur touchât en aucune façon, mais seulement parlaient ensemble, et que s'il se trouve en ma déposition quelque chose contraire à ce que dessus, c'est contre ma conscience, et ne m'en a été faite lecture, pour ce que je ne l'eusse signée : ce que je dis et affirme pour rendre hommage à la vérité.

» Fait le dernier jour d'octobre 1630.

» *Signé* G. MÉCHIN. »

En face de pareilles preuves d'innocence, il n'y avait pas d'accusation qui pût tenir; aussi, par jugement du présidial de Poitiers, en date du 25 mai 1631, Grandier fut renvoyé absous, quant à présent, de la plainte portée contre lui. Cependant il lui restait encore à comparaître devant le tribunal de l'archevêque de Bordeaux, qui était saisi de son appel, afin d'y obtenir sa justification. Grandier profita du moment où ce prélat venait visiter son abbaye de Saint-Jouin-les-Marmes, située seulement à trois lieues de Loudun, pour se pourvoir devant lui; ses ennemis, découragés par le résultat du procès au présidial de Poitiers, se défendirent à peine, et l'archevêque, après une nouvelle instruction, qui jeta encore un jour plus éclatant et plus pur sur l'innocence de l'accusé, rendit une sentence d'absolution.

Cette réhabilitation poursuivie par Grandier sous les yeux de son évêque avait eu pour lui deux résultats importants : le premier de faire éclater son innocence, le second de faire ressortir sa haute instruction et les qualités élevées qui en faisaient un homme si supérieur : aussi l'archevêque, qui en voyant les persécutions auxquelles il était en butte, s'était pris d'un grand intérêt pour Urbain, lui conseilla-t-il de permuter ses bénéfices et de s'éloigner d'une ville dont les principaux habitants paraissaient lui avoir voué une haine si acharnée; mais une telle capitulation avec son droit n'était point dans le caractère d'Urbain : il déclara à son supérieur que, fort de sa protection et des témoignages de sa conscience, il resterait à l'endroit où Dieu l'avait placé. Alors monseigneur de Sourdis n'avait point cru devoir insister davantage; seulement, comme il s'était aperçu que si Urbain devait tomber un jour, c'était, comme Satan, par l'orgueil, il avait inséré dans le jugement une phrase par laquelle il lui recommandait *de bien et modestement se comporter en sa charge suivant les saints décrets et constitutions canoniques.* Nous avons vu, par la rentrée triomphale d'Urbain dans la ville de Loudun, comment il s'était conformé à cette recommandation.

Cependant Urbain Grandier ne se borna point à cette orgueilleuse démonstration, qui fut blâmée de ses amis eux-mêmes, et au lieu de laisser éteindre, ou du moins reposer les haines soulevées contre lui, en ne récriminant point sur le passé, il reprit avec plus d'activité que jamais sa poursuite contre Duthibaut, et la poussa si bien qu'il obtint un arrêt de la chambre de la Tournelle, où Duthibaut fut mandé et blâmé, tête nue, condamné à diverses amendes, aux réparations et aux frais du procès.

Cet adversaire terrassé, Urbain se retourna aussitôt contre les autres, plus infatigable dans la justice que ses ennemis ne l'avaient été dans la vengeance. La sentence de l'archevêque de Bordeaux lui donnait recours contre ses accusateurs pour ses dommages et intérêts, et pour la restitution des fruits de ses bénéfices ; il fit savoir publiquement qu'il porterait la réparation aussi loin qu'avait été l'offense, et se mit au travail pour réunir toutes les preuves qui lui étaient nécessaires pour le succès du nouveau procès, dans lequel à son tour il allait se faire partie. Vainement ses amis lui firent-ils observer que la réparation qu'il avait obtenue était grande et belle, en vain lui représentèrent-ils tous les dangers qu'il y avait pour lui à pousser des vaincus au désespoir, Urbain répondit qu'il était prêt à souffrir toutes les persécutions que ses ennemis pourraient lui susciter ; mais qu'ayant le droit, on chercherait en vain à lui inspirer la crainte.

Les adversaires de Grandier furent donc instruits de l'orage qu'il amassait sur leurs têtes, et, comprenant que c'était entre eux et cet homme une question de vie et de mort, ils se réunirent de nouveau au village de Pindadane, dans une maison appartenant à Trinquant, Mignon Barot, Meunier, Duthibaut, Trinquant et Menuau, pour parler du coup qui les menaçait. Mignon avait, au reste, déjà noué les fils d'une nouvelle intrigue, il développa son plan ; le plan fut adopté. Nous allons le voir se dérouler au fur et à mesure ; car les événements procèdent de lui.

Nous avons, à propos de Mignon, dit que ce chanoine était directeur du couvent des Ursulines de Loudun : l'ordre des Ursulines était tout moderne, et cela tenait aux contestations historiques qu'avait toujours soulevées le récit de la mort de sainte Ursule et de ses onze mille vierges ; néanmoins madame Angèle de Bresse, en l'honneur de cette bienheureuse martyre, avait, en 1560, établi en Italie un ordre de religieuses de la règle de saint Augustin, qui fut approuvé en 1572 par le pape Grégoire XIII, et depuis, en 1614, Madeleine Lhuillier l'introduisit en France, avec l'approbation du pape Paul V, en fondant un monastère à Paris, d'où cet ordre se répandit par tout le royaume ; de sorte qu'en 1626, c'est-à-dire cinq ou six ans seulement avant l'époque où nous sommes parvenus, un couvent de ces mêmes dames s'était établi à Loudun.

Quoique cette communauté fût tout d'abord composée de filles de bonne famille, de noblesse, d'épée, de robe et de bourgeoisie, et que l'on comptât parmi ses fondatrices Jeanne de Belfied, fille du feu marquis de Cose, et parente de M. de Laubardemont; mademoiselle de Fazili, cousine du cardinal duc; deux dames de Barbenis, de la maison de Nogaret; une dame de Lamothe, fille du marquis de Lamothe-Baracé en Anjou; enfin une dame d'Escoubleau de Sourdis, de la même famille que l'archevêque qui occupait alors le siége de Bordeaux. Comme ces religieuses avaient presque toutes adopté l'état monastique à cause du défaut de fortune, la communauté riche en noms était si pauvre d'argent, qu'elle fut forcée, en s'établissant, de se loger dans une maison particulière. Cette maison appartenait à un nommé Moussaut du Frêne, dont le frère était prêtre: ce frère devint naturellement le directeur de ces saintes filles; mais au bout d'un an à peine il mourut, laissant sa direction vacante.

La maison qu'habitaient les Ursulines leur avait été cédée à un prix au-dessous de celui qu'elle valait, parce que le bruit courait par la ville qu'il y revenait des esprits. Son propriétaire avait donc pensé avec raison que rien n'était plus propre à chasser les fantômes que de leur opposer une communauté de saintes et religieuses filles qui, passant les journées en jeûnes et en prières, ne pouvaient guère donner prise aux démons sur leurs nuits: en effet, depuis un an qu'elles habitaient la maison, les revenants en avaient complétement disparu, ce qui n'avait pas peu contribué à établir dans la ville leur réputation de sainteté, lorsque leur directeur mourut.

Cette mort était pour les jeunes pensionnaires une occasion toute trouvée de se procurer quelques distractions aux dépens des vieilles religieuses, qui, plus sévères sur la règle que les autres, étaient assez généralement détestées; elles résolurent donc d'évoquer les esprits que l'on croyait à jamais refoulés dans les ténèbres. En effet, au bout de quelque temps, on entendit d'abord sur les toits de la maison de grands bruits pareils à des plaintes et à des gémissements; bientôt les fantômes se hasardèrent à pénétrer dans les greniers et dans les mansardes, où leur présence s'annonçait par un grand bruit de chaînes; enfin ils devinrent si familiers, qu'ils en arrivèrent jusqu'à entrer dans les dortoirs pour tirer le drap des lits et enlever les jupes des religieuses.

La chose inspira une si grande terreur dans le couvent, et fit si grand bruit dans la ville, que la supérieure réunit les plus sages religieuses en conseil, et leur demanda avis sur les circonstances délicates dans lesquelles on se trouvait : l'opinion unanime fut qu'il fallait remplacer le directeur défunt par un plus saint homme encore, s'il était possible d'en rencontrer un; et soit réputation de sainteté, soit tout autre motif, on jeta les yeux sur Urbain Grandier, et on lui fit faire des propositions; mais celui-ci répondit que, déjà chargé de deux bénéfices, il ne lui resterait pas assez de temps pour veiller efficacement sur le blanc troupeau dont on lui proposait d'être le berger, et qu'il invitait la supérieure à s'adresser à un autre plus digne et moins occupé que lui.

Cette réponse, comme on le comprend bien, blessa l'orgueil de la communauté, qui alors tourna les yeux vers Mignon, prêtre chanoine de l'église collégiale de Sainte-Croix, qui, tout blessé qu'il était que cette offre lui fût faite au refus d'Urbain Grandier, n'en accepta pas moins, mais en gardant à celui qui avait d'abord été jugé plus digne que lui une de ces haines bilieuses qui, au lieu de se calmer, s'aigrissent avec le temps; on a vu, par l'exposé que nous avons déjà mis sous les yeux du lecteur, comment peu à peu cette haine s'était déjà fait jour.

Cependant, aussitôt nommé, le nouveau directeur avait reçu de la supérieure un avis qui lui apprenait quels adversaires il allait avoir à combattre. Au lieu de la rassurer en niant l'existence des fantômes qui tourmentaient la communauté, Mignon, qui vit tout d'abord dans leur disparution, à laquelle il espérait bien parvenir, un moyen de consolider la réputation de sainteté à laquelle il aspirait, répondit que la sainte Écriture reconnaissait l'existence des esprits, puisque, grâce au pouvoir de la pythonisse d'Endor, l'ombre de Samuël était apparue à Saül; mais que le rituel offrait des moyens sûrs de les expulser, si acharnés qu'ils fussent, pourvu que celui qui les attaquait fût pur de pensée et de cœur, et qu'il espérait bien, avec l'aide de Dieu, débarrasser la communauté de ses nocturnes visiteurs; aussitôt, pour procéder à leur expulsion, il ordonna un jeûne de trois jours qui serait suivi d'une confession générale.

On comprend que, grâce aux questions qu'il adressa aux pensionnaires, il ne fut pas difficile à Mignon d'arriver à la vérité; celles qui faisaient les fantômes s'accusèrent, et nommèrent comme leur complice une jeune novice de seize à dix-sept ans, nommée Marie Aubin; celle-ci avoua la vérité, et dit que c'était elle qui se levait la nuit et allait ouvrir la porte du dortoir, que les plus peureuses de la chambre avaient grand soin chaque soir de fermer en dedans, ce qui, à la terreur générale, n'empêchait pas, comme on le devine bien, les esprits d'entrer. Mignon, sous prétexte de ne point les exposer à la colère de la supérieure, qui pourrait soupçonner quelque chose si les apparitions cessaient juste le lendemain de la confession; les autorisa à renouveler encore de temps en temps leur tapage nocturne, en leur ordonnant cependant de le cesser graduellement; puis, retournant à la supérieure, il lui annonça qu'il avait trouvé les pensées de toute la communauté tellement chastes et pures, qu'il espérait qu'avec l'aide de ses prières le couvent serait incessamment débarrassé des apparitions qui l'obsédaient.

Les choses arrivèrent comme l'avait prédit le directeur, et la réputation du saint homme qui avait veillé et prié pour la délivrance des bonnes Ursulines s'en accrut singulièrement dans la ville de Loudun.

Tout était donc redevenu parfaitement tranquille au couvent, lorsque arrivèrent les événements que nous avons racontés, et que Mignon, Duthibaut, Merruau, Meunier et Barot, après avoir perdu leur cause devant l'archevêque de Bordeaux, et se voyant menacés par Grandier d'être poursuivis comme faussaires et calomniateurs, se réunirent afin de résister à cet homme à la volonté inflexible, qui les perdrait s'ils ne le perdaient pas.

Le résultat de cette réunion fut un bruit étrange qui se répandit au bout de quelque temps : on se disait sourdement à Loudun que les revenants, chassés par le saint directeur, étaient revenus à la charge sous une forme invisible et impalpable, et que plusieurs religieuses avaient donné, soit dans leurs paroles, soit dans leurs actes, des preuves évidentes de possession. On parla de ces bruits à Mignon, qui, au lieu de les démentir, leva les yeux au ciel en disant que Dieu était certainement bien grand et bien miséricordieux; mais aussi que Satan était bien habile, surtout lorsqu'il était secondé par cette fausse science humaine qu'on appelle magie; que cependant, quoique ces bruits ne fussent pas entièrement dénués de fondement, rien n'était encore certain à l'endroit d'une possession réelle, et que le temps pourrait seul à cet égard établir la vérité.

On devine l'effet que produisirent de pareilles réponses sur des esprits déjà disposés à accueillir les bruits les plus étranges. Mignon les laissa circuler ainsi pendant quelques mois, sans leur donner d'autre aliment; enfin, un jour, il alla trouver le curé de Saint-Jacques de Chinon, lui dit que les choses en étaient, au couvent des Ursulines, au point qu'il ne pouvait plus prendre seul la responsabilité du salut de ces pauvres filles, et l'invita à venir les visiter avec lui. Ce curé, qui se nommait Pierre Barré, était en tout point l'homme qu'il fallait à Mignon pour mener à bien une pareille affaire, exalté, mélancolique, visionnaire, prêt à tout entreprendre pour augmenter sa réputation d'ascétisme et de sainteté. Il voulut dès le premier abord donner à cette visite toute la solennité que comportait une circonstance aussi grave : en conséquence, il se rendit à Loudun à la tête de ses paroissiens, qu'il amena en procession, faisant le chemin à pied pour donner plus d'éclat et de retentissement à la chose; c'était inutile : pour moins que cela la ville eût été en rumeur.

Mignon et Barré entrèrent au couvent, pendant que les fidèles se répandaient dans les églises, faisant des prières pour l'efficacité des exorcismes; ils restèrent six heures enfermés avec les religieuses; puis, au bout de ce temps, Barré sortit annonçant à ses paroissiens qu'ils pouvaient retourner seuls à Chinon; mais que, quant à lui, il restait à Loudun pour aider le vénérable directeur des Ursulines dans la tâche sainte qu'il avait entreprise; puis il leur recommanda de prier soir et matin avec toute la ferveur dont ils étaient capables, afin que dans cette affaire, où elle était si gravement compromise, la cause de Dieu triomphât.

Cette recommandation, que n'accompagna aucune autre explication, redoubla la curiosité universelle : on se disait que ce n'était pas une ou deux religieuses seulement, mais tout le couvent qui était possédé. Quant au magicien qui avait jeté le charme, on commençait à le nommer tout haut : c'était Urbain Grandier, que Satan avait attiré à lui, par l'orgueil, et qui avait fait, pour être l'homme le plus savant de la terre, un pacte par lequel il avait vendu son âme ; et, en effet, ce que savait Urbain était tellement au-dessus des connaissances générales des habitants de Loudun, que beaucoup n'eurent pas de peine à croire ce qu'on rapportait à ce sujet ; quelques-uns cependant haussaient les épaules à toutes ces absurdités, et riaient à toutes ces momeries, dont ils ne voyaient encore que le côté ridicule.

Mignon et Barré renouvelèrent ainsi leurs visites aux religieuses pendant dix ou douze jours, et chaque fois restèrent près d'elles tantôt quatre, tantôt six heures, quelquefois toute la journée ; enfin, le lundi 11 octobre 1632, ils écrivirent à M. le curé de Venier, à messire Guillaume Cerisay de La Guerinière, bailli du Loudenois, et à messire Louis Chauvet, lieutenant civil, pour les prier de se transporter au couvent des Ursulines pour y voir deux religieuses possédées du malin esprit, et constater les effets étranges et presque incroyables de cette possession. Requis de cette manière, les deux magistrats ne purent se dispenser d'obtempérer à la demande ; d'ailleurs ils partageaient la curiosité générale, et n'étaient point fâchés de savoir par eux-mêmes à quoi s'en tenir sur tous les bruits qui, depuis quelque temps, couraient par la ville. Ils se rendirent donc au couvent pour assister aux exorcismes, et les autoriser s'ils jugeaient la possession réelle, ou pour arrêter le cours de cette comédie s'ils jugeaient la possession feinte. Arrivés à la porte, ils virent venir au-devant d'eux Mignon, revêtu de son aube et de son étole, qui leur dit que les religieuses avaient été travaillées pendant quinze jours de spectres et de visions épouvantables, et qu'ensuite la mère supérieure et deux autres religieuses avaient été visiblement possédées pendant huit ou dix jours par les mauvais esprits; mais qu'enfin, ces mauvais esprits avaient été expulsés de leurs corps par le ministère tant de lui que de Barré et de quelques autres religieux carmes qui avaient bien voulu leur prêter la main contre leurs communs ennemis; mais que dans la nuit du dimanche, jour précédent et 10 du mois, la supérieure Jeanne de Belfield et une sœur laie appelée Jeanne Dumagnoux, avaient été tourmentées de nouveau, et étaient reprises des mêmes esprits : alors il avait découvert dans ses exorcismes que cela s'était fait par un nouveau pacte, dont le symbole et la marque était un bouquet de roses, comme le symbole et la marque du premier étaient trois épines noires. Il ajouta que les malins esprits n'avaient jamais voulu se nommer pendant la première possession, mais que forcé enfin par ses exorcismes, celui qui venait de se réemparer de la mère supérieure avait été forcé de confesser son nom, et que c'était Astaroth, l'un des plus grands ennemis de Dieu; quant à celui qui tenait la sœur laie, c'était un diable d'un ordre inférieur et qui s'appelait Sabulon. Malheureusement, dit Mignon, en ce moment, les deux possédées reposaient : en conséquence, il invitait le bailli et le lieutenant civil à remettre leur visite à un autre moment. En effet, ces deux magistrats allaient se retirer, lorsqu'une religieuse vint les avertir que les énergumènes étaient de nouveau travaillées : en conséquence ils montèrent avec Mignon et le curé de Venier, dans une chambre haute, garnie de sept petits lits, dont deux seulement étaient occupés, l'un par la supérieure et l'autre par la sœur laie. La supérieure, comme celle dont la possession était la plus importante, était environnée de plusieurs carmes, des religieuses du couvent, de Mathurin Rousseau, prêtre et chanoine de Sainte-Croix, et de Manouri, chirurgien de la ville.

Les deux magistrats ne se furent pas plutôt mêlés aux assistants, que la supérieure fut saisie de mouvements violents, fit des contorsions étranges, et poussa des cris qui imitaient parfaitement ceux d'un cochon de lait; les deux magistrats la regardaient avec un profond étonnement, lorsqu'elle augmenta encore leur stupéfaction en s'enfonçant dans son lit et en en ressortant tout entière, et cela avec des gestes et des grimaces si diaboliques, que, s'ils ne crurent pas à la possession, ils admirèrent au moins la manière dont elle était jouée. Alors Mignon dit au bailli et au lieutenant civil que, quoique la supérieure n'eût jamais connu le latin, elle allait, s'ils le désiraient, répondre dans cette langue aux questions qu'il lui adresserait. Les magistrats répondirent qu'ils étaient venus pour constater la possession; qu'en conséquence, ils invitaient l'exorciste à leur donner de cette possession toutes les preuves possibles. Mignon s'approcha donc de la supérieure, et, ayant ordonné le plus profond silence, il lui mit d'abord les deux doigts dans la bouche, puis ayant fait tous les exorcismes commandés par le rituel, il procéda à l'interrogatoire; le voici textuellement reproduit :

D. *Propter quam causam ingressus es in corpus hujus virginis?*	Pour quelle cause es-tu entré dans le corps de cette jeune fille?
R. *Causâ animositatis.*	Pour cause d'animosité.
D. *Per quod pactum?*	Par quel pacte?
R. *Per flores.*	Par les fleurs.
D. *Quales?*	Quelles fleurs?
R. *Rosas.*	Les roses.
D. *Quis misit?*	Qui t'a envoyé?

A cette demande, les deux magistrats remarquèrent chez la supérieure un mouvement d'hésitation : deux fois elle ouvrit la bouche pour répondre, et cependant ce ne fut qu'à la troisième qu'elle répondit d'une voix faible :

R. *Urbanus.*	Urbain.
D. *Dic cognomen.*	Dites son prénom.

Ici, il y eut de la part de la possédée une nouvelle hésitation; cependant, comme forcée par l'exorciste, elle répondit :

R. *Grandier.*	Grandier.
D. *Dic qualitatem.*	Dites sa qualité.
R. *Sacerdos.*	Prêtre.
D. *Cujus ecclesiæ?*	De quelle église?
R. *Sancti Petri.*	De Saint-Pierre.

D. *Quæ persona attulit flores?*	Quelle personne apporta les fleurs?
R. *Diabolica.*	Une personne envoyée par le diable.

A peine cette dernière parole avait-elle été prononcée, que la possédée revint à son bon sens, pria Dieu, essaya de manger un peu de pain qu'on lui offrit, et le rejeta aussitôt, en disant qu'elle ne pouvait l'avaler, attendu qu'il était trop sec : on lui apporta alors des choses liquides, dont elle mangea, mais fort peu, troublée qu'elle était sans cesse par le retour des convulsions.

Alors le bailli et le lieutenant civil, voyant que tout était fini de ce côté, se retirèrent dans l'embrasure d'une fenêtre et se mirent à causer à voix basse; aussitôt Mignon, qui craignait qu'ils ne fussent pas suffisamment édifiés, alla à eux, et leur dit qu'il y avait dans le fait qui se représentait quelque chose de semblable à l'histoire de Gaufredi, qui venait d'être exécuté, il y avait quelques années, en vertu d'un arrêt du parlement d'Aix en Provence. Ce que disait là Mignon découvrait si visiblement et si maladroitement son but, que ni le lieutenant civil ni le bailli ne répondirent à cette interpellation; seulement, le lieutenant civil dit à l'exorciste, qu'il était étonné qu'il n'eût point pressé la supérieure sur *cette cause de haine* dont elle avait parlé dans ses réponses, et qu'il était si important d'approfondir; mais Mignon s'en excusa en disant qu'il lui était défendu de faire des questions de pure curiosité. Le lieutenant civil allait insister, lorsque la sœur laie tira Mignon d'embarras en entrant en convulsion à son tour. Le bailli et le lieutenant civil se rendirent aussitôt près de son lit, et sommèrent Mignon de lui faire les mêmes questions qu'à la supérieure; mais l'exorciste eut beau l'interroger, il n'en put tirer autre chose que ces mots : *A l'autre! à l'autre!* Mignon expliqua ce refus de réponse en disant que le diable qui possédait celle-ci étant d'une nature secondaire, il renvoyait les exorcistes à Astaroth, qui était son supérieur. Bonne ou mauvaise, comme cette réponse fut la seule que les magistrats obtinrent de Mignon, ils se retirèrent, dressèrent un procès-verbal de ce qu'ils avaient vu et entendu, et le signèrent, s'abstenant de toutes réflexions.

Mais il n'en fut pas ainsi dans la ville, et peu se montrèrent sous ce rapport aussi circonspects que l'avaient été ces deux magistrats. Les dévots crurent, les hypocrites firent semblant de croire; mais les mondains, et le nombre en était grand, retournèrent la possession sur toutes ses faces, et ne se firent aucun scrupule de mettre à jour toute leur incrédulité. Ils s'étonnaient, et ce n'était pas sans raison, il faut l'avouer, que les diables, expulsés pour deux jours seulement, n'eussent paru céder la place que pour s'en réemparer de nouveau à la confusion des exorcistes; ils se demandaient pourquoi le démon de la supérieure parlait latin, quoique celui de la sœur laie parût ignorer cette langue, le rang qu'il occupait dans la hiérarchie diabolique ne leur paraissant pas une raison suffisante pour expliquer ce supplément d'éducation; enfin, le refus qu'avait fait Mignon de poursuivre l'interrogatoire à l'endroit de la cause de haine faisait soupçonner qu'Astaroth, si lettré qu'il fût en apparence, était arrivé au bout de son latin, et ne se souciait pas de continuer le dialogue dans l'idiome de Cicéron. D'ailleurs, on n'ignorait pas que, quelques jours auparavant, une réunion des plus grands ennemis d'Urbain avait eu lieu, comme nous l'avons dit, au village de Puidardane : on trouvait, en outre, que Mignon avait commis une grande inconséquence en parlant sitôt du prêtre Gaufredi, supplicié à Aix; enfin, on eût désiré que d'autres religieux que les frères carmes, qui avaient particulièrement à se plaindre de Grandier, eussent été appelés à l'exorcisme; tout cela, il faut en convenir, était on ne peut plus spécieux.

Le lendemain, 12 octobre, le bailli et le lieutenant civil ayant appris que les exorcismes recommençaient sans qu'on les eût appelés, se firent accompagner du chanoine Rousseau et suivre de leur greffier, et se rendirent de nouveau au couvent. Arrivés là, ils firent appeler Mignon et lui remontrèrent que cette affaire était de telle importance, que, dans aucun cas, on ne devait la pousser plus loin hors de la présence des autorités, et qu'il était nécessaire qu'on les appelât désormais à chaque nouvelle séance; ils ajoutèrent encore que sa qualité de directeur des bonnes religieuses pouvait attirer sur lui, Mignon, si connu en outre pour sa haine contre Grandier, des soupçons de suggestions indignes de son caractère, soupçons qu'il devait désirer, tout le premier, voir dissiper le plus tôt possible; qu'en conséquence, des exorcistes désignés par la justice continueraient dorénavant l'œuvre qu'il avait si saintement commencée. Mignon dit aux magistrats qu'il ne s'opposerait jamais à ce qu'ils fussent présents aux exorcismes, mais qu'il ne pouvait pas assurer que les diables voulussent répondre à d'autres qu'à lui et à Barré. En effet, Barré s'avança au même moment, plus pâle et plus sombre encore qu'à l'ordinaire, et annonça aux magistrats, en homme dont l'assertion doit être crue, qu'il venait, avant qu'ils fussent arrivés, de se passer des choses fort extraordinaires. Le bailli et le lieutenant civil demandèrent alors quelles étaient ces choses, et Barré répondit qu'il avait appris de la supérieure qu'elle avait, non pas un, mais sept diables dans le corps, dont Astaroth était le chef; que Grandier avait donné le pacte fait entre lui et le diable, sous le symbole d'un bouquet de roses, à un nommé Jean Pivart, lequel l'avait remis entre les mains d'une fille qui l'avait porté par-dessus les murailles dans le jardin du couvent; que ce fait s'était accompli dans la nuit du samedi au dimanche, *horâ secundâ nocturnâ*, c'est-à-dire deux heures après minuit. C'étaient là les propres termes dont elle s'était servie; cependant, tout en nommant Jean Pivart, elle s'était constamment refusée à désigner la fille; alors, interrogée sur ce que c'était que ce Pivart, elle avait répondu : *Pauper magus*, un pauvre sorcier; qu'alors il l'avait pressée sur ce mot de *magus*, et qu'elle avait repris : *Magicianus et civis*, sorcier et citoyen. C'est à ce moment que les deux magistrats étaient arrivés, et la séance en était là.

Le lieutenant civil et le bailli écoutèrent ce récit avec la gravité qui convenait à des hommes chargés de hautes fonctions judiciaires, et déclarèrent à Mignon et à Barré qu'ils allaient monter dans la chambre des possédés, afin de juger par leurs yeux des choses miraculeuses qui s'y passaient; les deux exorcistes ne s'y opposèrent nullement; mais ils dirent qu'ils croyaient les diables fatigués de la séance, et qu'il était possible qu'ils ne voulussent plus répondre. En effet, au moment où le lieutenant civil et le bailli entrèrent, les deux malades avaient paru reprendre un peu de calme; Mignon profita de ce moment pour dire la messe; les deux magistrats l'écoutèrent dévotement et tranquillement; car, pendant tout le temps du saint sacrifice les diables n'osèrent bouger. On croyait qu'ils donneraient quelques marques d'opposition lors de l'élévation du saint sacrement; mais tout se passa, au contraire, dans la plus grande tranquillité : la sœur laie, seulement, éprouva un grand tremblement des pieds et des mains; mais ce fut tout ce qu'on observa pendant cette matinée de digne d'être mentionné au procès-verbal; cependant Barré et Mignon promirent que si le lieutenant civil et le bailli revenaient vers les trois heures, les diables, qui auraient repris leurs forces dans l'intervalle, donneraient probablement une seconde représentation.

Comme l'intention des juges était de pousser l'affaire à bout, ils retournèrent à l'heure dite au couvent, accompagnés de messire Irénée de Sainte-Marthe, sieur Deshumeaux, et trouvèrent la chambre pleine de curieux : les exorcistes n'avaient point menti, les diables étaient à l'œuvre.

La supérieure, comme toujours, était la plus tourmentée, et c'était tout simple, puisque, d'après son propre aveu, elle avait sept diables dans le corps; aussi était-elle dans de terribles convulsions, se tordant et écumant comme si elle eût été enragée. Un pareil état ne pouvait durer sans compromettre très-réellement la santé de celle qui était ainsi tourmentée; Barré demanda donc au diable quand il sortirait : *Cras manè*, demain au matin, répondit-il. L'exorciste insista alors, et voulut savoir pourquoi il ne sortait pas tout de suite; alors la supérieure murmura ce mot : *Pactum*, un pacte, puis celui de : *Sacerdos*, un prêtre; puis enfin celui de *finis* ou *finit*; car les plus proches entendirent mal : le diable, de peur des barbarismes sans doute, parlait entre les dents de la religieuse. C'étaient de fort médiocres explications; aussi les deux juges exigèrent-ils que l'on continuât l'interrogatoire; mais les diables étaient à bout et ne voulurent plus parler :

on eut beau les adjurer par les exorcismes les plus puissants, ils gardèrent obstinément le silence. On mit alors le saint ciboire sur la tête de la supérieure, et l'on accompagna cette action d'oraisons et de litanies, mais tout fut inutile ; seulement, quelques assistants prétendirent que la supérieure paraissait tourmentée avec plus de violence lorsqu'on prononçait le nom de certains bienheureux, comme par exemple celui de saint Augustin, de saint Jérôme, de saint Antoine et de sainte Marie-Madeleine. Les oraisons et les litanies terminées, Barré ordonna à la supérieure de dire qu'elle donnait son cœur et son âme à Dieu, ce qu'elle fit sans difficulté ; mais il n'en fut pas ainsi lorsqu'il lui commanda de dire qu'elle lui donnait son corps; car, en ce moment, le diable qui la possédait indiqua par de nouvelles convulsions que ce ne serait pas sans résistance qu'il se laisserait chasser de son domicile, ce qui donna une curiosité plus grande à ceux qui lui avaient entendu promettre, bien malgré lui sans doute, qu'il en sortirait le lendemain. Néanmoins, malgré la résistance obstinée du diable, la supérieure finit par donner son corps à Dieu, comme elle lui avait donné son cœur et son âme, et victorieuse de cette dernière lutte, elle reprit son visage ordinaire, et, comme si rien ne s'était passé, elle dit en souriant à Barré *qu'il n'y avait plus de Satan en elle*. Le lieutenant civil lui demanda alors si elle se souvenait des questions qui lui avaient été faites, et des réponses qui les avaient suivies, mais elle répondit qu'elle ne se souvenait plus de rien; puis ensuite, ayant pris quelque nourriture, elle raconta à tous les assistants qu'elle se rappelait parfaitement comment ce premier sort dont avait déjà triomphé Mignon lui avait été donné : c'était pendant qu'elle était au lit, vers les dix heures du soir, et au moment même où il y avait plusieurs religieuses dans sa chambre; elle sentit qu'on prenait une de ses mains, qu'on y mettait quelque chose et qu'on la lui refermait; au même instant, elle sentit comme trois piqûres d'épingle, et comme elle jeta un grand cri, les religieuses se rapprochèrent d'elle; elle leur tendit la main, et elles y trouvèrent trois épines noires qui avaient fait chacune une petite plaie. En ce moment, et comme pour écarter tout commentaire, la sœur laie eut quelques convulsions; Barré commença ses prières et ses exorcismes; mais à peine avait-il dit quelques paroles, qu'il s'éleva de grands cris dans l'assemblée : une personne de la société avait vu descendre par la cheminée un chat noir qui avait disparu; nul ne douta que ce ne fût le diable, et chacun se mit à sa poursuite; cependant ce ne fut pas sans difficulté qu'on mit la main dessus. Effrayé de voir tant de monde et d'entendre un pareil bruit, le pauvre animal s'était réfugié sur un baldaquin; il fut aussitôt apporté sur le lit de la supérieure, où Barré commença de l'exorciser en le couvrant de signes de croix, et en lui faisant plusieurs adjurations; mais en ce moment, la tourière du couvent, s'étant avancée, reconnut que le prétendu diable n'était autre que son chat, qu'elle réclama aussitôt, de peur qu'il ne lui arrivât malheur.

L'assemblée était sur le point de se séparer, et comme Barré comprit que le dernier événement qui venait d'arriver pouvait jeter quelque ridicule sur la possession, il résolut de répandre de nouveau sur elle une salutaire terreur, en disant qu'il allait brûler les fleurs où le second sort avait été mis. En effet, il prit un bouquet de roses blanches déjà fanées, et, se faisant apporter un réchaud, il le jeta dans le feu : au grand étonnement de tout le monde, le bouquet fut consumé sans aucun des signes qui accompagnent d'ordinaire ce genre d'opération; le ciel resta calme, le tonnerre ne se fit point entendre, et aucune mauvaise odeur ne se répandit. Comme cette simplicité dans l'acte de destruction du pacte avait paru faire mauvais effet, Barré promit pour le lendemain des choses miraculeuses : il dit que le diable parlerait plus clairement qu'il n'avait jamais fait, sortirait du corps de la supérieure, et donnerait des signes si évidents de sa sortie, qu'il n'y aurait alors personne qui oserait douter encore de la vérité de la possession; alors le lieutenant criminel Réné Hervé, qui avait assisté à ce dernier exorcisme, dit à Barré qu'il faudrait profiter de ce moment pour interroger le démon relativement à Pivart, qui était inconnu à Loudun, où tout le monde se connaissait cependant. Barré répondit en latin : *Et hoc dicet et puellam nominabit*, ce qui veut dire : « Non-seulement il dira cela, mais encore il nommera la jeune fille. » Cette jeune fille que devait nommer le diable, était, on se le rappelle, celle qui avait apporté les roses, et que le démon jusque-là avait obstinément refusé de faire connaître. Ces promesses faites, chacun se retira chez soi, attendant avec impatience le lendemain.

Le même soir, Grandier se présenta chez le bailli; d'abord il avait ri de ces exorcismes, car la fable lui avait paru si mal tissue et l'accusation si grossière, qu'il ne s'en était point inquiété. Mais, voyant l'importance que l'affaire prenait et la haine profonde qu'y mettaient ses ennemis, l'exemple du prêtre Gaufredi, cité par Mignon, se présenta à son tour à son esprit, et il résolut d'aller au-devant de ses adversaires. Il venait en conséquence déposer sa plainte. Elle se fondait sur ce que Mignon avait exorcisé les religieuses en présence du lieutenant civil, du bailli et d'un grand nombre d'autres personnes, et l'avait, devant ces personnes, fait nommer par les prétendues énergumènes comme l'auteur de leur possession; que c'était une imposture et une calomnie suggérées contre son honneur; qu'en conséquence, il suppliait le bailli, que l'instruction de cette affaire regardait spécialement, de faire séquestrer les religieuses que l'on prétendait possédées et de les faire interroger séparément. Qu'alors, et dans le cas où il se trouverait quelque apparence de possession, il plût à ce magistrat de nommer des ecclésiastiques de rang et de probité, qui, n'ayant aucun motif de lui en vouloir, à lui suppliant, ne lui fussent pas suspects comme l'étaient Mignon et ses adhérents, pour exorciser les religieuses, si besoin était; sommant, en outre, le bailli de dresser procès-verbal exact de ce qui se passerait aux exorcismes, afin que lui, suppliant, pût se pourvoir devant qui de droit, s'il le jugeait convenable. Le bailli donna acte à Grandier de ses fins et conclusions, et lui déclara que c'était Barré qui avait exorcisé ce jour-là, chargé qu'il en était, disait-il, par l'évêque de Poitiers lui-même. Comme c'était, ainsi qu'on l'a pu voir, un homme de sens, sans aucune animosité contre Grandier, il lui donna le conseil de s'adresser à son évêque, qui malheureusement était l'évêque de Poitiers, qui était déjà prévenu contre lui et lui en voulait fort d'avoir fait casser son jugement par l'archevêque de Bordeaux. Grandier ne se dissimulait point que le prélat ne lui serait point favorable; aussi résolut-il d'attendre au lendemain pour voir comment la chose se passerait.

Ce lendemain attendu avec une si grande impatience et par tant de monde arriva enfin. Le bailli, le lieutenant civil, le lieutenant criminel, le procureur du roi et le lieutenant de la prévôté, suivis des greffiers des deux juridictions, se présentèrent au couvent vers les huit heures du matin; ils trouvèrent la première porte ouverte, mais la seconde fermée. Après quelques instants d'attente, Mignon la leur ouvrit, et les introduisit dans un parloir. Là, il leur dit que les religieuses se préparaient à la communion, et il les pria de se retirer dans une maison qui était de l'autre côté de la rue, et où il les ferait prévenir, afin qu'ils revinssent. Les magistrats se retirèrent alors en prévenant Mignon de la requête présentée par Urbain.

L'heure s'écoula, et comme Mignon, oubliant sa promesse, ne les faisait pas appeler, ils entrèrent tous dans la chapelle du couvent, où on leur dit que se passait ce jour-là l'exorcisme. Les religieuses venaient de quitter le chœur, et Barré se présenta à la grille avec Mignon, et leur dit qu'ils venaient d'exorciser les deux possédées, qui, grâce à leurs conjurations, étaient maintenant délivrées des mauvais esprits. Ils ajoutèrent qu'ils avaient de concert travaille à l'exorcisme depuis sept heures du matin et qu'il s'était passé de grandes merveilles dont ils avaient dressé acte, mais qu'ils n'avaient pas jugé à propos d'admettre aux conjurations d'autres personnes que les exorcistes eux-mêmes. Le bailli leur fit observer que cette manière de procéder était non-seulement illégale, mais encore les rendait auprès de ceux qui n'étaient prévenus ni pour les uns ni pour les autres suspects de mensonge et de suggestion, attendu que la supérieure ayant accusé publiquement Grandier, c'était publiquement, et non en secret, qu'elle devait renouveler et soutenir cette accusation, et que c'était de leur part user de grande hardiesse que d'inviter à venir et de faire attendre une heure des gens de leur caractère et de leur condition, pour leur dire après qu'on les avait jugés indignes d'assister à l'exorcisme pour lequel on les avait fait venir; il ajouta qu'il dresserait procès-verbal de cette singulière contradiction entre les promesses et les résultats, comme ils avaient déjà fait la veille et la surveille. Mignon répondit que lui et Barré n'avaient eu pour but que l'expulsion des démons; que cette expulsion avait réussi, et que l'on en verrait naître un grand bien pour la sainte foi catholique, attendu que, profitant de l'empire qu'ils avaient pris sur les démons, ils leur avaient ordonné de produire dans les huit jours quelque grand et miraculeux événement qui mettrait la magie d'Urbain Grandier et la délivrance des religieuses en un si grand jour, que personne ne douterait plus à l'avenir de la vérité de la possession. Les magistrats dressèrent un procès-verbal de ce qui s'était passé et des discours de Barré et de Mignon, et le signèrent tous, à l'exception du lieutenant criminel, qui déclara qu'ajoutant parfaitement foi à ce qu'avaient dit les exorcistes, il ne voulait pas contribuer à augmenter le doute, déjà trop malheureusement répandu parmi les mondains.

Le même jour, le bailli fit donner secrètement avis à Urbain du refus qu'avait fait le lieutenant criminel de signer avec eux le procès-verbal. Cette nouvelle lui arriva comme il venait d'apprendre que ses adversaires avaient recruté à leur parti un messire René Memin, seigneur de Silly et major de la ville; ce gentilhomme avait beaucoup de crédit, tant par ses richesses que par plusieurs charges qu'il possédait et surtout par ses amis, au nombre desquels il comptait le cardinal duc lui-même, auquel il avait autrefois rendu quelques services, lorsqu'il n'était encore que prieur. La conjuration commençait donc à prendre un caractère inquiétant, qui ne permettait pas à Grandier d'attendre plus longtemps pour lutter contre elle. Se rappelant sa conversation de la veille avec le bailli, et se croyant tacitement renvoyé par lui vers l'évêque de Poitiers, il partit de Loudun pour aller trouver ce prélat en sa maison de campagne de Dissay, où il se fit accompagner par un prêtre de Loudun, nommé Jean Buron. Mais l'évêque, se doutant de cette visite, avait déjà pris ses mesures; et son maître d'hôtel, nommé Dupuis, répondit à Grandier que Son Éminence était malade. Alors Grandier s'adressa à son aumônier, et le pria de faire entendre au prélat qu'il était venu pour lui présenter les procès-verbaux que les magistrats avaient dressés des choses qui s'étaient passées au couvent des Ursulines, et pour faire sa plainte des calomnies et des accusations que l'on répandait contre lui. L'aumônier, pressé avec tant d'instance, ne put refuser de s'acquitter du message de Grandier; mais après un instant il revint lui dire, de la part de l'évêque, et cela en présence de Dupuis, de Buron et du sieur Labrasse, que Son Éminence l'invitait à se pourvoir devant les juges royaux, et qu'il souhaitait bien vivement qu'il obtînt justice en cette affaire. Grandier vit qu'il avait été prévenu, et sentit de plus en plus que la conjuration l'enveloppait; mais il n'était pas homme à faire pour cela un pas en arrière. Il revint donc droit à Loudun, et, s'adressant de nouveau au bailli, il lui raconta ce qui venait de se passer dans son voyage de Dissay, réitéra ses plaintes des calomnies que l'on dirigeait contre lui, et le supplia de saisir la justice du roi de cette affaire, demandant d'être mis sous la protection du roi et sous la sauvegarde de la justice, attendu qu'une pareille accusation attentait à la fois à son honneur et à sa vie. Le bailli s'empressa de donner à Urbain acte de ses protestations, avec défense à qui que ce soit de médire de lui, ou de lui méfaire.

Grâce à cet acte, les rôles étaient changés : d'accusateur, Mignon devenait à son tour accusé; aussi, payant d'audace en se sentant si puissamment soutenu, se présenta-t-il le même jour chez le bailli, pour lui dire que tout en récusant sa juridiction, Grandier et lui, en leur qualité de prêtres du diocèse de Poitiers, ne devant relever que de leur évêque, il protestait donc contre la plainte de Grandier, qui le désignait comme calomniateur, déclarant qu'il était prêt à se rendre dans les prisons de l'officialité, afin de faire connaître à tous qu'il ne redoutait pas une enquête; que d'ailleurs il avait juré la veille sur le saint sacrement de l'autel, en présence de ses paroissiens qui venaient d'assister au saint sacrifice de la messe, que ce qu'il avait fait jusqu'à ce jour, il ne l'avait point fait en haine de Grandier, mais par amour de la vérité et pour le plus grand triomphe de la foi catholique, de tout quoi il se fit délivrer par le bailli un acte qu'il signifia le même jour à Grandier.

Depuis le 13 octobre, jour où les démons avaient été expulsés par les exorcistes, tout était demeuré assez tranquille au couvent; cependant Grandier ne se laissa point endormir par cette fausse apparence; il connaissait trop bien ses ennemis pour croire qu'ils en resteraient là; et sur ce que lui dit le bailli de cet intervalle de repos, il répondit que les religieuses apprenaient de nouveaux rôles, afin de reprendre leur drame avec plus d'aplomb que jamais. En effet, le 22 novembre, René Mannouri, chirurgien du couvent, fut envoyé à un de ses confrères, nommé Gaspard Joubert, pour le prier de venir, accompagné des autres médecins de la ville, visiter deux religieuses qui étaient encore tourmentées par les malins esprits. Cette fois, Mannouri s'était mal adressé. Le médecin Joubert était un homme franc et loyal, ennemi de toute supercherie, qui, ne voulant marcher dans toute cette affaire que judiciairement et publiquement, alla trouver le bailli, pour savoir si c'était par son ordre qu'il était appelé : le bailli répondit que non, et manda Mannouri, pour savoir de quelle part il était venu chez Joubert. Mannouri déclara que c'était la tourière du couvent qui était accourue tout effrayée en sa maison, et lui avait dit que les possédées n'avaient jamais été si maltraitées qu'elles l'étaient à cette heure, et qu'en conséquence Mignon, leur directeur, le faisait prier de venir au couvent avec tous les médecins et chirurgiens de la ville dont il pourrait se faire accompagner.

Le bailli, qui vit dans cet événement de nouvelles machinations contre Grandier, fit aussitôt appeler celui-ci, et l'avertit que Barré était revenu la veille de Chinon pour recommencer ses exorcismes; puis il ajouta que déjà le bruit courait par la ville que la supérieure et la sœur Claire étaient de nouveau agitées par les malins esprits. Cette nouvelle n'étonna ni n'abattit Grandier; il répondit, avec le sourire dédaigneux qui lui était habituel, qu'il reconnaissait là une nouvelle machination de ses ennemis, qu'il s'était déjà plaint des premières à la cour, et qu'il allait se plaindre encore de celles-ci, comme il avait fait des autres; que cependant, sachant combien le bailli était impartial, il le suppliait toujours de se transporter au couvent avec les médecins et les officiers pour y assister aux exorcismes, afin que, s'ils apercevaient quelque signe de possession réelle, ils fissent séquestrer les religieuses, et, une fois séquestrées, les fissent interroger par d'autres que Mignon et Barré, contre lesquels il avait de si légitimes causes de soupçon. Le bailli manda le procureur du roi, qui, si malveillant qu'il fût contre Grandier, fut forcé de donner ses conclusions dans le sens que nous venons de dire, et les conclusions données, envoya sur-le-champ le greffier au couvent, afin qu'il s'informât de Mignon et de Barré si la supérieure était toujours possédée : au cas où ils répondraient affirmativement, il était en outre chargé de leur signifier que défense leur était faite de procéder aux exorcismes, et qu'on leur enjoignait, lorsqu'ils voudraient le faire, d'avertir le bailli, afin qu'il y assistât avec les officiers et les médecins dont il lui plairait de se faire accompagner, le tout sous les peines qui y appartenaient; sauf ensuite à faire droit à Grandier sur la demande de séquestre par lui requis, et sur la demande d'exorcistes non suspects. Mignon et Barré écoutèrent la lecture de cette ordonnance, et répondirent qu'ils ne reconnaissaient point en cette affaire la juridiction du bailli; qu'appelés de nouveau par la supérieure et la sœur Claire pour les assister dans la rechute de leur maladie étrange, maladie qu'ils estimaient être une possession des malins esprits, ils avaient exorcisé jusqu'à ce jour en vertu d'une commission de l'évêque de Poitiers, et que le temps accordé par cette commission n'étant point expiré, ils continueraient leurs exorcismes, tant et combien de fois il leur plairait; qu'au reste, ils avaient prévenu ce digne prélat, afin qu'il pût venir lui-même ou envoyer tels autres exorcistes qu'il lui conviendrait pour juger juridiquement de la possession, que les mondains et les incrédules osaient traiter de fourberie et d'illusion, au grand mépris de la gloire de Dieu et de la religion catholique; qu'au reste, ils n'empêchaient aucunement que le bailli et les autres officiers, accompagnés des médecins, ne vissent les religieuses, en attendant les réponses de l'évêque, qu'ils espéraient recevoir le lendemain; que c'était aux religieuses à leur ouvrir les portes si la chose leur convenait, mais que quant à eux, ils renouvelaient leurs protestations, déclarant qu'ils ne reconnaissaient pas le bailli pour juge, et qu'ils n'estimaient pas qu'il fût en droit, tant en fait d'exorcismes qu'en toute autre chose qui ressortit de la juridiction ecclésiastique, de s'opposer à l'exécution d'un mandement de leurs supérieurs.

Le greffier vint rapporter cette réponse au bailli, qui, voulant attendre la venue de l'évêque, ou les nouveaux ordres qu'il enverrait, remit au lendemain sa visite au couvent. Le lendemain arriva sans qu'on entendît parler du prélat, ni sans qu'il envoyât personne.

Dès le matin le bailli s'était présenté au couvent, mais il n'avait pu être reçu : il attendit patiemment jusqu'à midi, et à cette heure, voyant que rien n'arrivait de Dissay, et qu'on refusait toujours de lui ouvrir, il fit droit à une seconde requête de Grandier, portant « que défenses seraient faites à Barré et Mignon d'adresser des questions à la supérieure et aux autres religieuses, tendant à noircir le suppliant ou aucun autre. » Cette ordonnance fut signifiée le même jour à Barré et à une religieuse pour toutes les autres. Barré, sans s'intimider de cette notification, continua de répondre que le bailli ne pouvait l'empêcher d'exécuter les mandements de son évêque, et déclara qu'il ferait désormais les exorcismes par l'avis des ecclésiastiques, et sans y appeler les laïques, leur incrédulité et leur impatience dérangeant sans cesse la solennité nécessaire à cette sorte d'opération.

La journée s'étant aux trois quarts écoulée sans que l'évêque arrivât à Loudun, ni personne de sa part, Grandier présenta le soir une nouvelle requête au bailli. Celui ci manda aussitôt les officiers du bailliage et les gens du roi, pour la leur communiquer; mais ces derniers se refusèrent à en prendre connaissance, déclarant sur leur honneur, que, sans accuser Grandier de ce funeste accident, ils croyaient les religieuses véritablement possédées, convaincus qu'ils étaient de cette possession par le témoignage des dévots ecclésiastiques qui avaient assisté aux exorcismes. Telle était la cause apparente de leur refus; la véritable était que l'avocat était parent de Mignon, et que le procureur était gendre de Trinquant, auquel il avait succédé. Ainsi Grandier, qui avait contre lui déjà les juges ecclésiastiques, commençait à se voir d'avance à demi condamné par les juges royaux, qui n'avaient plus qu'un pas à faire, de la reconnaissance de la possession, à la reconnaissance du magicien.

Néanmoins, les déclarations de l'avocat et du procureur du roi écrites et signées, le bailli ordonna que la supérieure et la sœur laie seraient séquestrées et mises en maisons bourgeoises, que chacune d'elles aurait une religieuse pour lui tenir compagnie, qu'elles seraient assistées, tant par leurs exorcistes que par des femmes de probité et de considération, ainsi que par des médecins et autres personnes qu'il commettrait lui-même pour les gouverner, défendant à tous autres de les approcher sans permission.

Le greffier fut envoyé au couvent avec ordre de dénoncer ce jugement aux religieuses; mais la supérieure en ayant entendu lecture, répondit, tant pour elle que pour la communauté, qu'elle ne reconnaissait point la juridiction du bailli; qu'il y avait une commission de l'évêque de Poitiers, en date du 18 de novembre, portant l'ordre qu'il désirait que l'on tînt dans l'affaire, et qu'elle était prête à en faire remettre une copie entre les mains du bailli, afin qu'il ne pût en prétexter cause d'ignorance; que, quant au séquestre, elle s'y opposait, attendu qu'il était contraire au vœu de perpétuelle clôture qu'elle avait fait, et dont elle ne pouvait être dispensée que par l'évêque. Cette opposition ayant été faite en présence de la dame de Charnisay, tante maternelle de deux religieuses, et du chirurgien Mannouri, parent d'une autre, tous deux s'y joignirent, et protestèrent d'attentat, au cas où le bailli voudrait passer outre; déclarant qu'alors ils le prendraient à partie en son propre et privé nom. L'acte en fut signé séance tenante et rapporté par le greffier au bailli, lequel ordonna que les parties se pourvoiraient à l'égard du séquestre, et annonça que le lendemain, 24 novembre, il se rendrait au couvent pour assister aux exorcismes.

Effectivement, le lendemain, à l'heure consignée en l'assignation, il fit appeler Daniel Roger, Vincent de Faux, Gaspard

Joubert, et Matthieu Fanson, tous quatre médecins, et, leur faisant savoir dans quel but il les avait mandés, leur ordonna de considérer attentivement les deux religieuses qui leur seraient désignées par lui, et d'examiner avec la plus scrupuleuse impartialité si les causes de leur mal étaient feintes, naturelles ou surnaturelles. Puis, cette recommandation faite, il se rendit avec eux au couvent.

On les introduisit dans l'église, où ils furent placés près de l'autel, séparé par une grille du chœur où chantaient ordinairement les religieuses, et vis-à-vis de laquelle la supérieure fut apportée, un instant après, couchée sur un petit lit. Alors Barré dit la messe, et pendant tout le temps qu'elle dura, la supérieure eut de grandes convulsions. Ses bras et ses mains se tournèrent, ses doigts demeurèrent crispés, ses joues s'enflèrent démesurément, et elle tourna les yeux de manière à n'en plus laisser voir que le blanc.

La messe achevée, Barré s'approcha d'elle pour lui donner la communion et pour l'exorciser, et tenant le saint sacrement à la main, il lui dit :

— *Adora Deum tuum, creatorem tuum.*	Adore ton Dieu, ton créateur.

La supérieure resta un instant sans répondre, comme si elle eût éprouvé une grande difficulté à prononcer cet acte d'amour, puis enfin elle répondit :

— *Adoro te.*	Je t'adore.
— *Quem adoras?*	Qui adores-tu?

— *Jesus Christus*, Jésus-Christ, répondit la religieuse, qui ignorait que le verbe *adoro* commandait l'accusatif.

A cette faute, que n'eût point faite un écolier de sixième, de grands éclats de rire retentirent dans le chœur, et Daniel Douin, assesseur de la prévôté, ne put s'empêcher de dire tout haut :

— Voilà un diable qui n'est pas fort sur les verbes actifs.

Mais aussitôt Barré, s'étant aperçu du mauvais effet qu'avait produit le nominatif de la supérieure, lui demanda :

— *Quis est iste quem adoras?*	Quel est celui que tu adores?

Il espérait que, comme la première fois, la possédée répondrait encore *Jesus Christus* : il se trompait.

— *Jesu Christe,* répondit-elle.

A cette seconde faute contre les premières règles du rudiment, les éclats de rire redoublèrent, et plusieurs des assistants s'écrièrent :

— Ah! monsieur l'exorciste, voilà de bien pauvre latin.

Barré fit semblant de ne point entendre, et lui demanda quel était le nom du démon qui s'était emparé d'elle. Mais la pauvre supérieure, troublée elle-même de l'effet inattendu qu'elle avait produit dans ses deux dernières réponses, resta longtemps muette, puis enfin à grand'peine prononça le nom d'*Asmodée,* sans oser le latiniser. Alors l'exorciste s'informa du nombre de diables que la supérieure avait dans le corps. Mais à cette question elle répondit assez couramment : *Sex,* six. Alors le bailli requit Barré de demander au diable combien il avait de compagnons. Cette réponse avait été prévue, et la religieuse interrogée répondit franchement : *Quinque,* cinq, ce qui rétablit un peu Asmodée dans l'opinion des assistants; mais le bailli ayant adjuré la supérieure de dire en grec ce qu'elle venait de dire en latin, elle ne répondit rien, et l'adjuration ayant été renouvelée, elle revint aussitôt à son état naturel.

C'était fini pour le moment avec la supérieure : on produisit alors une petite religieuse qui paraissait pour la première fois en public; elle commença par prononcer deux fois le nom de Grandier en éclatant de rire; puis, se retournant vers l'auditoire : — Tous tant que vous êtes, dit-elle, vous ne faites rien qui vaille. — Comme on vit facilement qu'on ne tirerait pas grand parti de ce nouveau sujet, on le fit disparaître aussitôt, et l'on appela à sa place la sœur laie qui avait déjà débuté dans la chambre de la supérieure, et qui se nommait sœur Claire.

A peine celle-ci fut-elle dans le chœur qu'elle poussa un grand gémissement; mais lorsqu'on l'eut mise sur le petit lit où on avait déjà exorcisé la supérieure et l'autre sœur, le rire parut la gagner à son tour, et elle s'écria en éclatant :

— Grandier! Grandier! Il faut en acheter au marché.

Barré déclara aussitôt que ces paroles sans suite étaient une preuve évidente de la possession, et s'approcha de la malade pour l'exorciser; alors sœur Claire entra en rébellion, fit semblant de vouloir cracher au visage de l'exorciste, et lui tira la langue, accompagnant ces démonstrations de mouvements lascifs, et d'un verbe en harmonie avec ces mouvements; comme ce verbe était français, chacun put le comprendre, et il n'eut pas besoin d'explication.

Alors l'exorciste la conjura de nommer le démon qui était en elle, et elle répondit : *Grandier*. Barré ayant répété sa question pour lui faire comprendre qu'elle se trompait, elle nomma le démon *Elimi;* mais, pour rien au monde, elle ne consentit à dire le nombre de diables qui accompagnaient celui-là; voyant qu'elle ne voulait point répondre à cette question, Barré lui demanda :

— *Quo pacto ingressus est dœmon* (par quel pacte est entré le démon)? — *Duplex* (double), répondit sœur Claire.

Cette horreur de l'ablatif, quand l'ablatif en cette circonstance était de toute nécessité, amena une nouvelle explosion d'hilarité dans tout l'auditoire, en prouvant que le démon de sœur Claire était aussi mauvais latiniste que celui de la supérieure. Barré, craignant alors quelque nouvelle incongruité de la part des diables, leva la séance et la remit à un autre jour.

Ces hésitations dans les réponses des religieuses, en démontrant à toute personne de bonne foi le ridicule de cette comédie, encouragea le bailli à pousser l'affaire à fond. En conséquence, à trois heures de l'après-midi, il se présenta, accompagné de son greffier, de plusieurs juges et d'un nombre assez considérable de gens notables de Loudun, chez la supérieure : arrivé là, il déclara à Barré qu'il venait pour que la supérieure fût séparée de la sœur Claire, et que chacune des deux fût exorcisée à part, ce à quoi Barré n'osa s'opposer devant un si grand nombre de témoins : en conséquence, la supérieure fut isolée, et l'on recommença sur elle les exorcismes, qui lui rendirent à l'instant même des convulsions semblables à celles du matin, à l'exception que ses pieds parurent crochus, ce qui était exécuté pour la première fois : l'exorciste, après plusieurs adjurations, lui fit dire des prières, et lui demanda de nouveau le nombre et le nom des démons qui la possédaient; alors elle répondit trois fois qu'il y en avait un qui se nommait *Achaos*. Le bailli requit alors Barré de s'informer si elle était possédée *ex pacto magi, aut ex pura voluntate Dei*, c'est-à-dire, si elle était possédée par le pacte du magicien, ou par la pure volonté de Dieu; la supérieure répondit : *Non est voluntas Dei*, ce n'est point la volonté de Dieu; mais aussitôt Barré, craignant d'autres questions, continua les siennes, et lui demanda quel était le magicien :

— *Urbanus*, répondit la supérieure.

— *Est-ne Urbanus papa* (est-ce le pape Urbain)? demanda l'exorciste.

— *Grandier*, reprit la supérieure.

— *Quare ingressus es in corpus hujus puellæ* (pourquoi es-tu entré dans le corps de cette jeune fille)? continua Barré.

— *Propter præsentiam tuam* (à cause de ta présence), répondit la supérieure.

Alors le bailli, voyant qu'il n'y avait pas de raison pour que le dialogue finît si on le laissait continuer entre Barré et la supérieure, interrompit l'exorcisme, et demanda qu'on eût à interroger la supérieure sur ce qui serait proposé par lui et par les autres officiers, promettant que si elle répondait juste à trois ou quatre questions qu'il lui ferait, lui et ceux qui l'accompagnaient étaient tout prêts à croire à la possession et à signer qu'ils la croyaient. Barré accepta le défi; malheureusement au même instant la supérieure revint à elle, et comme il commençait à se faire tard, chacun se retira.

Le lendemain, 25 novembre, le bailli, avec la plupart des officiers des deux siéges, se présenta de nouveau au couvent, et fut introduit avec sa suite dans le chœur. Il y était depuis quelques instants lorsque les rideaux de la grille furent tirés, et que l'on aperçut la supérieure couchée sur son lit. Barré commença comme d'habitude par dire la messe, pendant la célébration de laquelle la possédée eut de grandes convulsions, et répéta deux ou trois fois: Grandier, Grandier! mauvais prêtre. La messe achevée, l'exorciste passa derrière la grille avec le ciboire à la main, le mit sur sa tête, et le tenant ainsi, protesta que son action était pure, pleine d'intégrité, exempte de mauvais desseins sur qui que ce fût, adjurant Dieu qu'il le confondît s'il avait usé d'aucune malefeçon, suggestion, ni persuasion envers les religieuses dans toute cette enquête.

Derrière lui le prieur des Carmes s'avança, et fit la même protestation et les mêmes serments, ayant pareillement le saint ciboire sur la tête : il ajouta que, tant en son nom qu'au nom de tous les religieux présents et absents, il conjurait les malédictions de Dathan et d'Abiron de tomber sur eux s'ils avaient péché dans cette affaire. Cette action ne produisit pas sur l'assemblée l'effet salutaire que les exorcistes en attendaient, et quelques-uns dirent tout haut que de pareilles conjurations ressemblaient fort à des sacriléges.

Barré, entendant des murmures, se hâta de procéder aux exorcismes; cette fois il commença par s'approcher de la supérieure, afin de lui donner la communion; mais, en le voyant venir, elle entra dans des convulsions terribles et essaya de lui arracher le saint ciboire des mains; Barré surmonta pourtant, à l'aide de paroles saintes, cette répulsion que paraissait éprouver la supérieure, et lui mit l'hostie dans la bouche; mais aussitôt elle la repoussa avec sa langue comme pour la rejeter; mais l'exorciste la maintint avec ses doigts, et défendit au démon de faire vomir la supérieure : alors elle essaya d'avaler le pain sacré; mais elle se plaignit qu'il s'attachait tantôt à son palais, tantôt à sa gorge; enfin, pour le forcer de glisser, Barré lui fit avaler de l'eau par trois fois; puis, comme il avait fait dans les exorcismes précédents, il commença à interroger le démon, demandant :

Per quod pactum ingressus es in corpus hujus puellæ?	Par quel pacte es-tu entré dans le corps de cette jeune fille?

— *Aquâ* (par l'eau), répondit la supérieure.

Le bailli avait auprès de lui un Écossais nommé Stracan, qui était principal du collége des réformés de Loudun. Entendant cette réponse, il proposa au démon de dire le mot *aqua* en langue écossaise, avouant, en son nom et en celui des assistants, que s'il donnait cette preuve de la connaissance des langues, qui est le principal privilége de tous les malins esprits, il serai convaincu, ainsi que tout l'auditoire, qu'il n'y avait aucune suggestion et que la possession était réelle. Barré ne parut aucunement embarrassé, et répondit qu'il le ferait dire si Dieu voulait le permettre : en même temps, il fit au démon le commandement de répondre en écossais; mais ce commandement, quoique réitéré deux fois, fut inutile, et à la troisième seulement la religieuse répondit :

— *Nimia curiositas.*

Puis, interrogée de nouveau, elle ajouta :

— *Deus non volo.* Dieu je ne veux pas.

Cette fois le pauvre diable s'était encore trompé dans sa conjugaison, et, ayant pris la première personne pour la troisième, avait répondu : — Dieu je ne veux pas, ce qui n'offrait aucun sens, au lieu de *Dieu ne veut pas,* qu'il eût dû répondre.

Le principal du collége rit beaucoup de ce non-sens, et proposa à Barré de faire composer son diable avec ses écoliers de septième : Barré, au lieu d'accepter le défi en son nom, répondit qu'en effet la curiosité était si grande, qu'il croyait le diable dispensé de répondre.

— Cependant, dit le lieutenant civil, vous devez savoir, monsieur, et si vous ne le savez pas, vous pouvez l'apprendre par le rituel que vous tenez en main, que la faculté de parler les langues étrangères et inconnues est une des marques auxquelles on reconnaît la véritable possession, et que celle de dire les choses qui se font au loin en est une autre.

— Monsieur, répondit Barré, le diable sait fort bien cette langue, mais il ne veut pas la parler; de même qu'il sait vos péchés, ajouta-t-il, à telle preuve, que si vous voulez que je lui ordonne de les dire, il les dira.

— Vous me ferez grand plaisir, reprit le lieutenant civil, et je vous invite de tout mon cœur à tenter cette épreuve.

Alors Barré s'avança vers la religieuse comme pour l'interroger sur les péchés du lieutenant civil, mais le bailli l'arrêta en lui faisant comprendre l'inconvenance d'une pareille action : Barré répondit alors qu'il n'avait jamais eu le dessein de l'exécuter.

Cependant, quelque chose que Barré eût faite pour détourner l'attention des assistants, ceux-ci s'obstinaient à savoir si le diable connaissait les langues étrangères; et, sur leurs instances, le bailli proposa à Barré, au lieu de la langue écossaise, la langue hébraïque, qui étant, d'après l'Écriture, la plus ancienne de toutes les langues, devait être, à moins qu'il ne l'eût oubliée, familière au démon. Cette proposition fut suivie d'un applaudissement si général, que Barré fut obligé de commander à la possédée de dire en langue hébraïque le mot *aqua*. A cette interpellation, la pauvre fille qui avait grand'peine à répéter congrûment les quelques mots latins qu'elle avait appris, se retourna avec un mouvement d'impatience visible, en disant : — Ah! tant pis, je renie. — Ces mots ayant été entendus et répétés par les plus proches, firent un si mauvais effet, qu'un frère carme s'écria qu'elle avait dit non pas *je renie*, mais bien *zaquar*, mot hébreu qui correspond aux deux mots latins, *effudi aquam*, j'ai répandu de l'eau. Mais comme le mot *je renie* avait été parfaitement entendu, on hua unanimement le religieux ; et le sous-prieur lui-même, s'avançant vers lui, le blâma publiquement d'un tel mensonge. Alors, pour couper court à toute cette discussion, la possédée rentra en convulsions, et comme les assistants savaient que ces convulsions annonçaient ordinairement la fin de la représentation, on se retira en se moquant fort d'un diable qui ne savait ni l'hébreu ni l'écossais, et savait si mal le latin.

Cependant, comme le bailli et le lieutenant civil voulaient avoir le cœur net de leurs doutes, si toutefois il leur en restait encore, ils retournèrent au couvent vers les trois heures de l'après-midi du même jour. Ils y trouvèrent Barré, qui, faisant avec eux trois ou quatre tours dans le parc, dit au lieutenant civil qu'il s'étonnait fort que lui, qui dans une autre occasion avait informé contre Grandier par ordre de l'évêque de Poitiers, le soutînt en celle-ci. Le lieutenant civil répondit qu'il serait encore tout prêt à le faire, s'il y avait lieu, mais que quant au fait qui se présentait, il n'avait d'autre but que de connaître la vérité, ce à quoi, ajouta-t-il, il espérait bien arriver. Cette réponse ne pouvait satisfaire Barré : aussi tira-t-il le bailli à part, lui représentant que descendant de plusieurs personnes de condition, dont quelques-unes avaient possédé des dignités ecclésiastiques très-considérables, et se trouvant à la tête de tous les officiers d'une ville, il devait, ne fût-ce que pour l'exemple, montrer moins d'incrédulité à l'endroit d'une possession qui tournerait sans aucun doute à la grande gloire de Dieu et à l'avantage de l'Église et de la religion. Le bailli reçut cette ouverture avec une grande froideur, et ayant répondu qu'il ferait toujours ce que lui commanderait la justice et non autre chose, Barré cessa d'insister, et invita les deux magistrats à monter dans la chambre de la supérieure.

Au moment où ils entrèrent dans la chambre, où se tenait déjà une grande assemblée, la supérieure, voyant à la main de Barré le saint ciboire, qu'il avait été chercher à l'église, tomba dans de nouvelles convulsions. Barré s'approcha d'elle, et après avoir demandé encore une fois au démon *par quel pacte il était entré dans le corps de la jeune fille*, et que le démon eut répondu *par l'eau*, il continua l'interrogatoire en ces termes :

D. *Quis finis pacti?*	Quel est le but de ce pacte?
R. *Impuritas.*	L'impureté.

A ces mots, le bailli interrompit l'exorciste, et le requit de faire dire en grec au démon ces trois mots réunis : *finis pacti, impuritas*. Mais la supérieure, qui s'était bien trouvée déjà de sa réponse évasive, se tira cette fois encore d'affaire par son *nimia curiositas,* auquel Barré acceda, en disant qu'effectivement c'était une trop grande curiosité. En vertu de quoi le bailli fut obligé de renoncer à faire parler au démon la langue grecque, comme il avait déjà été forcé de renoncer à lui faire parler l'hébreu et l'écossais. Barré alors continua.

D. *Quis attulit pactum?*	Qui apporta le pacte?
R. *Magus.*	Le magicien.
D. *Quale nomen magi?*	Quel est le nom du magicien?
R. *Urbanus.*	Urbain.
D. *Quis Urbanus? est-ne Urbanus papa?*	Quel Urbain? est-ce le pape?
R. *Grandier.*	Grandier.

D. *Cujus qualitatis?*	Quelle est sa qualité?
R. *Curatus.*	Curé.

Ce mot nouveau et inconnu, introduit par le diable dans la latinité, produisit le plus grand effet sur l'auditoire; encore Barré ne lui laissa-t-il pas le loisir d'avoir tout le retentissement qu'il méritait, en continuant aussitôt :

D. *Quis attulit aquam pacti?*	Qui apporta l'eau du pacte?
R. *Magus.*	Le magicien.
D. *Quâ horâ?*	A quelle heure?
R. *Septimâ.*	A la septième.
D. *An matutinâ?*	Du matin?
R. *Serò.*	Au soir.
D. *Quomodò intravit?*	Comment entra-t-il?
R. *Januâ.*	Par la porte.
D. *Quis vidit?*	Qui l'a vu?
R. *Tres.*	Trois.

Ici Barré s'arrêta pour confirmer le témoignage du diable, et assura que soupant avec la supérieure dans sa chambre, le dimanche qui suivit sa délivrance de la seconde possession, Mignon son confesseur, et une religieuse y soupant aussi, elle leur avait montré, sur les sept heures du soir, ses bras mouillés de quelques gouttes d'eau, sans qu'on eût vu personne qui les y eût mises. Qu'il lava promptement le bras avec de l'eau bénite et fit quelques prières, pendant lesquelles les heures de la supérieure furent arrachées deux fois de ses mains et jetées à ses pieds, et qu'au moment où il les ramassait pour la seconde fois, il reçut un soufflet sans qu'il eût pu voir la main qui le lui avait donné. Alors Mignon se joignit à lui, confirma par un long récit ce que son compère venait de dire, et, terminant son discours par les imprécations les plus terribles, il adjura le saint sacrement de le confondre et de le perdre s'il ne disait pas l'exacte vérité. Alors, congédiant l'assemblée, il annonça que le lendemain il chasserait le mauvais esprit, et invita tous les assistants à se préparer, par la pénitence et la communion, à la contemplation des merveilles qui leur seraient offertes le lendemain dans leur grand jour.

Les deux derniers exorcismes avaient fait rumeur par la

ville, de sorte que, quoique Grandier n'y eût point assisté, il n'en savait pas moins parfaitement tout ce qui s'y était passé. En conséquence, il vint, le lendemain au matin, présenter une nouvelle requête au bailli, par laquelle il exposait que les religieuses, malicieusement et par suggestions, continuaient de le nommer dans leurs exorcismes comme l'auteur de leur prétendue possession. Que cependant, non-seulement il n'avait jamais eu aucune communication avec elles, mais encore qu'il ne les avait même jamais vues; que pour prouver l'influence dont il se plaignait, il était absolument nécessaire de les séquestrer, attendu qu'il n'était pas juste que Mignon et Barré, ses mortels ennemis, les gouvernassent et passassent les jours et les nuits auprès d'elles; que ce procédé rendait la suggestion visible et palpable; que l'honneur de Dieu y était intéressé, et encore celui du suppliant, qui avait bien quelque droit cependant pour qu'on le respectât, tenant le premier rang parmi les ecclésiastiques de Loudun.

Qu'en conséquence, et par ces considérations, il suppliait le bailli qu'il lui plût ordonner que les prétendues possédées seraient séquestrées et séparées l'une de l'autre; qu'elles seraient gouvernées par des gens d'Église non suspects au suppliant et assistés de médecins; et que le tout serait exécuté nonobstant oppositions ou appellations quelconques, et sans préjudice d'icelles, à cause de l'importance de l'affaire; et qu'au cas où il ne lui plairait pas d'ordonner le séquestre, lui suppliant protestait s'en plaindre comme d'un déni de justice.

Le bailli écrivit au bas de la requête qu'il y serait fait raison le même jour.

Derrière Urbain Grandier vinrent les médecins qui avaient assisté aux exorcismes; ils apportaient leur rapport. Ce rapport disait qu'ils avaient reconnu des mouvements convulsifs dans la personne de la mère supérieure, mais qu'une seule visite ne suffisait pas pour découvrir la cause de ces mouvements, qui pouvait être naturelle aussi bien que surnaturelle; qu'ils désiraient les voir et les examiner plus particulièrement, pour pouvoir en juger avec certitude; que pour cet effet ils requéraient qu'il leur fût permis de demeurer tous auprès des possédées encore quelques jours et quelques nuits, sans s'en séparer, et de les traiter en présence des autres religieuses et de quelques-uns des magistrats; qu'il était encore nécessaire qu'ils ne reçussent leurs aliments et leurs médicaments que de leurs mains, que personne ne les touchât qu'ostensiblement, et ne leur parlât que tout haut; et qu'alors ils s'engageaient à faire un rapport fidèle et véritable de la cause de leurs convulsions.

Comme il était neuf heures du matin, et que c'était le moment où commençaient les exorcismes, le bailli se transporta immédiatement au couvent, et trouva Barré disant la messe et la supérieure en convulsions. Comme ce magistrat entrait dans l'église au moment de l'élévation du saint sacrement, il aperçut, au milieu des catholiques qui étaient tous respectueusement agenouillés, un jeune homme nommé Dessentier, qui se tenait debout et le chapeau sur la tête. Il lui ordonna aussitôt de se découvrir ou de se retirer. Alors la supérieure redoubla de convulsions, s'écriant qu'il y avait là des huguenots, et que c'était leur présence qui donnait au démon une si grande puissance sur elle. Barré lui demanda alors combien il y en avait, et elle répondit deux : ce qui prouvait que le diable n'était pas plus fort en arithmétique qu'en latinité, attendu qu'outre Dessentier, il y avait encore parmi les assistants, et appartenant au culte réformé, le conseiller Abraham Gauthier, son frère, quatre de ses sœurs, l'élu René Fourneau et le procureur Angevin.

Pour détourner l'attention de l'auditoire, qui était fixée en ce moment sur cette inexactitude numérique, Barré demanda à la supérieure s'il était vrai qu'elle ne sût pas le latin; et comme elle dit qu'elle n'en savait pas un seul mot, il lui ordonna de jurer sur le saint ciboire. Elle s'en défendit d'abord, disant assez haut pour être entendue : — Mon père, vous me faites faire de grands serments, et je crains bien que Dieu ne m'en punisse. Mais Barré répondit : — Ma fille, il faut jurer pour la gloire de Dieu. Et elle jura. En ce moment, un des assistants fit observer que la supérieure interprétait le catéchisme à ses écolières, ce qu'elle nia, avouant cependant qu'elle interprétait le *Pater* et le *Credo*. Comme cet interrogatoire devenait embarrassant pour elle, la supérieure prit le parti de retomber dans ses convulsions, ce qui lui réussit médiocrement, car le bailli ordonna à l'exorciste de lui demander où était alors Grandier. Comme la question était faite dans les termes du rituel, qui dit qu'une des preuves de la possession est la faculté qu'ont les possédés de désigner, sans les voir, les lieux où se trouvent les personnes sur lesquelles on les interroge, il lui fallut obéir, ce qu'elle fit, en disant *que Grandier était dans la grande salle du château.*

— Cela se trouvera faux, répondit alors tout haut le bailli, car avant de venir ici, j'ai indiqué à Grandier une maison où je désirais qu'il se tînt, et où l'on ne peut manquer de le trouver, ayant voulu me servir de ce moyen pour arriver à la connaissance de la vérité, sans employer le séquestre, qui est toujours un moyen difficile à pratiquer vis-à-vis des religieuses. — En conséquence il ordonna à Barré de nommer quelques-uns des religieux qui étaient présents, pour qu'ils se transportassent au château, accompagnés d'un des magistrats et du greffier. Barré nomma le prieur des Carmes, et le bailli nomma Charles Chauvet, assesseur au bailliage, Ismaël Boulieau, prêtre, et Pierre Thibaut, commis au greffe, qui sortirent aussitôt pour aller exécuter leur commission, laissant l'auditoire dans l'attente de leur retour.

Cependant la supérieure, depuis cette déclaration du bailli, était demeurée muette, et comme malgré les exorcismes elle ne voulait plus rien dire, Barré ordonna que l'on amenât sœur Claire, disant qu'un diable exciterait l'autre. Mais le bailli s'y opposa formellement, soutenant que ce double exorcisme n'avait d'autre résultat que de causer une confusion à l'aide de laquelle on pourrait suggérer, sur le fait dont il s'agissait, quelque chose à la supérieure, et qu'il fallait attendre, avant de se livrer à de nouvelles conjurations, le retour des envoyés. Quelque juste que fût cette raison, Barré se garda bien d'y déférer; car il fallait, à quelque prix que ce fût, se défaire du bailli et des autres magistrats qui partageaient son doute, ou trouver moyen, à l'aide de sœur Claire, de leur faire quelque illusion. La seconde religieuse fut donc amenée nonobstant l'opposition du bailli et des autres officiers, qui, ne voulant point avoir l'air de prêter les mains à une pareille supercherie, se retirèrent, en déclarant qu'ils ne pouvaient ni ne voulaient assister plus longtemps à cette odieuse comédie. Dans la cour, ils rencontrèrent les députés qui revenaient du château d'abord, où ils étaient entrés dans la grande salle, et dans toutes les chambres, sans rencontrer Grandier; et ensuite de la maison indiquée par le bailli, où ils avaient trouvé celui qu'ils cherchaient en compagnie du P. Véret, confesseur des religieuses, de Mathurin Rousseau, de Nicolas Benoît, chanoine, et de Couté, médecin, par la bouche desquels ils avaient appris que depuis deux heures Grandier était avec eux et ne les avait point quittés. C'était tout ce que désiraient savoir les magistrats; ils se retirèrent donc, tandis que les envoyés portaient aux assistants cette réponse, qui produisit sur eux l'effet que l'on pouvait attendre. Alors, un religieux carme, voulant paralyser cette impression et pensant que le diable serait plus heureux dans ses suppositions la seconde fois que la première, demanda à la supérieure *où était maintenant Grandier*. Aussitôt, et sans hésiter, elle répondit *qu'il se promenait avec le bailli dans l'église de Sainte-Croix*. Une nouvelle députation fut aussitôt envoyée, qui, n'ayant rencontré personne dans l'église de Sainte-Croix, monta au palais, et trouva le bailli donnant audience : il était venu directement du couvent au tribunal, et n'avait pas même vu Grandier. Le même jour, les religieuses firent savoir qu'elles ne voulaient plus que les exorcismes se fissent devant le bailli, ni devant les officiers qui l'accompagnaient ordinairement, et que si on leur donnait à l'avenir de pareils témoins, elles ne répondraient pas.

Grandier, voyant cette impudence, et que le seul homme sur l'impartialité duquel il pût compter était désormais exclu des exorcismes, présenta une nouvelle requête au bailli pour que les religieuses fussent enfin séquestrées : mais le bailli, n'osant, dans le propre intérêt du suppliant, lui accorder sa demande, de peur qu'une opposition appuyée sur ce qu'elles relevaient de la justice ecclésiastique ne fît annuler la procédure, rassembla les plus notables habitants de la ville, afin d'aviser avec eux sur ce qu'il y avait à faire pour le bien public. Le résultat de cette assemblée fut que l'on écrirait au procureur général et à l'évêque de Poitiers, qu'on leur enverrait les procès-verbaux qui avaient été faits, et qu'on les supplierait d'arrêter par leur autorité et leur prudence le cours de ces pernicieuses intrigues. La chose fut faite ainsi qu'il avait été arrêté, mais le procureur général répondit que l'affaire dont il s'agissait étant purement ecclésiastique, le parlement n'en devait connaître. Quant à l'évêque de Poitiers, il ne répondit rien du tout.

Cependant il ne garda point le même silence à l'égard des ennemis de Grandier : car le mauvais succès des exorcismes du 26 novembre ayant nécessité un surcroît de précaution, ils jugèrent à propos d'obtenir de ce prélat une nouvelle commission, par laquelle il nommerait quelques ecclésiastiques pour assister de sa part aux exorcismes. Ce fut Barré lui-même qui fit le voyage de Poitiers pour présenter cette demande, et sur sa présentation, l'évêque nomma Bazile, doyen des chanoines de Champigny, et Demorans, doyen des chanoines de Thouars, l'un et l'autre parents des adversaires de Grandier. Voici la copie de la nouvelle commission qui leur fut donnée :

« Henry-Louis le Châtaignier de la Rochepezai, par misération divine, évêque de Poitiers, aux doyens du Châtelet de Saint-Pierre de Thouars et de Champigny sur Vèse, salut.

» Nous vous mandons par ces présentes de vous transporter dans la ville de Loudun, au couvent des religieuses de Sainte-Ursule, pour assister aux exorcismes qui seront faits, par le sieur Barré, des filles dudit monastère travaillées des malins esprits, auquel Barré nous en avons donné le mandement, et afin de faire aussi le procès-verbal de tout ce qui se passera, et pour cet effet prendre tel greffier que verrez bon être.

» Donné et fait à Poitiers, le 28 novembre 1632.

» *Signé :* Henry-Louis, évêque de Poitiers. »

Et plus bas :

« Par le commandement dudit seigneur,

» Michelet. »

Ces deux commissaires, qui avaient été avertis d'avance, se rendirent à Loudun, où en même temps qu'eux arriva

Marescot, l'un des aumôniers de la reine : la pieuse Anne d'Autriche avait entendu parler de la possession des religieuses ursulines de tant de façons différentes, qu'elle avait voulu être édifiée sur cette affaire. La chose, comme on le voit, prenait de jour en jour une gravité plus grande, puisqu'elle en était arrivée à avoir un écho à la cour : aussi le bailli et le lieutenant civil, craignant que l'envoyé royal ne se laissât abuser et ne dressât un rapport qui ferait douter des vérités contenues dans leurs procès-verbaux, se transportèrent-ils au couvent, le 1er décembre, jour auquel les nouveaux commissaires devaient recommencer les exorcismes, malgré la protestation qui avait été faite par les religieuses pour ne pas les recevoir. Ils se firent accompagner de leur assesseur, du lieutenant à la prévôté et d'un commis du greffe. Ils frappèrent longtemps avant qu'on parût y faire attention ; enfin vint une religieuse qui leur ouvrit la porte, mais leur signifia qu'ils n'entreraient point, attendu qu'ils étaient suspects, ayant publié que la possession n'était qu'une feinte et une imposture. Le bailli, sans s'arrêter à discuter avec cette fille, lui ordonna de faire venir Barré, qui parut quelque temps après, revêtu des habits sacerdotaux, et suivi de plusieurs personnes, parmi lesquelles se trouvait l'aumônier de la reine : alors le bailli se plaignit de ce qu'on lui avait refusé la porte à lui et aux officiers qui l'accompagnaient, ce qui était même contre les ordres de l'évêque de Poitiers. Barré, de sa part, déclara qu'il n'empêcherait pas qu'ils entrassent.

— Aussi sommes-nous venus à cette intention, dit le bailli, et aussi pour vous prier de faire au prétendu démon deux ou trois questions que l'on proposera, et qui seront conformes à celles prescrites par le rituel; vous ne refuserez pas, ajouta le bailli, en se tournant vers Marescot et en le saluant, de faire cette expérience devant l'aumônier de la reine, puisque ce sera un moyen de dissiper tous les soupçons d'imposture qui se sont malheureusement répandus sur cette affaire.

— Je ferai sur ce point ce qui me plaira et non ce que vous ordonnerez, répondit impudemment l'exorciste.

— Il est cependant de votre devoir de procéder légalement, reprit le bailli, au moins si vous procédez avec sincérité; car ce serait outrager Dieu que de tenter d'augmenter sa gloire par un faux miracle, et faire tort à la religion catholique, si puissante par elle-même, que de faire resplendir ses vérités à l'aide de fourberies et d'illusions.

— Monsieur, répondit Barré, je suis homme de bien, je sais à quoi ma charge m'oblige, et je m'en acquitterai; quant à vous, vous devez vous souvenir que la dernière fois vous êtes sorti de l'église avec émotion et colère, ce qui est une mauvaise situation d'esprit pour un homme dont l'état est de rendre la justice.

Comme toutes ces discussions ne menaient à rien, les magistrats insistèrent pour entrer; mais n'ayant pu obtenir que les portes leur fussent ouvertes, ils intimèrent la défense expresse aux exorcistes de faire aucune question qui tendît à diffamer personne, sous peine d'être traités comme séditieux et perturbateurs. A cette menace, Barré répondit au bailli qu'il ne reconnaissait pas sa juridiction, et, refermant la porte, le laissa dehors avec le lieutenant civil.

Il n'y avait pas de temps à perdre, si l'on voulait s'opposer efficacement aux machinations passées et à venir. Grandier, par le conseil du bailli et du lieutenant civil, écrivit à l'archevêque de Bordeaux, qui déjà l'avait tiré d'affaire, la situation où venaient de le remettre ses ennemis; les deux magistrats joignirent à la lettre les procès-verbaux qu'ils avaient dressés des exorcismes, et le tout fut immédiatement envoyé par un messager sûr à monseigneur d'Escoubleau de Sourdis. Ce digne prélat, jugeant l'affaire grave et voyant que Grandier, abandonné à ses adversaires, pouvait être perdu par le moindre retard, répondit en arrivant lui-même en son abbaye de Jouin-les-Marnes, où déjà une fois il avait rendu au pauvre prêtre persécuté une si loyale et si brillante justice.

Comme on doit le penser, l'arrivée de l'archevêque fut un coup terrible porté à la possession; car à peine fut-il à Saint-Jouin, qu'il envoya son propre médecin avec ordre de voir les possédées et d'examiner les convulsions, afin de s'assurer si elles étaient réelles ou feintes. Le médecin se présenta au couvent avec une lettre de l'archevêque qui ordonnait à Mignon de laisser prendre au docteur une connaissance entière de l'état des choses. Mignon reçut le médecin avec tout le respect qu'il devait à celui par qui il était envoyé; seulement, il lui dit qu'il regrettait fort qu'il ne fût pas arrivé un jour plus tôt, les possédées ayant été délivrées la veille, grâce à ses exorcismes et à ceux de Barré. Il ne le conduisit pas moins vers la supérieure et sœur Claire, que le médecin trouva paisibles, tranquilles et reposées, comme si elles n'avaient jamais éprouvé aucune agitation. Elles confirmèrent ce qu'avait dit Mignon, et le médecin revint à Saint-Jouin, sans avoir pu constater autre chose que la parfaite tranquillité qui régnait à cette heure dans le couvent.

La fraude était claire, et l'archevêque lui-même pensait que toutes ces persécutions infâmes étaient finies pour ne plus recommencer; mais Grandier, qui connaissait mieux ses adversaires, vint se jeter à ses pieds le 27 décembre, le suppliant de recevoir une requête par laquelle il lui remontrait que ses ennemis, ayant déjà tâché de l'opprimer par une accusation fausse et calomnieuse dont il ne s'était tiré que par son équitable jugement, venaient, depuis trois mois, de supposer et de publier partout qu'il avait envoyé de malins esprits dans le corps des religieuses de Sainte-Ursule de Loudun, auxquelles il n'avait jamais parlé; qu'encore que Jean Mignon et Pierre Barré fussent bien publiquement ses ennemis mortels, la direction des prétendues possédées et le soin des exorcismes leur avaient été remis; que dans les procès-verbaux dressés par eux, et contradictoires à ceux du bailli et du lieutenant civil, ils s'étaient vantés d'avoir chassé trois ou quatre fois les prétendus démons, qui chaque fois seraient revenus, au dire de ses calomniateurs, en vertu de pactes faits par lui; que ces paroles et les procès-verbaux de Barré et de Mignon avaient pour but de le diffamer et de soulever quelque sédition contre lui; qu'il était bien vrai que la présence du digne prélat avait mis en fuite les démons; mais qu'il était probable que, rassurés par son départ, ils ne tarderaient pas à revenir à la charge, tant et si bien que, s'il était abandonné alors de la bienveillance de celui auquel il s'adressait à cette heure, il était certain que son innocence, si éclatante qu'elle fût, finirait par succomber sous les étranges artifices de tant d'ennemis acharnés mortellement contre lui ; qu'il le suppliait, en conséquence, après avoir examiné toutes ces raisons, qu'il lui plût de défendre à Barré, à Mignon et à leurs adhérents, tant séculiers que réguliers, en cas de nouvelle possession, d'exorciser à l'avenir et de gouverner les prétendues possédées, et que d'avance il commît à leur place telles autres personnes ecclésiastiques et laïques qu'il jugerait à propos, pour les voir alimenter, médicamenter et exorciser, s'il était nécessaire, et le tout en présence des magistrats.

L'archevêque de Bordeaux accueillit la requête d'Urbain Grandier, et écrivit au bas :

« Vu la présente requête, et ouï sur icelle notre promoteur, nous avons renvoyé le suppliant par-devant notre promoteur, à Poitiers, pour lui être fait droit ; et cependant nous avons ordonné le sieur Barré, le P. l'Escaye, jésuite, demeurant à Poitiers, et le P. Gaut de l'Oratoire, demeurant à Tours, pour travailler aux exorcismes en cas de besoin, selon l'ordre que nous leur en avons donné à cette fin ;

» Défendons à tous autres de s'immiscer auxdits exorcismes, sous peine de droit. »

Comme on le voit, monseigneur l'archevêque de Bordeaux, dans sa justice éclairée et généreuse, avait prévu tous les cas : aussi, lorsque cette ordonnance et cet ordre eurent été signifiés, et que les exorcistes en eurent pris connaissance, la possession cessa-t-elle si promptement et si entièrement, que les bruits mêmes s'en évanouirent. Barré se retira à Chinon, les doyens commis par l'évêque de Poitiers rejoignirent leur chapitre, et les religieuses, bien et dûment délivrées cette fois, rentrèrent dans le silence et dans le repos. L'archevêque n'en invita pas moins une seconde fois Grandier à permuter ses bénéfices ; mais Grandier répondit qu'on lui offrirait un évêché, qu'il ne l'échangerait pas, à cette heure, contre sa simple cure de Loudun.

Au reste, la fin qu'avait eue la possession avait été on ne peut plus préjudiciable aux religieuses ; si bien qu'au lieu de leur rapporter de la considération et des aumônes, comme le leur avait promis Mignon, elles n'en avaient tiré qu'une honte publique et un surcroît de gêne privée; car les parents qui avaient des jeunes filles chez elles se hâtèrent de les retirer, et en perdant leurs pensionnaires elles perdirent leurs dernières ressources. Cette disposition des esprits à leur égard les jeta dans un profond désespoir, et l'on sut qu'à cette époque elles avaient eu plusieurs altercations avec leur directeur, lui reprochant qu'au lieu des avantages spirituels et temporels qu'il leur avait fait espérer, il ne leur était advenu, outre le péché qu'il leur avait fait commettre, que misère et infamie. Mignon lui-même, quoique rongé de haine, était obligé de demeurer tranquille, et cependant il n'avait point renoncé à sa vengeance; et comme c'était un de ces hommes qui, tant qu'il leur reste une espérance, ne se lassent point d'attendre, il demeura dans l'ombre, résigné en apparence, mais les yeux fixés sur Grandier, afin de se ressaisir, à la première occasion, de la proie qui lui avait échappé : cette occasion, la mauvaise fortune de Grandier l'amena.

On était arrivé à l'année 1633, c'est-à-dire à l'époque de la grande puissance de Richelieu : le cardinal duc poursuivait son œuvre de destruction, rasant les châteaux quand il ne pouvait pas faire tomber les têtes, et disant comme John Knox : « Abattons les nids, et les corbeaux s'envoleront. » Or, un de ces nids crénelés était le château de Loudun, et Richelieu avait donné l'ordre de l'abattre.

Celui qui vint à Loudun, chargé de cette mission, était un de ces hommes comme, cent cinquante ans auparavant, Louis XI en avait trouvé pour détruire la féodalité, et comme, cent cinquante ans plus tard, on devait trouver Robespierre pour détruire l'aristocratie; car tout bûcheron a besoin d'une hache, et tout moissonneur a besoin d'une faux : donc Richelieu était la pensée et Laubardemont l'instrument.

Mais instrument plein d'intelligence, reconnaissant à la manière dont il était mis en œuvre quelle était la passion qui le faisait mouvoir, et alors s'adaptant à cette passion avec une miraculeuse homogénéité, soit que cette passion fût fougueuse et rapide, soit qu'elle fût lente et sourde, et selon enfin qu'elle était, résolu à tuer par le fer ou à empoisonner par la calomnie, soit qu'elle demandât le sang, soit qu'elle voulût l'honneur.

M. de Laubardemont arriva donc à Loudun dans le courant du mois d'août 1633, et s'adressa, pour l'exécution de sa charge, au sieur Memin de Silly, major de la ville, cet ancien ami du cardinal, que Barré et Mignon avaient, comme nous l'avons dit, attiré à eux. Memin vit dans ce voyage de M. de Laubardemont l'intention du ciel de faire triompher la cause à laquelle il appartenait, et que l'on croyait perdue : il lui présenta Mignon et tous ses amis. Ils en furent très-bien reçus; la supérieure, comme nous l'avons dit, était la parente du terrible conseiller : ils exaltèrent l'affront qui lui avait été fait par l'ordonnance de l'archevêque de Bordeaux, et qui rejaillissait sur toute sa famille, et bientôt il ne s'agit plus, entre Laubardemont et les conjurés, que de trouver un moyen pour engager le cardinal duc dans ses ressentiments. Ce moyen fut bientôt trouvé.

La reine mère, Marie de Médicis, avait parmi ses femmes une certaine Hammon, qui, ayant plu à cette princesse dans une occasion qu'elle avait eue de lui parler, était restée auprès d'elle, et y jouissait de quelque crédit; elle était née à Loudun, parmi le petit peuple, et y avait passé la plus grande partie de sa jeunesse. Grandier, qui avait été son curé, la connaissait particulièrement, et comme elle avait beaucoup d'esprit, s'était fort complu en sa compagnie, du temps où elle avait habité la ville. Or, dans un moment de disgrâce, il avait été publié une satire contre les ministres, mais surtout contre le cardinal duc. Cet écrit, plein de verve et de raillerie amère, avait été attribué à la Hammon, qui partageait tout naturellement la haine de Marie de Médicis contre son ennemi, et qui, protégée par elle, n'avait pu en être punie par le cardinal, quoique celui-ci en eût conservé un profond ressentiment. Les conjurés eurent l'idée d'attribuer cette satire à Grandier, qui aurait su de la Hammon toutes les particularités de la vie intérieure du cardinal, qui s'y trouvaient racontées : si le ministre croyait à cette calomnie, on pouvait être tranquille, Grandier était perdu.

Ce point arrêté, on conduisit M. de Laubardemont au couvent, où, sachant devant quel personnage important ils étaient convoqués, les diables s'empressèrent de revenir : les religieuses eurent des convulsions merveilleuses, et M. de Laubardemont retourna à Paris convaincu.

Au premier mot que le conseiller d'État dit au cardinal sur Urbain Grandier, il lui fut facile de s'apercevoir qu'il avait pris une peine inutile en forgeant la fable de la satire, et qu'il n'aurait eu qu'à prononcer son nom devant le ministre pour conduire celui-ci au degré d'irritation auquel il voulait l'amener. Le cardinal duc avait été autrefois prieur de Coussay, et là, il avait eu une querelle de prééminence avec Grandier, qui, en sa qualité de curé de Loudun, non-seulement avait refusé de lui céder le pas, mais encore l'avait pris sur lui : le cardinal avait enregistré cet affront sur ses tablettes sanglantes, et Laubardemont le trouva du premier coup aussi ardent à la perte de Grandier qu'il l'était lui-même.

Séance tenante, Laubardemont avait obtenu cette commission en date du 30 novembre :

« Le sieur Laubardemont, conseiller du roi en ses conseils d'État et privé, se rendra à Loudun et autres lieux que besoin sera, pour informer diligemment contre Grandier, sur tous les faits dont il a été ci-devant accusé, et autres qui lui seront de nouveau mis à sus, touchant la possession des religieuses ursulines de Loudun, et autres personnes qu'on dit être aussi possédées et tourmentées des démons, par les maléfices dudit Grandier, et de tout ce qui s'est passé depuis le commencement, tant aux exorcismes qu'autrement, sur le fait de ladite possession, faire rapporter les procès-verbaux et autres actes des commissaires ou délégués, assister aux exorcismes qui se feront, et de tout faire procès-verbaux, et autrement faire procéder, ainsi qu'il appartiendra, pour la preuve et vérification entière desdits faits, et surtout décréter, instruire, faire et parfaire le procès audit Grandier et à tous autres qui se trouveront complices desdits cas, jusques à sentence définitive, exclusivement, nonobstant opposition, appellation ou récusation quelconque, pour lesquelles, et sans préjudice d'icelles, ne sera différé, même, attendu la qualité des crimes, sans avoir égard au renvoi qui pourrait être demandé par ledit Grandier. Mandant Sa Majesté à tous les gouverneurs, lieutenants généraux de la province, et à tous baillis, sénéchaux et autres officiers de ville et sujets qu'il appartiendra, donner, pour l'exécution de ce que dessus, toute assistance et main-forte, aide et prisons, si métier est et qu'ils en soient requis. »

Muni de cet ordre, qui équivalait à une sentence, Laubardemont arriva le 5 décembre à neuf heures du soir à Loudun, et pour ne point être vu, s'arrêta dans un faubourg, et descendit chez maître Paul Aubin, huissier des ordres du roi, et gendre de messire Memin de Silly. Sa venue fut si secrète, que ni Grandier ni ses amis n'en eurent connaissance; mais Memin, Hervé, Menuau et Mignon furent prévenus, et se rendirent aussitôt près de lui. Laubardemont les reçut en leur montrant sa commission; mais cette commission, si étendue qu'elle était, leur parut insuffisante, car elle ne contenait pas l'ordre d'arrêter Grandier, et Grandier pouvait fuir. Laubardemont sourit de l'idée qu'on avait même cru pouvoir le prendre en faute, et tira de sa poche deux autres ordonnances pareilles, au cas ou l'une s'égarerait, en date du même jour 30 novembre, signées Louis, et plus bas Phélippeaux; elles étaient conçues en ces termes :

« Louis, etc., etc.

» Avons donné la présente au sieur Laubardemont, conseiller en nos conseils privés, pour par ledit sieur Laubardemont, arrêter et constituer prisonnier ledit Grandier et ses complices en lieu de sûreté, avec pareil mandement à tout prévôt des maréchaux et autres officiers et sujets de tenir la main-forte à l'exécution desdites ordonnances, et obéir pour le fait d'icelles aux ordres qui leur seront donnés par ledit sieur, et aux gouverneurs et lieutenants généraux donner toute l'assistance et main-forte dont ils seront requis. »

Cette seconde ordonnance complétait la commission : il fut alors résolu que pour prouver que le coup partait de l'autorité royale, et pour intimider tout officier public qui voudrait encore prendre parti pour Grandier, ou tout témoin qui voudrait déposer en sa faveur, il serait arrêté préventivement, avant toute espèce d'instruction. En conséquence, on envoya chercher immédiatement Guillaume Aubin, sieur de Lagrange et lieutenant du prévôt. Laubardemont lui communiqua la commission du cardinal et les ordonnances du roi, et lui ordonna de se saisir le lendemain, dès le grand matin, de la personne de Grandier. M. de Lagrange s'inclina devant ces deux signatures, et répondit qu'il obéirait; mais comme à la manière dont on procédait il vit un assassinat et non un jugement dans la nouvelle instruction qui allait s'établir, tout allié qu'il était à Memin, dont son frère à lui avait épousé la fille, il fit aussitôt avertir Grandier des ordres qu'il avait reçus; mais celui-ci, avec sa fermeté habituelle, fit remercier Lagrange de sa générosité, et répondit que confiant en son innocence, et comptant sur la justice de Dieu, il était résolu de ne point se retirer.

Grandier demeura donc, et son frère, qui couchait près de lui, assura que cette nuit il dormit d'un sommeil aussi tranquille que d'habitude. Le lendemain il se leva à six heures, ainsi que c'était sa coutume, prit son bréviaire à la main et sortit pour aller assister à matines à l'église de Sainte-Croix; à peine eut-il mis le pied hors de la maison, que Lagrange, en présence de Memin, de Mignon et de ses autres ennemis, qui s'étaient réunis pour jouir de ce spectacle, l'arrêta au nom du roi. Aussitôt il fut remis entre les mains de Jean Pouguet, archer des gardes de Sa Majesté, et aux archers des prévôts de Loudun et de Chinon, afin qu'ils le conduisissent au château d'Angers, tandis que le sceau royal était apposé à ses chambres, à ses armoires, à ses meubles et à tous les autres endroits de sa maison : mais on ne trouva, dans cette perquisition, rien qui pût compromettre Grandier, si ce n'est un traité contre le célibat des prêtres, et deux feuillets sur lesquels étaient écrits, d'une autre main que la sienne, quelques vers érotiques dans le goût de ce temps-là.

Grandier resta quatre mois dans cette prison, où il fut, au dire de Michelon, commandant de la ville d'Angers, et au rapport du chanoine Pierre Bacher, son confesseur, un modèle de résignation et de constance; passant son temps à lire des livres saints ou à écrire des prières ou des méditations, dont le manuscrit fut produit au procès. Pendant ce temps, nonobstant les instances et les oppositions de Jeanne Estève, mère de l'accusé, qui, quoique âgée de soixante-dix ans, avait, dans l'espoir de sauver son fils, retrouvé toute la force et toute l'activité de sa jeunesse, Laubardemont continuait l'instruction qui fut achevée enfin le 4 avril : aussitôt on envoya prendre Urbain à Angers pour le ramener à Loudun.

Une prison extraordinaire lui avait été préparée dans un logis qui appartenait à Mignon lui-même, et qu'habitait auparavant un sergent nommé Bontems, ancien clerc de Trinquant, et qui avait déjà déposé contre Grandier dans la première affaire. Cette prison était située au plus haut étage; on en avait fait murer les fenêtres, ne laissant qu'une petite ouverture vers le toit, qu'on avait garnie d'énormes barreaux, et pour surcroît de précaution, et de peur que les diables ne vinssent tirer le magicien de ses chaînes, on avait traversé toute la cheminée par des barres de fer placées en forme de gril; de plus, des trous imperceptibles et cachés dans les angles permettaient à la femme Bontems de voir ce que faisait Grandier à toute heure, précaution dont on espérait tirer parti dans les exorcismes : ce fut de cette chambre, couché sur la paille et presque privé de lumière, que Grandier écrivit à sa mère la lettre suivante :

« Ma mère, j'ai reçu la vôtre et tout ce que vous m'avez envoyé, excepté les bas de serge. Je supporte mon affliction avec patience, et plains plus la vôtre que la mienne; je suis fort incommodé, n'ayant point de lit; tâchez de me faire apporter le mien, car si le corps ne repose l'esprit succombe; enfin envoyez-moi un bréviaire, une Bible et un Saint-Thomas pour ma consolation, et, au reste, ne vous affligez pas; j'espère que Dieu mettra mon innocence au jour; je me recommande à mon frère et à ma sœur, et à tous nos bons amis.

» C'est, ma mère, votre très-bon fils, à vous servir,

» Grandier. »

Pendant le temps de la réclusion de Grandier au château

d'Angers, la possession s'était miraculeusement multipliée, car ce n'étaient plus maintenant la supérieure et la sœur Claire qui étaient à cette heure en proie aux malins esprits; aussi les sépara-t-on en trois troupes.

La supérieure Louise des Anges et Anne de Sainte-Agnès, furent mises dans la maison du sieur Delaville, avocat et conseil des religieuses;

La sœur Claire et Catherine de la Présentation furent mises dans la maison de Maurat, chanoine;

Enfin Élisabeth de la Croix, Monique de Sainte-Marthe, Jeanne du Saint-Esprit et Séraphique Archer furent mises dans une troisième maison.

. Toutes étaient en outre surveillées par la sœur de Memin de Silly, femme de Moussant, alliée et parente par conséquent des deux grands ennemis de l'accusé, laquelle apprenait par la femme de Bontems tout ce qu'il était nécessaire de savoir sur lui : ce fut là ce qu'on appelait le séquestre.

Le choix des médecins ne fut pas moins étrange : au lieu d'appeler les plus savants praticiens d'Angers, de Tours, de Poitiers ou de Saumur, tous hormis Daniel Roger, médecin de Loudun, furent choisis dans de petites villes, et parmi des hommes sans aucune instruction : si bien, que l'un n'avait jamais obtenu ni degrés ni lettres, et avait été obligé de se retirer de Saumur pour cette raison, et que l'autre sortait de la boutique d'un marchand, où il avait été dix ans facteur, état qu'il avait abandonné pour prendre celui plus lucratif d'empirique.

Au reste, le choix de l'apothicaire et du chirurgien ne fut ni plus équitable ni plus plausible; l'apothicaire, qui se nommait Adam, était cousin germain de Mignon, et avait été témoin dans la première accusation contre Grandier; et comme son témoignage avait touché l'honneur d'une jeune fille de Loudun, il avait été condamné par arrêt du parlement à une amende honorable. Cependant, quoiqu'on connût, et peut-être même parce qu'on connaissait sa haine contre Grandier, on se reposa sur lui de la préparation des remèdes, sans que personne vérifiât s'il en diminuait ou augmentait la dose, et si, au lieu de calmants, il ne donnait pas des excitatifs assez violents pour amener des convulsions réelles : quant au chirurgien, c'était pis encore, car c'était Mannouri, neveu de messire Memin de Silly, frère d'une religieuse, le même qui avait fait, lors de la seconde affaire, opposition au séquestre réclamé par Grandier. La mère et le frère de l'accusé présentèrent vainement des requêtes dans lesquelles ils récusaient les médecins pour cause d'incapacité, et le chirurgien et l'apothicaire pour cause de haine ; ils ne purent pas même, à leurs frais, obtenir copie certifiée de ces requêtes, quoiqu'ils offrissent de prouver par témoins, qu'un jour Adam avait, dans son ignorance, donné du *crocus metallorum* pour du *crocus martis;* ce qui avait amené la mort du malade à qui ce remède avait été administré. Ainsi, la perte de Grandier était si publiquement résolue, que l'on n'avait pas même la pudeur de voiler les moyens infâmes à l'aide desquels on comptait y arriver.

L'instruction se poursuivait avec activité. Comme une des premières formalités à remplir était la confrontation, Grandier publia un factum dans lequel, s'appuyant sur l'exemple de saint Anastase, il raconta que ce saint ayant été accusé au concile de Tyr par une femme impudique, qui ne l'avait jamais vu, lorsque cette femme entra dans l'assemblée pour formuler publiquement son accusation, un prêtre nommé Timothée se leva, se présenta à elle, et lui parla comme s'il eût été Anastase : elle le crut ainsi, et répondit en conséquence; ce qui rendit manifeste à tous l'innocence du saint. Or, Grandier demandait que deux ou trois personnes de sa taille, et ayant la même couleur de cheveux que lui, fussent habillées comme lui, sans aucune différence, et présentées aux religieuses, certain qu'il était, ne les ayant jamais vues et n'ayant probablement jamais été vu par elles, qu'elles ne le reconnaîtraient point, quoiqu'elles prétendissent avoir eu avec lui des rapports directs; cette demande était tellement loyale et par conséquent embarrassante, qu'il n'y fut pas même répondu.

Cependant l'évêque de Poitiers, triomphant à son tour de l'archevêque de Bordeaux, qui ne pouvait rien contre un ordre émané du cardinal duc, avait récusé le P. l'Escaye et le P. Gau, nommés par son supérieur, et avait désigné en leur place son théologal, qui avait été l'un des juges qui avaient rendu contre Grandier la première sentence, et le P. Lactance, récollet. Ces deux moines ne prirent pas même la peine de cacher le parti auquel ils appartenaient, et vinrent directement se loger dans la maison de Nicolas Moussant, l'un des ennemis les plus acharnés de Grandier, et dès le lendemain de leur arrivée ils se rendirent chez la supérieure, où ils commencèrent les exorcismes. Aux premiers mots, le P. Lactance s'étant aperçu que la possédée savait très-peu de latin, et par conséquent ne présentait pas une grande sécurité dans son interrogatoire, il lui ordonna de répondre en français, quoiqu'il continuât lui d'exorciser en latin; et comme quelqu'un eut la hardiesse d'objecter que le diable, qui, d'après le Rituel, sait toutes les langues mortes et vivantes, devait répondre dans le même idiome où il était interrogé, le Père déclara que le pacte avait été ainsi fait, et que, d'ailleurs, il y avait des diables plus ignorants que des paysans.

Derrière ces exorcistes et les deux carmes qui s'étaient ingérés dans l'affaire dès le commencement de la possession, et qui se nommaient Pierre de Saint-Thomas, et Pierre de Saint-Mathurin, arrivèrent bientôt quatre autres capucins, envoyés, disait-on, par le P. Joseph, l'éminence grise : c'étaient les P. Luc, Tranquille, Potais et Élisée; de sorte que les exorcismes purent marcher plus rondement qu'ils n'avaient encore fait jusques alors : les séances furent, en conséquence, tenues en quatre lieux différents, qui étaient les églises de Sainte-Croix, le couvent des Ursulines, de Saint-Pierre du Martroy et de Notre-Dame du Château. Il se passa cependant peu de chose dans les exorcismes du 15 et du 16 avril; car les déclarations des médecins ne précisaient rien et disaient seulement, sans autres explications, *que les choses qu'ils avaient vues étaient surnaturelles et surpassaient leurs connaissances et les règles de la médecine.*

La séance du 23 fut plus curieuse; la supérieure, interrogée par le P. Lactance en quelle forme le démon était entré chez elle, répondit qu'il était entré en chat, en chien, en cerf et en bouc.

— *Quoties?* demanda l'exorciste.

— Je n'ai pas bien remarqué le jour, répondit la supérieure. La pauvre fille avait pris *quoties* pour *quando*.

Ce fut sans doute pour se venger de cette erreur que le même jour la supérieure déclara que Grandier avait sur le corps cinq marques qui lui avaient été faites par le diable, et qu'insensible partout ailleurs, il était vulnérable à ces seuls endroits : en conséquence, ordre fut donné au chirurgien Mannouri de s'assurer de la vérité de cette assertion, et le jour de cette expérience fut fixé au 26.

En vertu de la commission qu'il avait reçue, le 26 au matin, Mannouri se présenta à la prison de Grandier, le fit dépouiller tout nu, et raser partout le corps; puis, lui ayant bandé les yeux, il ordonna qu'il fût couché sur une table; le diable était cette fois encore dans l'erreur : Grandier, au lieu de cinq signes, n'en avait que deux, l'un à l'omoplate et l'autre à la cuisse.

Alors commença l'une des scènes les plus atroces qui se puissent imaginer. Mannouri tenait à la main une sonde à ressort, dont l'aiguille rentrait en elle-même à volonté : à tout endroit du corps où Grandier, selon le dire de la supérieure, était insensible, Mannouri lâchait le ressort, la sonde rentrait en dedans, et, tout en ayant l'air de s'enfoncer dans la chair, elle ne causait aucune douleur à l'accusé; mais lorsqu'au contraire il en arriva aux marques désignées comme vulnérables, le chirurgien, serrant le ressort, lui enfonça l'aiguille à la profondeur de plusieurs pouces, ce qui fit jeter au pauvre Grandier, qui ne s'y attendait pas, un cri si aigu que ceux qui n'avaient pu entrer l'entendirent de la rue. Du signe du dos, par lequel il avait commencé, Mannouri passa à celui de la cuisse; mais cette fois, à son grand étonnement, quoiqu'il eût enfoncé la sonde de toute sa longueur, Grandier ne poussa pas un cri, ne jeta pas une plainte, ne fit pas entendre un gémissement; il se mit, au contraire, à dire une prière, et quoique, deux fois encore à la cuisse et deux fois à l'omoplate, Mannouri eût renouvelé ses blessures, il ne put tirer du patient autre chose que des prières pour ses bourreaux.

M. de Laubardemont assistait à cette séance.

Le lendemain, on exorcisa la supérieure dans des termes si forts, que le diable fut obligé de dire que ce n'étaient point cinq taches, mais seulement deux qu'avait Grandier, il est vrai que cette fois, au grand étonnement de la foule, il indiqua précisément les endroits où elles étaient situées.

Malheureusement pour le démon, une facétie qu'il fit dans la même séance nuisit à l'effet de cette première déclaration. Interrogé pourquoi il n'avait pas voulu parler le samedi précédent, il répondit qu'il n'était pas à Loudun, attendu qu'il avait été occupé, toute la matinée de ce jour-là, à conduire en enfer l'âme de Le Proust, procureur au parlement de Paris : cette réponse parut assez incroyable à quelques mondains pour qu'ils prissent la peine de faire examiner le registre des morts de ce samedi, examen duquel il résulta qu'il n'était trépassé ce jour-là non-seulement aucun procureur appelé *Le Proust*, mais aucun homme du même nom. Ce démenti rendit le démon moins terrible, sinon moins plaisant.

Pendant ce temps, les autres exorcismes éprouvaient des échecs pareils : le P. Pierre de Saint-Thomas, qui opérait dans l'église des Carmes, ayant demandé à l'une des possédées où étaient les livres de magie de Grandier, elle répondit qu'on les trouverait au logis d'une certaine demoiselle qu'elle nomma et qui était la même qui avait fait faire amende honorable à l'apothicaire Adam. A l'instant Laubardemont, Moussant, Hervé et Menuau se rendirent chez cette demoiselle, visitèrent les chambres et les cabinets, ouvrirent les coffres, les armoires et jusqu'aux lieux les plus secrets, et cela vainement ; aussi, de retour à l'église, reprochèrent-ils au démon de les avoir trompés; mais le démon répondit qu'une nièce de cette demoiselle avait ôté les livres. On courut aussitôt chez cette nièce : malheureusement elle n'était point chez elle, mais dans une église où depuis le matin elle faisait ses dévotions, et de laquelle les prêtres et les serviteurs de l'église attestèrent qu'elle n'était point sortie. Malgré le désir que les exorcistes avaient d'être agréables à Adam, ils furent donc forcés de s'arrêter là.

Ces deux fausses désignations ayant augmenté le nombre des incrédules, on indiqua pour le 4 mai une séance des plus intéressantes : en effet, le programme était assez étendu pour piquer la curiosité générale. Asmodée avait promis d'enlever la supérieure à deux pieds de hauteur, et Eazas et Cerbère, entraînés par l'exemple de leur chef, s'étaient engagés d'en faire autant à l'égard des deux autres religieuses; enfin, un quatrième démon, nommé Béhérit, avait été plus loin, et, ne craignant pas de s'attaquer à M. de Laubardemont lui-même, il avait déclaré que pour son compte il enlèverait la calotte du conseiller de dessus sa tête et la tiendrait suspendue en l'air le temps d'un *Miserere;* en outre, les exorcistes avaient publié que six hommes choisis parmi les plus robustes ne pourraient maintenir la plus faible des religieuses et l'empêcher de faire ses contorsions.

On comprend que sur la promesse d'un pareil spectacle la foule dut, au jour dit, encombrer l'église. On commença par la supérieure, et le P. Lactance somma Asmodée de tenir sa promesse et d'enlever l'énergumène de terre; la supérieure fit alors deux ou trois soubresauts sur son matelas, et parut en effet un instant se soutenir en l'air; mais alors un des spectateurs ayant soulevé la robe, on vit qu'elle se maintenait sur la pointe du pied, habilement sans doute, mais non pas miraculeusement; alors les éclats de rire étant partis de tous côtés, cette explosion intimida tellement Eazas et Cerbère, qu'on ne put même obtenir d'eux qu'ils répondissent aux adjurations qui leur furent faites : on eut alors recours à Béhérit, qui répondit qu'il était prêt à enlever la calotte de M. de Laubardemont, et que la chose aurait lieu avant qu'il se fût écoulé un quart d'heure.

Cependant, comme ce jour-là les exorcismes avaient été indiqués pour le soir, au lieu d'être indiqués comme d'habitude pour le matin, et que la nuit, heure favorable aux illusions, commençait à s'avancer, il vint à l'idée de plusieurs incrédules que Béhérit n'avait demandé un quart d'heure que pour avoir le temps d'opérer aux flambeaux, dont la lumière rend toute magie facile ; ils remarquèrent en outre que M. de Laubardemont s'était placé sur une chaise assez éloignée des autres personnes, et justement au-dessous d'une des voutes de l'église, au milieu de laquelle était pratiqué un trou pour passer la corde de la cloche. Ils quittèrent alors l'église, et, montant dans le clocher, ils se cachèrent dans un coin du plancher supérieur; ils y étaient à peine depuis quelques instants qu'ils virent s'approcher un homme qui commença à travailler à quelque chose; ils l'entourèrent aussitôt, et lui saisirent dans les mains un long crin au bout duquel était attaché un petit hameçon; l'homme surpris lâcha sa ligne et se sauva. Il en résulta que quoique M. de Laubardemont, les exorcistes et toute l'assemblée s'attendissent à chaque instant à voir enlever la calotte, elle n'en resta pas moins sur la tête du juge, à la grande confusion du P. Lactance, qui, ne sachant pas ce qui était arrivé, et croyant à un retard et non à un empêchement, adjura trois ou quatre fois Béhérit de remplir la promesse qu'il avait faite, et à laquelle il fut contraint de manquer.

Cette séance du 4 mai était une séance malheureuse; jusque-là rien n'avait réussi, et jamais les diables n'avaient été si complétement maladroits. Heureusement, les exorcistes paraissaient certains de leur dernier tour; il consistait à faire échapper la religieuse des mains de six hommes choisis parmi les plus forts, et qui tâcheraient en vain de la maintenir : en conséquence, deux carmes et deux capucins se mirent en quête dans l'assemblée, et ramenèrent dans le chœur six manières d'hercules choisis parmi les portefaix et les commissionnaires de la ville.

Cette fois, le diable prouva que s'il n'était pas adroit, il était au moins vigoureux; car, quoique maintenue sur son matelas par ces six hommes, la supérieure, après quelques exorcismes, entra dans des convulsions si terribles, qu'elle s'échappa de leurs mains, et que l'un de ceux qui essayaient de la contenir fut même renversé; renouvelée trois fois, cette expérience réussit trois fois; et la croyance commençait à redescendre sur l'assemblée, lorsqu'un médecin de Saumur nommé Duncan, se doutant qu'il y avait là-dessous quelque compérage, s'avança dans le chœur, ordonna aux six hommes de s'éloigner, et déclara qu'il allait maintenir seul la supérieure, et que si elle s'échappait de ses mains, il promettait de faire en face de tous amende honorable de son incrédulité.

M. de Laubardemont voulut alors s'opposer à cet essai, en traitant Duncan de mondain et d'athée; mais, comme c'était un homme très-estimé par sa science et sa probité, il s'éleva dans l'auditoire un si grand tumulte à l'occasion de cette défense, que force fut aux exorcistes de le laisser faire. On débarrassa donc le chœur des six portefaix, qui, au lieu d'aller reprendre leur place dans l'église, sortirent par la sacristie, et Duncan s'avançant jusqu'au lit où s'était recouchée la supérieure, la saisit par le poignet, et s'étant assuré qu'il la tenait bien, il dit aux exorcistes qu'ils pouvaient commencer.

Jamais jusques alors on n'avait vu la lutte entre l'opinion générale et les intérêts particuliers de quelques-uns ainsi engagée face à face; aussi un profond silence régna-t-il dans cette assemblée, qui demeura immobile et les yeux fixés dans l'attente de ce qui allait se passer.

Au bout d'un instant, le P. Lactance prononça les paroles sacrées, et la supérieure tomba en convulsion; mais, cette fois, il paraît que Duncan avait plus de force à lui seul que les six hommes qui l'avaient précédé; car la religieuse eut beau bondir, se cambrer et se tordre, son bras n'en resta pas moins captif dans la main de Duncan; enfin, épuisée, elle retomba sur son lit, en disant : — Je ne puis, — je ne puis, — il me tient.

— Lâchez-lui donc le bras, s'écria alors le P. Lactance furieux, — car comment se feront les convulsions, si vous la tenez?

— Si c'est un démon qui la possède réellement, répondit Duncan à voix haute, il doit être plus fort que moi, puisque le rituel, au nombre des marques de la possession, indique des forces au-dessus de l'âge, au-dessus de la condition, au-dessus de la nature.

— C'est mal argumenté, reprit aigrement Lactance : en effet, un démon hors du corps est plus fort que vous; mais étant dans un corps faible tel qu'est celui-ci, il est impossible qu'il soit aussi fort que vous, car ses actions naturelles sont proportionnées aux forces du corps qu'il possède.

— Assez, assez, dit M. de Laubardemont, nous ne sommes

pas venus ici pour argumenter avec des philosophes, mais pour édifier des chrétiens.

A ces mots, il se leva de sa chaise au milieu d'un tumulte terrible, et toute l'assemblée se retira en désordre, comme si elle sortait non pas d'une église, mais d'un théâtre.

Le mauvais succès de cette séance fit qu'il ne se passa rien de bien remarquable pendant quelques jours : il en résulta qu'un grand nombre de gentilshommes et de personnes de qualité qui étaient venus à Loudun dans l'attente de choses miraculeuses, voyant qu'on ne leur en montrait que de fort ordinaires, et encore assez mal organisées, commencèrent à penser que ce n'était pas la peine d'y demeurer plus longtemps, et se mirent à faire retraite : c'est ce dont se plaint le P. Tranquille, l'un des exorcistes, dans un petit volume qu'il a publié sur cet événement. — « Plusieurs, dit-il, étant venus voir les merveilles de Loudun, et ayant trouvé que les diables ne leur avaient point donné des signes tels qu'ils en demandaient, s'en sont allés mécontents et ont accru le nombre des incrédules. » — Il fut donc résolu, pour combattre cette désertion, que l'on ferait paraître quelque grand événement qui réveillerait la curiosité et ranimerait la foi; en conséquence, le P. Lactance publia que le 20 mai, trois des sept démons qui possédaient la supérieure sortiraient en faisant trois plaies au côté gauche, et autant de trous à sa chemise, à son corps de jupe et à sa robe : ces trois diables étaient Asmodée, Grésil des Trônes et Aman des Puissances. On ajouta que la supérieure aurait les mains liées derrière le dos lorsque ces plaies lui seraient faites.

Le jour arrivé, l'église de Sainte-Croix s'encombra de curieux, désireux de connaître si cette fois les diables tiendraient mieux leur parole qu'ils n'avaient fait en la dernière séance. Alors on invita les médecins à s'approcher de la supérieure et à examiner son côté, le corps de sa jupe, sa chemise et sa robe : comme au nombre de ces médecins s'était présenté Duncan, et qu'on n'osa point le récuser, malgré la haine que l'on avait conçue contre lui, et dont il eût ressenti les effets s'il n'eût été spécialement protégé par le maréchal de Brezé, il n'y avait pas moyen d'en imposer au public. Les médecins examinèrent donc la supérieure, et firent leur rapport conçu en ces termes : « Qu'ils n'avaient trouvé aucune plaie sur son côté, aucune solution de continuité dans ses vêtements, ni aucun fer tranchant dans les replis de ses robes. » Après cette perquisition, le P. Lactance l'interrogea près de deux heures en français, et les réponses se firent dans la même langue; puis il passa des demandes aux adjurations; alors Duncan s'avança, et dit que l'on avait promis que la supérieure aurait les mains liées derrière le dos, pour ôter tout soupçon de dol et de fraude, et que le moment était venu de tenir cette promesse. Le P. Lactance reconnut la justice de cette réclamation; mais il remontra en même temps que comme il y avait dans l'assemblée beaucoup de gens qui n'avaient pas vu les convulsions où les possédées tombaient, il était juste que, pour leur satisfaction, on exorcisât la supérieure avant de la lier : en conséquence, il recommença les exorcismes, et aussitôt la supérieure tomba dans des convulsions épouvantables, qui, après avoir duré quelques minutes, finirent par une prostration complète. Alors la possédée tomba la face contre terre, se tournant sur le bras et sur le côté gauche, demeurant ainsi immobile pendant quelques instants, après lesquels elle poussa un léger cri suivi d'un gémissement. Les médecins s'avancèrent aussitôt vers elle, et Duncan, voyant qu'elle retirait sa main droite de son côté gauche, la saisit par le bras, et s'aperçut qu'elle avait le bout des doigts ensanglanté; il porta aussitôt les yeux et les mains sur ses vêtements et sur son corps, et trouva la robe de la supérieure percée en deux endroits, et son corps de jupe et sa chemise en trois endroits : les trous étaient de la longueur d'un doigt en travers. Les médecins trouvèrent aussi la peau percée à trois places au-dessous de la mamelle gauche; les plaies étaient si légères, qu'elles ne traversaient qu'à peine la peau; celle du milieu était de la grandeur d'un grain d'orge; cependant il était sorti du sang de toutes les trois en assez grande quantité pour que la chemise en fût teinte.

Cette fois, la supercherie était si grossière, que Laubardemont lui-même parut en avoir quelque confusion, à cause du nombre et de la qualité des spectateurs; aussi ne voulut-il pas permettre aux médecins de joindre à leurs attestations le jugement qu'ils faisaient des causes efficientes et instrumentales de ces trois plaies; mais Grandier protesta dans un *factum* qu'il rédigea dans la nuit, et qui fut distribué le lendemain. — Il faisait observer :

« Que si la supérieure n'eût point gémi, les médecins ne l'auraient pas dépouillée, et qu'ils auraient souffert qu'on la liât, ne s'imaginant point que les plaies étaient déjà faites; qu'alors l'exorciste aurait commandé aux trois démons de sortir, et de faire les signes qu'ils avaient promis; que la supérieure aurait alors fait les plus étranges contorsions dont elle était capable et aurait eu une longue convulsion, à l'issue de laquelle elle aurait été délivrée, et les plaies se seraient trouvées sur son corps; mais que ses gémissements, qui l'avaient trahie, avaient rompu, par la permission de Dieu, toutes les mesures les mieux concertées par les hommes et par les diables. Pourquoi pensez-vous, ajoutait-il, qu'ils aient choisi pour signe des blessures pareilles à celles qui se font avec un fer tranchant, puisque les diables ont accoutumé de faire des plaies qui ressemblent à celles de la brûlure? N'est-ce pas parce qu'il était plus aisé à la supérieure de cacher un fer et de s'en blesser légèrement, que de cacher du feu et de s'en faire une brûlure? Pourquoi pensez-vous qu'ils aient choisi le côté gauche plutôt que le front ou le nez, sinon parce qu'elle n'aurait pu se blesser au front ou au nez, sans exposer son action aux yeux de toute l'assemblée? Pourquoi auraient-ils choisi le côté gauche plutôt que le droit, sinon qu'il était plus aisé à la main droite, dont la supérieure se servait, de s'étendre sur le côté gauche que d'opérer sur le droit? Pourquoi s'est-elle penchée sur le bras et sur le côté gauche, sinon afin que cette posture, dans laquelle elle demeura assez longtemps, lui facilitât le moyen de cacher aux yeux des spectateurs le fer dont elle se blessait? D'où pensez-vous que vînt ce gémissement qu'elle poussa, malgré toute sa constance, sinon du sentiment du mal qu'elle se fit à elle-même, les plus courageux ne pouvant s'empêcher de frémir lorsque le chirurgien leur fait une saignée? Pourquoi les bouts de ses doigts ont-ils paru sanglants, sinon parce qu'ils ont manié le fer qui a fait les plaies? Qui ne voit que ce fer ayant été très-petit, il a été impossible d'éviter que les doigts qui s'en sont servis aient été rougis du sang qu'il a fait couler? D'où vient enfin que ces plaies ont été si légères, qu'elles n'ont passé la première peau qu'à toute peine, lorsqu'au contraire les démons ont accoutumé de rompre et de déchirer les démoniaques quand ils se retirent, sinon de ce que la supérieure ne se haïssait point assez elle-même pour se faire des plaies profondes et dangereuses? »

Malgré cette protestation si logique d'Urbain Grandier, et la supercherie si visible des exorcistes, M. de Laubardemont n'en dressa pas moins procès-verbal de l'expulsion des trois démons, Asmodée, Grésil et Aman, du corps de sœur Jeanne des Anges par trois plaies faites au-dessous de la région du cœur, procès-verbal qui fut effrontément produit contre Grandier, et dont la minute existe encore comme un monument, non pas même de crédulité et de superstition, mais de haine et de vengeance. De son côté, le P. Lactance, pour dissiper les soupçons qu'avait fait naître parmi les spectateurs le prétendu miracle de la veille, demanda le lendemain à Balaam, l'un des quatre démons qui étaient restés dans le corps de la supérieure, pourquoi Asmodée et ses deux compagnons s'en étaient allés, contre leur promesse, tandis que le visage et les mains de la supérieure étaient cachés aux yeux du peuple.

— C'est, répondit Balaam, pour en entretenir plusieurs dans l'incrédulité. — De son côté, le P. Tranquille raille les mécontents avec toute la légèreté d'esprit d'un capucin, dans un petit livre qu'il a publié sur toute cette affaire. — « Certes ils avaient sujet, dit-il, de s'offenser du peu de civilité et de courtoisie de ces démons, qui n'avaient pas eu égard à leur mérite et à la qualité de leurs personnes; mais si la plupart de ces gens-là eussent recherché leur conscience, peut-être eussent-ils trouvé que la cause de leur mécontentement venait de cette part, et qu'ils devaient plutôt s'irriter contre eux-mêmes par une bonne pénitence, et non pas apporter des yeux curieux et une conscience vicieuse, pour s'en retourner incrédules. »

Il ne se passa rien de remarquable depuis le 20 de mai jusqu'au 13 juin, jour qui fut célèbre par le vomissement d'un tuyau de plume de la longueur d'un doigt, que la supérieure rendit. Ce fut sans doute ce nouveau miracle qui détermina l'évêque de Poitiers à se rendre lui-même à Loudun, non pas, dit-il à ceux qui allèrent le saluer en arrivant, pour prendre connaissance de la vérité de la possession, mais pour la faire croire à ceux qui en doutaient encore, et pour y découvrir les écoles de magie, tant d'hommes que de femmes, qu'y avait établies Urbain. Alors on commença de publier parmi le peuple, qu'il fallait croire à la possession, puisque le roi, le cardinal duc et l'évêque y croyaient, et qu'on ne pouvait en douter sans se rendre criminel de lèse-majesté divine et humaine, et sans s'exposer, en qualité de complice de Grandier, aux coups de la sanglante justice de Laubardemont. « C'est ce qui nous fait dire avec assurance, écrivit alors le P. Tranquille, que cette entreprise est l'œuvre de Dieu, puisque c'est l'œuvre du roi. »

L'arrivée de l'évêque amena une nouvelle séance : un témoin oculaire, bon catholique et croyant fermement à la possession, en a laissé une relation manuscrite plus curieuse que toutes celles que nous pourrions rédiger nous-même. Nous allons donc la mettre textuellement sous les yeux du lecteur.

« Le vendredi 23 de juin 1634, veille de la Saint-Jean, sur les trois heures de l'après-midi, monseigneur de Poitiers et M. de Laubardemont étant à l'église de Sainte-Croix de Loudun, pour continuer les exorcismes des religieuses ursulines, de l'ordre de M. de Laubardemont, commissaire, fut amené de la prison en ladite église Urbain Grandier, prêtre curé, accusé et dénommé magicien par lesdites religieuses possédées; auquel Urbain Grandier furent produits par ledit sieur commissaire quatre pactes (1) rapportés à diverses fois aux précédents exorcismes par lesdites possédées, que les diables qui les possédaient disaient avoir faits avec ledit Grandier pour plusieurs fois, mais particulièrement rendu par Léviathan, le samedi 17 du présent mois, composé de la chair du cœur d'un enfant, prise en un sabbat à Orléans, en 1631, de la cendre d'une hostie brûlée, du sang et de la ..... (2) dudit Grandier, par lequel Léviathan dit avoir entré au corps de sœur Jeanne des Anges, supérieure desdites religieuses, et l'avoir possédée avec ses adjoints Béhérit, Eazas et Balaam, et ce fut le 8 de décembre 1632. L'autre composé de graines d'oranges de Grenade, rendues par Asmodée, et quantité d'autres diables, pour empêcher l'effet des promesses de Béhérit, qui avait promis, pour signe de sa sortie, d'enlever la capote du sieur commissaire de la hauteur de deux piques, l'espace d'un *Miserere*. Tous lesquels pactes représentés audit Grandier, il a dit, sans en être aucunement étonné, mais avec une résolution constante et généreuse, ne savoir en aucune façon ce que c'était que lesdits pactes, ne les avoir jamais faits et ne connaître point d'art capable de telles choses; n'avoir jamais eu communication avec les diables, et ignorer complétement ce qu'on lui disait : dont fut fait procès-verbal qu'il signa.

» Cela fait, on amena toutes lesdites religieuses possédées, au nombre de onze ou douze, compris trois filles séculières, aussi possédées, dans le chœur de ladite église, accompagnées de quantité de religieux carmes, capucins et récollets, de trois médecins et d'un chirurgien; lesquelles, à leur entrée, firent quelques gaillardises, appelant ledit Grandier leur maître et lui témoignant allégresse de le voir. Alors, le P. Lactance, Gabriel, récollet, et l'un des exorcistes, exhorta toute l'assistance d'élever son cœur à Dieu avec une ferveur extraordinaire, de produire des actes de douleur, des offenses faites contre cette adorable majesté, et de lui demander que tant de péchés ne missent point obstacle aux desseins que sa providence avait pour sa gloire en cette occasion, et pour marque extérieure de la contrition interne, de dire le *Confiteor*, pour recevoir la bénédiction de monseigneur l'évêque de Poitiers. Ce qui ayant été fait, il continua de dire que l'affaire dont il s'agissait était de si grand poids et tellement importante aux vérités de l'Église catholique romaine, que cette seule considération devait servir de motif pour exciter la dévotion, et que d'ailleurs le mal de ces pauvres filles était si étrange, après avoir été si long, que la charité obligeait tous ceux qui avaient droit de travailler à leur délivrance et à l'expulsion des démons d'employer l'efficace de leur caractère pour un si digne sujet, par les exorcismes que l'Église prescrit aux pasteurs; et adressant la parole audit Grandier, il lui dit, qu'étant de ce nombre par l'onction sacrée de prêtrise, il devait y contribuer de tout son pouvoir et de tout son zèle, s'il plaisait à monseigneur l'évêque de lui en donner la permission et de commuer la suspension en autorité. Ce que ledit sieur évêque ayant concédé, le père récollet présenta une étole à Grandier, lequel, s'étant retourné vers monseigneur de Poitiers, lui demanda s'il lui permettait de la prendre : à quoi ayant répondu que oui, il se mit ladite étole au cou, et alors le père récollet lui présenta un rituel, qu'il demanda permission de prendre audit sieur évêque, comme ci-dessus, et reçut sa bénédiction, se prosternant à ses pieds pour les baiser, sur quoi, le *Veni creator Spiritus* ayant été chanté, il se leva et adressa la parole à monseigneur de Poitiers, et lui dit : *Monseigneur, qui dois-je exorciser?* A quoi lui ayant été répondu par ledit évêque : *Ces filles*, il continua, et dit : *Quelles filles?* A quoi il fut répondu : *Ces filles possédées*. — Tellement, dit-il, monseigneur, que je suis donc forcé de croire la possession. L'Église la croit; je la crois donc aussi, quoique j'estime qu'un magicien ne peut faire posséder un chrétien sans son consentement. — Lors quelques-uns s'écrièrent qu'il était hérétique d'avancer cette croyance; que cette vérité était indubitable, reçue unanimement dans toute l'Église, approuvée par la Sorbonne. Sur quoi il répondit qu'il n'avait point d'opinion déterminée là-dessus; que c'était seulement sa pensée; qu'en tout cas, il se soumettait à l'opinion du tout, dont il n'était qu'un membre, et que jamais personne ne fut hérétique pour avoir eu des doutes, mais pour y avoir persévéré opiniâtrément, et que ce qu'il avait proposé audit sieur évêque était pour être assuré par sa bouche qu'il n'abuserait point de l'autorité de l'Église. Et lui ayant été amenée par le père récollet la sœur Catherine, comme la plus ignorante de toutes et la moins soupçonnée d'entendre le latin, il commença l'exorcisme en la forme prescrite par le rituel. Mais au moment de l'interrogatoire, il ne put y procéder, parce que les autres religieuses furent alors travaillées par les démons, et firent force cris étranges et horribles; et entre autres la sœur Claire, qui s'avança vers lui, lui reprochant son aveuglement et son opiniâtreté, si bien qu'en cette altercation il fut forcé de quitter cette autre possédée qu'il avait entreprise, et adressa ses paroles à ladite sœur Claire, qui pendant tout le temps de l'exorcisme ne fit que parler à tort et à travers, sans aucune attention aux paroles de Grandier, qui furent encore interrompues par la mère supérieure, qu'il entreprit, laissant ladite sœur Claire. Mais il est à noter qu'auparavant que de l'exorciser, il lui dit, parlant en latin, comme il avait presque toujours fait, que, pour elle, il savait qu'elle entendait le latin, et qu'il voulait l'interroger en grec. A quoi le diable répondit par la bouche de la possédée : — Ah! que tu es fin! tu sais bien que c'est une des premières conditions du pacte fait entre toi et nous, de ne répondre point en grec. Ce à quoi il s'écria : *O pulchra illusio, egregia evasio!* O belle illusion, excellente défaite! Et lors, il lui fut dit qu'on lui permettait d'exorciser en grec, pourvu qu'il écrivît premièrement ce qu'il voudrait dire. Ladite possédée offrit néanmoins de lui répondre en telle langue qu'il voudrait; mais cela ne se put faire, car dès qu'il voulut commencer, toutes les religieuses recommencèrent leurs cris et leurs rages avec des désespoirs non pareils, des convulsions fort étranges et toutes différentes, persistant d'accuser ledit Grandier de la magie et du maléfice qui les travaillait, s'offrant de lui rompre le cou si on voulait le leur permettre, faisant toutes sortes d'efforts pour l'outrager; ce qui fut empêché par les défenses de l'Église, et par les prêtres et religieux là présents, travaillant extraordinairement à réprimer la fureur dont toutes étaient agitées. Lui, cependant, demeura sans aucun trouble ni émotion, regardant fixement lesdites possédées, protestant de son innocence et priant Dieu d'en être le protecteur. Et s'adressant à monseigneur l'évêque et à M. de Laubardemont, il leur dit qu'il implorait l'autorité ecclésiastique et royale, dont ils étaient les ministres, pour commander à ces démons de lui rompre le cou, ou du moins de lui faire une marque visible au front, au cas qu'il fût l'auteur du crime dont il était accusé, afin que par là la gloire de Dieu fût manifestée, l'autorité de l'Église exaltée, et lui confondu, pourvu toutefois que ces filles ne le touchassent point de leurs mains, ce qu'ils ne voulurent point permettre, tant pour n'être point cause du mal qui aurait pu lui en arriver, que pour n'exposer point l'autorité de l'Église aux ruses des démons, qui pouvaient avoir contracté quelque pacte sur ce sujet avec ledit Grandier. Alors les exorcistes, au nombre de huit, ayant commandé le silence aux diables et de cesser les désordres qu'ils faisaient, on fit apporter du feu sur un réchaud, dans lequel on jeta tous ces pactes les uns après les autres; et alors les premiers assauts redoublèrent avec des violences et des confusions si horribles, des cris si furieux et des postures si épouvantables, que cette assemblée pouvait passer pour un sabbat, sans la sainteté du lieu où elle était et la qualité des personnes qui la composaient, dont le moins étonné de tous, du moins à l'extérieur, était ledit Grandier, quoiqu'il en eût plus de sujet qu'un autre. Les diables continuaient leurs accusations, lui citant les lieux, les heures, les jours de leurs communications avec lui; ses premiers maléfices, ses scandales, son insensibilité, ses renoncements faits à la foi et à Dieu; à quoi il repartit avec assurance qu'il démentait toutes ces calomnies, d'autant plus injustes qu'elles étaient éloignées de sa profession; qu'il renonçait à Satan et à tous les diables; qu'il ne les connaissait point, et qu'il les appréhendait encore moins; que malgré eux il était chrétien, et, de plus, personne sacrée; qu'il se confiait en Dieu et en Jésus-Christ, quoique grand pécheur du reste; mais néanmoins, qu'il n'avait jamais donné lieu à ces abominations, et qu'on ne lui en saurait donner de témoignage pertinent et authentique.

» Ici, il est impossible que le discours exprime ce qui tomba sous les sens : les yeux et les oreilles reçurent l'expression de tant de furies, qu'il ne s'est jamais rien vu de semblable, et à moins que d'être accoutumé à de si funestes spectacles, comme sont ceux qui sacrifient aux démons, il n'y a point d'esprit qui eût pu retenir sa liberté contre l'étonnement et l'horreur que cette action produisait. Grandier seul, au milieu de tout cela, demeurait toujours lui-même, c'est-à-dire insensible à tant de prodiges, chantant les hymnes du Seigneur avec le reste du peuple, assuré comme s'il eût eu des légions d'anges pour sa garde; et de fait, l'un de ces démons cria que Béelzébub était alors entre lui et le P. Tranquille, capucin; et sur ce qu'il dit, en s'adressant au démon, — *Obmutescas*, — fais silence, ledit diable commença de jurer que c'était là le mot du guet, mais qu'ils étaient forcés de tout dire, parce que Dieu était incomparablement plus fort que tout l'enfer; si bien que tous voulurent se jeter sur lui, s'offrant de le déchirer, de montrer ses marques et de l'étrangler, quoiqu'il fût leur maître; sur quoi il prit l'occasion de leur dire qu'il n'était leur maître ni leur valet, et que c'était incroyable qu'une même confession le publiât leur maître, et s'offrit de l'étrangler; et alors les filles étant entrées en frénésie, et lui ayant jeté leurs pantoufles à la tête : — Allons, dit-il en souriant, voilà les diables qui se déferrent d'eux-mêmes. — Enfin ces violences et ces rages crûrent à tel point, que, sans le secours et l'empêchement des personnes qui étaient au chœur, l'auteur de ce spectacle y aurait infailliblement fini sa vie, et tout ce que l'on put faire fut de le faire sortir de ladite église et de l'ôter aux fureurs qui le menaçaient. Ainsi il fut reconduit dans sa prison vers les six heures du soir, et le reste du jour fut employé à remettre l'esprit de ces pauvres filles hors de la possession des diables, ce à quoi il n'y eut pas peu de peine. »

Tout le monde ne jugea pas les possédées avec la même indulgence que l'auteur de la relation que nous venons de citer, et beaucoup virent dans cette scène de cris et de convulsions, une infâme et sacrilége orgie de vengeance : aussi en parlait on si diversement, que le 2 juillet suivant on fit afficher à tous les coins des rues, et l'on entendit publier dans tous les carrefours l'ordonnance suivante :

« Il est très-expressément défendu à toutes personnes, de quelques qualité et condition qu'elles soient, de médire ni autrement entreprendre de parler contre les religieuses et autres personnes de Loudun affligées de malins esprits, leurs exorcistes, ni ceux qui les assistent, soit aux lieux où elles sont exorcisées ou ailleurs, en quelque façon et manière que ce soit, à peine de dix mille livres d'amende, et autre plus grande somme et punition corporelle, si le cas y échoit; et afin qu'on n'en prétende cause d'ignorance, sera la présente ordonnance lue et publiée aujourd'hui et au prône des églises paroissiales de cette ville, et affichée tant aux portes d'icelles que partout ailleurs où besoin sera.

» Fait à Loudun, le 2 de juillet 1634. »

Cette publication fut toute-puissante sur les mondains, et à compter de ce moment, s'ils n'en crurent pas davantage, ils n'osèrent du moins avouer hautement leur incrédulité; mais alors, à la honte des juges, ce furent les religieuses elles-mêmes qui se repentirent; car le lendemain de la scène impie que nous avons racontée au moment où le P. Lactance commençait à exorciser la sœur Claire dans l'église du château, elle se leva toute pleurante, et se tournant vers le public, pour être entendue de tous, elle commença par prendre le ciel à témoin que, cette fois, elle allait dire la vérité; et alors elle avoua que tout ce qu'elle avait dit depuis quinze jours contre le malheureux Grandier n'était que calomnie et imposture, et que tout ce qu'elle avait fait n'était que par la suggestion du recollet, de Mignon et des Carmes. Mais le P. Lactance ne se laissa point intimider pour si peu, et répondit à la sœur Claire que ce qu'elle disait là était une ruse du démon pour sauver son maître Grandier. Alors la religieuse fit un énergique appel à M. de Laubardemont et à M. de Poitiers, demandant à être séquestrée et remise aux mains d'autres ecclésiastiques que ceux qui avaient perdu son âme en lui faisant faire un faux témoignage contre un innocent; mais l'évêque de Poitiers et M. de Laubardemont ne firent que rire de cette ruse du diable, et ordonnèrent qu'elle serait à l'instant même reconduite en la maison qu'elle occupait. En entendant cet ordre, la sœur Claire s'élança hors du chœur pour fuir par la porte de l'église, adjurant ceux qui étaient présents de venir à son secours et de la sauver de la damnation éternelle. Mais nul n'osa faire un pas, tant la terrible ordonnance avait porté ses fruits : la sœur Claire fut reprise, malgré ses cris, et reconduite, pour n'en plus sortir, dans la maison où elle était séquestrée.

Le lendemain, il se passa une scène plus étrange encore : tandis que M. de Laubardemont interrogeait une religieuse, la supérieure descendit dans la cour, nu-pieds, en chemise et la corde au cou, et là, par un orage épouvantable, elle resta deux heures, sans craindre ni éclair, ni pluie, ni tonnerre, attendant que M. de Laubardemont et les autres juges sortissent. Enfin la porte du parloir s'ouvrit, le commissaire royal parut; et alors la sœur Jeanne des Anges, s'agenouillant devant lui, déclara qu'elle ne se sentait pas la force de jouer plus longtemps l'horrible rôle qu'on lui avait fait apprendre, et que devant Dieu et devant les hommes elle déclarait Urbain Grandier innocent, disant que toute la haine qu'elle et ses compagnes lui portaient venait des désirs charnels que sa beauté leur avait inspirés, et que la réclusion du cloître rendait plus ardents encore. M. de Laubardemont la menaça de toute sa colère; mais elle répondit, en pleurant amèrement, que c'était sa faute qu'elle craignait et non pas autre chose, attendu que, si miséricordieux que fût le Seigneur, elle jugeait elle-même son crime trop grand pour être jamais pardonné. Alors M. de Laubardemont s'écria que c'était le démon qu'elle avait en elle qui parlait ainsi; mais elle répondit qu'elle n'avait jamais été possédée d'autre démon que du démon de la vengeance, et que celui-là, c'étaient ses mauvaises pensées, et non un pacte magique, qui le lui avaient mis au corps.

A ces paroles, elle se retira lentement et toujours pleurante, et s'en alla au jardin, où, attachant la corde qu'elle avait au cou à la branche d'un arbre, elle se pendit; mais des religieuses qui l'avaient suivie accoururent à temps, et la soulevèrent avant qu'elle fût étranglée.

Le même jour, ordre fut donné pour elle, comme pour la sœur Claire de Sazilly, de la tenir dans la reclusion la plus sévère : sa qualité de parente de M. de Laubardemont n'ayant pu, vu l'importance de la faute, adoucir sa punition.

Il n'y avait plus moyen de continuer les exorcismes : l'exemple de la supérieure et de la sœur Claire pouvait être suivi par les autres religieuses, et alors tout était perdu; d'ailleurs, Urbain Grandier n'était-il pas bien et dûment convaincu? On déclara donc que l'instruction étant suffisante, les juges allaient résumer l'affaire et procéder à l'arrêt.

Tant de procédures irrégulières et violentes, tant de dénis de justice, tant de refus d'écouter les témoins et ses défenses, convainquirent enfin Grandier que sa perte était résolue, puisque les choses étaient tellement avancées et publiques, qu'il fallait qu'il fût puni comme sorcier et magicien, ou qu'un commissaire royal et un évêque, un couvent tout entier de religieuses, plusieurs moines appartenant à plusieurs ordres, des juges de qualité et des laïques de nom et de naissance, fussent exposés aux peines portées contre les calomniateurs ; mais cette conviction augmenta sa résignation sans lui ôter son courage, et pensant qu'il était de son devoir, comme homme et comme chrétien, de défendre sa vie et son honneur jusqu'au bout, il publia un factum portant pour titre : *Fins en conclusions absolutoires*, qu'il fit remettre à ses juges. C'était un résumé grave et impartial de toute l'affaire, comme aurait pu l'écrire un étranger, et qui commençait par ces paroles :

« Je vous supplie, en toute humilité, de considérer mûrement et avec attention ce que le prophète dit au psaume LXXXII, psaume qui contient une très-sainte remontrance d'exercer vos charges en toute droiture, attendu qu'étant hommes mortels, vous aurez à comparaître devant Dieu, souverain juge du monde, pour lui rendre compte de votre administration : cet oint de Dieu parle aujourd'hui à vous, qui êtes assis pour juger, et vous dit : Dieu assiste en l'assemblée du Dieu fort ; il est juge au milieu des juges : jusques à quand aurez-vous égard à l'apparence de la personne du méchant? Faites droit au faible et à l'orphelin; faites justice à l'affligé et au pauvre; secourez le chétif et le souffreteux, et le délivrez de la main des méchants : vous êtes dieux et enfants du souverain : toutefois vous mourrez comme hommes. Et vous, qui êtes les principaux, vous tomberez comme les autres. »

Ce plaidoyer, tout plein d'évidence et de dignité qu'il était, n'eut aucune influence sur les commissaires, qui, le 18 aoû' au matin, rendirent au couvent des Carmes, lieu de leur assemblée, l'arrêt suivant :

« Avons déclaré et déclarons ledit Urbain Grandier dûment atteint et convaincu du crime de magie, maléfices et possessions arrivés par son fait ès-personnes d'aucunes religieuses ursulines de cette ville de Loudun et autres séculières : ensemble des autres cas et crimes résultant d'icelui, pour réparation duquel avons icelui Grandier condamné et condamnons à faire amende honorable, nu-tête, la corde au cou, tenant en main une torche ardente du poids de deux livres, devant la principale porte de l'église Saint-Pierre du Marché, et devant celle de Sainte-Ursule de cette ville, et là, à genoux, demander pardon à Dieu et au roi, et à la justice, et ce fait, être conduit à place publique de Sainte-Croix pour y être attaché à un poteau sur un bûcher, qui, à cet effet, sera dressé audit lieu, et y être son corps brûlé vif avec les pactes et caractères magiques restant au greffe, ensemble le livre manuscrit par lui composé contre le célibat des prêtres, et ses cendres jetées au vent. Avons déclaré et déclarons tous et chacun ses biens acquis et confisqués au roi, sur eux préalablement pris la somme de cent cinquante livres, pour être employée à l'achat d'une lame de cuivre, en laquelle sera gravé le présent arrêt par extrait, et icelle exposée dans un lieu éminent de ladite église des Ursulines, pour y demeurer à perpétuité, et auparavant que d'être procédé à l'exécution du présent arrêt, ordonnons que ledit Grandier sera appliqué à la question ordinaire et extraordinaire, sur le chef de ses complices.

» Prononcée à Loudun, audit Grandier, le 18 d'août 1634. »

Le matin du jour où ce jugement fut rendu, M. de Laubardemont fit prendre chez lui, comme un prisonnier, quoique cependant il fût prêt à obéir volontairement, le chirurgien

François Fourneau, et le fit conduire à la prison où était Grandier. En arrivant dans la pièce à côté, il entendit la voix de l'accusé qui disait : — Que veux-tu de moi, infâme bourreau? es-tu venu pour me tuer? Tu sais les cruautés que tu as exercées sur mon corps? Eh bien! continue, je suis prêt à mourir. — Alors il entra, et vit que ces paroles étaient adressées au chirurgien Mannouri.

Un des exempts du grand prévôt de l'hôtel, que M. de Laubardemont faisait appeler exempt des gardes du roi, ordonna aussitôt au nouvel arrivant de raser Grandier, et de lui ôter tout le poil qu'il avait sur la tête, au visage et sur les autres parties du corps : c'était une formalité employée dans les affaires de magie, afin de ne point laisser au diable d'endroit où se refugier; car on pensait que si on lui en laissait un seul, il pouvait rendre le patient insensible aux douleurs de la torture. Urbain comprit ainsi que l'arrêt était rendu et qu'il était condamé.

Fourneau, après avoir salué Grandier, se mit aussitôt en devoir de faire ce qui lui était ordonné; alors un juge dit que ce n'était pas le tout que de raser le corps du condamné, mais qu'il lui fallait arracher les ongles, de peur que le diable ne se refugiât sous la corne qui les compose. Grandier regarda cet homme avec une expression de charité indéfinissable, et tendit les mains à Fourneau; mais celui-ci les repoussa doucement, lui disant qu'il n'en ferait rien, en reçût-il l'ordre du cardinal duc; et en même temps il le pria de lui pardonner s'il mettait les mains sur lui pour le raser. A ces mots Grandier, qui était habitué depuis si longtemps à l'inhumanité de tout ce qui l'entourait, se tourna vers le chirurgien les larmes aux yeux, en lui disant : — Vous êtes donc le seul qui ayez pitié de moi?

— Oh! monsieur, répliqua Fourneau, c'est que vous ne voyez pas tout le monde.

Le chirurgien le rasa par tout le corps, mais ne lui trouva, comme nous l'avons dit, que deux signes, l'un au dos, l'autre à la cuisse : ces deux signes étaient fort sensibles, car ils étaient encore endoloris des blessures qu'y avait faites Mannouri. Ce point constaté par Fourneau, on rendit à Grandier non pas ses habits, mais de mauvais vêtements qui avaient déjà servi sans doute à quelque autre condamné.

Alors, quoique sa sentence eût été rendue au couvent des Carmes, il fut conduit par l'exempt du grand prévôt de l'hôtel avec deux de ses archers, par le prévôt de Loudun et son lieutenant, et par le prévôt de Chinon, dans un carrosse fermé, à l'hôtel de ville, où plusieurs dames de qualité, parmi lesquelles la dame de Laubardemont, curieuses d'assister à la lecture de la sentence, étaient assises avec les juges; quant à Laubardemont, il était en la place ordinaire du greffier, et le greffier était debout devant lui; des gardes et des soldats garnissaient toutes les avenues.

Avant que l'accusé fût introduit, le P. Lactance et un autre récollet, qui l'avait accompagné, exorcisèrent le patient, afin que les diables eussent à le quitter; puis ils entrèrent dans la salle, et exorcisèrent l'air, la terre *et les autres éléments;* alors seulement Grandier fut amené à son tour.

Pendant quelque temps on le retint au bout de la salle pour donner le temps aux exorcismes de produire leur effet; puis on le conduisit au delà de la barre, où on lui ordonna de se mettre à genoux. Grandier obéit, mais sans ôter son chapeau ni sa calotte, ayant les mains derrière le dos; ce qui fit que le greffier arracha l'un et l'exempt l'autre, et les jetèrent aux pieds de Laubardemont. Alors le greffier, voyant qu'il avait les yeux fixés sur Laubardemont, comme attendant ce que celui-ci allait faire, lui dit : — Tourne-toi, malheureux, et adore le crucifix qui est sur le siége du juge. — Aussitôt Grandier se tourna sans murmure et avec une grande humilité, et levant les yeux au ciel, il demeura dix minutes à peu près dans une oraison mentale : cette oraison terminée, il reprit sa première posture.

Alors le greffier commença à lui lire son arrêt d'une voix tremblante, tandis qu'au contraire Grandier l'écoutait avec une grande constance et une merveilleuse tranquillité, quoique cet arrêt fût des plus terribles qui puissent être rendus, condamnant l'accusé à mourir le jour même, après avoir reçu la question ordinaire et extraordinaire. Quand le greffier eut fini : — Messeigneurs, dit Grandier de la même voix dont il avait accoutumé de parler dans les autres circonstances, j'atteste Dieu le Père, le Fils, le Saint-Esprit et la Vierge, mon unique espérance, que je n'ai jamais été magicien, que je n'ai jamais commis de sacrilége, et que je ne connais point d'autre magie que celle de l'Écriture sainte, laquelle j'ai toujours prêchée, et que je n'ai jamais eu d'autre croyance que celle de notre sainte mère l'Église catholique, apostolique et romaine; je renonce au diable et à ses pompes; j'avoue mon Sauveur, et je le prie que le sang de sa croix me soit méritoire; et vous, messeigneurs, modérez, je vous prie, la rigueur de mon supplice, et ne mettez pas mon âme au désespoir!

A ces mots, espérant obtenir quelque chose du condamné par la crainte de la douleur, Laubardemont fit sortir les femmes et les curieux qui étaient au palais, et restant seul avec maître Houmain, lieutenant criminel d'Orléans, et les récollets, il dit à Grandier, d'un ton fort sévère, qu'il n'y avait qu'un moyen pour lui d'obtenir quelque adoucissement à son arrêt, et que c'était en déclarant ses complices et en signant sa déclaration : à quoi Grandier répondit que n'ayant point commis de crime, il ne pouvait avoir de complice. Alors Laubardemont ordonna que le patient fût conduit dans la chambre de la question, qui était attenante à celle du jugement : cet ordre fut exécuté à l'instant même.

La question en usage à Loudun était celle des brodequins, une des plus douloureuses de toutes : elle se donnait en mettant les deux jambes du patient entre quatre planches que l'on laçait avec des cordes, et en introduisant à coups de maillet des coins entre les deux planches du milieu; la question ordinaire était de quatre coins, et la question extraordinaire était de huit : cette dernière ne se donnait en général qu'aux condamnés à mort, attendu qu'il était presque impossible d'y survivre, le patient, quand il sortait des mains du bourreau, ayant ordinairement les os des jambes broyés. M. de Laubardemont, de son autorité privée, et quoique cela ne se fût jamais fait, ajouta deux coins à la question extraordinaire; de sorte qu'au lieu de huit, Grandier devait en subir dix.

Ce n'était pas le tout : le commissaire royal et les récollets se chargèrent d'être les bourreaux.

Laubardemont fit attacher Grandier en la façon accoutumée, lui fit lier les jambes entre les quatre planches, et lorsque cela fut fait, renvoya l'exécuteur et ses valets; puis il se fit apporter par le gardien des instruments et des bois, les coins, qu'il trouva trop petits; malheureusement, il n'y en avait point d'autres, et quelque menace que fissent le commissaire et les moines au gardien, ils ne purent s'en procurer de plus gros; ils s'informèrent alors combien de temps il faudrait pour en faire; le gardien demanda deux heures : c'était trop long, il fallut se contenter de ceux qu'on avait.

Alors commença le supplice. Le P. Lactance, après avoir exorcisé les instruments de la torture, prit le maillet et enfonça le premier coin; mais il ne put tirer une plainte de Grandier, qui, pendant ce temps, récita à demi-voix une prière; il en prit alors un second, et à cette fois le patient, si plein de constance qu'il fût, ne put s'empêcher d'interrompre son oraison par deux gémissements; à chaque fois le P. Lactance frappa plus fort en criant : *Dicas, dicas!* — Avoue, avoue!... — mot qu'il répéta avec tant de rage, pendant tout le temps de la torture, que le nom lui en resta, et que le peuple ne l'appela plus que le P. *Dicas*.

Ce second coin enfoncé, Laubardemont présenta au patient un manuscrit contre le célibat des prêtres, et lui demanda s'il reconnaissait qu'il fût écrit de sa main? Grandier dit que oui. Interrogé dans quel but il avait écrit ce livre, il répondit que c'était pour rendre le repos à une pauvre fille qu'il avait aimée, ainsi que le prouvaient ces deux vers qui étaient écrits à la fin :

Si ton gentil esprit prend bien cette science,
Tu mettras en repos ta bonne conscience.

Alors, M. Laubardemont demanda quel était le nom de cette fille; mais Grandier répondit que ce nom ne sortirait jamais de sa bouche, nul ne le sachant que lui et Dieu.

Sur quoi, M. de Laubardemont ordonna au P. Lactance d'enfoncer le troisième coin.

Pendant qu'il entrait sous les coups redoublés du P. Lactance, qui accompagnait chaque coup du mot *dicas*, Grandier s'écria : — O mon Dieu! vous me tuez, et pourtant je ne suis ni magicien ni sacrilége.

Au quatrième coin, Grandier s'évanouit en disant : — O père Lactance! est-ce de la charité? — Tout évanoui qu'il était, le P. Lactance ne continua pas moins de frapper; de sorte qu'après avoir perdu connaissance par la douleur, la douleur la lui fit reprendre.

Laubardemont profita de ce moment pour lui crier à son tour d'avouer ses crimes: mais Grandier lui dit : — Je n'ai point commis de crimes, monsieur, mais seulement des fautes. Comme homme, j'ai abusé des voluptés de la chair; mais je m'en suis confessé, j'en ai fait pénitence, et crois en avoir obtenu le pardon par mes prières; et ne l'eussé-je point obtenu, j'espère qu'en faveur de ce que je souffre en ce moment, Dieu me l'accorderait.

Au cinquième coin, Grandier s'évanouit encore, on le fit revenir en lui jetant de l'eau au visage; alors, se tournant vers M. de Laubardemont : — Par grâce, monsieur, faites-moi mourir tout de suite; hélas! je suis homme, et ne réponds pas, si vous continuez de me torturer ainsi, de ne pas tomber dans le désespoir.

— Alors, signe ceci, et la question finira, répondit le commissaire royal en lui présentant un papier.

— Mon père, dit Urbain en se tournant vers le récollet, sur votre conscience, croyez-vous qu'il soit permis à un homme, pour se délivrer de la douleur, d'avouer un crime qu'il n'a pas commis?

— Non, répondit le religieux; car s'il meurt après un mensonge, il meurt en péché mortel.

— Continuez donc, dit Grandier; car après avoir tant souffert de corps, je veux sauver mon âme. Et le P. Lactance enfonça le sixième coin; Grandier s'évanouit encore.

Lorsqu'il revint à lui, Laubardemont le somma d'avouer qu'il avait connu charnellement Élisabeth Blanchard, ainsi que celle-ci l'en avait accusé; mais Grandier répondit que non-seulement il n'avait eu aucun rapport intime avec elle, mais encore, que le jour où il avait été confronté avec elle, il l'avait vue pour la première fois.

Au septième coin, les jambes de Grandier crevèrent, et le sang jaillit jusqu'au visage du P. Lactance, qui l'essuya avec la manche de sa robe; alors Grandier s'écria : — Seigneur! mon Dieu! ayez pitié de moi, je meurs; — et il s'évanouit une troisième fois. Le P. Lactance en profita pour se reposer et s'asseoir.

En revenant à lui, Grandier commença lentement une prière si belle et si touchante que le lieutenant du prévôt l'écrivit, ce dont s'étant aperçu Laubardemont, il lui défendit de la montrer à personne.

Au huitième coin, la moelle des os sortit par les blessures : il devenait impossible d'en enfoncer davantage, les jambes étaient aussi plates que les planches qui les pressaient; d'ailleurs, le P. Lactance était au bout de ses forces.

On détacha Urbain Grandier et on le posa sur le carreau; ses yeux brillaient de fièvre et de douleur; et là il improvisa une seconde prière, une véritable prière de martyr, pleine d'enthousiasme et de foi; mais à la fin de cette prière, les forces lui manquèrent de nouveau, et il s'évanouit une quatrième fois; le lieutenant du prévôt lui versa un peu de vin dans la bouche, ce qui le fit revenir; alors il fit un acte de contrition, renonçant encore une fois à Satan, à ses pompes et à ses œuvres, et donnant son âme à Dieu.

Quatre hommes entrèrent; on lui délia les jambes, qui, du moment où elles ne furent plus maintenues par les planches, retombèrent brisées, les chairs n'étant plus soutenues que par les nerfs; puis, on l'emporta dans la chambre du conseil, où on le déposa sur de la paille devant le feu.

Au coin de la cheminée était assis un religieux augustin, qu'Urbain Grandier demanda pour confesseur; Laubardemont le lui refusa, et lui présenta de nouveau le papier à signer; mais Grandier lui répondit : — Si je ne l'ai pas signé pour m'épargner les tortures, je le signerai bien moins maintenant qu'il ne me reste plus qu'à mourir.

— Sans doute, répondit Laubardemont; mais ta mort sera ce que nous la ferons, rapide ou lente, douce ou cruelle; signe donc ce papier.

Grandier l'écarta doucement avec la main, faisant de la tête un signe de refus; alors Laubardemont se retira furieux, et donna l'ordre d'introduire le P. Tranquille et le P. Claude : c'étaient les confesseurs qu'il avait choisis à Urbain. Ils s'approchèrent alors de lui pour remplir leur mission; mais Grandier, reconnaissant deux de ses bourreaux, répondit qu'il y avait quatre jours qu'il s'était confessé au P. Grillau, et qu'il ne croyait pas avoir depuis quatre jours commis aucun péché qui compromît le salut de son âme; les deux pères crièrent à l'hérétique et à l'impie, mais rien ne put le déterminer à se confesser à eux.

A quatre heures, les valets du bourreau vinrent le chercher, le placèrent sur une civière, et l'emportèrent ainsi couché. En sortant, il rencontra le lieutenant criminel d'Orléans, qui voulut l'exhorter de nouveau à avouer ses crimes; mais Grandier répondit : — Hélas! monsieur, je les ai tous dits, et n'ai plus rien sur la conscience.

— Ne voulez-vous point, lui demanda ce juge, que je fasse prier Dieu pour vous?

— Vous m'obligerez beaucoup si vous voulez bien le faire, dit Urbain, et même je vous en supplie.

Alors on lui mit dans la main une torche qu'il baisa en sortant du palais, regardant tout le monde modestement et d'un visage assuré, priant ceux qu'il connaissait de vouloir bien prier Dieu pour lui.

Sur le seuil de la porte on lui lut son arrêt, puis on le mit dans une petite charrette, qui le conduisit devant l'église de Saint-Pierre au Marché; arrivé là, Laubardemont ordonna qu'on le fît descendre; alors on le poussa hors de la charrette; mais comme il avait les jambes brisées, il tomba sur ses genoux et de ses genoux sur le ventre : il resta ainsi la face contre terre, en attendant patiemment qu'on le vînt relever. On le porta sur le parvis, où on lui relut son arrêt; et comme le greffier venait de l'achever, le P. Grillau, son confesseur, qu'on avait écarté de lui depuis quatre jours, fendit la foule, et se jetant dans ses bras, l'embrassa en pleurant, sans pouvoir parler d'abord; mais bientôt, reprenant ses forces: — Monsieur, lui dit-il, souvenez-vous que Notre Seigneur Jésus-Christ est monté à Dieu son père par les tourments et par la croix; vous êtes habile homme, ne vous perdez point; je vous apporte la bénédiction de votre mère: elle et moi prions Dieu qu'il vous fasse miséricorde et qu'il vous reçoive dans son paradis.

Ces paroles parurent rendre une nouvelle force à Grandier; il releva sa tête courbée par la douleur, fit, les yeux au ciel, une courte prière, et se retournant vers le digne cordelier :

— Servez de fils à ma mère, lui dit-il; priez Dieu pour moi, recommandez mon âme aux prières de tous nos bons religieux; je m'en vais avec la consolation de mourir innocent, j'espère que Dieu me fera miséricorde et me recevra dans son paradis.

— N'avez-vous rien autre chose à me recommander? continua le P. Grillau.

— Hélas! répondit Grandier, je suis condamné à une mort bien cruelle; mon père, demandez au bourreau, je vous prie, s'il n'y aurait pas moyen de l'adoucir.

— J'y vais, dit le cordelier; — et lui donnant l'absolution *in articulo mortis*, il descendit du parvis, et tandis que Grandier faisait son amende honorable, il alla tirer le bourreau à part, et lui demanda s'il n'y avait pas moyen d'épargner au patient sa terrible agonie, en lui passant une chemise soufrée. Le bourreau répondit que l'arrêt portant que Grandier serait brûlé vif, il ne pouvait employer un moyen aussi visible; mais que moyennant la somme de trente écus, il s'engageait à l'étrangler au moment où il mettrait le feu au bûcher. Le P. Grillau lui donna cette somme, et le bourreau prépara sa corde. Le cordelier attendit le patient au passage, et en l'embrassant une dernière fois, il lui dit tout bas ce qui venait d'être convenu entre lui et l'exécuteur. Grandier se retourna aussitôt vers ce dernier, et d'une voix pleine de reconnaissance : — Merci, mon frère, lui dit-il.

En ce moment, les archers ayant chassé, par ordre de Laubardemont, le P. Grillau à coups de hallebarde, le cortége reprit sa marche, pour recommencer la même cérémonie devant l'église des Ursulines, et de là à la place Sainte-Croix. Sur le chemin, Urbain rencontra et reconnut Moussant et sa femme; alors, se penchant vers eux :

— Je meurs votre serviteur, leur dit-il, et s'il m'est échappé parfois quelque parole offensante contre vous, je vous prie de me pardonner.

Arrivé au lieu de l'exécution, le lieutenant du prévôt s'approcha de Grandier et lui demanda pardon.

— Vous ne m'avez point offensé, lui répondit-il, et vous n'avez fait que ce que votre charge vous obligeait à faire.

Alors le bourreau s'approcha de Grandier, abattit le derrière de la charrette et appela ses deux aides, qui emportèrent le condamné sur le bûcher, où, ne pouvant pas se soutenir sur ses jambes, il fut maintenu au poteau par un cercle de fer qui le serrait par le milieu du corps. En ce moment, une troupe de pigeons sembla s'abattre du ciel, et, sans être effrayée de cette foule si grande, que les archers, à coups de hallebarde et de hampe, ne pouvaient parvenir à fendre le peuple pour faire place aux magistrats, se mit à voler autour du bûcher, tandis que l'un d'eux, blanc comme la neige, et sans aucune tache, se posa sur le faîte du poteau où était enchaîné Grandier. Les partisans de la possession s'écrièrent que c'était une troupe de diables qui venaient chercher leur maître; mais beaucoup d'autres dirent aussi que les diables n'avaient point accoutumé de prendre une pareille forme, et soutinrent que ces colombes venaient, à défaut des hommes, rendre témoignage de l'innocence du patient. Pour combattre cette impression, un moine soutint le lendemain avoir vu un gros bourdon tourner autour de la tête d'Urbain Grandier; et comme, disait-il, Béelzébub veut dire, en hébreu, le dieu des mouches, il est évident que c'était le démon lui-même qui venait, sous la forme d'un de ses sujets, enlever l'âme du magicien.

Lorsque Grandier fut attaché et que le bourreau lui eut passé au cou la corde avec laquelle il devait l'étrangler, les pères exorcisèrent la terre, l'air et le bois, et demandèrent au patient s'il ne voulait pas publiquement confesser ses crimes; mais Urbain répondit qu'il n'avait plus rien à dire, et qu'il espérait, grâce au martyre qu'on lui faisait endurer, être ce jour-là même avec Dieu.

Le greffier lui lut alors son arrêt pour la quatrième fois, et lui demanda s'il persistait alors dans ce qu'il avait dit à la question.

— Sans doute, j'y persiste, répondit Urbain, car ce que j'ai dit est l'entière vérité.

Alors le greffier se retira en disant au patient que s'il avait quelque chose à dire au peuple il pouvait parler.

Mais ce n'était point là l'affaire des exorcistes : ils connaissaient l'éloquence et le courage de Grandier, et une constante et ferme dénégation au moment de la mort pouvait nuire à leurs intérêts. Ainsi donc, au moment où Grandier ouvrait la bouche, ils lui jetèrent une si grande quantité d'eau bénite au visage, qu'il en perdit la respiration; cependant, au bout d'un instant, comme il se remettait, et qu'il allait parler, un des moines le baisa sur la bouche pour étouffer ses paroles. Grandier reconnut l'intention, et dit assez haut pour que ceux qui entouraient le bûcher l'entendissent : — Voilà un baiser de Judas.

A ces mots, la colère des moines monta à un si haut degré, que l'un d'eux le frappa trois fois au visage d'un crucifix, qu'il faisait semblant de lui faire baiser, ce dont on s'aperçut au sang qui, au troisième coup, jaillit de son nez et de ses lèvres; il ne put donc que crier à la foule, qu'il lui demandait un *Salve Regina* et un *Ave Maria*, que beaucoup se mirent à entonner aussitôt, tandis que lui, les mains jointes et les yeux au ciel, se recommandait à Dieu et à la Vierge. Les exorcistes revinrent à la charge, et lui demandèrent s'il ne voulait pas se reconnaître... — J'ai tout dit, mes pères, j'ai tout dit, s'écria Grandier; j'espère en Dieu et dans sa miséricorde.

A ce refus, la fureur des exorcistes fut à son comble, et le P. Lactance, prenant une torche de paille, la trempa dans le seau de poix-résine qui était auprès du bûcher, et l'allumant à un flambeau : — Malheureux, dit-il en s'adressant à Grandier et en lui brûlant le visage, ne veux-tu donc point te confesser, avouer tes crimes et renoncer au diable?

— Je ne suis point au diable, répondit Grandier en écartant la torche avec ses mains; j'ai renoncé au diable, j'y renonce encore, ainsi qu'à ses pompes, et je prie Dieu de me faire miséricorde.

Alors, sans attendre l'ordre du lieutenant du prévôt, le P. Lactance renversa le seau de poix-résine sur un angle du bûcher, et y mit le feu; ce que voyant Grandier, il appela le bourreau à son aide. Le bourreau accourut aussitôt pour l'étrangler; mais comme il n'en pouvait venir à bout et que le feu gagnait :

— Ah! mon frère, lui dit le patient, était-ce là ce que vous m'aviez promis?

— Ce n'est pas ma faute, répondit le bourreau, les pères ont fait des nœuds à la corde, et elle ne peut plus serrer.

— O père Lactance, père Lactance! s'écria Grandier, où est donc la charité?

Puis, comme le feu gagnait, et que le bourreau, presque atteint déjà par la flamme, venait de sauter à bas du bûcher :

— Écoute, dit-il en étendant la main dans les flammes, il y a un Dieu au ciel, un Dieu qui sera juge entre toi et moi : père Lactance, je t'assigne à comparaître devant lui dans les trente jours.

Alors, au milieu de la flamme et de la fumée, on le vit essayer de s'étrangler lui-même; mais presque aussitôt, voyant que c'était impossible, ou peut-être pensant qu'il ne lui était point permis de se détruire, il joignit les mains et dit à haute voix :

— *Deus meus, ad te vigilo, miserere meî.*

Mais un capucin, craignant qu'il n'eût le temps de dire autre chose, s'approcha du bûcher par le côté qui n'était point enflammé encore, et lui jeta au visage tout ce qui restait d'eau dans le bénitier.

Cette eau fit élever une fumée qui déroba un instant Grandier aux yeux des spectateurs; lorsqu'elle se dissipa, le feu avait gagné les vêtements de Grandier; on l'entendit cependant encore prier au milieu de la flamme; enfin il appela trois fois Jésus, et chaque fois d'une voix affaiblie : après la dernière fois, il poussa un gémissement, et pencha la tête sur sa poitrine.

En ce moment, les pigeons qui tournaient autour du bûcher s'envolèrent et semblèrent disparaître dans les nuages.

Urbain Grandier était mort.

Cette fois, le crime n'était point à l'accusé, mais aux juges et aux bourreaux : aussi le lecteur sera, nous en sommes certain, curieux de savoir ce qu'il advint d'eux.

Le P. Lactance mourut le 18 septembre, c'est-à-dire jour pour jour, un mois après Grandier, dans des douleurs si terribles, que les récollets dirent que c'était une vengeance de Satan, tandis que beaucoup d'autres, se rappelant l'ajournement de Grandier, attribuèrent cette mort à la justice de Dieu. Plusieurs circonstances étranges la précédèrent, et contribuèrent à répandre ce dernier bruit. Nous en citerons une dont l'auteur de *l'Histoire des diables de Loudun* garantit l'authenticité.

Quelques jours après le supplice de Grandier, le P. Lactance, atteint d'une maladie dont il mourut, et sentant qu'elle avait une cause surnaturelle, résolut de faire un pèlerinage à Notre-Dame des Andilliers de Saumur, qui passait pour très-miraculeuse, et à laquelle chacun avait une grande foi dans le pays. Il eut pour faire ce voyage une place dans le carrosse du sieur de Canaye, qui allait, avec une compagnie de gens fort disposés au plaisir, se divertir à sa terre de Grand-Fonds, et qui, comptant s'amuser aux dépens de la frayeur du P. Lactance, à qui, disait-on, les dernières paroles de Grandier tournaient l'esprit, lui avait offert cette place. En effet, on n'épargnait point les railleries au digne moine, lorsque tout à coup, en un chemin magnifique et sans cause apparente, le carrosse versa sens dessus dessous, sans que personne fût blessé : cet accident si étrange surprit les conviés, et arrêta les sarcasmes des plus hardis. De son côté, le P. Lactance paraissait triste et confus, et le soir, pendant le souper, où il ne put manger, il ne fit que répéter : — J'ai eu tort de refuser à Grandier le confesseur qu'il me demandait : Dieu me punit, Dieu me punit.

Le lendemain, on poursuivit le voyage, et toute la compagnie, préoccupée de l'état déplorable du P. Lactance, avait perdu l'envie de rire et de plaisanter, lorsque tout à coup, dans le faubourg de Fenet, au milieu d'un chemin excellent, sans rencontrer aucun obstacle, le carrosse versa une seconde fois, de la même façon que la première, et sans que personne fût encore blessé. Cependant, cette fois, comme il était visible que la main de Dieu était sur quelqu'un des voyageurs, et que ce quelqu'un était soupçonné d'être le P. Lactance, chacun tira de son côté, le laissant seul, et se reprochant fort les deux ou trois jours que l'on avait passés en sa compagnie.

Le récollet continua son chemin vers Notre-Dame des Andilliers; mais si miraculeuse qu'elle fût, elle ne put obtenir de Dieu qu'il révoquât la sentence prononcée par le martyr, et le 18 septembre, à six heures et un quart du soir, c'est-à-dire un mois, jour pour jour, heure pour heure, après le supplice d'Urbain Grandier, le P. Lactance expira au milieu d'atroces douleurs.

Quant au P. Tranquille, son jour arriva quatre ans après. La maladie dont il mourut fut si étrange, que les médecins ayant déclaré qu'ils n'y connaissaient rien, et ses confrères de l'ordre de Saint-François, craignant que les cris et les blasphèmes qu'il jetait, et qui étaient entendus de la rue, ne produisissent un mauvais effet pour sa mémoire, vis-à-vis de ceux surtout qui avaient vu mourir Urbain Grandier en priant, répandirent le bruit que c'étaient les diables qu'il avait expulsés du corps des religieuses qui étaient entrés dans le sien. Ce fut ainsi qu'il expira à l'âge de quarante-trois ans, en criant : — Ah! que je souffre, mon Dieu! que je souffre! Tous les diables et tous les damnés ne souffrent pas ensemble autant que moi.

« En effet, dit le panégyriste du P. Tranquille, dans

lequel on trouve, retournés au profit de la religion, tous les détails de cette mort horrible, c'était un enfer bien chaud aux démons qu'une âme si généreuse dans le corps qu'ils tourmentaient. »

Cette épitaphe, que l'on mit sur son tombeau, fit foi pour les uns de sa sainteté, et pour les autres de sa punition, selon qu'on était pour la possession ou contre elle :

† *Ci-gît l'humble P. Tranquille de Saint-Remi, prédicateur capucin : les démons, ne pouvant plus supporter son courage d'exorciste, l'ont fait mourir par leurs vexations, à ce portés par les magiciens, le dernier de mai* 1638.

Mais une mort qui ne laissa aucun doute à personne fut celle du chirurgien Mannouri, qui avait, comme on se le rappelle, torturé Grandier. Un soir, sur les dix heures, comme il revenait d'un des bouts de la ville, visiter un malade, accompagné d'un de ses confrères et précédé de son frater, qui portait une lanterne, et qu'il était arrivé vers le milieu de la ville, dans une rue nommée le Grand-Pavé, entre les murailles du jardin des Cordeliers et le dehors du château, il s'arrêta tout à coup, et, les yeux fixés sur un objet invisible pour tous les autres, il s'écria en sursaut : — Ah ! voilà Grandier ! — Et comme on lui demandait : — Où cela ? — il montrait du doigt l'endroit où il le croyait voir, tremblant de tous ses membres, et demandant : — Que me veux-tu, Grandier ? que me veux-tu ? Oui... oui, j'y vais.

En ce moment, la vision s'évanouit. Cependant le coup était porté ; le chirurgien et le frater ramenèrent Mannouri chez lui ; mais ni les lumières ni le jour ne purent dissiper sa terreur : il voyait sans cesse Grandier au pied de son lit. Pendant huit jours cette agonie dura à la vue de toute la ville ; enfin, le neuvième, il sembla au moribond que le spectre changeait de place, et s'avançait insensiblement vers lui ; car il ne cessa de crier : — Il approche, il approche ! et de faire avec la main des mouvements comme pour l'écarter ; enfin, les yeux fixés sur la terrible vision, il expira le soir, vers la même heure où Grandier était mort lui-même.

Reste Laubardemont. Voilà ce que l'on trouve à propos de lui dans les lettres de M. Patin :

« Le 9 de ce mois, à neuf heures du soir, un carrosse fut attaqué par des voleurs : le bruit qu'on fit obligea les bourgeois de sortir de leurs maisons, autant peut-être par curiosité que par charité. On tira de part et d'autre quelques coups de fusil : un des voleurs fut couché sur le carreau, et un laquais de leur parti arrêté. Les autres s'enfuirent ; le blessé mourut le lendemain matin, sans rien dire, sans se plaindre et sans déclarer qui il était. Il a été enfin reconnu. On a su qu'il était fils d'un maître des requêtes, nommé Laubardemont, qui condamna en 1634 le pauvre curé de Loudun, Urbain Grandier, et le fit brûler tout vif, sous ombre qu'il avait envoyé le diable dans le corps des religieuses de Loudun, que l'on faisait apprendre à danser, afin de persuader aux sots qu'elles étaient démoniaques. Ne voilà-t-il pas une punition divine dans la famille de ce malheureux juge, pour expier la mort cruelle et impitoyable de ce pauvre prêtre, dont le sang crie vengeance ! »

On devine que les poëtes ne demeurèrent point en reste des publicistes. Parmi les vers qui furent faits à cette époque, en voici quelques-uns d'une touche assez ferme et d'une tournure assez large. C'est Urbain Grandier qui parle.

L'enfer a révélé que, par d'horribles trames,
Je fis pacte avec lui pour débaucher les femmes.
De ce dernier délit personne ne se plaint :
Et, dans l'injuste arrêt qui me livre au supplice,
Le démon qui m'accuse est auteur et complice,
Et reçu pour témoin du crime qu'il a feint.

L'Anglais, pour se venger, fit brûler la Pucelle ;
De pareilles fureurs m'ont fait brûler comme elle.
Même crime nous fut imputé faussement.
Paris la canonise, et Londres la déteste.
Dans Loudun, l'un me croit enchanteur manifeste,
L'autre m'absout. Un tiers suspend son jugement.

Comme Hercule, je fus insensé pour les femmes;
Je suis mort comme lui consumé dans les flammes;
Mais son trépas le fit placer au rang des dieux.
Du mien l'on a voilé si bien les injustices,
Qu'on ne sait si les feux, funestes ou propices,
M'ont noirci pour l'enfer ou purgé pour les cieux.

En vain, dans les tourments a relui ma constance;
C'est un magique effet, je meurs sans repentance.
Mes discours ne sont point du style des sermons :
Baisant le crucifix, je lui crache à la joue;
Levant les yeux au ciel, je fais aux saints la moue.
Quand j'invoque mon Dieu, j'appelle les démons.

D'autres, moins prévenus, disent, malgré l'envie,
Qu'on peut louer ma mort sans approuver ma vie;
Qu'être bien résigné marque espérance et foi;
Que pardonner, souffrir sans plainte, sans murmure,
Est charité parfaite, et que l'âme s'épure,
Quoique ayant vécu mal, en mourant comme moi.

NOTES.

(1) Nous n'avons pu retrouver que l'un de ces pactes, reproduit dans l'*Histoire des Diables de Loudun*, imprimée à Amsterdam en 1726 ; mais il est probable que les autres devaient être faits sur le même modèle.

« Monsieur et maître Lucifer,

» Je vous reconnais pour mon Dieu, et vous promets de vous servir pendant que je vivrai ; je renonce à un autre Dieu et à Jésus-Christ et autres saints et saintes, et à l'Église apostolique et romaine, et à tous les sacrements d'icelle, et à toutes les prières et oraisons que l'on pourrait faire pour moi, et vous promets de faire tout le mal que je pourrai et d'attirer à faire le mal le plus de personnes que je pourrai, et renonce à chrême et à baptême, et à tous les mérites de Jésus-Christ et de ses saints; et, au cas que je manque à vous servir et adorer et faire hommage trois fois le jour, je vous donne ma vie comme étant à vous :

» La minute est aux enfers, dans un coin de la terre, au cabinet de Lucifer, signée du sang du magicien. »

On comprend pourquoi le diable ne rapportait pas l'original lui-même; cette copie lui sauvait un faux : Asmodée savait son code criminel.

(2) Ce mot n'est pas le seul que nous soyons forcé de laisser en blanc; car les religieuses, pour prouver la possession, affectaient une liberté de paroles et d'actions que nous ne pouvons suivre dans tous ses écarts. Ainsi, nous aurions pu faire beaucoup de citations pareilles à celles dont les premières lignes suivent; mais nous avons toujours été arrêté, comme nous le sommes cette fois encore.

VII. Et la sœur Claire se trouva si fort tentée de... avec son grand ami, qu'elle disait être ledit Grandier, qu'un jour s'étant approchée pour recevoir la sainte communion, elle se leva soudain et monta dans sa chambre, où, ayant été suivie par quelqu'une des sœurs, elle fut vue avec un crucifix dans la main dont elle... (*Histoire des Diables de Loudun*, page 182. Extrait des preuves qui sont au procès de Grandier.)

IX. Quant aux séculiers, la déposition d'Élisabeth Blanchard, suivie et confirmée par celle de Suzanne Hammon, n'est pas une des moins considérables; car elle déclare avoir été connue charnellement par l'accusé, lequel, un jour, après avoir... avec elle, lui dit que si elle voulait aller au sabbat, il la ferait princesse des magiciens.

Voici encore quelques autres preuves prises au hasard, et qui nous ont paru non moins curieuses.

III. Entre les témoins de cette accusation, il y en a cinq fort considérables, savoir : trois femmes, dont la première dit qu'un jour, après avoir reçu la communion de l'accusé, qui la regarda fixement pendant cet acte, elle fut incontinent surprise d'un violent amour pour lui, qui commença par un petit frisson par tous ses membres.

L'autre dit : qu'ayant été arrêtée par lui dans la rue, il lui serra la main, et qu'incontinent elle fut éprise d'une forte passion pour lui.

Enfin, la troisième dit : qu'après l'avoir regardé à la porte de l'église des Carmes, où il entrait avec la procession, elle sentit de très-grandes émotions, et eut des mouvements tels, qu'elle eût volontiers désiré... avec lui, quoique avant ce moment elles n'eussent point eu de particulière inclination pour lui, étant d'ailleurs fort vertueuses et en très-bonne réputation.

IV. Les deux autres sont un avocat et un maçon, dont le premier dépose avoir vu lire à l'accusé des livres d'Agrippa; l'autre, que, travaillant à réparer son étude, il vit un livre sur sa table, ouvert à l'endroit d'un chapitre qui traitait des moyens pour se faire aimer des femmes. Il est vrai que le premier ne s'est aucunement expliqué à la confrontation, et a dit qu'il croit que les livres d'Agrippa dont il avait entendu parler par la déposition, sont *De vanitate scientiarum;* mais cette explication est fort suspecte, parce que l'avocat s'était retiré de Loudun, et ne voulut subir la confrontation qu'après y avoir été forcé.

V. La seconde information contient la déposition de quatorze religieuses, dont il y en a huit de possédées, et de six séculières, qu'on dit aussi être possédées. Il serait impossible de rapporter par abrégé ce qui est contenu dans toutes ces dépositions, parce qu'il n'y a mot qui ne mérite considération : il est seulement à remarquer que toutes ces religieuses, tant libres que travaillées, aussi bien que les séculières, ont eu un amour fort déréglé pour l'accusé, l'ont vu de jour et de nuit dans le couvent les solliciter d'amour, etc.

FIN

TABLE

FIN DE LA TABLE.

12. — Paris. — Imprimerie Poupart-Davyl et Ce, rue du Bac, 30.

www.ingramcontent.com/pod-product-compliance
Ingram Content Group UK Ltd.
Pitfield, Milton Keynes, MK11 3LW, UK
UKHW020100200726
13856UKWH00002B/300